戴逸文集

清史编务

中国人民大学出版社
·北京·

目　录

把大型《清史》的编写任务提到日程上来*

我国有易代修史的传统。一个封建王朝灭亡以后，继起的统治者为了借鉴往事，总结历史的经验教训，很快就设史馆，聘人才，编纂前朝的历史。他们懂得：从前朝的历史中，可以寻找到进行统治的经验教训。

我国最后一个封建王朝——清朝已灭亡 70 年。在孙中山先生任职临时大总统时，就有人呈请设立国史院，孙中山先生将此建议咨送临时参议院讨论。袁世凯任总统时，设立清史馆，由赵尔巽任馆长，参加修纂工作的有柯劭忞、缪荃孙、王树枏、吴廷燮等 100 余人。从 1914 年开始工作，至 1927 年完成，历时 14 年，写成《清史稿》一书，共 536 卷，是近代一部大型的重要历史著作，篇幅比“二十四史”中的任何一部都大（“二十四史”中篇幅最大的是《宋史》，共 496 卷），此书在汇集和排比资料、叙述史事方面有重要的参考价值。但是，《清史稿》的缺点和谬误较为严重，主要是参加编写的人大多是遗老遗少，他们站在清朝的立场上，为其歌功颂德，反对革命，反对进步。《清史稿》刚刚发行，有人就指出此书的 19 条谬误。其中有的是政治问题，也有的是学术、体例和材料问题。一部大型历史著作存在某些错误和缺陷是难以避免的，可是《清史稿》一书的问题确实太大了。他们在中华民国时代修史，对辛亥革命和中华民国抱敌对的态度，用所谓“春秋笔法”进行褒贬。例如，把武昌起义写作“革命党谋乱于武昌”（本纪二十五），把四川保路运动写作“四川乱作”（同上）。在辛亥革命中，有一些清朝督抚如端方、赵尔丰、松寿、陆钟琦等被革命派击毙，《清史稿》大发议论

---

* 原载《清史研究通讯》，1982 年第 1 期。以下凡题注中未标原载的，均为首次刊载。

说“或慷慨捐躯，或从容就义，示天下以大节，垂绝纲常，庶几恃以复振焉”（列传二百五十六）。中华民国成立，孙中山先生当选临时大总统，《清史稿》连孙中山的姓名也不予记载，说：“甲戌，各省代表十七人开选举临时大总统选举会于上海，举临时大总统，立政府于南京，定号曰中华民国。”（本纪二十五）至于临时大总统是何人，《清史稿》中不予记录。这类谬误之处甚多，几于俯拾皆是，难于枚举。

《清史稿》付印后，由于明显地抱着与民国敌对的立场，被国民党政府禁止发行。有人建议做重大的修改，或者另行编写新的《清史》，但一直未能进行。1959 年，台湾当局组成“清史编纂委员会”对《清史稿》做了一番修改，主要是对南明史、太平天国史、辛亥革命部分有较大的补充修改，改名《清史》，装订成八巨册出版，但工作时间仅一年，其他部分变动很小，无论在政治上、学术上还是在资料的搜集上都不可能有根本的改善和提高。

现在，以马克思列宁主义、毛泽东思想为指导，来编写一部大型《清史》的任务应该提到日程上了。我们要团结一致，群策群力，来完成这一光荣而艰巨的工作。清朝离我们的时间很近，和现实的关系非常密切。今天的中国是由过去的中国发展而来，要透彻地了解今天的中国社会，就不能不探本溯源，追溯清代的历史。譬如说，今天中国人民都在为实现四个现代化、改变国家的落后状况而努力奋斗，但是，中国在经济、文化、科学方面的落后并不是在短时间内造成的，而是几百年历史形成的结果。正确地认识中国落后的历史根源，弄清楚中国是怎样和为什么落在欧美国家的后面的，这对当前社会主义建设是有重要意义的，而这就必须要研究和懂得清代的历史。我们经常说：要了解中国的国情，根据中国的国情，建设社会主义。要了解国情就离不开学习历史。毛泽东同志在《中国共产党在民族战争中的地位》中曾经说过：“指导一个伟大的革命运动的政党，如果没有革命理论，没有历史知识，没有对于实际运动的深刻的了解，要取得胜利是不可能的。”

我们非常需要有一部观点正确、实事求是、叙述详尽、条理清楚、材料充实、采择精审、包罗宏富的大型《清史》。应该力求提高质量，努力使这部著作能够如实地反映清代社会历史的发展变化，成为300年来知识的总汇和生活的镜子。当然，编写这样一部水平较高的大型历史著作，不是轻而易举的，不是可以在较短时间内突击完成的，不是少数人和个别单位所能承担的，而是应该设立专门机构，集中各方面的力量，有计划、有步骤地组织协作，分阶段、分部件地陆续来完成它。

为了总结历史的经验教训，继承和发扬祖国的历史文化遗产，发展社会主义的学术，编写大型《清史》势在必行。在正式的清史编纂机构成立之前，有许多工作可以逐步开展，为今后的编写工作做好准备。

第一是积累和整理资料。清史资料十分丰富，汗牛充栋，不但种类多、数量大，而且分散杂乱，收藏在全国各地，缺乏整理，使用不便。有些珍贵的稿本、抄本，更亟待抢救，以免损坏湮灭。党中央十分重视古籍的整理，目前这项工作正在进行。我国的古籍中，清代古籍在数量上占绝大部分。我们应该积极地对清代的古籍、档案和各种史料进行搜集、整理、出版。一部科学的历史著作必须建立在丰富的史料基础之上。当然，我们不可能也不需要把清朝近300年的历史资料全部整理好了才来撰写《清史》，但无论如何，大型《清史》应该有丰富、充足的第一手史料，这样才能够保证这部多卷本著作达到应有的学术水平。

第二是开展专题和专史的研究。清史领域中的问题很多，有一些问题已有不少学者进行了研究，取得了丰硕的成果，如资本主义萌芽、思想史、文学史上某些人物和作品以及诸如太平天国、义和团、辛亥革命等。但是即使在这类研究成果较多的领域，也有薄弱的方面，学术界对一些观点的看法并不一致，尚待深入研究。还有不少领域则是空白和薄弱环节，如边疆地区和少数民族的经济和社会史、清朝和亚洲国家的交往史、清朝典章制度和政策的演变、清朝统治阶级中的政治派别和某些人物，还有科学技术等等，这些领域有的研究者甚少，有的几乎无人问津。进行专题和专史研究，是编写好综合的通史的基础和前提。毛泽东同志在《改造我们的学习》中谈到中国近百年史的研究时指出：“应先作经济史、政治史、军事史、文化史几个部门的分析的研究，然后才有可能作综合的研究。”有了专题和专史研究的丰硕果实，我们才能够把大型《清史》编写好。

第三是培养人才。编写《清史》是一项长期的大规模工程，需要许多专门人才的通力合作。目前，人才不多，特别是中青年研究人员极为缺乏，要有计划地选拔优秀的大学生、研究生，严格要求，精心培养，全面考察，使他们在编写过程中边干边学，在政治思想、理论水平和业务能力上得到锻炼和提高，形成一支坚强的、水平较高的清史研究队伍。人才是完成一切任务的根本，编写大型《清史》要依靠许多专门人才的努力才能够完成，而人才必须早做考虑，有所规划，在研究的实践过程中来选拔、培养和提高。

第四是编写的目的要求和全书的体例。我们既要继承和吸收我国传统史籍的优点，又不能全盘照抄。清代历史，特别是鸦片战争以后的历史，有了与以前历史极不相同的新内容，亦即当时人所说：处在“数千年来未有之大变局”中。显然，旧史的体裁、凡例、篇目不可能全面地、准确地包罗和反映这样的历史大变局。新的内容就要求有相应的新形式、新体裁来表现它，我们在体例上必须有所创造、有所革新、有所前进。

现在，编写大型《清史》的条件正在日益成熟起来。党的十二大提出了全面开创社会主义现代化建设新局面的伟大号召，我们在建设高度的社会主义物质文明的同时，一定要努力建设高度的社会主义精神文明。大型《清史》的编写，有利于总结历史的经验教训，批判地继承祖国丰富的文化遗产，开展历史教育和爱国主义教育，提高全民族的科学文化水平。这是建设社会主义精神文明的一项具体措施。让我们齐心协力，发挥干劲，设置专门的编纂机构，组织各方面的力量，把大型《清史》的编写工作迅速地推向前进。

《清史》编纂规划（草案）*

包括此文以后的四篇文章均为1978年至1982年准备启动编纂清史工程时所写。但因“文化大革命”刚刚过去，拨乱反正工作十分迫切，未能顾及编史，且主持编史之郭影秋同志长期卧病，事遂中辍。今略记其事梗概：

新中国成立伊始，董必武同志首倡编修《清史》之议，得毛泽东主席与周恩来总理之首肯，但因建国事殷，百废待举，暂未实行。延至50年代末周总理与吴晗同志商议，邀吴晗主持修史，吴晗向各方面征求意见。当时，他曾找到我商谈有关修史规划、资料、人才与编写步骤等。随之因三年困难时期，事亦搁置。至1965年秋，周总理委托周扬同志召集中宣部部长会议，决定成立清史编纂委员会，承担撰修《清史》任务，以郭影秋为主任，委员有关山复、刘导生、尹达、刘大年、佟冬、戴逸等。又决定在中国人民大学设立清史研究所。此次暂未请吴晗及党外专家参加。因当时思想界之形势渐趋严峻，已有“山雨欲来风满楼”之势，媒体上常出现批评吴晗的文章，故清史编纂委员会悉以党员充任。两个月后，批判吴晗《海瑞罢官》的文章在上海《文汇报》刊登，“文化大革命”揭开序幕。修撰《清史》之事又被迫停止。“四人帮”倒台后，有人给邓小平同志写信，建议纂修《清史》，此事又被提上日程，在中国社会科学院院部的主持下成立《清史》编纂规划起草小组。这四篇文章是我在小组工作时起草的。

---

* 原载《戴逸自选集》，北京，中国人民大学出版社，2007。

一、清史研究的重要性和现状

清朝是我国历史上最后一个封建王朝。从它建立到被推翻，共经历将近270年。如果追溯到满族的兴起，那就有300多年。清朝在我国悠久的历史中占有很重要的地位。鸦片战争以前我国仍停留在封建社会晚期阶段；从鸦片战争开始，我国社会逐步进入半殖民地半封建社会。在鸦片战争前，我们统一的多民族国家经过长期的发展最后形成了。并且由于这个时期清朝面临的世界形势，我国同世界各主要国家开始了广泛的接触，遭受了殖民主义的长期侵略。清朝灭亡之后不久，历史便进到我党领导的新民主主义革命时期。所以清朝距我们现在的时代很近，和现实斗争的关系很密切。深入研究清朝的历史，对于我们分析和批判现实生活中封建主义残余的历史根源以加速我国四个现代化的进程，对于了解近几个世纪的中外关系以促进我国今后外交事业的发展，都有十分重要的意义。

长期以来，中央许多领导同志对清史研究工作十分关心。早在“文化大革命”以前，敬爱的周总理和董老就曾指示，要组织力量编写《清史》。由于林彪、“四人帮”的干扰破坏，这一工作被迫停止。粉碎“四人帮”以后，邓小平同志又批转了群众要求编写《清史》的来信。全国史学工作者面临的一项迫切任务，就是把老一辈无产阶级革命家所关心而被林彪、“四人帮”破坏了的《清史》编纂工作迅速抓起来，编写一部内容丰富、具有较高科学水平的《清史》，大力促进历史科学的繁荣和发展，以迎接经济建设和文化建设的新高潮。

许多国家的学术界对我国清代历史的研究非常重视。日本一向注意研究我国清代的历史，许多大学开设了专门的清史讲座和研究中心，翻译了我国的满文历史资料。他们在研究清代边疆历史、少数民族历史以及经济史方面下了很大功夫。近10年来，美国研究我国清史的学者也越来越多，加利福尼亚大学设立了清史研究中心，邀请了许多国家的历史学家参加，现已出版专门刊物《清史问题》24期。苏联也大力加强了对我国清史的研究，编出了大部头的著作和资料集。此外，英、法、德等国家都有清史研究的专家。我们无论在论文著作的数量、资料整理出版的规模还是研究人员、研究机构增长的速度等方面，都远远落在他们后面。全国的清史研究工作者估计只有100人左右（近代史未计），专业研究机构也才刚刚建立。清史研究的基础薄弱，空白环节甚多，发表的论文有限，专著更少，资料的收集、整理、编辑、出版也很差，大量的档案、官书、地方志、文集、笔记目前无人整理，根本无法利用。我们必须大力开展清史资料的整理、出版工作，大力加强清史的研究工作，迅速改变这种落后的状况。我们必须树雄心、立壮志，在我们这一代完成《清史》编写任务，不能把这个任务留给子孙后代。

二、任务和方针

《清史》全书可分为上下两编，上编从满族的兴起到1840年以前，下编从鸦片战争到1911年辛亥革命。由于两个时期的社会性质和特点不同，研究机构和人员也有明确分工，因此在体例方面，既要注意保持连贯性，又不能完全一致。鉴于研究鸦片战争以前清代历史的人员较多，机构也比较充实，目前先搞出上编的规划，待取得一定经验后，另行组织力量，制定下编的规划。

为完成这一大规模的编纂任务，须采用分部件、分阶段、统一领导、全国协作的工作方针。在统一领导下，把全书分成若干部件（通史部分、专史部分、传记部分、年表部分、图录部分），在全国范围内分工协作，限期完成。不适于分散的部件（如通史部分、年表部分以及某些专史）就集中编写。有的部件（如专史部分、图录部分）可以由一个单位或几个单位承担，按质按期负责完成。有的部件还可以定出规格要求，分散给个人完成（如传记部分和某些专史）。

凡质量较高又适于单独出版的稿件，可以提前单独出书，或先在刊物上发表，以便通过学术界的自由讨论，纠正错误，提高质量，也有利于早出成果，发现人才。

三、体例与篇幅

《清史》编写体例是一个很重要又很复杂的问题，需要在全国范围内召开专门会议进行讨论。为了便于征求意见，我们先提出上编的初步设想。共分五个部分：

（1）通史部分，分 6 卷，约 150 万字。

（2）专史部分，暂拟 23 篇，供讨论时参考。如：农业、工业、水利、商业、财政、中外关系、自然灾害（包括地震、泥石流、水、旱、蝗、风等）、国家机关、兵制、法律、园林建筑、学校科举、学术、文学艺术、科技、交通、文献、少数民族、会党、天文、地理、宗教、都市，分 23 卷，约 400 万字。

（3）传记部分，暂定 2 000 人，有的可采取合传、附传形式，每篇 1 000～5 000 字不等，分 15 卷，约 400 万字。

（4）大事年表，1 卷，约 30 万字。

职官表、封爵表等，1 卷，约 20 万字。

（5）图录，约 1 000 幅，分 4 卷。

全书共 50 卷，约 1 000 万字。

四、机　构

为了完成这一大规模的编纂任务，建议成立清史编纂委员会，请国家领导人和著名史学家担任委员，以便组织领导全国的研究力量。在清史编纂委员会正式成立之前，可由中国社会科学院负责筹备工作。

在清史编纂委员会下设立办事机构，主要任务是设计全书、组织协作、掌握编写工作的进展情况、帮助协作单位解决具体问题。编纂委员会还应直接掌握一支相当数量的研究队伍，以便完成一部分不适于分散进行的研究任务，如通史、年表及某些专史和传记。同时对各地分散撰写的稿件负责验收，组织讨论修改定稿。

在编写过程中将有大量的印刷出版任务，应有一个条件较好的印刷出版单位，拨给专用纸张，负责出版资料、刊物、内部通讯和未定稿等。

五、研究人员的培养

充分发挥现有研究人员的积极性和加速培养新生力量，是完成《清史》编纂任务的关键，必须大力抓紧。目前从事鸦片战争前清代历史研究工作的，只有 100 人左右，其中不少同志的研究工作在“文化大革命”期间长期被迫抛荒。要完成这一艰巨任务，必须合理组织现有力量，注意发掘人才，充分调动一切积极因素。同时还必须大力培养新生力量，使清史研究人员在近期内迅速地增长，力争在 1985 年形成一支 500 人左右的队伍，从事鸦片战争前清代历史的研究。具体的计划和措施是：

（1）1985 年以前培养研究生 200 人，其中历史研究所培养 60 人，人大清史所培养 60 人，其他院校和研究机构培养 80 人。

（2）在有条件的高等院校历史系开设清史专业，培养清史研究人员 100 人。

（3）吸收社会上有志于清史工作，并有一定研究能力的人员 100 人。

（4）抓紧培养一批熟悉少数民族语言（如满、蒙、维、藏等）和外语的人才。这类人才的培养，可委托中央民族学院、内蒙古大学、外语学院代培（应列入国家招生计划），也可以在有条件的院校或科研机构招考研究生进行培养。在1985年以前，应完成约100人的培养任务。

六、预备时期规划要点

1979年到1982年为预备时期，共3年。

这个时期主要任务是成立清史编纂委员会筹备机构，讨论并确定全书的体例和拟订《清史》大纲，培养研究力量，充实研究机构，把清史研究工作和资料整理工作向前推进一步。

具体建议如下：

（1）争取在今明两年内设立清史编纂筹备机构，开始时人员可以少些，以后逐步充实。可以采取多种形式（如抽调、借调、兼职等），使这一机构直接掌握一支强大清史研究力量，至1981年不少于50人，到1985年不少于120人。

在筹备就绪及研究工作有所进展的基础上，1981年成立清史编纂委员会。

（2）规划确定后立即开始研究《清史》体例，可召开会议，也可在报刊上展开讨论，以便集思广益，取长补短，争取在1980年上半年初步确定《清史》的体例。

在讨论中要逐步明确各个部分的要求，确定专史专题和表的名称内容并初步编制出人物传的名单。

1980年和1981年内制定通史、专史、传记、表、图录各个部分的编纂规划，并分别成立小组，负责该部分的编写工作。

1981年以前，拟订出《清史》大纲，进行讨论，作为编纂全书的依据。

（3）中国社会科学院历史研究所和其他有条件的单位招收清史研究生，1982年前毕业的研究生不少于60人，1982年至1985年毕业的研究生不少于100人。

建议有条件的高等院校的历史系设立清史专业，1982 年前毕业的学生不少于 20 人，1982 年至 1985 年毕业的学生不少于 80 人。

（4）今明两年内成立清史资料编纂委员会，首先做好全国清史资料摸底工作，编制目录，并进行整理、编辑出版。要立即着手出版清史资料丛书和清史资料杂志（详见附件一）。

（5）有条件的地区分别成立清史研究会，推动研究工作，组织学术讨论，交流经验和情况，每年举行一次全国性的学术讨论会。

（6）筹备出版《清史研究》刊物，发表研究成果，可先在内部试刊，1982 年公开发行。另出版《清史研究动态》，交流研究经验，介绍国内外清史研究的动态，1980 年创刊，内部发行。

七、编纂时期规划设想

从 1983 年开始到 1992 年为编写时期，共计 10 年。这个时期的工作，初步设想分为三个阶段。

1. 第一阶段（1983 年至 1985 年）

（1）首先开展人物传的编纂和图录的收集工作，在这个阶段应完成传记的 40%，完成图录的初步搜集。

（2）着手撰写一批专史，并力争完成一部到两部。

（3）编完全国清史资料总目录，更大规模地整理出版档案及其他资料。

2. 第二阶段（1985 年至 1989 年）

（1）人物传记和图录部分完成定稿。

（2）专史部分至少应完成 70%。

（3）开始编制大事年表和其他各种表。

（4）集中力量开始编写通史部分。

3. 第三阶段（1989 年至 1992 年）

全书完成，讨论定稿，筹备出版，编制索引和参考书目录。

附件一：关于成立清史资料编纂委员会、出版清史资料的建议

马克思主义的历史科学，强调史料和观点的统一，强调占有大量的可靠的历史资料。我国历史资料向称浩如烟海，尤其是清代，除实录、会典、通考、方略等官修史书外，还有大量公私档案、方志、奏议、文集、谱牒、信札、笔记、契约、碑刻等等。数量之多，不可胜数。

中华人民共和国成立以来，清史资料的整理出版工作也取得了一定的成绩。例如标点出版了《清史稿》、《晚明史料丛书》（已出七种，不少是有关清初的资料）、《清代史料笔记丛刊》（已出七种）、《清初农民起义资料辑录》、《江苏省明清以来碑刻资料选集》等等，此外，上海图书馆还刊印了一批清代上海地区的方志和笔记，这为开展清史研究提供了方便。但是，无论就数量或质量来说，与形势和任务相比，差距实在太大。有的同志在谈到这一点时，愤慨地指出：这些年来，由于林彪、“四人帮”的干扰破坏，我们的史籍出版工作一直停滞不前，甚至连国民党统治下的台湾都比不上。① 这种情况，不能再继续下去了。有些外地同志写信反映：我们很想做点清史研究工作，但苦于资料欠缺，比如《清实录》《东华录》这类搞清史最基本的史籍，我们这里却根本找不到。至于大量的文书档案，如故宫博物院藏清宫档案、曲阜市文物管理委员会藏孔府档案、苏州市文物管理委员会藏清人信札（据说有一万余件），以及四川巴县档案、徽州契约文书等等，则更是很少或根本没有整理出版。而这些文书档案，都是史料价值很高的第一手材料，有领导、有计划、有步骤地整理出版，一定可以大大推动清史研究工

① 根据我们了解的很不全面的情况，台湾出版了《清史》（就《清史稿》略加整理而成）、《明清史料》戊编至癸编共六种、《明清档案存真选辑》、《满文老档》若干册、《台湾史料丛刊》百余种（其中绝大部分是清代的）、《清实录》、《清朝经世文编》，并且还影印或排印了不少文集、奏议和几百种方志。

作的前进。

俗话说：兵马未动，粮草先行。在特定意义上说，史料工作就是史学研究中的先行官。中华人民共和国成立以来，我们在这方面也有不少经验和教训。新中国成立初期，在中国史学会主持下，系统地搜集出版了《近代史资料丛刊》若干种（如《鸦片战争》《太平天国》《捻军》《回民起义》等等），近代史研究所还编辑了专门刊物《近代史资料》，对于推动和活跃近代史研究工作起了很好的作用。反之，中华人民共和国成立近30年来，清史研究除个别项目（如资本主义萌芽）外，却长期进展迟缓。其原因固然是多方面的，但史料整理、编辑、出版工作远远不能满足需要，是其中重要原因之一。

为了加强清史研究工作，把它提高到一个新的水平，以保证《清史》编纂规划胜利完成，必须同时把资料工作尽快抓上去。为此，我们提出如下几点建议：

（1）由科研、教学、文管、出版等有关单位成立清史资料编纂委员会，负责筹划和协调清史资料的编辑出版工作。

（2）根据史料价值的高低，分别轻重缓急，有步骤地分批整理、出版清史资料丛书。

凡纳入该丛书的出版物，只在开本（建议采用小32开本）和封面式样上求得统一，至于资料的收集、整理、标点、注释、编审、印刷、出版等项工作均由各地有关单位充分发挥自己的积极性，自行处理。

（3）有条件的科研机构、高等院校和文物档案管理部门，应当组织人力，根据本地区本单位的资料收藏情况，搞各种清史资料汇编，如入关前满族社会经济资料汇编、五省白莲教起义资料汇编、清徽商史料汇编、《清实录》中农民起义史料等等，及时出版。

（4）在条件许可时，出版一种清史资料杂志，及时发表那些史料价值较高、篇幅不大的清史资料，包括从国外翻译的有关资料。

附件二：关于为配合《清史》修撰而加强清代档案整理工作的建议

要编出一部内容丰富、具有较高科学水平的《清史》，必须充分利用最原始、最确凿的档案史料。故宫博物院明清档案部是国内保存清代档案最多、最系统的专业部门，那里所保存的900多万件（册）历史档案，99%以上都是清代官文书，包括了清代所有中央国家机关和少数地方政权机构所形成的历史文件。特别是像清代内阁、军机处、内务府等中央主要施政机关和皇宫内府机构的档案文件，保存得比较多、比较集中。清代六部和各府、寺、监等各中央主管机构以及顺天府、东北地区、山东等少数地方政权机构的档案，也都保存了一些。另外还有一些像溥仪、端方、赵尔巽等个人所形成的档案全宗。这些都是撰修《清史》所不可缺少的重要的原始资料。清代国史馆和北洋军阀政府的清史馆也形成了大量文件、长编和稿本，保存在故宫博物院明清档案部。其中仅清国史馆的人物传记稿本就有5 000多册。它们对《清史》的撰修也具有重要的参考价值。清代档案如此大量而比较系统地保存至今，并且有了一定的整理基础，这就是撰修《清史》的最重要的条件之一。所以我们建议，在今后撰修《清史》的过程中，有关清代档案史料方面的筹备工作，可以故宫博物院明清档案部为基础。

故宫博物院明清档案部作为管理明清历史档案的专业部门，表示有责任也十分希望能为撰修《清史》服务。但是，目前所存清代档案的状况及对这些档案的管理和整理工作等方面，还都存在着不少困难和问题，如不迅速解决，必将直接影响《清史》修撰工作的进行。为此我们有如下建议：

一、必须重视清代档案的征集工作

故宫博物院明清档案部所藏清代档案，有900多万件（册），数量可谓巨大。但若就某一项具体问题而言，它又往往是很不够的。因为：

（1）数百年来，由于自然或人为的原因，清代档案曾经遭到严重的损毁，致使现存清代各中央或地方机构的档案，都已不完整。

（2）他们所保存的档案，主要是清代中央一级机构的官文书，清代各地方衙门的档案，基本上还散存在全国各省市，有的也可能已经损毁殆尽。即使是清代中央机构的档案，也有不少已经散到国内外各单位或私人手中。台湾现存的也不少。有些散存在国内各地的档案，因为无人专管，正在不断丢失损坏。

所以，无论是为了《清史》撰修的需要，或是为了抢救历史资料，都应进行清代档案的征集工作。这首先应由党和国家发布明令并授权专门的机构具体办理此项工作。故宫博物院明清档案部在“文化大革命”前曾受命接收并征集流散的明清档案，从 1953 年至 1965 年期间，曾从全国各地征集并接受了 400 多万件明清两代档案，他们表示今后仍愿承担此项任务。清代档案的征集工作是十分必要的，而且史有前例。清初为了编修《明史》，曾于顺治五年、顺治十二年、康熙四年等多次颁诏，明令内外各衙门开送所存的明代档案，我国目前保存的数千件明代档案就是那时征集来的明档中的一部分。我们建议动员国内各保存清代档案的机关团体或个人，主动提供所藏档案，为撰修《清史》所用。其具体办法，究竟是征调或借调原件，还是复制副本为好，可以在征集过程中具体研究协商解决。

二、必须加强清代档案的整理工作

故宫博物院明清档案部所存的档案，经过新中国成立前后 50 多年的清理和整理（主要是在新中国成立后），目前虽然已大致做到有目可查、有规可循，大部分都可以提供使用，但由于整理得比较粗放，除宫中、军机处全宗的一部分朱批奏折、录副奏折和少部分其他全宗的档案已经立卷编目，可以逐卷逐件查找利用外，大部分档案还是论包成捆，使用不便。另有将近 200 万件的零星档案或残档，至今还无目可查。修撰《清史》势必要全面地查找使用清代档案，因此，必须进一步加强清代档案的整理工作。要达到全部档案都有细目，这当然是不容易的，但至少要使全宗的重要档案都可按件提取，全部档案都能有目可查。这首先需要人力。目前故宫博物院明清档案部整理组只有 13 人，全年最多整出 20 万件，何日才能整完！整理人员必须成倍增加，才能赶上《清史》撰修的需要，或者采取增加少量专业人员、利用社会力量、组织大协作的办法来解决。

三、必须大量编辑出版清代档案史料

为了保证撰修《清史》和学术界开展研究工作的需要，应尽快将清代档案史料进行系统的编辑和出版。和国外情况相比，我国历史档案的公布工作已远远落后。

清代的档案史料，在新中国成立前后，虽已编辑出版过数十种，成为国内外研究清史及有关学术问题的珍贵原材料，但基本上属于零敲碎打，谈不上系统和完整。明清档案部史料编辑人员也只有 11 人，力量太弱。我国学术界十分重视对清代档案史料的研究利用，已有不少单位提出要求与故宫博物院明清档案部合作编辑出版档案史料。他们的选题和目的要求都不相同，方式方法也不一样，使明清档案部难以接待和配合。为此，我们建议，由在京各有关学术单位、出版单位与故宫博物院明清档案部联合成立清代档案史料编纂委员会，统一研究清代档案史料编辑和出版规划，并共同解决人力、经费、纸张、设备及印刷出版诸问题。

目前状况是：一方面，明清档案部编辑人力不足，出版公布的档案史料有限，远不能满足学术界的需要；另一方面，出版力量有限，纸张供应紧张，印刷周期太长，困难重重，致使已经编好的有限几部档案史料也不能及时出版，往往积压数年之久。因此，为了保证《清史》撰修和其他研究工作的需要，除应成立清代档案史料编纂委员会和充实编辑力量外，还应同时解决纸张供应及印刷方面的问题。我们建议请党和政府拨出专门经费、纸张并指定专门的出版社来印刷出版清代档案史料。必要时可在故宫博物院明清档案部添购专门的印刷设备和增加印刷人员，专门从事清代档案的印刷出版工作。

四、必须适当增加保管明清档案的经费和设备

目前故宫博物院明清档案部的经费不足，设备陈旧，致使前来查阅档案的同志要以较长的时间等候提调档案；更需花费很多的时间抄录档案史料；霉烂损坏的档案不能及时修复，珍贵的档案原件不能更快地复制副本；库内由于通风防湿防虫等设施不足，档案继续在霉烂破损和变质；等等。为此急需增加复印机、缩微摄影机、防虫防光防潮设施以及与此相适应的工作人员等等。

总之，故宫博物院明清档案部今后如何保证为《清史》修撰提供资料，内部各工作环节如何为此而调整规划和计划等等，还需要提请有关领导机关认真研究考虑。

所有这些问题，当然不是短期内所能全部解决的。但是，我们认为，应在筹备撰修《清史》的同时予以优先考虑。敬爱的周总理早就指出，档案、资料是科学研究的必备条件。故宫博物院明清档案部所存档案的保护管理以及整理编辑出版方面的问题，都是与《清史》修撰紧密相关，甚至是先决的条件之一，因此应该尽快地加以研究解决。

以上建议未必有当，仅供讨论时参考。

附件三：编辑清史图录的建议

（1）配合多卷本《清史》的编纂出版，可着手编辑清史图录，作为全书的一个组成部分。

（2）该图录的内容，可完全按照《清史》中通史部分的体例进行编排，分上下两编，每编分若干章节。

（3）图录的取材，可在广泛搜集有关文物和遗迹照片的基础上精选，上下编各收 1 000 幅左右，共约 2 000 幅。

（4）图录文字尽量从简，除每幅图版的必要说明以外，不附更多文字。

（5）此项编辑工作建议由中国社会科学院历史研究所、中国人民大学清史研究所、故宫博物院、中国历史博物馆和文物出版社等单位抽派人员，在清史编纂委员会领导下进行。

（6）所需照片，凡以上各单位收藏文物或底版者由各单位提供；凡需另行拍摄者，其经费由清史编纂委员会经费中设专门项目。

（7）此项工作可由 1980 年开始收集资料，1985 年以前完成图录的初步收集，1989 年定稿。

附件四：清史（1840 年以前）研究拟题

满族源流和满族共同体的形成
女真的统一和入关前满族的社会性质
八旗制度研究
明满关系
清初社会矛盾和抗清斗争
三藩及其叛乱
清代的疆域
清代边疆和海岛海域的开发、管理
清代的准噶尔、喀尔喀蒙古、“回疆”和西藏
“改土归流”和西南少数民族
清代的民族关系和清朝的民族政策
清代的专制主义中央集权统治
清朝的军制
清朝的官制
清朝的法制
清朝的保甲制度研究
清朝的教育制度、科举制度和捐纳制度
清朝的财政和赋役制度
清朝的盐政
清代的治河与漕运
清代的人口问题研究
清代的灾荒和清政府救荒政策的研究
清初社会经济的恢复、发展与清朝的有关政策
清代的土地制度
清代的农业和水利

清代的手工业

清代的商业、钱庄、票号和高利贷

清代的货币

清代商品经济的发展和资本主义萌芽

清代的著名城市、集镇和城市生活的研究

晚期封建制度下的地主、农民和农村阶级关系

从清代实际情况看晚期封建制度的腐朽和反动

清代的农村租佃关系和雇佣关系研究

清代的白莲教和天地会

清代的市民斗争

清代的农民战争及其特点

清代中叶东南沿海“洋盗”的阶级构成及其斗争性质

清代的族权统治

封建主义批判（结合清代社会实际情况）

文字狱与清朝文化专制主义批判

清代的学术

清代的文学艺术

清代的科学技术及其落后于西方的原因

清朝的历史地位

清朝的国际环境和清政府的闭关自守政策

广州十三行和对外贸易

清代的耶稣会士在华的活动

沙俄加紧对华侵略和中俄关系

清代中国和周边各国关系

西方资本主义的对华侵略和清政府封建统治的危机

清代中国海外交通和中外经济、文化交流

清代的华侨

清代历史人物研究（例如努尔哈赤、皇太极、多尔衮、康熙、雍正、乾隆、郑成功、李定国、吴三桂、噶尔丹、顾炎武、黄宗羲、王夫之、曹雪芹等）

关于组织人力编纂《清史》的建议（草稿）*

为了发展马克思主义的历史科学，提高全民族的科学文化水平，我们建议采取有力措施，组织人力，在 20 年左右的时间内，完成一部内容丰富、具有较高科学水平的《清史》。

清代历史，从 1644 年满族入关建立全国统治开始，到 1911 年辛亥革命清王朝被推翻为止，共 268 年。这是中国社会性质和国内外阶级斗争发生重大转变的时期，中国从封建社会逐步进入了半殖民地半封建社会，下接我党领导的新民主主义革命。这一历史时期承先启后，继往开来，距我们时代很近，和现实斗争的关系极为密切。

“文化大革命”以前，毛泽东同志在和范文澜同志的谈话中曾指出研究清史的重要意义。其他老一辈无产阶级革命家对清史研究工作也十分重视和关心，周恩来同志、董必武同志曾再三指示，要组织力量编写《清史》。1965 年，在周恩来同志的指导下，当时的中宣部曾组织中国科学院哲学社会科学学部和几个高等院校历史系，成立了清史编纂委员会。不久，由于林彪和“四人帮”的干扰，这一工作被迫停止。1974 年，周恩来同志指示明清档案部开设满文班，选调了一批知识青年学习满文，以便整理和研究清代的满文历史资料。粉碎“四人帮”以后，邓小平同志又批转了群众要求编写《清史》的来信。十一届三中全会决定全党工作的着重点转移到社会主义现代化建设上来。新时期赋予全国史学工作者一项迫切的任务，就是把毛泽东同志和其他老一辈无产阶级革命家所关心而被林彪、“四人帮”破坏了的《清史》编纂工作迅速抓起来，大力促进历史科学的发展和繁荣，以迎接经济建设和文化建设的新高潮。

---

* 原载《戴逸自选集》，北京，中国人民大学出版社，2007。

目前，世界许多国家的学术界对我国清代历史的研究非常重视。日本一向有研究我国清史的传统，各大学都开设了专门的清史讲座和研究中心，编译了我国的满文历史资料，他们在研究清代边疆历史、少数民族历史以及经济史方面很花工夫。十多年来，美国研究我国清史的学者也越来越多，加利福尼亚大学设立了清史研究中心，邀请了许多国家的历史学家参加，现已出版了专门刊物《清史问题》24 期。苏联也大力加强了我国清史的研究，编出了大部头的著作和资料集。此外，英、法、德等国家都有清史研究的专家。仅以论文、著作数量和研究队伍相比较，我国的清史研究工作者人数既少，且目前分散在全国各地，处于无组织状态，论文和著作的数量也少。我们应该采取措施，加强清史的研究，迅速改变这种状况。编纂大部头《清史》，是促进这一薄弱学科繁荣和发展的有效措施之一。

为完成这一大规模的编纂任务，兹将有关问题请示如下：

(1) 成立清史编纂委员会，由国家领导人和知名史学家担任委员，以便组织领导全国的研究力量。在清史编纂委员会之下，设立研究机构和相应的办事机构，组织和协调全书的编写工作，承担部分研究任务，编辑刊物，筹划清史资料的搜集、整理和出版。在清史编纂委员会正式成立之前，由中国社会科学院负责筹备工作。

(2) 除充分发挥全国各地现有的研究人员（约 100 人）的骨干作用外，还应加速培养一批新生力量，建议在各地有条件的研究机构和高等院校中招收一定数量研究生，或开设清史专业，争取在 1985 年前形成一支 500 人左右的队伍，从事鸦片战争前清代历史的研究。

(3) 迅速草拟《清史》编纂规划，经讨论修改后，列入全国哲学和社会科学发展规划。

(4)《清史》的编写，应利用清代丰富的历史档案，建议对故宫博物院明清档案部的领导体制和管理方法进行研究，做必要的调整和改选。

(5) 编纂《清史》所需经费由筹办机构做出预算，报请财政部审批。

以上意见，是否妥当，请批示。

编纂《清史》的任务、要求和工作条例*

《中华人民共和国国民经济和社会发展第六个五年计划》第二十六章《哲学社会科学》所列史学研究课题中提出了清史项目。经研究协商，初步确定清史项目的任务、要求和工作条例如下：

一、任　务

清史的内容自满族兴起、建立清朝起，至辛亥革命、清朝灭亡止，约有300年的历史。拟在“六五”和“七五”计划期间（至1990年）编写两种多卷本学术著作。第一种《清史》10卷本，第二种《清史人物传》20卷本。

《清史》（10卷本）以鸦片战争为界，分成上下两编，上编5卷，下编4卷，附录1卷，约350万字，每卷字数可视具体情况而定，但应注意各卷的均衡。

《清史人物传》（20卷本）亦分上下两编，上编12卷，下编8卷，每卷字数约30万字，全部入传人物估计1 500人左右。

以上两种著作在1990年基本完成。“六五”计划期间（1985年前）至少完成6卷（《清史》1～2卷，《清史人物传》4～5卷），力争超过6卷。其他各卷在1986年以后陆续完成，具体完成的时间，待各分卷的主编确定以后再作协商，在保证质量的前提下，鼓励提前完成。

所谓任务的完成，系指全书脱稿，交付出版社，不是出书的时间。

---

* 原载《戴逸自选集》，北京，中国人民大学出版社，2007。

二、学术带头人和协作单位

学术带头人：暂缺。

协作单位：中国社会科学院历史所、近代史所，第一历史档案馆，历史博物馆，中国人民大学以及其他研究机构和高等院校。

协作方式：在编委会的统一领导下，取得各单位的同意和支持，商请个人承担任务，或承担分卷的主编，或撰写某些稿件，或参加编纂处工作，或参加审稿和定稿，协作方式视具体情况而定。

三、机　构

设立清史编委会，负责领导和组织《清史》（10 卷本）和《清史人物传》（20 卷本）的编写工作。编委会是实际工作的机构，编委会成员均须参加编写、审稿和组织工作，在本书编写期间不再负担其他重大的科研和教学任务，应把主要精力放在完成此项国家重点项目上。编委会成员要统筹全书，要实际负责并经常讨论协商全书的编写工作和稿件质量。其成员应在各分卷主编、人物传编辑工作组以及在京各协作单位中遴选，并可聘请若干一贯关心清史的领导同志和有学术造诣的老年专家参加。为便于工作，编委会可指定 7～9 人为执行编委，负责日常工作。

编委会在政治上、学术上对两部著作负责。编委会确定全书的结构、体例、各分卷的范围，规定全书的质量要求，协调各卷的内容，督促检查各卷的进度，验收和审定全书，组织出版等。编委会认为某些稿件未达到质量要求时，可商请分卷主编修改或重写，亦可直接请人修改、调整乃至重写某些稿件。

编委会对于不能按进度和要求完成编写任务的分卷，可以进行督促批评，在提出充分的理由后，可以解除未完成任务的分卷主编或其他作者的编写工作。

编委会实行集体领导分工负责制。《清史人物传》(20卷本)上下编委托两个编辑工作组分别负责,《清史》(10卷本)上下编亦应有编委各一人分别负责,督促其进度并组织审稿验收,以专责成。

设立编纂处为编委会的办事机构,负责全书的事务性工作。编纂处由一名编委负责。

四、《清史》(10卷本)的编写要求和工作条例

(一)编写要求

《清史》(10卷本)应以马克思列宁主义、毛泽东思想为指导,运用和吸收最新的研究成果和丰富的史料,力求比较详细、比较全面地反映有清一代的历史,揭示历史发展的规律。既要叙述重大史事、战争、人物、思想文化,又要叙述典章制度、政策措施、生产状况、人民生活;既要反映经济基础、阶级斗争,又要反映政治、法律、意识形态等上层建筑。尽可能地包括社会历史生活的各个方面,力求提高质量,精益求精,在政治上和学术上达到较高的水平。

本书应该在新、深、通、全四个方面下功夫。

新,即创新,要在观点上和史料上有所突破,有所前进。既要吸取目前已有的研究成果,又不能因袭旧文,囿于成说。在某些重要问题和薄弱环节上,力求深入第一手史料中去,刻苦钻研,独立思考,解放思想,勇于探索新说,成一家之言。

深,即深刻。要求在大量史料的基础上,用历史唯物主义进行深入的分析,有史有论。既要占有丰富的史料,较详细地叙述史事,又应寓理于史,史论结合,避免史料堆砌、烦琐叙述和一般化的议论。

通,即贯通。本书是通史性著作,不同于各个专史的简单汇合,前后左右,力求贯通。各卷虽分别编写,分别负责,但全书的基本观点和体例应该一致。线索清晰,前后相承,不应有矛盾、抵牾、

重复和重要的遗漏。政治、经济、军事、文化、对外关系等各方面的内容，有内在的有机联系。应有全局观点，左右贯通，相互照应。章节标题的设置，引文的格式，时间、地点的标法，全书均需一致。风格和行文亦力求接近。

全，即全面。本书系断代通史，故应力求全面，避免畸轻畸重，以偏概全。迄今研究不多或没有研究的空白点应努力补上。一些一时难以得出结论的问题，也不能回避，应该有所交代。

本书力求条理清楚，文字凝练通畅，生动具体，引人入胜，避免枯燥、呆板、拖沓、晦涩之病。

（二）分卷的体例和内容

另有《分卷内容概要》，简述如下：

上编

第一卷　满族兴起和清朝的建立（关外时期）

第二卷　确立对全国的统治（顺治至康熙前期）

第三卷　繁荣鼎盛（上）（康雍乾时期。本卷包括经济、政治制度、阶级斗争等）

第四卷　繁荣鼎盛（下）（康雍乾时期。本卷包括对外关系、民族问题、文化思想、科技、文艺等）

第五卷　中衰（乾隆后期至嘉道）

下编

第一卷　外国入侵和太平天国运动

第二卷　半殖民地统治秩序的建立和洋务运动

第三卷　瓜分危机和爱国运动

第四卷　辛亥革命、清朝覆亡

附录一卷　清史大事年表、人名地名索引等

（三）工作条例

本书是有许多单位和许多人参加的协作项目，为了协同努力，组织好力量，保证全书的质量和进度，必须严格实行责任制，分级

分卷，专人负责，做到分工清楚、职责明确、制度严密。参与编写工作的同志必须按期保质，完成承担的任务。

《清史》（10卷本）采取分卷主编负责制，由编委会商请一或二人承担分卷的主编。各分卷主编对本卷的内容和进度全面负责，尽快拟定本卷的编写提纲，选定作者（作者人数不宜太多，作者名单报编委会备案），组织编写工作，督促检查编写的进度、质量，负责插图，统一修改全卷。

各分卷主编志愿协商，承担任务，但须得到本单位领导的同意和支持，并能组织和团结若干作者，胜任全卷的编写任务。

各分卷主编必须把最主要的精力和时间放在本书的编写上。必须事前商得本单位同意，在完成本卷的任务之前，不承担其他重大的研究任务，不承担繁重的教学工作。分卷主编必须亲自执笔编写若干章节。

各分卷主编接受编委会委托，须签订协议书，并对完成本卷的条件和问题进行估计，每年须汇报工作并交出阶段性成果。

五、《清史人物传》（20卷本）的编写要求和工作条例

（一）编写要求

《清史人物传》（20卷本）应以马克思列宁主义、毛泽东思想为指导，占有充分的材料，对人物进行深入的研究，正确地写出其一生的主要活动、言论和思想。实事求是，不溢美，不隐恶，不夸张附会。所写人物，主要是写其生平的经历言行，议论不要过多，观点寓于史实之中，不要写成评传；又要有重点、有条理、生动具体，也不要写成年谱或作品系年。传记中的事实，力求翔实可信，要查对原始材料。叙事应详略得宜，讲究文采，能反映其人的事业、思想、行为、性格、作风，避免千篇一律，千人一面。

入传人物以其在历史上所起的作用和影响分成四类：甲类

7 000 字左右，乙类 5 000 字左右，丙类 3 000 字左右，丁类 1 000 字左右。少数特长条可以写到万字以上。有些人物虽然很重要，但史料缺乏，对他的事迹所知不多，字数只能减少。对于少数民族、妇女、科技人物、民间艺人等薄弱的方面，可适当放宽入传人物的标准和字数。

几个人物关系密切，事迹表现于同一重大事件中者，可写合传。

传记按记叙文体用白话文书写，力求凝练、准确、生动。

（二）工作条例

《清史人物传》（20 卷本）的编写同样贯彻责任制。在清史编委会的领导下，分设上下编两个编辑工作组，编辑工作组拟定入传人物的名单、分卷内容，组织和督促编写工作的进行，并审定全书。每个编辑工作组设组长一人。

《清史人物传》（20 卷本）的编写采取两种形式：

一种形式是分卷主编负责制，在编辑工作组拟定分卷人物的名单以后，由分卷主编承包，商请作者进行编写。分卷主编须签订协议书，对本卷的质量、进度、组织工作和统一修改全部负责，按期保质完成任务。

另一种形式是由编辑工作组直接组稿和编辑。

编辑工作组对全书有审定、修改、抽换部分稿件以保证质量之责。

每篇人物传由作者署名负责，每一分卷由分卷主编署名负责。

六、经　费

各分卷所需经费，由分卷主编所在单位，按承担国家项目论，向上级申请拨给经费，不足时由编纂处酌情补给。

编纂处经费请求哲学社会科学规划领导小组拨给。在制度允许的范围内，编委会和编纂处对经费开支有较大的自主权。在经费初步落实之后，应制定出经费开支条例，报请上级机关批准执行。

一代盛事　旷世巨典*

——关于大型《清史》的编纂

中国有“易代修史”的传统。一个朝代灭亡以后，后继的新朝代为了总结历史，借鉴往事，吸取经验教训，都要给上一个朝代编纂历史。宋修《唐史》，元修《宋史》，明修《元史》，清修《明史》，这一修史的优良传统绵延不断，经久未绝，两千多年来积累了丰富浩瀚的“二十六史”和其他汗牛充栋的历史著作，构成我国珍贵的历史文化遗产。

一

现在，清朝被推翻已经整整90年了，但至今还没有一部较为理想的大型《清史》。1914年，北洋政府曾开设清史馆，历时14年，至1927年完成536卷《清史稿》。由于参加编纂的人大多是清朝的遗老遗少，忠于清廷，故而在不少重大问题上记载失实，评论不公，如把徐锡麟、秋瑾、熊成基等革命烈士斥为乱匪，而把端方、志锐、陆钟琦等因抗拒革命而被击毙的清朝官员说成是“或慷慨捐躯，或从容就义，示天下以大节”。还有在记载1912年成立中华民国临时政府时，只书其事，而不书临时大总统孙中山之名。这种立场、观点当然不能为世人所接受。故国民党统治时代，《清史稿》被列为禁书。平心而论，《清史稿》是以前清国史馆的资料、稿本为基础，提纲挈领，删繁就简，囊括近300年史事，历时颇久，用功甚勤，有相当的学术价值，未可一笔抹杀，但存在严重的政治缺陷。且编纂

* 原载《人民日报》，2001年4月14日。

时，清宫所藏历史档案尚未为世人共知，故没有利用丰富的档案史料，这就大大影响了此书的质量。国民党去台湾以后，亦有编纂《清史》之议。但它偏居一隅，无心做此巨大的文化工程，又缺乏修史的专门人才，故仅把《清史稿》稍做修订。

新中国成立之初，中央领导人曾提出编纂《清史》的建议与设想。董必武同志向中共中央建议编写两部书，一部是《清史》，一部是《中国共产党史》，此建议得到许多领导人的赞同。但当时百废待兴，还顾不上修史工作，故而搁置下来。50 年代末，周恩来总理委托吴晗同志考虑编纂《清史》的规划。吴晗有一个较宏大的设想，拟设立清史馆，先从培养清史研究人才和大规模征集、整理清史史料开始，他向戴逸谈过设想并征求意见。田家英同志对修史最为热心，有意亲自撰写《清史》，收集了大量清人的墨迹和史料作为修史的准备。60 年代初，毛泽东主席在和范文澜同志的一次谈话中说，自己退居第二线，管的事情少了，空闲时间多了，想读一点清史方面的书。可见，清史和编纂《清史》的工作受到了中央领导人极大的关注。1965 年秋，周恩来总理责成中央宣传部筹备此项工作，中央宣传部为此召开部长会议，决定设立清史编纂委员会，作为编纂《清史》的领导机构，委员由七人组成：郭影秋（时任中国人民大学副校长）、关山复（时任中国科学院哲学社会科学学部主任）、尹达、刘大年、刘导生、佟冬、戴逸，并在中国人民大学内成立了清史研究所，作为编纂大型《清史》的执行机构。但这次会议后不久，“文化大革命”便开始了，酝酿多年的编纂大型《清史》的工作化为泡影，而且成为中央宣传部和郭影秋干扰和对抗“文化大革命”的一项罪行。“文化大革命”中，中国人民大学被勒令解散，教师被分散到其他学校。郭影秋为了保存已在中国人民大学集合的一些清史研究力量，于 1973 年建议成立清史研究小组，暂时附设在北京师范大学内。1978 年中国人民大学复校后，清史研究所复归人大。“文革”后，有人写信给邓小平同志，建议国家纂修《清史》，邓小平同志将这封信批转到中国社会科学院。此时，国家正在制定哲学社会科学研究的“六五”规划，清史是历史规划中最重要的项目。本拟先写一部清代人物传和一部清代通史，作为整个大型《清史》的主要架构，此项工作一直延续到“七五”规划。由于当初的社科规划基金较少，资助的力度不够以及其他原因，大型《清史》的编纂工程未能继续实施下去。现在，已进入21世纪，经过20多年改革开放，国家的面貌焕然一新，政治稳定，经济发展，社会进步，综合国力增强，加之研究队伍壮大，学术积累丰厚，编纂大型《清史》已是最佳时机。此项工作启动过早或过迟，均有不利。启动过早，历史当事人很多健在，涉及个人利害关系与意见分歧，且史料未及整理，研究未及展开，猝尔命笔，质量难以保证。启动过迟，时过境迁，历史记忆淡褪，历史细节模糊，亦不易写成真实可信的历史。“二十六史”中的很多部写成在旧朝代灭亡以后数十年至100年左右。现在清朝灭亡已90年，编纂大型《清史》，此其时矣。希望政府、社会、学术界共同关注此事，使此巨大的文化工程得以及时启动和顺利展开。

二

编纂《清史》不但有重大的学术价值，而且有很强的现实意义。清朝统治中国达268年之久，其前期在发展经济文化、巩固国家统一、加强民族团结等方面有重大功绩，其政策措施多可借鉴。中叶以后，内外矛盾尖锐，实行闭关锁国，拒绝进行改革，政治日益腐败，其失误和教训，实足发人深省。“殷鉴不远，在夏后氏之世。”且清朝灭亡至今不足100年，离我们时间最近，对现实生活影响最大，和当前的政治、经济、军事、外交、民族、文化等各个方面息息相关。要了解和掌握中国的国情，根据中国的国情来建设中国特色社会主义，非对清代历史进行深入研究不可，因此很有必要编纂一部网罗各方面史事，详尽完备、篇幅较大的《清史》。江泽民同志指出：“我们党在领导革命、建设和改革的过程中，一贯重视历史经验的借鉴和运用。”又说：“一个民族如果忘记了自己的历史，就不可能深刻地了解现在和正确地走向未来。”修纂《清史》的重大意义，也正在于此。

我们今天要写一部怎样的《清史》？其体例、体裁、部件、篇幅需要全国的专家学者共同讨论，各抒已见，集思广益，拟定一个比较完善而可行的方案。《清史》的编纂既然是继承和发扬我国修史的传统，就应该和已有的“二十六史”相衔接，吸收已有史书的优点。但清代后期已从封建社会向近代社会跨进，历史内容和单纯的封建社会很不相同，修史的体例、体裁、方法应该超越前史，有所创新。为了讨论方便，《清史》可否考虑设置以下部件：

（1）编年。编年以记史事，按时间为序，取代“二十六史”中为帝王作传的本纪。（2）传记。网罗近300年之历史人物，分别作传。这是大型《清史》的主体部分，篇幅最多，相当于旧史中的列传。（3）通史。按今日章节式之体裁，写成有清一代之通史。篇幅不必过大而观点须鲜明，叙事须准确，文字须通畅，为旧史所无之新增部分。（4）专史。分门别类，叙述清代政治、经济、军事、外交、民族、思想、文化、科技、文学、艺术等各方面之发展，取代旧史中的志。（5）表。各种史表，如世系表、职官表等。（6）图。地图与其他图籍。（7）纪。清代近300年中，包括南明和太平天国，二者各有其政权，各有其历史，各有其典章制度，可否另设南明纪、太平天国纪，分别叙述。又清代关外部分，可否设立清史前纪。（8）清史著述书目。

当年，在中国人民大学内设立清史研究所，即为了编纂大型《清史》。35年来，这一巨大的文化工程虽然迟迟未能正式启动，但清史研究所一直坚持这一工作方向和目标，黾勉以赴，矢志不渝，为大型《清史》的编纂做准备。大型清史，工程浩大，部件众多，不可能毕其功于一役，必须把各个部件分解开来，采取“蚂蚁啃骨头”的办法，逐个部件，分期分批，撰写完成。这个办法，持之以恒，已见成效。20年来，清史研究所与其他单位合作，已完成了许多研究成果，包括《清史编年》12卷、《清代人物传稿》37卷以及大量资料的整理编纂，这些成果可以作为今后修史的准备和基础。

三

“盛世修史”在文化史上具有重大意义。我们现在说到历代的文化工程，唐代就会提到《五经正义》和修纂六史，这些都完成于唐初的贞观盛世；宋代就会提到《文苑英华》、《册府元龟》、《太平御览》、《唐会要》以及《新唐书》、《新五代史》、《资治通鉴》，这些都成于北宋前期政治较安定的宋太祖至宋神宗年间；明代就会提到《元史》和《永乐大典》，二书成于明太祖、明成祖国力最强大之日；清代就会提到《古今图书集成》、《四库全书》和《明史》，这些都是在康熙、雍正、乾隆的盛世所编纂的。我们这一代人幸值国家开始腾飞之时，将以什么样的文化工程传留给后世？当然，编纂《清史》《中华民国史》《中国共产党史》，应是21世纪历史学界光荣的使命和义不容辞的责任。

编纂《清史》是一项艰巨的文化工程，要有政府和社会的支持与参与。既要有一定的经费、编制，又要组织和协调各方面的专家学者共同努力，如军事史要依靠军事史家，经济史要依靠经济史家，科技史要依靠科技史家，要有学术界、文博界、档案界、科技界、出版界的协同配合，还要邀请台湾与海外学人参加讨论与编纂。任何个人或单位皆难以承担这一繁复的组织领导工作。历代修史都是政府主持，以政府首脑领衔，如唐初六史的修撰，以宰相魏徵、房玄龄、褚遂良等领衔，有学者姚思廉、李延寿、颜师古、李淳风等参与；清修《明史》，由大学士张廷玉领衔，有史学家万斯同、王鸿绪等参与。这样的修史班子具有政治上和学术上的权威性，便于创造修史的条件，动员和协调各方面力量，研究和解决编纂中的疑难和问题。可以相信，如果组织有力，条件具备，规划妥善，不难于20年内完成编纂大型《清史》此一代之盛事、旷世之巨典。

在国家清史编纂委员会第一次工作会议上的讲话*

各位先生，各位专家学者：

刚才周部长（文化部周和平副部长）传达了中央关于编纂《清史》的指示和精神，宣布了编纂委员会的名单。中央的决定非常英明、正确。我一定和全体编纂委员会的同志团结一致，贯彻执行。这里我和同志们谈一谈编纂《清史》的由来和工作的展望。

编纂《清史》有一个比较漫长的历史过程，我简单地把这个历史回忆一下。“易代修史”是中国的优秀传统。在我们国家的历史上，前一个朝代灭亡以后，后一个朝代为了总结历史经验，作为治理国家的借鉴，都把修纂前一朝代的历史作为政治上的一件大事来完成。这样的优良传统在历史上绵延不断，因此积累了丰富浩瀚的“二十六史”。有了这样的传统，我们的历史典籍特别多，构成了我国丰富的历史文化遗产，这是世界上其他国家所没有的。所以江泽民总书记曾经说过，中华民族历来重视治史，世界几大古代文明，只有中华文明没有中断地延续下来，这同我们这个民族始终注重治史有着直接的关系，这说明古代的修史传统积累了中华的文明。清王朝已经被推翻 90 年了，但至今还没有一部比较理想的、系统的、全面的、大型的史书。新中国成立之初，也就是 20 世纪的 50 年代，董必武首先向中央提出建议，写一部正式的《清史》，这个建议受到毛主席、周总理的重视。50 年代末周总理委托吴晗同志考虑一个《清史》编纂的方案，当时吴晗同志征求了史学界很多同志的意见，跟我和任继愈等同志都亲自谈过。但由于当时是三年困难时期，这

* 2002 年 12 月 12 日。

项工作就停顿下来。之后，毛主席有一次跟范文澜同志说，自己退下来以后，管的事情少了，想读一点清史方面的书。田家英同志当时担任毛主席的秘书，曾经想编纂一部《清史》，而且得到了毛主席的首肯。他收集了很多清代的书法作品，有两千种，准备作为纂修《清史》的资料。1965 年秋，周总理委托周扬同志召开中央宣传部部长会议，决定成立“七人清史编纂委员会”。当时，中国人民大学副校长郭影秋同志担任主任，而且指定在中国人民大学成立清史研究所，这就是今天中国人民大学清史研究所的由来。但是两个月后，“文化大革命”揭开序幕，编纂工作化作泡影，没能实现。不仅实现不了，这件事情还成为当时批判中央宣传部和郭影秋同志的罪状，说他们要干扰、破坏“文化大革命”。后来，郭影秋同志为了保存在中国人民大学已经集合的一批清史研究力量（当时中国人民大学已被解散，该校的同志分散到各个单位），就在北京师范大学成立清史研究小组。直到“四人帮”垮台后，1978 年中国人民大学复校，清史研究小组复归中国人民大学，正名为“清史研究所”。“文革”后，有人写信给邓小平同志，建议编纂《清史》。邓小平同志把这封信转给中国社会科学院。80 年代初，在制定哲学社会科学研究“六五”规划的时候，曾经考虑过《清史》编纂问题，并决定要上马，但由于当时经费紧张和其他一些原因，又没有进行下去。我讲这段往事，是说国家编纂这样重大的文化工程经过了一个漫长的、坎坷的酝酿过程。

今天我们迎来了盛世，有了修史的机会，编纂委员会的全体成员受国家的委托，编纂有清一代 268 年的历史，这是很难得的机遇，也是史学工作者值得骄傲和引以为荣的事情。这件事情落在我们肩上，可以把自己的聪明才智和知识贡献给国家和人民，这是件人生的幸事。国家修史在历史上是百年不遇的，中国 600 余年来修过 3 次。第一次是洪武元年（1368 年），明军刚刚攻下大都（北京），就立即下令修《元史》；第二次是顺治初年，清兵刚刚进入北京，不久就下诏为明朝修史，但实际上在康熙年间才启动，花八九十年修出《明史》；第三次是 1914 年，中华民国大总统袁世凯下令成立清史馆，花 14 年修了《清史稿》；我们这是 600 余年来第四次，是难得的盛举。所以我们一定要珍惜国家给予的这次修史的机会，齐心协力把这部《清史》修好。

为什么编纂这样一部大型的《清史》？它的意义何在？清朝统治长达近 3 个世纪，时间跨度很长，而它灭亡距今仅仅 90 年，越是离我们时间近，对我们影响越大，清朝的许多事件和人物我们都耳熟能详。而且清朝处在从传统社会向近代社会过渡的重要时期，今天的政治、经济、军事、文化各个领域都跟清朝息息相关。因此要了解和掌握中国的国情，建设中国特色社会主义，就要对清朝的历史有全面、深入的了解，很有必要编纂一部网罗各个方面的史事、详尽完备、分析正确而深入、篇幅较大的清代历史。在酝酿过程中，有的同志提出疑问，我们已经有了一部《清史稿》，多达 536 卷，有没有必要再修一部《清史》？我们认为还是很有必要的。应该说《清史稿》是一部有一定的价值但并不理想的史书。因为当年袁世凯聘请的参加修史的人，大多数是清朝的遗老，思想上忠于清朝，站在清朝的立场上修史，许多历史事件和人物都被歪曲了。比如写辛亥革命的武昌起义，它用“革命党谋乱于武昌”这样的写法；南京临时政府成立，它记为“举临时大总统，立政府于南京，定号曰中华民国”，不屑于提孙中山的名字，《清史稿》中孙中山的名字仅在通缉他的时候出现过一次；写秋瑾、徐锡麟牺牲称为“伏诛”，完全是清朝的立场；清朝官僚因为对抗革命被打死的，被称为慷慨捐躯、从容就义，对之大加歌颂。这类例子不胜枚举。因此当年故宫博物院院长易培基呈请国民党封禁此书，说这部书“诽谤民国，乖谬百出，开千百年未有之奇”。《清史稿》本身在观点、内容、史实上确实有很多缺点，所以被称为《清史稿》，其中基本常识有不少错误。台湾搞了一本《〈清史稿〉校注》，查出问题 8 万条，其错误率是很大的，所以它无论从观点上还是从史实上都不是一部理想的史书。我不是全盘否定它的价值，因为《清史稿》利用了国史馆长年累月积累的资料，有一定的价值，它的文字也简练概括，但是观点、内容和史实确实存在很大的问题，需要有观点正确、内容确切的大型

《清史》来替代它。现在离清朝灭亡已有90年，正是修史的好时机。20世纪所有的政府，包括北洋政府、国民党政府，新中国成立后的历届党和国家领导人，都非常关心修《清史》。北洋政府成立清史馆，国民党政府封禁《清史稿》后拨了50万元重新修《清史》，因抗日战争而未能进行。新中国成立后我们致力于国家经济建设，政治运动也很多，顾不上修史。《清史》几上几下，最终没有上马。现在国家已经安定，进入小康社会，有了稳定的环境，有了比较充裕的财政条件，有了人力、物力、财力可以投入这样巨大的文化工程。所谓“盛世修史”，《清史》的修纂反映了我们中国正在迎接一个盛世的到来。另外，20世纪清史领域学术上的准备也不够。《清史稿》纂修的时候，没有利用清代大量的档案，仅仅利用了国史馆的材料，因为清宫大量档案的发现比较晚。现在大量档案的发现，为《清史》编纂开辟了广阔的天地。前一辈学者如孟森、郑天挺、罗尔纲、郭廷以等在清史领域做出了很大的贡献。新中国成立后，范文澜、胡绳等同志用唯物史观阐明了中国晚清史的规律，晚清史的研究成为大家关注的热点。改革开放以来，为了探索实现现代化的道路，很多研究者在追溯中国现代化早期历史上取得很多成绩。新资料的发现更是层出不穷，第一历史档案馆从20世纪50年代以来整理出版了100多种档案，达4亿字。清史研究队伍也在迅速壮大，特别是自改革开放以来，各个学科的发展非常快。所以，在人才方面、研究成果方面、资料方面，现在启动《清史》编纂正当其时，是良好的时机。

下面我谈一下工作的展望。现在工作还没开始，所以详细地、具体地谈今后的工作还不可能，只是粗略的展望。目前重要的工作，一是建立和健全机构，建立编纂委员会、学术委员会和其他一些职能部门；二是组织队伍、调集人员，调集人员是比较困难的，还要拜托诸位推荐优秀人才；三是开展调查研究；四是组织体例规划的讨论；五是制定规章制度。总之，千头万绪，工作很多也很乱。现在我们一部分《清史》编纂人员和文化部的同志正努力做准备启动的工作。我们的目标是写出一部观点正确、实事求是、记事翔实、条理清楚、内容丰富、史料确凿的高质量的《清史》，能够反映我们的学术水平，成为新世纪标志性的文化工程。篇幅暂时考虑为 3 000 万字上下，时间为 10 年左右。写出高质量的《清史》有相当大的难度，我们一定要严肃对待，团结协力，认真写作，全力以赴，经过艰苦的努力达到这个目标。3 000 万字的《清史》是我们编纂工作的主体工程。全面系统地讲清朝的历史，一定要按照中央的精神，以马克思列宁主义、毛泽东思想、邓小平理论和“三个代表”重要思想为指导，在重大的理论问题上要讲政治，讲原则，实事求是，坚持学术创新和发扬优秀史学传统的统一，坚持尊重客观历史真实和反映时代精神的统一，坚持文化学术积累和以史为鉴、古为今用的统一。它的内容、体例、文字要经过专家多次的论证，在充分听取专家意见的基础上付诸实施。

中国传统史书一般都有纪、传、表、志几个部分。我们要参考和借鉴传统的体例，但我们修的《清史》不能照搬旧的体例，要创造新体例，如何把创新和继承结合起来，希望各位委员各抒己见，研究讨论。比如说写一部通史是否合适？它的篇幅可以小一点，能够全面系统地讲清朝近 300 年的历史，要求要高，以唯物史观为指导。通史作为全书的纲要和核心部分，占全书的 1/10。这部分不仅专家可以读，一般群众也可以读，因为 3 000 万字的大书群众是读不了的，如果两三百万字群众就可以读。

另外在修《清史》时可否列入图录？这是以前的史书所没有的。郑樵在《通志》里说过，历史书应该有图。传统史书没有图，可能是由于印刷条件落后，也可能是由于古代没有适宜的、好的图录可以放入历史书中。现在情况不同了，因为印刷技术发达，图像印刷非常准确、精美，包括风俗民情的图、战争地图、疆域地图等，像康熙朝的《皇舆全览图》等都是世界著名的地图。能够把大量的图放入历史书中，可以更生动形象地表现历史。

传统史书里的纪、传、表、志，不能全部搬用，也不能全部抛弃，应该考虑如何加以重点改造。例如，本纪实际上是这一朝代的大事记，我们可以把本纪和皇帝的传记分开，保持记录大事的部分。

人物传我想还是要的，因为历史是人的活动，是由人创造的，但写多少人，如何排列（按时间还是按类别），需要考虑。志是否要保留，要占多少分量，写什么样的志？譬如《清史稿》里的天文志可以讨论要不要。天象的变化比较小，原来把它写在历史书里是强调“天人感应”，我们要不要这个志？地理志在《清史稿》中篇幅很大，我们能否用地图等来代替它？有的志要加重分量，到近代出现了许多工厂、矿山、铁路、轮船，《清史稿》将它们放在交通志里，并不合适。《清史稿》中有9个表，职官表很大，如何改造？文体问题怎么办，用白话还是用文言？用文言，后来人可能看不懂，也达不到《清史稿》的水平；用白话则字数要多，篇幅会很大。欧阳修讲，写历史的主要原则为“文省事增”，用白话文，文字就会很多，总之，有一利就有一弊。3 000万字的《清史》是我们10年的主要目标，特别是其核心的通史部分，要遴选高手来写。

除了主体部门，我们是否还要扩大眼界，拓宽领域，大规模地搞清代文献档案的整理工作？为了保证《清史》的质量，必须进行资料的搜集和整理，因为离开资料我们谈不上历史研究。清朝灭亡一个世纪以来，清史文献档案资料陆续发现，但由于数量太多，许多文献档案还没有整理。现在我们要进行全部的整理和抢救也不可能，要有选择、有区别地进行。第一，要整理那些和清史研究关系比较紧密、可以比较快地提高清史学术质量的资料。第二，要选择孤本、稿本等很快就要消失的资料来抢救。第三，要斟酌文献档案的整理工作量有多大，投入的人力财力有多少，要分别轻重缓急，量力而行。这是提高《清史》质量的关键，也是对清代文献资料的抢救和保护，是很有意义的工程。历代修史都要事先征集资料和书籍，但没有都保存下来，绝大部分遗失了，现在我们看到的仅仅是一小部分。如果我们能够看到当时写史的根据，那么现在的历史研究情况就大不相同了。现在我们的经济条件、技术条件、社会条件都允许我们把这些资料完整地保存下来，留给后人。我觉得有以下几个系列的文献档案要充分地注意：

（1）清代国家档案系列。这是非常宝贵和丰富的历史遗产，50

年来第一历史档案馆做了大量的工作，但还有许多重要的档案没有整理。10 年内我们能不能把较大的精力和财力投入档案的整理？比如嘉庆、道光、咸丰、同治四朝的宫中档还没有整理，这是非常重要的资料，是皇帝放在宫中看的；档案馆现在保存的粮价雨水折、单、片，是清朝规定全国每个县每个月报一次粮食的价格和雨水的情况，这样大范围、大面积的气象和价格记录是全世界仅有的，是经济史和气象资料里非常珍贵的东西，而且数量很大。清朝保存的清末外务部的档案也是非常完整的，这一段外交史料完整地反映了帝国主义侵略中国的历史。

(2) 个人档案系列。像上海图书馆保存的盛宣怀的档案，当年顾廷龙先生把它收在上海图书馆，现在开始有几个人在整理。盛宣怀是中国近代化过程中非常重要的人物，上海轮船招商局是他办的，中国最大最早的纱厂——华盛纱厂是他办的，中国电报是他办的，汉冶萍公司是他办的，卢汉铁路是他修的，中国第一家银行——通商银行是他创办的，另外交通大学也是他创办的。把他的档案整理出来，对于写清代近代化历史非常重要。

(3) 清人诗文集系列。这部分有 4 万种，几部目录已经出来，而且做得非常好，有书名、卷数、作者、版本、源流、藏地、纪要等，都很详细。我们是否能够取其精华，发表一些？取其百分之一，就是 400 种、上亿字。

(4) 清人年谱、日记、笔记、书信系列。清人的年谱约有 800 种，大多数没有发表。日记也很多，像曾国藩日记、李慈铭日记、翁同龢日记，都非常有名。笔记发表较多，但很零碎。书信很多都是原件，从来没有发表过，上海图书馆有 11 万封。前天看到报纸上讲，明人的书信刚刚出版了，有 4 万件，清人的书信也应该出版，听说苏州博物馆和国家图书馆也有很多。像这样的书信可以影印，它不仅有历史价值，还有艺术价值，因为清人很多都是书法家。

(5) 少数民族文字档案系列。中国是多民族的国家，不光有用汉字写成的史料，还有用满文、蒙古文、维吾尔文、藏文等写成的非常重要的史料。

(6) 徽州契约文书系列。现在有 30 万件，其中 20 万件已经发表，还有 10 万件没有整理。

(7) 学者著作系列。清代的学派很多，有考据学派、西北史地学派、古文学派、今文学派等，能否把他们的著作搞一些丛书？比如西北史地学派著作丛书，把他们的著作都集合在一起。

(8) 翻译系列。清朝和前面的朝代不同，它和世界历史的关系非常密切。比如清朝时来华的传教士写了很多关于中国的情况，当时有个规定，每个传教士定期要向罗马教廷报告在中国的所见所闻。已经出版了一套传教士的书信集，十几个国家都有译文，唯独中国没有，从日文翻译过来的是简本。晚清的这类东西很多，如外交官、商人、军官所写的作品，我们要有选择地翻译。其他还有家谱、报刊、图录等系列，每个系列都包含了大量的历史信息。

要把全部的文献档案都包下来是不可能的，但我们要尽最大的力量来进行文献档案的整理。《清史》纂修是标志性的文化工程，既然国家托付我们这样一个重任，我们就投入最大的人力、财力来做，动员一切力量来进行抢救和整理清代历史文化遗产的工作。要整理档案文献，就要进行可行性的调查研究，要整理哪一部分，要投入多少力量，要用多少钱和时间，由哪些人来整理，写出规划方案，争取在 10 年内多做一些项目。整理档案文献可以提高《清史》的质量，纂修《清史》又可以带动文献档案的整理，两者相辅相成，并行不悖。写历史的人和整理档案文献的人适当地分开，齐头并进，不至于耽误写作的时间。《清史》工程实际上包括两个部分，一部分是 3 000 万字的主体工程，另一部分是规模很大的档案文献整理工程。10 年后《清史》主体工程出台，各项文献档案工程也陆续出台，形成规模性的文化工程。打个比方，我们要打造一艘航空母舰，不仅仅需要航空母舰，还要有许多驱逐舰、巡洋舰、潜水艇，要形成一个战斗群，形成规模性的文化工程。这样做，一是为了能够有坚实的资料依据修好《清史》；二是我们放宽眼界，抢救保护珍贵的档案文献。这是功在当代、利在千秋的事业。

这样规模的工程，人员可能动用二三百人，用款可能达到几个亿。几个亿在文化方面显得很大，但在整个经济建设上是个小数，用来对清代的整个文化遗产进行抢救是很值得的。江泽民主席讲社会科学和自然科学有四个同等重要，但是我们现在缺乏标志性的文化工程。《清史》编纂如果按照这样的规模进行，可以称得上名副其实的国家行为、国家工程，是新世纪标志性的文化工程，意义重大，影响深远。它的实现依靠全体编纂委员和整个学术界的共同努力。我相信全体编纂委员愿意承担这样艰巨、宏大的任务，会积极地投入这项巨大的文化工程。这项工程时间长、难度大、工作复杂，但我相信有党中央、国务院强有力的支持，有文化部领导的协助，我们和广大历史学界团结一致、积极努力、开拓创新、与时俱进，一定能够完成党中央、国务院和全国人民托付给我们的编纂《清史》的任务。

构建新世纪标志性文化工程*
——清史编纂工程启动感言

我国有重视历史著述的传统，历代撰写的史籍汗牛充栋，并且非常重视“以史为鉴，资政育人”。每当一个朝代衰亡了，继起的政府为了总结前代的历史经验，都要为前朝修史。江泽民同志说，中华民族历来重视治史，世界几大古代文明，只有中华文明没有中断地延续下来，这同我们这个民族始终注重治史有着直接的关系。

在我国的众多史籍中，有“正史”之名的纪传体史书共二十五部，系统详细而不间断地记录了自五帝以来数千年的中国史。这是中华民族的重要文化载体，是人们了解、研究我们国家和民族形成发展的百科全书，是建设中国特色社会主义的智慧宝库。

“二十五史”至《明史》而终，不包括清代历史。清朝自满族入关至宣统逊位，统治中国长达268年，时间跨度长，内容丰富，史料繁多，而且与现实接近，因而清史的地位和价值十分重要。当代面临的许多重大问题，如经济建设、政治改革、文化发展、中外交往以及人口问题、宗教问题、边疆问题、生态问题、城市化问题、地区发展不平衡问题等等，都各有其历史渊源，都要追溯到清代才能够了解问题的根由。因此，编纂一部详尽的高水平的《清史》是全面了解祖国历史、科学分析中国历史发展道路的需要，也是总结历史经验教训、正确认识中国国情、建设中国特色社会主义的需要。

清亡后，继起的北洋政府于1914年开设清史馆，为清朝修史，但因战争频仍、经费拮据和政权更迭等原因，没有正式成书前即仓促杀青，故名为《清史稿》。该书虽然也有一定的学术价值，但修撰

---

* 原载《光明日报》，2003年2月25日。

者大多是清朝遗老遗少，往往站在清朝的立场上说话，故在许多问题上记载失实，讹误甚多，且评论不公。如对孙中山领导的辛亥革命贬抑殊甚，以致国民政府将它列为禁书。此后台湾当局亦欲再修《清史》，但限于人力、财力及缺乏史料，仅修补了《清史稿》之一部分，近年来又作《〈清史稿〉校注》，订正了《清史稿》中的许多谬误疏漏，而再修《清史》之工作始终未能启动。

自中华人民共和国成立以来，党和国家几代领导人都十分重视《清史》的纂修。新中国成立以后，董必武同志曾建议纂修《清史》，并得到毛泽东主席的赞同。50年代末，周恩来总理曾委托吴晗同志考虑纂修《清史》的规划，后因三年困难时期暂行搁置。1965年秋，周总理委托中央宣传部周扬同志负责组成了以郭影秋为首的“七人清史编纂委员会”，并在中国人民大学建立清史研究所，作为编纂《清史》之机构，因不久发生“文化大革命”，修史计划又告夭折。“文化大革命”结束以后，邓小平同志转下一封建议纂修《清史》的信件，学术界又筹议纂修《清史》，并初步拟订了编纂规划。但当时刚刚改革开放，百废待举，万端待理，难以顾及修《清史》之事，故此议再度被搁置。由此可见，纂修《清史》是老一辈无产阶级革命家的殷切期望，也是几代史学家努力不懈的奋斗目标。

时至新世纪，学术界再次呼吁编纂《清史》。中央领导经过详细地调研和缜密地考虑，衡量修史的时机和条件，决定启动编纂《清史》工程。应该说，动员组织学术界的力量撰写一部能反映新中国理论水平、学术水平的大型《清史》，使之成为新世纪学术发展、文化建设的标志性成果，这对发展我国学术事业，推动历史研究，提高我国人民的历史知识和人文素养，增强爱国主义精神，展示新世纪的文化建设，具有重大的意义。

改革开放20多年来，我国的经济建设蓬勃发展，成果辉煌，综合国力大大增强，学术文化日趋繁荣，清史研究也取得巨大的进步。以历史唯物主义为指导的清史学体系逐渐形成，日臻完善，大批清史资料已整理出版，研究队伍不断扩大，研究水平不断提高，优秀成果大量涌现。纂修《清史》的学术条件已基本成熟。因此，在党中央和国务院的领导下，在有关部门的支持协助下，在全国清史和其他学科专家的通力合作下，我们有信心经过十余年的艰苦努力，完成一部多达3 000万字的具有较高水平的大型《清史》，为中华民族的文化宝库奉献一部优秀的历史作品。

《清史》纂修是新世纪的一项标志性文化工程。我们要以马列主义、毛泽东思想、邓小平理论和“三个代表”重要思想为指导，在重大理论问题和历史是非问题上讲政治，讲原则，实事求是，还历史以本来面目；要坚持学术创新与发扬史学优良传统的统一，坚持尊重客观历史真实与反映时代精神的统一，坚持文化学术积累与以史为鉴、古为今用的统一；要做到材料丰富，叙事精当，观点正确，文字流畅；要组织专家研究新编《清史》的内容、体例、文字和编纂规划，经过充分讨论，继承传统史书的长处，吸收现代史学研究的成果，并结合清朝历史的实际情况，开拓创新，与时俱进，做到思想性、学术性与科学性的较完美统一。

清代的文献档案，浩如烟海，不计其数。要撰写一部高质量的《清史》，必须对原始资料做一番认真、切实、细密的研究和清理工作。查核记载，考证史事，改正讹误，做到“实事求是”，“言必有据”，力求成为“信史”。有清一代的各种文献档案数量庞大，分散各地，杂乱无章，从未经过有计划的全面整理，我们对其种类、数量、保存地点和保存情况，还心中无数。由于年深日久，纸质脆薄，不少珍贵的文献档案已破损碎裂，行将毁灭。我们应大力进行抢救，经过调查研究，搜集整理，或妥善保存，或公开出版，使之流传永久，泽及后世。这是保护清代历史文化遗产的大事，必须充分重视。文献档案的整理研究是提高《清史》质量的关键，而修撰《清史》又可带动清代文献档案的抢救、保护和开发。

纂修《清史》，工程浩大，时间长久，不是少数单位、少数人员短时间内所能完成的。我们必须组织学术界广大力量，调动大家的积极性，群策群力，共襄盛举。清朝历史时间跨度长，涵盖领域广，不仅有政治、经济、军事、法律、文化和民族等内容，而且涉及科技史、艺术史、社会史、宗教史、民族风俗史等，包罗万象。

除了发动清史学者修史，还应邀请其他领域的学者参与，争取撰写一部全面、真实、高水平的《清史》。

为了调动修史人才，为了利用浩瀚的档案文献和历史资料，为了取得充分的物质和资金保障，应有政府介入，得到政府的领导和支持。因为编纂《清史》是一项规模宏大、艰难复杂的系统工程，需要经历很长时间，投入很大的人力、财力，任何个人或单位都没有举办这项宏大文化事业的能力。中国历史上重大的有成效的文化工程大多是由政府出面组织的，历代所修正史以及唐代纂修的《五经正义》，宋代纂修的《文苑英华》《册府元龟》《太平御览》，明代纂修的《永乐大典》，清代纂修的《四库全书》等，无不如此。这是顺利完成工作的需要，也是保证工程质量的需要。在此需要提及的是，现在政府支持《清史》的编纂与过去官修史书已完全不同。今天修史主要是专家学者的集体创作，政府在物质条件和财力上予以支持，并不是在学术上干预，因而不会发生封建时代“罢黜众说，定于一尊”的事。而且也只有尊重专家学者的研究自由和学术观点，在百家争鸣的基础上各抒己见，独立思考，权衡至当，择善而从，才能产生高水平的学术著作。

《清史》纂修工作即将启动。在党和政府的领导下，在全社会和学术界的支持下，在全体编纂人员的努力下，我们相信这项宏伟的文化工程一定能够顺利实施，圆满完成。

贯穿《清史》的一条主线*

——新修《清史》通纪内容要旨

新修《清史》的总体设计，内设通纪，8 卷本，拟写 300 万字，占《清史》全书约 3 000 万字的 1/10。通纪与典志、传记、史表、图录共五项，合为新修《清史》的主体内容。五项都是新《清史》不可或缺的组成部分。但通纪之重要，可用“全书的总纲”“全书的核心”来概括。

纂修新《清史》，是当代中国一项世纪性的文化学术工程，是学术界百年宏图大业，需要所有学者、专家都来关心它，支持它，并积极参与到这项事业中来。因为这个缘故，我想就通纪的基本内容做一简介，实际是对这部分内容的结构设计，以期引起讨论，企盼提出更富有创见性的意见和建议，帮助通纪达到高水平、高质量。

一

新修《清史》设置五个部分，即通纪、典志、传记、史表、图录，一方面继承了传统史书的体裁，另一方面也吸收了 20 世纪以来新的体裁，它们各有长处。传统的纪、传、表、志体裁的优点，有比较大的包容量。中国传统史书，如“二十四史”，都是用传统体裁写的，直到 20 世纪，从梁启超、章太炎开始才有了章节体，之后的 100 年都用章节体，而传统体裁几乎被废弃不用了，只有罗尔纲修

---

* 原载《社会科学战线》，2005 年第 5 期，系 2003 年 6 月 4 日在清史会议上的讲话。

《太平天国史》用了传统体裁。我认为，这两种体裁都有各自的优点，也各有自身的缺陷。我们新修《清史》，主要采用了传统史书的传统体裁，发挥其包含量大的优点，从各个方面反映清代历史内容，体现历史发展演变的丰富性和多样性。同时，我们又考虑到20世纪以来盛行的章节体的长处就在于它能表现历史发展的大趋势，揭示历史的规律，可以对历史进行连续性的、立体式的、有重点的编写。所以，我们设计的五个部分，其中四个部分是用传统体裁，一个部分即通纪采用章节体。

何谓“通纪”？按我的设想，“通纪”也就是“通史”，或者不叫“通纪”叫“总序”，或者干脆就叫“通史”？名称应以准确、贴切为好，究竟哪个名称更好，可以讨论而后定。

不论用哪个名称，现在姑且称“通纪”，就是用8卷本、300万字的规模，把清代近300年的历史加以扼要地叙述，前后贯通，表现历史发展的大趋势和我们的历史观，阐明清代从崛起到发展与鼎盛时期，再到衰落以至灭亡的全过程。这里面，当然要多方面反映清代政治、经济、军事、文化的内容，包括阶级斗争、民族斗争的各个方面，包括意识形态、社会生活的各个方面。但是，这些方面的叙述都比较简略。这8卷是宏观的叙述，一方面不能过于简略，否则很多问题就说不清；另一方面又不能太细，内容过多，否则通纪部分承担不了。因此很多内容要由纪、传、表、志分别承担。

通纪分为8卷，是根据清史的内容和新修《清史》各部分的比例，经过反复考虑才定下来的。有一种意见，主张通纪不宜写多，写两卷就够了。我觉得这样写困难比较大。第一，要阐明清朝近300年发展大势，两卷本是不够的，100万字以内不行，3卷也不够，8卷已经是比较少的了。近300年的时间跨度很长，内容太多，前后变化太大，比较短的篇幅难以说清这个大势，很多问题说不清楚。第二，通纪部分涉及的内容，如阶级斗争、民族斗争、经济基础与上层建筑等，各个方面都需照顾到，不能太简略。再比如，通纪重点讲政治、军事、外交这些问题，因为这些问题也只有在这里可以说清楚，在后边就没有地方再讲了。就说军事，清朝打仗可不得了，

17 世纪打了一个世纪，18 世纪是一个太平世纪，当然也有乾隆朝的“十全武功”，但是战争还是比较少的。到 19 世纪时，又打了一个世纪，从白莲教到鸦片战争、太平天国、中法战争、甲午战争、义和团运动、八国联军，整整打了一个世纪。哪个志能写战争呢？《兵志》是不能写战争的，因为《兵志》是记述军队编制的，讲八旗、绿营的编制，不能写打仗的事，所以不能指望《兵志》来解决具体战争问题。那么，传记能写吗？的确有些人物参与过战争，可能是个统帅，但一次战争中统帅也常常撤换，写一个人物不可能贯穿地写一场战争。至于表，就更无法反映战争的内容了。显然，只有通纪才能反映这么多的、这么重要的、这么激烈的战争！这些内容的重要性和必要性都要求写到通纪部分。再如，鸦片战争的过程不一定展开，不能写得很多、很详细，但不能没有它。政治斗争也是这样，有许多重大的政治斗争，如雍正夺嫡问题，有各种不同意见，有的认为雍正是合法继承，有的认为雍正是非法继承。这些都可以讨论，但雍正继位这件事不能不写，放到哪里去写呢？也只能在通纪里去写。雍正帝的传肯定要写这个内容，但涉及的人多，内容也多，不能全写进传记里。再如，北京政变，慈禧上台，当然可在慈禧传里写，主要还是在通纪里写。很清楚，没有相当规模的通纪，就无法处理这些政治上、军事上的重大事件。

原先我曾设计“载纪”，将一些特殊的历史事件，如南明、吴三桂建周政权、太平天国、准噶尔等，都附载于《清史》，名为“载纪”，这也是沿用了“二十四史”中《晋书》的体例。后来，反对设“载纪”的意见比较多，我也就把它撤掉了。那么，“载纪”里的内容放到哪里去写呢？如上面提到的太平天国，不仅是打仗，不仅是军事，还有一些制度，如“天朝田亩制度”“守土乡官制”“天历”等，都可以放到通纪里写。准噶尔的丘尔干会议，是一项很重要的制度，但不是清朝的制度，在官制里也不能写。跟准噶尔打仗的内容，该写在哪里呢？显而易见，这些内容只能写到通纪里，这就使通纪的内容很拥挤，用 8 卷写，已显得容纳困难，如只用两三卷，就将使通纪困难重重，无法承受。

二

通纪分为8卷，实际是把约300年的清史划分为8个历史阶段而设的。清史为什么要划分为8段？为便于说清问题，将各卷内容要旨分述如下。

第一卷：满族兴起和清朝建立（1583—1643）

这段历史是从努尔哈赤以13副遗甲起兵一直到清兵入关前，一共60年时间。努尔哈赤起兵打败了尼堪外兰，统一了建州各部，接着又平定了海西女真辉发、乌拉、哈达、叶赫四部，共花了将近30年时间，从小到大，从弱到强，一个新兴的民族在东北崛起，直到萨尔浒战役和明朝对抗，使明朝号称的40万大军全军覆没。又经过多次战争，努尔哈赤进入辽沈地区，之后又进入辽西锦州地区，逼近山海关。满族人口仅几十万人，人口很少，从统一内部开始，花了60年时间发展成这么大的势力跟明朝对抗。皇太极时，满人屡次突破长城，并且曾经围攻北京，势如破竹，百战百胜。

当时满族人口不多，却取得了这么大的成功！这个问题是值得我们思考的。我认为，第一点是由于满族处于社会发生根本变化的阶段，处于从奴隶制走向封建农奴制的阶段，在这样一个关头，这个民族最容易产生一种蓬勃的朝气。社会发展处于上升的阶段，农业也发达，经济也发达。第二点是由于努尔哈赤和皇太极这两代领袖英明善战，他们想了许多削弱明朝的办法，而且创造了八旗组织。八旗组织是非常坚强善战的组织，把整个满族的人组织在八旗制度之下，整个满族子弟剽悍勇敢，团结在领袖的周围。第三点是由于满族内部民族凝聚力强大，是一个处于上升阶段的民族，是一个在胜利中前进的民族，这时它的凝聚力是最强大的，而且满族能够比较果断地解决内部矛盾。当时的内部矛盾很多，努尔哈赤跟舒尔哈齐的矛盾、跟褚英的矛盾，以及皇太极与其他大贝勒之间的矛盾，还有多尔衮跟豪格的矛盾，但他们善于处理这些矛盾，不至于像太平天国一样闹得一塌糊涂。第四点是由于满族向汉族学习，学习汉族的文化、制度，重用汉人，从李永芳、范文程、洪承畴、孔有德，一直到吴三桂。第五点是由于满族联合蒙古及黑龙江流域的各民族，尤其与蒙古族联姻联盟，获得蒙古族的支持，蒙古骑兵成为清朝的一支劲旅。而跟满族对立的明朝则内外交困，腐败不堪：在当时朝廷外有李自成、张献忠起义，闹得全国各地烽火连年；朝廷内又有党争，东林党、非东林党、阉党激烈地斗争；外部还有满族的进攻。三面夹攻，这样的政权是胜不了的。一看史料就知道这两个政权的不同：一个是焦头烂额、四面楚歌，一个是欣欣向荣。所以人口少的满族政权，将对于它来说是庞然大物的明朝打败了。满族政权也不是一下就把明朝打下来的，而是对峙了很长时间，逐步削弱明朝的枝叶。所以第一卷的内容应该围绕着满族的兴起、清朝的建立，一支非常弱小的、处于偏僻地方的力量是怎么崛起的来写。把这个问题写透了，第一卷就成功了。

第二卷：清朝入关和确立全国统治（1644—1683）

李自成进京后，崇祯皇帝上吊身亡，明朝灭亡，清朝入关。清朝入关伊始，势力限于华北北部，然后扩展到整个华北，后到长江流域以南，跟南明进行了长期的战争。南明失败后，又跟三藩长期进行战争，一共花了近 40 年才把南中国统一。这个时间也是很长的。闯王进京，明朝灭亡，对清朝来讲这是问鼎中原的最好时机，如果不利用这个时机，就要失去历史机会了。这个时候，皇太极偏偏刚死掉，多尔衮和豪格两个人争当皇帝，黄旗和白旗争起来，差一点火并。但是，清朝的高明就在这里，它内部协调，两个人都不做皇帝，捧出一个小孩——顺治做皇帝，两个人辅助顺治。豪格本是皇太极的长子，应名正言顺做皇帝，但多尔衮能干，权力和势力大，如果他们两人火并起来，也就进不了关了，即使进关也不行。他们能够妥协、缓和，内部解决了这个矛盾，这是历史上很重要的经验教训。当然，后来多尔衮全胜，把豪格关起来，但当时清朝是能够挥师入关的。所以历史的机遇只能被那些善于驾驭局势的能人抓住，如果他们两人只顾争权夺利，就会失去机遇。

入关以后的40年中，清朝致力于争夺全中国的统治权，主要是长江以南，对手是南明。南明有三个主要政权——弘光、隆武、永历，一个在南京，一个在福建，一个在西南，再加上农民军李自成的余部和张献忠的余部，从人数来讲还是很多的。南明有不少军队，但太分散、太腐败。南明之后，又有三藩起来，一直到收复台湾（1683年），共40年，我想当时清军入关后，中国很有可能变成南北朝。因为中国历史上，游牧民族入侵中原后一般都出现南北朝：晋朝时候“五胡乱华”，东晋跑到南方去，形成第一个南北朝；第二个南北朝是南宋与金，金国也是占了汴梁（今开封）后，把宋高宗赶到杭州，后来金兵打到杭州，宋高宗又跑到海上，金兵守不住而退兵。因为游牧民族经过中原长期的战争筋疲力尽，到南方以后，天时、地利、气候、饮食习惯、语言等都有障碍，往往过不了长江。但清朝就挥师南下，势如破竹，这是怎么回事？我觉得，一是当年清朝与南明的军事战争，不仅是军事斗争，而且还是一场政治斗争，清朝高明就高明在政治上争取到了汉人的认同。满族本来是一个落后的民族，它的政策是比较落后的，所以入关后就屠城、抢掠、乱杀人，在北方圈地。但是它的野蛮政策逐渐改变，圈地很快停止，顺治四年（1647年）、五年（1648年）后就停止圈地了，屠城后来也停止了，而且用各种宽大的政策招抚汉民，免除“三饷”，采用科举考试来招抚汉族知识分子。它当然不是一下子就能改变的，但是它在改变。越是清初，政策越严格。反之，南明最根本的要害就是分散，政权林立，各自为政。农民军也很多，李赤心一支、郝摇旗一支、李定国一支、孙可望一支，虽然都奉明朝的年号，实际上个个都是很跋扈的将领，内部斗争很激烈，特别是弘光朝、永历朝闹得一塌糊涂、非常腐败。清朝则号令一致，多尔衮发布命令没人敢违抗。南明虽然力量大，但没有这样集中的力量。再一点，清朝打南明，主要利用汉族军队，即吴三桂、孔有德、尚可喜这些人，不是利用八旗兵。汉族军队适应汉族地区的天时、地利、风俗习惯。

为什么三藩后来尾大不掉？就是因为打南明时，主要的力量已经不是八旗兵了。清朝的高明之处就在于利用汉人，所以能够在南方站住。三藩的失败是必然的，吴三桂本来招清兵入关，把永历皇帝杀掉，后来又反叛清朝，道义就没有了。对老百姓来说，他毫无威信，这在战争中是很重要的。再加上他保守，守在岳阳一带不再前进，更不行。

第二卷的内容，大体上就是这样。要讲清楚清朝为什么能够很快打下南中国，而且没有形成南北对立的局面。如果当年形成南北对立，那以后的历史就变化了。没有清朝统一的局面，我认为我们今天就可能分崩离析。

第三卷：经济的恢复、发展和康熙之治（1684—1722）

进入康熙朝后期，也就是康雍乾盛世的开端，在统一南中国、平三藩、收复台湾时，清朝后方起火。一是在黑龙江流域，俄国越过乌拉尔山，跨过广阔的西伯利亚，在几十年的时间里到达太平洋边上。这个速度是很快的，因为西伯利亚空旷无人，没有抵抗。但是，俄国到达黑龙江，建立据点，碰到强大的反抗，跟达斡尔人、赫哲人打得非常激烈。另一件事是察哈尔蒙古的布尔尼在三藩之乱时叛乱。第三件，也是威胁最大的，就是准噶尔汗国在今新疆伊犁崛起。这三支力量，一个在东北，一个在西北，一个在北方，让康熙一面打前边，一面看后边。布尔尼叛乱时，北方都没有军队，都派到南方去了，当时满族还比较能战，是图海率领满族的家奴去打的。东北方面，清军在雅克萨战争中打败了俄国，双方签订了《尼布楚条约》，安定了中俄东段边界。《尼布楚条约》所划的边界比我们现在的领土要大得多了。布尔尼也很快平定下来。西北方最主要的敌人是准噶尔汗国，它的根据地在伊犁，军队很强大，已经把天山南北都占领了。往西打到哈萨克，现在中亚细亚的大部分国家当时都是它的势力范围，东边袭扰整个外蒙古，往南威胁内蒙古，外蒙古的领袖包括哲布尊丹巴、三个大汗往南跑到康熙这里来求援。北方相当紧张。这个时候康熙发兵，在乌兰布通把噶尔丹打得大败，噶尔丹逃到外蒙古。当时的行军很困难，清军进不了外蒙古，双方相持了很长时间。直到乾隆元年噶尔丹病死，这场持续了七八年的战争才告一段落。但准噶尔汗国的问题并不是那么轻易就解决得了的，虽然它往南攻打北京的威胁解除了（乌兰布通离北京只有 400 公里），但是它的老窝伊犁仍然被噶尔丹的侄子策妄阿拉布坦占领，清朝跟策妄阿拉布坦时战时和。策妄阿拉布坦曾经派军队进入西藏，所以康熙末年有一场允禵援藏战争。那场战争一开始也是清军全军覆没，后来派十四皇子允禵去，还有岳钟琪、年羹尧，他们也都是在那场战争中崭露头角的。雍正时又在外蒙古发生和通泊战役、光显寺战役。和通泊战役中清朝军队几乎全军覆没，双方打成平手。乾隆初年开始讲和，以阿尔泰山为界。乾隆十年（1745 年），噶尔丹策凌死掉，他是准噶尔汗国比较英明的领袖。他死后准噶尔内讧，达瓦齐上台，排斥异己，准噶尔很多人跑到内地投奔乾隆，这给了乾隆一个千载难逢的时机。说实在的，当时准噶尔汗国要是不内讧，清朝政府就无法统一。因为当时到新疆去打仗谈何容易，没有先进的交通工具，靠马，靠步行，粮食也很难运输，当时也想办法商运粮食，在北京一两银子可以买到的一石米，运到那边要十七八两银子，开销很大，仗没法打。所以乾隆看到准噶尔内讧，决定平准，把来投奔的人都派回去，让他们自己打自己。出兵时朝廷的许多大臣都反对，乾隆说所有的人都反对我平准，说这是劳师无功。特别是刘统勋，这个人是迂夫子，他说没有粮食。那时还顾得了粮食啊！你进去吃人家的呀！因地就粮。他说粮食要准备三年，三年之后时机早就过去了，你打什么仗啊！清朝就是这样进入新疆的，而且先锋就是那些投降过来的人马，主要是阿睦尔撒纳。进入新疆后，清朝军队因为粮食跟不上，所以一进伊犁，把达瓦齐抓住后，清军马上撤退，只留了几百人。于是准噶尔又重新起来反抗，把驻守的军队都杀掉了，这就有了第二次平准。这中间的曲折我就不说了。平下来以后，打大小和卓就顺理成章，比较容易了。这样，我们才实现了国家的统一，奠定了中国的版图。不经过这些战役，国家的统一就难以实现。在当时的新疆，蒙古人是主要的，由于他们反复叛乱，乾隆非常恼火，采取了屠杀政策，应该说这是一种民族灭绝政策。可见战争是血腥残酷的，进步的事业也是要用残酷的代价换来的，绝没有什么仁慈之师。乾隆不好说把他们都屠杀，他叫“办理”，把这个人给“办理”了。他要求进关“办理”，不要在新疆杀掉。我们肯定他的这场战争是进步的，没有这场战争，中国统一不了，但是这场统一战争付出了很惨痛的、血腥的代价。这些我们将来写的时候都要表现出来，不能说好就都是好的，什么缺点也没有。

康熙在北方打仗的同时，还抓中原地区的经济恢复。康熙中叶以后特别注意这方面：治河，治黄河不惜工本；垦荒，因为经过大战乱后人死得多，没有人种地，把荒了的田地都垦出来；北方是挖井，雍正时光陕西一省就挖了 5 万口井。平定三藩后，100 年没有战争，经济能够恢复、发展，这是首要和根本的条件。中原地区长期的安定为康雍乾盛世创造了条件，所以康雍乾盛世包括两个方面：一个是统一，另一个是经济。这是第三卷的重点内容。

第四卷：雍正改革和乾隆统一全国（1723—1776）

康熙后期问题也多了。一方面儿子太多，20 多个儿子抢帝位抢得一塌糊涂，抢得康熙都哭，太子立了又废，废了又立，闹得很厉害。另一方面官员贪污，吏治败坏。康熙时的官饷很少，也是低薪制，三藩之乱时全国知县不发俸银，要自己想办法养活自己，于是搜刮加剧，后来逐渐好转。雍正上台，我们不管他是合法的还是非法的，对此学术界分歧很大。我认为他是非法的，但他上台后确实是厉行改革，严厉惩治贪官，成立“会考府”，就像我们今天的反贪污办公室。雍正还从制度上进行整顿，实行高薪，耗羡归公，设养廉银等。没有雍正的改革，乾隆难以为继，所以应当肯定雍正的功劳。虽然雍正与准噶尔打仗时，没有打大胜仗，但是他在改革内务上很有成绩。从雍正以后，国库的存银逐渐增加，国家有钱了。

第四卷从雍正上台一直到乾隆四十多年，这一段是康雍乾盛世的后期，也是最高峰。一个是乾隆二十年（1755 年）以后两次平准、一次平回，完成全国的统一，这是中国历史上极大的功绩。经济上又继承了康熙的有关政策，军事上向周边移民。中国从康雍乾开始移民的方向不一样了。之前中国历史上的移民都是从北向南——从黄河流域向长江流域、从长江流域向珠江流域移民。康雍乾时期人口极度增加，移民向四面八方移动，中原地区是核心，向南移民、向西移民，很多新疆移民就是从这个时候开始的，还向东北移民。东北在清初时人口极少，南怀仁记载他跟康熙到松花江去，一过铁岭，全是大森林，蔽天遮日，铁岭在辽宁省，吉林、黑龙江也都是大森林、大沼泽地。生态环境在清朝一朝被破坏得很厉害，森林都被烧光了。所以我们有一卷《生态志》，要写一写生态环境的破坏，这个工作是很艰巨的。农业上，乾隆大兴水利，有一次黄河青龙冈决口，花了两年才堵上口子，用了半年的全国财政收入，不惜工本。清朝皇帝十分注重农业、关心农业，档案馆里保存着粮价雨水条子，每一年每个月各县都要上报本地下雨几寸，粮食价格多少，大豆多少钱、米多少钱、小麦多少钱。我想把这部分档案全部整理出来，这是大范围的经济和气象资料，全世界没有这么大范围、长时间的资料，这都是珍贵的历史资料。乾隆时期经济上的繁荣可以说达到了历史上的最高水平。明朝以前，中国历史上的人口纪录最高没有超过 8 000 万，当然实际人口可能达到甚至超过了 1 亿。清朝就不一样了，乾隆六年（1741 年）人口为 1.4 亿多，这是正式统计，比较准确，乾隆末年人口 3 亿，道光时有 4 亿，道光以后一直打仗，到民国时期也没有增加。明朝以前，中国粮食的生产能养活不到 1 亿人，到乾隆时养活 3 亿人，粮食生产增加 1 倍多，这还不算历史上的最高水平吗？农业国的经济就是看农业生产，粮食生产多了就说明经济发展水平高。我认为清朝的经济发展水平超过了汉唐。汉朝是 6 000 万人口，唐朝最多是 8 000 万人口，只能生产养活这么多人的粮食，而清朝有养活 3 亿多人的粮食，所以经济发展水平肯定超过汉唐。在世界上有两种统计：一种说法是当时中国的农业产量占全世界的 32%，比当时全欧洲生产的粮食还多；另一种说法是占当时全世界的24%，差不多占1/4。究竟哪一种准确，我现在也没法判断，将来我们写的时候能不能把它搞清楚？究竟当年的GDP是多少？这个工作也是比较难的，但不妨做一做。当时清朝经济确实达到了一个很高的水平，工农业的产值全部超过当时的欧洲，就是当时的英国、法国、德国、俄罗斯等加起来还赶不上一个当时的中国。当然那时他们的人也比较少，全欧洲的人口到不了3亿。特别是英国、法国，人均生产水平比我们高，生活水平比我们高，劳动生产率比我们高，走在我们前面，但是那时他们还没有经过产业革命，产量的增加还很有限。当时的中国可以说是全世界的经济大国，这个资料是我从肯尼迪的名著《大国的兴衰》上找到的，当然，他说的也不一定可靠、准确，但他是有根据的，是引用了一个统计学家的研究。

为什么中国有康雍乾盛世的到来？一个原因是当时的世界潮流，中外的接触增加了。尽管中国当时实行闭关政策，不和外国接触，但是实际上做生意的商人、传教士到中国来得很多了；中外贸易也达到很高水平，丝、茶出口量很大，白银大量输入。最近有一本书《白银资本》，说当时全世界有1/2的白银输入中国来了，中国的贸易量大大增加，跟以前大不相同了。另外，雍正改革也使得国内政治、经济各方面的制度有所改进。但是所谓盛世繁荣，不能光看到盛世，不能光看到繁荣，还要看到繁荣下面掩盖的阴暗。如果跟当时世界的其他国家相比较，虽然我们国家的GDP相当高，但是我们仍然是封建国家，仍然是小农经济的汪洋大海，仍然是牢不可破的专制主义，传统的阻力非常大，难以前进。所以，尽管GDP相当高，但后续的发展劲头就差了，表现在：一是专制政治太强大，人民没有权利，不像欧洲出现了市民阶级，掌握了一部分权利，逐渐向中产阶级发展。二是闭关自守。全国人民不了解世界是怎么回事，虽然当时的清朝已经与世界开展了规模相当大的交流，但是不允许老百姓接触外国人，比方洪仁辉的案件。洪仁辉跑到北京去告状，他本人没有被杀掉，给他写状子的汉人倒被杀掉了，就是不允许中国人与外国人接触，妄自尊大，觉得我是天朝上国，你们都是蛮夷小邦。三是重农轻商。重视农业，轻视工商业，不保护、不奖励工商业。四是轻视科学，科学技术被认为是奇技淫巧。这样一些阴暗的东西阻碍着中国的前进，使中国没有持续前进的动力。而当时西方的英国，生产发展阶段是处在从一个社会进入另一个社会的上升时期，朝气蓬勃，一日千里。中国却停滞在那里。所以康雍乾时期是发展到高峰，又跌落下来，也必然要跌落下来。存在这样一些问题而不能解决，就无法突破封建制度的框框。

那么，当时中国有没有前进的可能呢？也不能说没有。因为历史就是不断给人们提供选择的机会，就看你怎么选择。当然，如何选择也不完全取决于主观的因素，也取决于客观氛围、环境、条件。清朝有选择的机会，譬如闭关政策。由于闭关政策，中国人被限制不能出洋，不能了解外国，但是也不是说没有机会突破。乾隆二十四年（1759 年），洪仁辉上北京告状，告广州海关官员贪污，他请求多开口岸——当时是广州一口通商，别的地方不能做交易，他请求在宁波、厦门等地方做交易。当时清朝也讨论过这个问题，要求督抚们上书，讨论能不能多开放口岸。有的官吏主张多开放，大部分官吏主张不要开放，特别是广州的官吏反对开放别的地方，因为开放了别的地方，广州的生意就少了，所以两广总督杨应琚坚决反对。乾隆在犹豫，他觉得开的话跟广州税收一样，可能好一点。最后讨论的结果是没有开放。这是一种选择的机会。科举制度也是如此。当时很多人觉得科举制度很不好。当时的小说《儒林外史》《红楼梦》《聊斋志异》都反对科举制度，包括许多大官都说科举制度不好，但是改革不了。舒赫德曾经上奏折提出取消科举，后来被鄂尔泰驳斥。这个问题引起过争论，乾隆皇帝也没有改革。如果舒赫德的意见占了上风，真正能把科举改一改，或者能把通商的口岸多开一点，跟外国多接触，对中国是不是有好处？当然今天很难说，我们也不能注重历史假设。不管怎样，清朝是有机会选择前进的，但它没有前进，这就是历史的惰性。所以，传统既是我们宝贵的财富，也是我们沉重的负担。背着一个很长久的传统，往往改革和前进是比较困难的。这是第四卷康雍乾盛世的内容。

第五卷：清朝中衰（1777—1839）

1776年金川战争结束。金川战争从性质上讲，也是一场统一战争，但是它与平准、平回的意义不可同日而语。这场战争的起因是内地四川的割据势力挡住了由四川进入西藏的道路，所以不平金川就不能很通畅地进入西藏。虽然它是规模最大的战争，花了7 000万两银子，打的时间很长，花的力气最大，但实际上金川只有5万人，清朝出动了十几万军队，战争得不偿失。金川战争结束，统一的任务完成。就在这个时候，发生临清的王伦起义，这是中原地区第一次大规模的农民起义。中原地区太平了100年，到这个时候又掀起农民起义，表明国内固有的阶级矛盾激化，土地兼并严重。到1796年，也就是乾隆禅位的第二年，爆发了白莲教起义。白莲教起义后，起义连续不断，南方是天地会起义，北方是林清、李文成起义，以及各教门的起义，一直到太平天国运动。外国势力也越来越多地进入中国，1793年马戛尔尼使团来华，20年以后又有阿美士德使团来华。中国那时在对外贸易上始终保持着顺差，外国人的白银输入中国，购买丝、茶等，他们没有什么东西能够运到中国来卖，开拓不了市场，这时就开始输入鸦片了。一下子，鸦片泛滥。这个时候，中国越来越落后于世界了，也没有机会打开国门来看一看世界，甚至最先进的知识分子也不了解外国是什么情况。英吉利是个大国，它究竟在什么地方，有多大，谁也不清楚。这样，终于在1840年爆发了鸦片战争。落后就要吃亏，落后就要挨打，历史又进入了新的阶段。第五卷是乾隆后期到嘉庆、道光时期，这一时期中国的发展处在停滞状态，又困于矛盾之中，内部的矛盾就是农民起义，外部的矛盾就是外国越来越进逼中国，而且已经用大量的鸦片输入来撞击中国的大门了。

第六卷：外国武装侵略和国内农民战争（1840—1864）

第六卷的内容进入了近代，从鸦片战争到太平天国被镇压。这一段历史对清朝来说是沉重的打击。矛盾爆发，清朝面临着大危机、大灾难。一个是太平天国占了南中国的很多地区，另一个是英法联军占领了北京，火烧圆明园，咸丰皇帝逃到热河，南北夹攻，眼看着清朝就要灭亡了。这个时候清朝处于极端危险之中，但清朝却没有在这个时候灭亡真是个侥幸！历史发展出人意料，为什么清朝能够支撑过去，还能恢复过来呢？恐怕有三个原因。第一个原因是太平天国的迅速腐败。1856 年杨秀清、韦昌辉内讧，韦昌辉杀掉杨秀清，不仅杀掉了他一个人，而且把杨秀清的部属几万人都杀掉了，这些人都是广西来的老战士。之后，洪秀全又杀掉韦昌辉，石达开又带兵跑掉。这样一下子，太平天国元气大伤。本来从金田起义以来，太平军势如破竹到了南京，就在形势很好的时候，爆发了这场内讧，使太平天国元气大伤。所以太平天国不可能抓住历史的时机打败清朝。到了 1860 年第二次英法联军战争的时候，太平天国没有恢复元气，不可能再北伐。第二个原因是英法侵略者态度的改变。他们在鸦片战争的时候是打清朝，到了第二次鸦片战争的时候就是既打清朝又帮清朝了。他们要在中国搞一个统治的工具，所以从打到扶有一个策略上的转变，扶持清朝来对付太平军。当然他们开始也想扶持太平军，后来没有扶成，这一点就不说了。第三个原因是国内汉族地主阶级的崛起，也就是湘淮军的崛起。太平天国战争中，向荣的江南大营崩溃以后，清朝的整个军事体系已经被摧毁了，八旗军不行，绿营兵也不行，清朝就是靠着湘淮军，曾国藩、李鸿章、左宗棠这些人，取代了满族的八旗以及绿营。由于这样的三个原因，清朝又能够恢复元气，把太平天国打下去。从此形势发生了根本性的变化，跟鸦片战争前的形势完全不同了。

最大的不同就是外国势力的入侵，中国社会上不再是地主和农民两支力量，还增加了一支外国侵略势力。从此中国社会产生了两个任务。第一个任务是抵抗外国的武装入侵，外国欺负你，你必须进行抵抗。当然由于力量悬殊，打不过外国，事实确是如此。但打不过也必须抵抗，因为妥协就更没有出路，妥协，求和，列强还是要欺负你，战争的性质就决定了这一点，这是一场侵略战争。人家要打你，你即使不抵抗也躲不开这场战争。而且如果不抵抗，你的民族精神就萎缩了，就失去了民族的信心，失去了民族的尊严和凝聚力，就很危险了。进行抵抗，则可能在抵抗中得到锻炼，得到成长。为什么说近代的主和派误国，就是上述原因。我的看法不一定对，李鸿章打日本也是这样一种情况，当时确实是打不过日本，但不打不行，日本要打你。对日本而言，不打败中国就起不来，就不会成为一个资本主义国家，只有打败中国，从中勒索很多赔款、土地，它才能够得到原始资本积累。所以日本非要打中国不可，你没法退让。当然李鸿章也有他的考虑，他觉得不打，请别的国家调停是不是也可以，历史证明这条道路是走不通的，必须抵抗。妥协之后，不仅要赔款，还要割地，而且失去了民族信心和尊严，这更危险。这是一个任务——反对外国侵略，这个任务一直延续下来，可以说是从清朝中叶一直延续下来的。第二个任务就是必须要向侵略者学习。这就矛盾得很，要抵抗侵略就必须要向它学习，要“师夷长技以制夷”，否则无法抵抗。学习先进的事物、先进的文化、先进的制度，学习西方，实现近代化，就是近代化的任务。一个是抵抗外国侵略，争取民族独立的任务，另一个是实现近代化的任务，这两个任务一直到现在还是有效的。当然形势不一样了，但这两个任务从这个时候就开始产生了。不学习就不能前进，不学习外国的长处抵抗就会不断失败，而且爱国行为、抵抗行为就会转化为盲目的排外，正义的爱国的抵抗就会变成非正义的排外的屠杀。义和团就是这样，抵制侵略发展到对一切外国人不分青红皂白地屠杀，本来正义的反抗，就变成了非理性的活动。所以，从此抵抗外国侵略和向外国学习的任务一直贯穿于中国近代历史中。

第七卷：清朝自强运动及其失败（1865—1895）

从太平天国失败到甲午战争失败，这 30 年的主要历史内容就是洋务运动。这个时候中国面临几千年未有之大变局，社会的各种事物都在变。外国势力进入中国后，整个封建社会向半殖民地半封建社会转变，各种事物和人都在变化。

洋务运动的历史充满着外国的侵略，也充满着和外国的谈判、交涉、妥协、反抗。19 世纪六七十年代，发生修约热潮，通过修改条约进一步侵略中国；又发生很多教案，如天津教案、浏阳教案等；接着发生马嘉理事件，马嘉理在云南被杀，中英在烟台进行谈判；接着是琉球交涉，日本侵占琉球，就是现在的冲绳；接着是伊犁交涉，俄国侵占了伊犁，中俄剑拔弩张，几乎打起来。19 世纪 80 年代，中国与法国在安南（现在的越南）发生战争，与日本在朝鲜引发冲突。一件事情接着一件事情。在此中间，清朝也还有抵抗的一面，所以它也要整顿武备，也要学习外国，建立北洋海军。北洋海军当时在全世界是名列前茅的，日本的舰队一开始赶不上北洋海军，到甲午战争前夕才赶上了。但是，清政府跟外国也有妥协的一面，好多仗都没有打起来，只有中法战争打起来了，虽然中国战胜了，但结果订了一个屈辱的条约。无论是抵抗还是妥协，都不可能胜利。因为胜利与否取决于国家的实力，当时中国的实力不行。但在抵抗中还有希望，还能够得到锻炼和成长，所以反侵略的任务演变得越来越艰巨。

另外，学习西方，实现近代化的任务提上了日程，这个任务和反侵略的任务同样重要。清朝开始认识到西方的船坚炮利，于是学习开兵工厂，开了上海、南京、天津、福建四大兵工厂，跟着开办轮船招商局、开平煤矿、上海织布局、漠河金矿等。工厂、铁路、矿山、轮船带来了军事上的利益和经济上的利益。同时又急需人才，因为开工厂邀请外国工程师，但没有翻译，于是开同文馆，开船政学堂，送学生到美国去留学。詹天佑、唐绍仪等第一批留学生送出去时都是 12 岁的小孩，准备学 9 年。此外，清朝还组建北洋海军。中国在近代化的道路上迈开了步伐。但是，中国的传统力量太大，顽固派的势力太强，想要创新和改革阻力重重，非常困难，每走一步都要碰到顽固派的反对。如果仔细看看那些资料，这 30 年的历史真是令人长叹。轮船招商局开办以后不久就遭到弹劾，1873 年开办，1874 年就弹章山积，那些御史骂轮船招商局贪污，骂李鸿章，总算李鸿章顶住了他们的弹劾，但轮船不准开到他们的地方，湖南就不准轮船开进去。北京要开同文馆，招收一批科举出身的高级人才进馆学习外国语言文字，结果大街小巷的揭帖多得不得了。以大学士倭仁为首，骂奕䜣“用夷变夏”。奕䜣没办法，上奏折请倭仁来管同文馆。皇帝下谕旨让倭仁来管，倭仁故意从骑的马上掉下去，说受伤了要休养，不能管了。招科举出身的人也没有招上来，所有科举出身的人员全部抵制，科举出身的人员都是中国的精英，结果没有一个人来考，同文馆内凄凄凉凉。派了 12 岁的小孩去留美学习，准备学 9 年，到了 5 年都撤回来了。为什么呢？说这些孩子在外国辫子也剪掉了，西装也穿上了，有的信了基督教，每周去做礼拜。那些官僚一看，这还得了！结果没学完就被撤回来了。当时容闳、李鸿章都反对撤回，但挡不住。造铁路争论了 10 年，从刘铭传、李鸿章开始上书要建铁路，争论了整整 10 年。朝廷里一片反对之声，说铁路一开要轧死人、破坏风水、造成很多挑夫小贩失业等等。李鸿章在唐山到胥各庄之间开了一条十几里的铁路运煤，开始不敢用蒸汽机，在轨道上用马拉，可见阻力之大难以想象。后来为了说服西太后，在中南海到北海之间修了一条铁路，现在档案都还在。我觉得西太后是李鸿章的学生，李鸿章教她学习外国，很多事情李鸿章也是在西太后的支持下才能进行下去，否则在全社会没有多少人赞成的情况下是进行不下去的。洋务运动搞了 30 年，有几个科举人员出来干洋务的？没有。风气闭塞，开风气是非常难的，老牛破车，中国的传统势力太强大，传统的包袱太沉重，一下子甩不掉。

中国是这样，日本却抓住了历史机遇。日本和中国一样也是一个封建国家，但是它的包袱比较小，比较早地接受了西学。它的明治维新跟我们的洋务运动是同时起步的，但它走得快。日本也派留学生，一大批一大批被派出去；也开工厂，比洋务运动的煤矿、轮船招商局开得还晚。但到甲午战争之前，日本已经开了国会，成立了议会，制定了宪法，用 30 年时间走在了中国前头。当时的历史形势就是这样，中国和日本在竞赛，谁走在前头谁就上来了。如果当时中国打败了日本，中国就上去了，日本上不去；反之日本打败中国，中国就上不去，日本上去了。这是一个你死我活的竞赛。中国就是由于老牛破车，走得慢，结果甲午战争失败，割地赔款，台湾被割走，本来辽东半岛也割走了，旅顺、大连是由于三国干涉，花了 3 000 万两银子赎回来的。甲午战争赔款两亿，相当于当时日本 6 年的财政收入，日本把这些钱用来扩大军队、开军工厂、搞教育、建铁路，一下子上去了。在那样的世界里，中国落后，就要受人家的欺负、蹂躏。

第八卷：清末改革和清朝覆亡（1896—1912）

这一段是从甲午战争之后，一直到清朝灭亡的历史。甲午战争之后，列强瓜分中国，日本割去台湾，别的国家跟着效仿，争先恐后，德国分走山东，俄国分走旅顺、大连，英国分走长江流域，法国分走华南，都来瓜分中国。甲午战争和当时瓜分中国的局面促使了中华民族的觉醒，反对割台的声浪惊天动地，台湾的老百姓、北京的举人都强烈反对，这是中国群众运动的开始。接着就是戊戌变法。戊戌变法时，中国也是封建力量太强大，维新力量太弱小。要改革科举，当时的知识分子都是靠科举上去做官当老爷的，把这个生路断了，他们干吗？所以要废止科举很难。要改革军队，裁军，也是闹了几十年，洋务运动的时候就说要裁军，各省的督抚纷纷反对。要把旧的军队裁掉，另外拿钱去练新军，新军归你们管，哪个总督、巡抚肯干呢？士兵也不干，军队裁员后他们就失业了。要办教育、开学堂，当地的士绅都不同意，说把外国的东西都弄进来了。连和尚、道士都不干，因为要搞学堂，一般都是把庙宇改成学堂。要裁冗员，精简机构，北京城的官吏都反对。所以反对的力量太大，维新派只有几个知识分子，既没有军队，也没有群众，怎么能够胜利？当年，器物层面的改革，就是轮船、枪炮、铁路、火车等，逐渐显露出好处来，人们可以接受了，但是，制度层面上的改革和思想层面上的改革，人们不接受。什么叫立宪，什么叫宪法，什么叫民权，人们都不知道，只认为纲常伦理至高无上。所以维新派被孤立，结果慈禧太后发动政变。当然政变里也有一个策略的原因。当时维新派走投无路，就想包围颐和园劫持慈禧太后。本来我们认为这个事情可能是袁世凯造谣，但现在看来实有其事。在日本发现了毕永年的日记，记载了“围园劫后”的详细情况。维新派想孤注一掷，劫持慈禧太后，让光绪帝出来下命令硬干。即使这件事成功也不行，因为当时的阻力太大了，何况当时没有成功。所以慈禧太后一个谕令，维新派人头落地，六君子牺牲。

戊戌变法是清朝挽救自己的最后一个机会，虽然这个机会成功的可能性不大，但是错过了这个机会，清朝走向灭亡就是不可避免的了。清朝只能走向灭亡，没有第二条路。所以戊戌变法以后，特别是义和团以后，社会上的精英分子很快站到了清朝的对立面，很快走向了革命。孙中山在成立兴中会的时候感叹没有人跟着他走，当时人们都是跟着清朝走。于是孙中山本人开始向李鸿章上书，想革新，后来他才觉悟要进行革命。到了戊戌变法、义和团的时候，还有很多人想跟着清朝走，但是戊戌变法、义和团失败后，很多人很快地转向了革命。所以，20世纪中国革命的潮流汹涌澎湃，势不可当。历史证明，在中国这样的国家，要改革几千年的传统，阻力非常大，只有各种社会力量汇合起来，和旧势力决一死战，才能够冲破这种阻力。所以中国革命的形成，从某种意义上说，是旧势力强大的反应和刺激造成的。所以革命是客观形成的，而不是谁制造出来的，某个革命家制造革命是不可能的。孙中山当年在兴中会时感慨没有人跟他革命，到了20世纪，人一下子都来了，这是由于整个客观形势的变化。

有一种论调是“告别革命”。我说革命是告别不了的，你要跟它告别，它还会来找你。要想跟它告别，你就会变成反革命，康有为就是典型。康有为本来是进步分子，但他不愿意革命，结果他变成了保皇派，后来张勋复辟时，他变成了复辟派，成为反革命。告别革命就成为反革命，这是客观的历史形势，不是任何人制造出来的。历史形势的发展表明，中国这样的情况不可能走英国、日本那样的道路，必须要用积聚的全部社会力量打破旧的反抗，历史才能前进。把社会力量积聚起来，这就是一种革命形势。义和团本来是在民族危机下农民自发的爱国运动，但是它排斥新事物，笼统地反对西方，拔电线杆，拆铁路，杀“大毛子”“二毛子”，不加区别地对外国人滥施屠杀，变成一种盲目的、失掉理性的排外运动，这也是一种历史的悲哀，最后和慈禧太后这样的守旧势力合流，跟 8 个世界上最强大的国家宣战，失败是必然的。后来清朝搞新政，搞立宪，想在这样的形势之下挽救自己，但是为时已晚，时机已经过去了。历史就是这样，时机过去了就不会再来，形势已经整个改变了。戊戌变法时没有这种群众的革命形势，到新政时革命形势已经起来了，人民已经不允许你再搞了，内外矛盾更加激化、复杂，清政府在人民心目中完全失去了威望和尊严，成为一个卖国政府。革命派的势力抬头了，孙中山的威望上来了。同时，在新经济、新文化之下发展起来的立宪派希望通过立宪限制专制的权力，争取到个人的发展，清朝也不愿意把权力给他们。还有汉族的袁世凯这些人，也跟清朝闹矛盾，结果被以足疾开缺回籍。所以清朝的最后几年满族亲贵搞集权、搞皇族内阁时，全国一片反对之声，人民反对它，革命派反对它，立宪派反对它，连汉族地主也反对它，你说它还能有活路吗?可以说是众叛亲离。所以武昌起义一声枪响，全国响应。孙中山在外国都不知道此事，是在火车上看到报纸才知道的，武昌起义也是同盟会有计划的行动。革命到时候就要爆发，没人领导它也会起来，不可避免。所以登高一呼，各地响应独立，清朝对中国 268 年的统治土崩瓦解，清朝就此灭亡。清朝灭亡是政治上的一件大事，结束了 2 000 多年的封建专制，开创了共和国，这是中国人民的一个伟大的胜利、伟大的前进。

三

以上简述了清朝近 300 年的历史，这是一个轮廓、一条主线，作为贯穿新修《清史》全书的线索。但是，很简单、很粗糙、很不全面、很不深刻，希望大家讨论、指正，看看这样的线索行不行。历史本身是生动丰富的，近 300 年的清朝历史像一条万里长江，源远流长、波澜壮阔、气象万千、雄伟壮观，你怎么样来认识它?怎么样来认识长江的真面目?你不能把长江的某个河段、某个景点、某个港湾看作长江，三峡虽然宏伟，但它只是长江的一部分，不是长江的全部，因此你只能把它浓缩，才能看清它的全貌，浓缩为画在地图上的一条线，才能看清它的全貌。虽然长江的本来面貌不是一条蚯蚓般的小线，但只有浓缩到地图上，我们才能看到它的源头、它的入海口、它流经的省份和城市、它接受的支流，也才能相对看清它的漫长曲折，看清它何处是奔流的，它何处是拐弯的，等等。从这个意义上来讲，地图上的长江最接近于长江的全貌。为了认识全貌，浓缩是必要的。我不自量力，把近300年的历史画成了一条线，画得像不像，希望同志们指正。因为我们写《清史》必须要贯穿一条主线，必须要有鸟瞰式的全景，必须要浑然一体。我阐述前8卷的内容，用意就在这里，就是使我们将来写出来的东西不至于支离破碎，要有一个主线来贯穿，至于这条主线是否合适，还请各方专家、学者多加批评、指正。

问题和疑难*

——在北京龙泉山庄会议上关于《清史》体裁体例的讲话

各位同志：

这次是我们清史编纂委员会成立以来工作人员的第一次全体会议。6 月 4 号在北京达园宾馆召开了一次二三十人的会议，本来要找更多的同志，但由于“非典”，没有实现。在达园宾馆会议上，我谈了框架设计，当时提出 90 卷，现在变成了 91 卷。

上次讲了前 8 卷的《清史》框架，它非常重要，是整个清史的主要内容。整个 91 卷的内容是用这条主线贯穿起来的，是全书的纲领，如果没有这条主线，那么 91 卷的内容就会像铜钱一样凌乱分散。我企图用这条主线将铜钱串起来，使它井然有序，能够显示出历史发展的规律。不知道能不能达到这个目的。希望同志们畅所欲言，越是尖锐，越是能启发我的思考。如果主线歪了，那整个建筑就会不正，所以希望大家提出意见。

下面我讲其他几个部分。

第二部分：编年

编年一共 3 卷，100 万字，编年不是详细展开，而是记录大事情，展现近 300 年发生了哪些大事，按照朝代、年月日记录下来，要求简洁明快，一目了然。谈到这个问题，又想起我上次讲过的一

---

* 2003 年 7 月 3 日。

个问题，是采用大通纪小编年，还是利用大编年小通纪？这个在体例讨论会议上争论不决。我现在拟的通纪比较大，8 卷，编年比较小，3 卷。还有很多同志主张通纪要小，写个 30 万字、50 万字就行了，最多在 100 万字以内。小的通纪，大的编年，编年可以写 10 卷，把事情放在编年里面写。这两个方案，很多同志都提出来，也都有相当多的同志拥护，所以在这个问题上我犹豫了很长时间，考虑了很长时间，最后我还是用了大通纪小编年的方案，理由我上次已经说了。因为我感觉到，通纪太小，容量太小，不足以阐明历史规律，也不足以阐明政治事件、军事斗争等等，这次就不多谈了。由于我搞了个大通纪小编年，所以会后有同志提出来，干脆把编年取消了，既然这么小的编年，只有 3 卷，前面通纪 8 卷已经把大事情讲了，那么编年 3 卷似乎又重复了，这个意见也有一定道理，我也拿不定主意。现在我搞这个东西，很多地方都犹豫不决，所以请同志们帮我出主意。是啊！已经有了 8 卷的通纪，再搞个编年，编年里的大事通纪里都会有，这不是重复吗？所以这个也有一定道理。而且 3 卷 100 万字也不可能比较大地展开，也是非常简单的，这样是不是将来在表里面搞个清史大事年表？这也不失为一种主张。同志们考虑考虑这个方案行不行。我还没考虑清楚，希望大家帮我出出主意，帮我做个决断，究竟怎么办？

第三部分：典志

典志问题就多了，现在好多同志写了很多书面意见。今天刚刚发的大表，郭松义、赫治清、杜家骥、李根蟠、来新夏等同志都搞了个体系，而且还远不止这些。如果说通纪是从纵面观察清朝历史的全过程，那么典志和传记是从两个横的断面记录近 300 年的社会生活和人物的活动。通纪只是一个历史的骨架脉络，有了典志、传记，才能显示出丰满的历史内涵，所以这两部分都非常重要，是反映清朝全面社会状况的重要部分。典志要写多少卷？目前我们列了

39 卷，占全书的 1/3 以上。是多了还是少了？这个问题我也考虑了很长时间。

现在我提出三个问题：

第一个问题，有一些志是否一定要写？因为历史的社会生活内容非常多，我们当然很希望把历史写得丰富多彩，但不能面面俱到，什么都包括进去，一定要有取有舍。究竟舍哪些，取哪些？哪些可以列志，哪些不能列志？要做出选择，否则就不是 3 000 万字的问题了。

我现在考虑有 7 个志要不要，就是《天文历法志》《地理志》《港澳志》《盐政漕运钱币志》《城市志》《西学志》《医药志》。对这 7 个志我是很犹豫的，我想有些不列进去。《天文历法志》一开始我倾向不列进去，它是自然现象，日食、月食和人的活动没有多少关系，和社会历史没有关系。古代将它列入，是因为古代讲究天人感应，这是迷信的东西，我想是不是不要了。一次一位院士专门给我打电话，谈到新修《清史》中应该有《天文历法志》。我说《天文历法志》应该怎么写呢？资料多不多呢？钦天监档案资料没有，不好写。他说地方志中资料很多，肯定能写。所以，我列在里面。同志们考虑考虑，能不能写。说实在的，《天文历法志》不好写，现在的历史学家写不了，看都看不懂。如果看《清史稿·天文志》，一般人看不懂，连名词都不清楚，不知所云。

《地理志》要不要？它在《清史稿》里篇幅极大，一直写到每个州县，描述虽然简单，但因为州县多，所以量很大。所写主要内容一是冲繁疲难，二是离省城有多远，三是山水有哪些。我想有张地图是不是就可以解决了？我们现在已有谭其骧主编的《中国历史地图集》。当然，这个历史地图不够细，没有细到县。如果要写，非常费篇幅。不过，邹逸麟同志主张写《地理志》。

《港澳志》，我为什么列进去呢？因为我想香港、澳门被列强割走以后，没有地方专门谈它的历史发展了。香港在辛亥革命前已经发展成了很大的城市，澳门也一样，所以我列了《港澳志》。但我没有列台湾。有同志说，为什么没有台湾呢？我想新修《清史》中很多地方要说到台湾，在郑成功收复台湾时要写，康熙收复台湾时也要写，以后开发台湾也要写，台湾人口由 20 万增长到甲午战争时期的 200 万人也要写，日本占领台湾，那是甲午战争时期的大事，也会写到，所以没有单列台湾志。如果写了，也会重复。有的同志说，光有港澳不行，要有台湾，台湾好像更重要。我现在也不确定要不要，希望大家谈一谈。《港澳志》要不要？要不然全取消？

盐政、漕运、钱币，这三件是清朝的大政，也是清朝重要的制度，各种议论很多，各种主张很多，史料多得不得了。但从今天来看，并不是太重要的事。漕运今天已没有了，铜钱已经不用了。若要放在一起写，恐怕也不容易，难度很大。如果分开，盐政、漕运、钱币各一个志，这样志的篇幅太大。

《城市志》，城市太多，到清朝晚期各种各样的城市很多。一种是口岸城市，如上海是新兴口岸城市，发展很快，鸦片战争时只是一般的县，到辛亥革命时期已经是繁荣的城市了，广州也是如此；另一种是传统城市，比如扬州，原来非常繁华，后来衰落了；还有北京，是城市之首。总之，城市的种类很多，我们不可能逐个城市地写。这个问题要研究。如果我们将来成立负责编修工作的六个部，这些问题都要由各个部进行更仔细认真的研究。到底怎么写，这是很重要的问题。

《西学志》，我暂时列了这个名称。西方文化传到中国，从哪里写起？是从清初写起，还是从鸦片战争写起？内容很多，包括自然科学、社会科学、文学艺术等，整个西学内容非常广泛，怎么划分？到底写哪些相关内容？这是个难题。

《医药志》，我本来也没有列，中国科学院院士陈可冀问我新修《清史》中有没有医药，我说还没有，他说不行，新修《清史》中没有《医药志》不行，医药是中国传统文化的一个国宝，在清代有很大发展。所以，我也暂时把它列进去了。

第二个问题是，内容太丰富的志如何写？

这类志恐怕要先分解成若干的课题，然后再合成。比如《民族志》，是每个民族都写，还是只写汉、满、蒙、回、藏这几个有代表性的民族，还是按东北、西北、西南这样分地区写？内容很多，怎么写？

《兵志》，清朝兵制也很复杂。清初有八旗、绿营，这是主要的兵制，后来有团练、湘淮军、新军、北洋水师，这些内容都得写，每个内容如果只写五六万字，怎么写？要高度精练、浓缩，相当困难。当然有些内容有基础，可以把已有的成果合成。

《外交志》，是写总的《外交志》，还是分各方面内容来写？中俄、中英、中日、中法关系，中国与朝鲜、东南亚等国，还有与美洲国家的关系等等，所有这些中外关系，如果都放在一个志里，怎么写？我实在想不出办法。

《宗教志》，宗教有佛教、伊斯兰教、基督教、天主教、萨满教等，还有民间宗教。民间宗教算不算宗教？民间宗教与邪教如何区分？哪些是民间宗教，哪些是邪教？如何定性？每个宗教写六七万字，一共40多万字，怎么写？如果分开写，每个宗教一个志，量太多，也不可能。

以上这一类内涵丰富庞杂，如何分解，如何写？

第三个问题是，志怎么划分？

《学术志》怎么分？清代学术流派很多，有宋学、汉学、经世学、今文经学、古文经学，还有新学。有的同志提出划分为经学、史学、诸子学，但这几类都是考据学，是否能涵盖清代学术呢？理学、边疆史地学、宋学和新学放在哪里呢？学术流派很多，怎么划分，怎么写？如果有一种划分方法能包括清代所有学术流派就行。

《文学志》，也有很多方面，小说、诗词、散文，内容很多，各立一个志，还是合在一起？小说《红楼梦》《儒林外史》《聊斋志异》等著名作品，不定位也不行。散文的桐城派，从方苞以后一直到清末，源远流长，很有名；诗词有清初渔洋派、神韵说、翁方纲肌理说、袁枚性灵说、宋诗派、江西诗派、黄遵宪的新诗派等等，很多；清代词也相当发达。我们不能全部要，这一点是肯定的。要舍弃，但舍弃哪些呢？

《戏剧志》，本来想把京剧、昆剧分开来写，尤其是京剧，它是我们戏剧文化的代表。但仅是京剧，内容就已很丰富了。地方戏剧也很多，梆子腔、弋阳腔、乱弹、秦腔等，这些不能不写。此外，还有曲艺、大鼓、杂耍、皮影戏、相声等民间艺术，是都写还是有选择地写呢？好像这方面的研究著作目前也不多，已有的大多是描述现象，深入本质性的研究比较缺乏。

《艺文志》，这个问题更多了，《清史稿·艺文志》分经、史、子、集四卷，一共是 9 000 多种书，不到 1 万种，大家说这个收得太少了。现在山东王绍曾先生补到 5 万余种，三大本，按照《明史》的体例，《艺文志》是一代典籍总括。而在清代，即使上述 5 万余种也不是全的，这么三大本都变成《艺文志》，这能行吗？这一二百万字搞个志，那怎么行，不然又怎么办？实在一筹莫展。清代的书籍那么多，即使写个目录，也要上百万字。

现在初步想了个办法，搞个清代著述总目，不放在我们新修的《清史》里边。这个清代著述的总目录，绝不止 5 万余种，恐怕要 10 万种，比王绍曾的还要多。然后，我们从这 10 万种里边，挑选一些重要的书目，大约几千种，放在我们这个《清史》的《艺文志》里。但挑选很关键，如何挑选，这是个大问题。不可能把 10 万种书都看完后再挑选，那也只能凭一种印象，向大家征求意见，只能这样来挑选，就像我们开一个什么必读书目一样。当然，这种做法也是一种创新。从前的《艺文志》都是从古到今的书，传下来有多少书全部著录。到明代，不行了，明人一看，把从古到今传下来的书都著录，再加明代的书，那不得了，所以明代就有了一个创新，它就只写明代的书，这是它的一种创新。我们这个又是创新了，我们不仅不把一代的书都收进来，而且要挑选，选少数的书。但操作的难度相当大，因为，尽管不能全看所挑选的书，但还是要挑选出比较合适的书、重要的书、产生重大影响的书。有的不用看就知道是重大的，但有些书你不看一看，就不知道它是否重要。

所以写志的难度是相当大，问题相当多，我们能不能做好志，这是新修《清史》是否成功的一个关键。我们把志写得比较有质量，那就是我们很大的功绩。

志里面还有一个分歧：志与专史是什么关系？我们这里把专史和志放在一块，是不是还分开，一种叫典章制度，一种叫专史？我的倾向是把两种都放在一起，就叫典志或者史志。

什么是志？从广泛的意义上讲，它可以有两部分：一部分是典章制度，一部分是专史。典章制度当然可以叫史，从前的礼制、兵制这些政治典章制度都是史，都放在志里。郑樵的《通志》里也都是典章制度。那么，专史能不能放在志里边呢？专史，宋代的郑兴裔曾经说过“郡之有史”，“如国之有史”。也就是说某郡立个志，相当于国家有史。可见，他把当时的地方专史看成是国家的历史，相当于国家的史，所以某一地区的专史犹如国家的历史，可以放在志里面。这样解释不知通不通。如果再分成两个的话，好像我们又与传统的史书体例不一样，在纪传体史书中二者是不分的。

还有一个意见，就是提出要加层次，不要光列三十几个志，而且三十几个志还要有规律，有的属于自然现象，比如《地理志》《天文志》《生态志》，这些属于自然类；有的属于政治现象类；有的属于法律或者文化类。我的倾向是可以不加了，加层次太复杂了。有的志，你说它是自然类吧，它也不完全是自然的。比如生态，你说它是自然的，可是对生态的破坏是人为的，很多是人的因素，因此它也是社会的。好多志都很难区分，而且划分层次多了以后，看起来乱。本来就三十几个志，已经够多的了，如果再来个层次，比如5大类，39小类，那样更显得乱。所以，我倾向于不在上面加层次，行不行？

志的写作中可以产生很多中期的成果。主体工程一下子写不出来，要由分别写出的中期成果来合成。比如宗教，刚才讲的清代道教，好像没有专书。这类课题，我们恐怕要搞中期成果，要不然，你一下子写，可能是比较困难的。因为宗教太多了，需要对清代佛教、道教等分别进行研究，然后再进一步合成。所以中期成果必须为终期工程服务，如果与终期工程没有关系，不能立中期项目。

第四部分：列传

列传一共18卷。传记里边有以下几个问题：

第一个问题是写多少人。传记写多少人，现在好多意见倾向于写1 500人至2 000人。立传一定要谨慎、不乱，不要为不应该立传的人立。将来传记组也得把这个关。谁能立传，谁不能立传，标准是什么，这些都不能乱。但是又要全面，又要不漏，不要漏掉重要人物。像《清史稿》中就漏掉了好几个重要人物，像翁方纲、朱筠都没有，还有一些重要的人物也漏了。这一点遭到了后人的批评。我们搞传的时候，要把《清史稿》的传仔细地研究一下，看看它给哪些人立传是立对了，哪些人立错了、不应该立，或者是哪些人漏了，没有立，《清史稿》漏的人也很多。

第二个问题就是可否将传分成短条、中条、长条、特长条，字数也要因条的长短而不同。每个人物，根据重要性来分类，要写他的主要东西。

第三个问题，写传时应该既要全面又要精练，不要拖泥带水。我感觉到，我们写传有个基础，从前中国人民大学清史研究所跟中国社会科学院历史所合搞了一个《清代人物传稿》，共20卷，这可以作为我们参考的基础。但是我们要大大地修改、大大地改善此书。我前一阵子看了此书，感觉到不太满意，书中有的叙述不确切，讲的事情讲错了，不是那么回事，具体的错误比较多。台湾出的《〈清史稿〉校注》，我们应该好好利用，它把《清史稿》整个搞了一遍，把写错的地方一个一个都挖出来了。这本书的字数比《清史稿》本身的字数还多，指出《清史稿》有七八万条错误，如果人家指出来了的错误我们还继续再错，不知道利用《〈清史稿〉校注》，还那样写，那我们就是太差劲了，至少我们要把它校出来的错误一一改正。有的错误《〈清史稿〉校注》没弄出来，有的也可能是它搞错了，不一定是《清史稿》搞错了。不管怎样，它指出来的错误，我们一定要严格查对，究竟是怎么回事，到底错了没有，要把事实弄确切。

另外，我觉得我们原来的《清代人物传稿》字数太多了。我对照了一下：多尔衮，《清史稿》是7 000字，我们的《清代人物传稿》写了14 000字，超过1倍；李卫，《清史稿》写了1 600字，我们的《清代人物传稿》写了10 000字，超过5倍；林则徐，《清史稿》写了3 000字，我们的《清代人物传稿》写了8 000字；李鸿章，《清史稿》写了7 000字，我们的《清代人物传稿》写了13 000字。这些政治人物都超过1倍。当然，我们是用白话文写的，它是用文言文写的，它的字当然比我们少些，但是不是它还漏了很多？我也不知道原因在什么地方。可以研究为什么《清史稿》写得少。《清史稿》写得简练，这一点是一个很大的问题。当时的作者很多属桐城派，都是桐城派的文学家，文章是没的说，相比之下，我们的字数就多了。更严重的是学者的传，我们的字数更多了。顾炎武，《清史稿》有1 800字，也是一个较大的传，我们的《清代人物传稿》写了10 000字；黄宗羲，《清史稿》写了2 000字，我们的《清代人物传稿》写了9 000字；侯方域，《清史稿》写了500字，很少了，我们的《清代人物传稿》是4 500字，超过8倍；惠栋，《清史稿》写了700字，我们的《清代人物传稿》写了6 700字，超了9倍。《清史稿》字数都很少，它给学者写的传都很少。查慎行，《清史稿》写了400字，我们的《清代人物传稿》写了5 000字；薛福成，《清史稿》写了800字，我们的《清代人物传稿》写了4 500字。这些都要超过至少是5倍，多的达到12倍。学者的传我们写得特别长，为什么呢？因为我们把学者的一些思想写得很多。学者的传记究竟怎么写法，是把他全部的思想都写出来呢，还是把他很主要的东西写出来就行了呢？我比较同意《清史稿》的写法，不能写那么多，要简明扼要。我不知道在《清史稿》中戴震是多少字，可能也不是很多。所以我觉得现在写传的问题比较大，如果我们这样写的话，就写不了多少人。《清史稿》的优点，是文省事增，这一点值得我们学习。文章要写得典雅一点，字少一点。文章写得精练很重要，这要求同志们要提高文学的修养。

另外一个问题是如何排序。是按照笔画还是按照生卒年？是按照生年还是按照卒年？这又是一个问题。按照生卒年不太可行，有的很早就死了，有的活得很老。如果按照生年的话，把老的跟小的都排到一块去了。按照卒年，也不行。像陈玉成与曾国藩，若按照卒年，他们两个排得很远，曾国藩是1872年死的，陈玉成是1862年死的。所以，按照生卒年可能不太合适。那么按照数字笔画，恐怕更不行了，很容易乱套。

我感觉，《清史稿》的排法也还有一定的可取之处，请大家研究。《清史稿》它是这样，一开头就立传，传表面上是不分类的，实际上是分类的，不分类又分类。它是把部院大臣搁在一块，军机大臣搁在一块，下边是武将搁在一块，文官搁在一块。同时按照朝代，一个朝代一个朝代的，以时间顺序排下来。后边是几个类传，文苑、儒林、循吏、忠义这几个传。凡是类传字数都很少，所以你看儒林传上百人，只有两卷，字数很少。

我们能不能也借鉴《清史稿》的做法：前面不分类，但实际上有分类。当然，分类很难，实际上也分不清楚，这都是两难的。现在已经碰到的问题，都是两难的问题。譬如说忠义，凡是跟帝国主义打仗牺牲的都放在这里。邓世昌、丁汝昌可以立专传，而威望、位置比较低的人物立不上专传，这类人有好多，像陈金揆、林永升，虽然他们与邓世昌、丁汝昌同是北洋海军的将领。如果每个都立传，那就多了。如果放到一块，叙述就节省多了。因为他们都是在这次黄海大战中牺牲的，所以就不需要重新再翻来覆去地讲黄海大战。类传就有这个好处，把类似的人放在一类里面。

还有一个问题，就是跨时代的人物如何解决，这个问题也是一个两难的问题。明清之际史可法、黄道周写不写？史可法在顺治二年（1645）就牺牲了，在清朝没有活几年。搁到《明史》就行，《明史》里面都有传。黄道周死得比较晚，《清史稿》里也没有他的传，搁到《明史》里面写也行。郑成功、张煌言、李定国这些人活的时间比较长，而且他们在明朝没有什么事情，到了清朝，才有事情可写，这些人是否应该搁到新修《清史》里来写呢？究竟明清之际的人，以什么标准来取舍呢？没一个很确切的标准。你说他在清朝活几年就可以放在新修《清史》里呢，是 10 年还是 8 年呢？这个不好判断。

人物的下限也是问题。革命党人怎么办？有些人没有活到民国，秋瑾、徐锡麟、陈天华、邹容都没有活到中华民国，不能在民国史立传，他们都不是民国的人。黄兴、宋教仁、蔡锷开创中华民国以后不久，两三年、四五年后就去世了，这些人怎么办？如果直接纳入新修《清史》，也是麻烦。按照道理，新修《清史》应该给孙中山立传，因为他在清朝的事情很多，干革命，十几次起义，应该立传。如果这样，民国史怎么处理？传统史书没有这种体例。比如，《隋书》不为李渊、李世民立传，《元史》不为朱元璋立传。还有反面的人物，袁世凯、徐世昌、冯国璋怎么办？他们当过中华民国大总统、副总统，但他们在清朝的事情很多，做了很多事，是非常重要的人物。《清史稿》里面没有他们的传。但康有为有传，按“生不立传”的惯例，这就自乱体例了。所以像袁世凯、徐世昌、岑春煊这一大批人物，怎么处理？我们不能说他当过民国的官就不能够进入新修《清史》，我们也不能说他没当民国的官就可以进新修《清史》，这都是问题。跨朝代的人物搁在哪里来写？清末一大批高官显爵在《清史稿》中均无传，我们似应补，如载沣、奕劻、善耆、赵尔巽、张人骏、陈宝琛等，恐怕写传记的对此还得好好研究。

还有附传，要不要附传？要不要在主传之后附几个人？比如，郑成功的传要不要附郑经、郑克塽这两个人？单独给郑经、郑克塽立传，没有多少分量，写不出多少东西。郑经可能多一些，郑克塽更少了。又比如，傅恒的儿子福康安、福长安、福隆安、福灵安都是重要人物，都应该有传，但只有福康安可以单独立传，另外 3 个适合附传。再比如，贪污官员王亶望是个大贪官，与他同案的人，像勒尔谨、陈辉祖这几个人也可以附在王亶望的传里，因为他们都与同一个案件有关，他们之所以出名就在于贪污。这几个人名头大，如果讲了王亶望的事情，其他两个人的事情就不一定详细讲了，可以节省笔墨。再譬如，武将鲍超的部将唐仁廉、宋国永、娄云庆等人，如果列在鲍超的附传里面，很简单。再比如常熟翁家，翁心存有三个儿子，翁同龢可以单独立传，但翁同爵、翁同书两个人是不是可以附在翁心存的传里？附传这种写法的好处，就是你不用再交代他的其他事情，写过的都一样，不用再说了。比如部将，打仗一起打的，每场战争，不用每写一个人就再提这场战争，写鲍超写了这场战争，后边就不用详细写了。我觉得附传这种办法是可行的，这样省篇幅。

第五部分：史表

我现在列了 7 个表。外戚表我就不要了，清朝的外戚不太重要，没什么太重要的外戚，是不是可以省了？大学士表、军机大臣表、总理各衙门表，还有议政王大臣表，《清史稿》有这几个表，我们要不要？能不能做出来？有无档案可查？另外，部院大臣、总督巡抚，还有提督、藩司、臬司这一级，要不要列表？如果都要的话，那又庞大了。

皇子皇女表，我把它合在一块了。皇子表本来在《清史稿》里多得不得了，因为皇子的儿子、孙子、重孙、玄孙都有。我给它简单化了，皇子的儿子一概不立，皇女的儿子不立，《清史稿》的公主表中皇女的儿子是不立的，皇女也只立她的名字、生年、嫁给谁、她的夫婿是什么官。所以，公主表比较简明。我看《清史稿》里面的皇子表，看不明白，太烦琐，里面人名太多。另外，我觉得黄兴涛同志提的一个意见可以采纳。还有一个书院学堂表，这倒也是可以考虑的，这些有现成的材料。另外，像人口表，讲人口志时会附在那里，如果这里再搞个表，就重复了。土地表，如果能够搞清楚的话，可以放在农业志里。贸易、税收都在相关的志里可以讲，而且如果要搞清楚，一定要用这个表。所以，如果单独搞这些表，会重复。

第六部分：图录

图可以分为舆地、生产、民事、军事、建筑等类。我对图录是外行，也不知道该怎么分。说实话，我也根本没见过那么多图录。现在图多得不得了，有各种各样的图，在中国第一历史档案馆、国家图书馆等各地方都有，特别是地图很多，很精彩。还有外国的图和很多照片。刘潞从外国回来，带来一部分照片，搞了一部分放映出来。我看了一部分，觉得很好，很多照片都没见过。但是，我没有研究，所以我也不知道怎么个编法。故宫博物院朱诚如副院长刚才说，他有一个设想，有两种办法：一种办法是分类，另一种办法是按照时代，时代下面再分类。这也是可以考虑的。按照顺康、乾嘉这样分，下边再分小类，我觉得这部分可以编得很好，因为从前没有，这完全是创新的，而且我们的图这么丰富，这么多，挑选的余地大得很。我现在的担心是，如何印这么大的图？现存的很多清代地图都是这么一个房间一张地图，现在怎么印？我不知道技术上能不能解决。

以上我很简单地就这后面80多卷讲了我的想法、我的考虑，考虑中间一些解决不了的问题，一些苦恼。觉得这么弄不行，那么弄也不行，今天提出来，跟同志们一起来商量。

在两岸《清史》纂修研讨会上的讲话*

各位女士，各位先生：

你们好！

首先，我热烈地欢迎从台湾远道而来的学者专家们，感谢你们光临北京，和我们一起共商《清史》编纂的大计。我们请来的是一批老师，在座的各位先生都是知识渊博、学有专长的专家学者，希望大家在这次研讨会上能够各抒己见，畅所欲言，展开讨论。我们将十分重视这次会议上提出的各种意见，尽量吸收采纳，来制定比较适当的体裁体例，制定比较完善的纂修方案。

清朝的历史是我们国家漫长历史的一个重要时期，时间跨度很长，有268年之久，内容丰富，人物众多，事件复杂，而且正处在从传统社会向近代社会过渡的时期，给我们后人提供的启示、教训、意义非常丰富。中国是历史学非常发达的国家，从司马迁的《史记》开始，历朝历代的历史都有连续的记录，没有中断过，这在全世界是独一无二的，是任何一个国家所没有的。但是“二十四史”到《明史》为止，清朝历史至今还没有一部详细的、完整的史书。虽然有《清史稿》，而且这部书也有相当的文献价值，但由于作者的观点立场存在着一些问题，也没有直接利用大内的档案和原始文献，因而错误比较多，加之最后匆匆成稿印刷，因此只是一部稿本。《清史稿》成书以后，很多人对它不满意，多次提出重修《清史》。在抗战前夕，国民党政府准备修《清史》，但由于抗战的爆发，没有启动。国民党到台湾以后，张其昀先生等领衔对《清史稿》做了比较大的修改。近年来台湾学者们又写了一部《〈清史稿〉校注》，工程浩大。

---

* 2003年8月25日。

这些虽然不是直接修《清史》，但为修《清史》做了准备。

祖国大陆方面，自20世纪50年代以来一直酝酿修《清史》。董必武提出纂修《清史》的建议，受到毛泽东、周恩来的重视。50年代末吴晗同志受周恩来总理的委托，着手制订纂修《清史》的计划，由于赶上三年困难时期，没有进行下去。到了1965年，“文化大革命”前夕，国家要成立清史编纂委员会，以当时中国人民大学副校长郭影秋为主任，并决定在中国人民大学建立清史研究所。不久“文化大革命”开始，姚文元发表了批判吴晗同志《海瑞罢官》的文章，修史又告夭折。但是中国人民大学清史研究所保存下来了，成为今天修《清史》的一支重要力量。“文革”后，邓小平同志批转下了一封人民来信，该信建议编纂《清史》，但由于“文化大革命”刚刚结束，国家千头万绪，还顾不上，也没有支持的经济力量，这一放就是20年。所以，在祖国大陆修《清史》也是几起几落，路途是坎坷而漫长的。本世纪初学者再次呼吁修《清史》。2002年初，党中央和国务院批准成立编纂委员会。去年（2002年）12月正式成立机构，到现在已经有8个月。由于全体同人的努力，由于全国史学界的大力支持，工作健康发展，开展了全国性的大讨论。8个月中间我们开了9次全国性会议，《清史》目录修改到了第四稿，就是刚刚发给大家的，小的会议就更多了。应该说今天这是第十次会议。这次讨论会后，我们将对《清史》目录进行一次较大的修改，整个体裁体例的工作暂时告一段落。9月份准备转到分解项目、确定作者、进行试写的阶段。

台湾学者这次光临北京开会，我们抱有很高的期望。因为台湾学者对清史研究很深入，许多先生都是成果累累、造诣精深的专家学者，一定能够帮助我们把工作大大地提高、推进。不仅如此，我热切地期望台湾学者能更多地参与修史工作，因为修史是中华民族优秀的悠久传统，编纂一部《清史》也是海峡两岸同胞共同的愿望。台湾有杰出的人才和丰富的历史资料，希望海峡两岸的学者能够通过适当的方式携起手来，共同纂修我们中华民族的伟大历史。

我下面介绍一下我们考虑的主要原则和方法，向大家请教。

第一个原则，是编写《清史》要力求做到科学性和包容性的统一。所谓科学性就是实事求是，探求历史的真实，写出客观真实的历史。求真求实，这是历史学的生命，要排除想当然的、不确切的历史，当然要坚决反对虚构历史、伪造历史。但是追求历史真实是不容易的，因为留下的史料大多是片面的，甚至是矛盾的，这里有个考证的问题、鉴别的问题。同样的历史事实，由于立场不同、时代不同，就会对事实有不同的看法、不同的评价。对于事实上的矛盾，对于史观上的分歧，一定要慎重对待，决不能采取简单粗暴的方法，要有相当的包容性。当然写《清史》要实事求是，特别是写一部书要有大体统一的意见，不能五花八门，矛盾百出。但也绝不是定于一尊，绝不是抹杀不同的观点。因为，人的认识是有局限性的，有时候你认为的真理可能是谬误的，有时候你认为是谬误的却可能包含着真理。因此，我们的方针是实事求是，追求历史真实，尊重历史真实，尊重不同意见，而不能抹杀不同意见。所以，我们坚持包容性和科学性的统一。

有些同志也担心，国家修史是否会定于一尊呢？这是完全不必担心的。此次是国家支持下的学者修史，国家从财力、人力上给予支持，加以保证，在机构、人员之间进行协调。至于修史，完全是学者做的事，国家不干预学术问题。像我们这样大的工程，国家不出头、不支持是不可能的。任何个人、任何单位都是无法独立完成的。过去修“二十四史”，修《永乐大典》，修《四库全书》，都有政府的参与；如果没有政府的参与，中国就不可能有这样的文化工程，就不可能留下这样珍贵的历史文化遗产。但是，今天的国家文化工程与以往有根本的不同，国家不干预学术，修史完全是学者们进行的，表达的是学者们的学术观点。我想 10 年以后，还会有集体或者个人继续研究清史，继续写《清史》，而且绝不会局限于这部《清史》的框架，肯定会后来居上，成就会更大，水平会更高。我们这部《清史》不仅不是唯一的一部，而且若干年后也不是最好的一部，因为以后会有更好的《清史》。因此，我们写的这部书仅仅是 21 世纪初一群学者的集体作品，当然我们力争达到我们这个时代的最高水平，不辜负人民的委托和期望，但也必然带有时代的局限性。

第二个原则，是以叙事为主，尽量少发议论。历史著作是记录过去的历史，还历史以本来面目，力求表现历史的真相，不应该也不需要发表很多议论。应该相信读者的判断能力，读者从一本叙事真实、好的历史书中会得出自己的结论，作者用不着灌输，所以我们写的书应该以叙事为主，尽量少发议论。历史本身是多方面的，是非常丰富的，可以从很多方面生发出很多感想、议论。例如，历史上的一次战争，可以引发读者对作战双方力量对比的评论，可以引发对战争原因的评论，可以引发对战略战术方面的评论，也可以引发对战争影响的评论，读者见仁见智，形成各种不同的看法。作者的责任是把战争真实详细的情况告诉读者，无须也不可能将与战争有关的种种议论都告诉读者。所以要以叙事为主，尽量少发议论。但是如果完全没有议论似乎也不可能，因为作者对事实的理解本身就包含着作者的主体认识，包含着作者的价值判断，作者在叙述事实时不可避免地要带有自己的倾向性。例如，我们这些身经抗日战争的中国人，在叙述抗日战争时，一定是带着自己的判断的，不可能不谴责日本侵略者，不这样做也是不可能的。当然，我们历史学家要从事实出发，不可以添枝加叶，主观臆断。

第三个原则，是编写好主体工程的同时，要大量整理清代历史文献档案。我们这次要写一部 3 000 万字的主体工程——《清史》，要全力以赴地写好，同时要大规模地整理清代历史文献档案。因为，历史研究的基础是史料，科学研究必须掌握丰富的、可靠的历史资料。而清朝存在的时间约三个世纪之久，当时印刷出版的条件已经很发达，离我们的时间很近，留下来的资料浩如烟海，只是中国第一历史档案馆就有档案 1 000 余万件，负责保管的工作人员就有 100 多人。各个地方还有很多档案，如最近发现的四川南部县档案等。这么多的档案，我们不可能全部整理出来，但至少要整理一部分，即使修《清史》时来不及参考，也要在这方面做工作，因为很多档案已经板结，面临散佚的危险。我们现在还拿不出很多成果，只能拿出两套书（《庚子事变清宫档案汇编》和《清宫热河档案》），现在摆在外面。我们准备照着这个样子，或出版印刷，或做光盘数据库。我们面临的困难是史料太多，而人力、物力单薄。例如，我们准备新编几个全集，原来的李鸿章全集（《李文忠公事略》）是吴汝纶编的，已经有700万字。现在我们从故宫博物院等地方又找了很多资料，正在编的字数超过原来4倍。我原来看的时候，也发现李鸿章的资料到甲午战争时就没有了，原来吴汝纶并没有全部编进去。但现在的工作量很大，要核对、编排。还有盛宣怀档案，这个人对研究中国的早期近代化很重要，他办了很多近代实业，有银行、工厂等。以前有个《愚斋存稿》，但大量的东西没有被整理。盛宣怀的全集也得60多本，要投入大量的人力。现在计划中整理的全集还很多，张之洞的全集、袁世凯的全集、康有为的全集、梁启超的全集、严复的全集、彭玉麟的全集、王鸣盛的全集、孙奇逢的全集，这些都已经动工了，工作量非常大，经费也不够支配。还比如说，清人的诗文集，据精确统计有4万种，很多都是稿本、抄本，流传很少，我们现在不知道怎么处理，如果影印2 000种，字数就非常庞大，可能达到8亿字，字数比《四库全书》还多。其他还有笔记、年谱、家谱、地方志、日记等等，汗牛充栋，再加上满文资料、蒙古文资料、藏文资料，多得不得了。我们深深感到，国家的历史文化宝库太丰富了，这在全世界是独一无二的。我们在整理保存方面人力太少，只能做一小部分工作，但我们一定要团结全国历史学家，依靠国家的力量，尽我们所能，大量整理清代历史文献档案，这既能推进清史学科的发展，也是为保存祖国的历史文化遗产做一点贡献。我在编委会成立大会上说过，我们要编写一部3 000万字的《清史》，主体工程要搞好，但同时要做大量文献档案整理。我打了个比方，主体工程是航空母舰，要全力以赴打造好，但同时还要打造很多巡洋舰、驱逐舰，形成一个战斗群。档案丛刊、文献丛刊、编译丛刊就是巡洋舰，已经出版的《庚子事变清宫档案汇编》《清宫热河档案》就是已经打造好的两艘军舰，10年以后我们会打造出上百种这样的军舰。

第四个原则，是慎重地选择作者，加强质量检查。我考虑最多的就是如何保证质量，参与写作的人很多，参加的人水平参差不齐，如何保证质量是个大问题。我接受这个任务时有喜有忧，纂修《清史》这个机会值得珍惜，所以很高兴，但担子大，压力大，不敢懈怠，感觉如临深渊，如履薄冰，不敢辜负人民的委托。我希望各位能提出好的办法。我想，一是要广泛地听取意见；第二个是要挑选好人才，现在各个地方都有人才，但苦于没有交往，恐怕“有眼无珠”，发现不了人才。我们现在正在做全国的清史人才库，力求挑选第一流的人才。另外就是加强质量检查，要组织评审，进行中期评审、最后评审。总之，一定要小心谨慎，严格把好质量关。

以上是一些不成熟的想法，希望能在以后的实践中不断完善，但目前还不知道是否行得通。因此，我诚恳地希望大家给予指教，提出意见。

下面我谈一谈具体的想法，对《清史》目录（第四稿）做一些说明：

《清史》目录目前一共六个部分，就是通纪、编年、典志、传记、史表、图录。这六个部分是综合了传统史书体裁和20世纪章节体史书体裁而形成的，我们不妨叫“综合体”。一方面，它含有纪、传、表、志等传统的体裁；另一方面，它也有通纪、图录这样新的现代史书的特点。我们认为，传统史书体裁的长处是包容丰富，体现了历史的丰富性和多样性，这是优点。但也有缺点，就是章学诚讲的“大势难贯”，总的历史发展趋势不容易表现出来。中国传统史书从来都是这样写的。到了20世纪，史书体裁背离了传统，改为章节体。20世纪的史书几乎都是章节体，当然罗尔纲的《太平天国史》还是用纪传体。章节体史书的特点是能表现历史大的发展趋势，对历史可以进行连续性的叙述，比较符合现代人的思维，但章节体包容量小，包容不了很多人，也不能兼顾历史很多的横断面。所以，我们兼采了纪传体和章节体，这既是背离传统又是回归传统，所以我们称其为“综合体”，试图吸收两种史书体裁的长处。

95卷目录中的第一部分通纪有8卷，这是全书的主干，表现了宏观的发展趋势，说明清代的兴、盛、衰、亡，包括经济基础与上层建筑。内容上不能太简单了，要包括清代历史的各个方面，否则不能说明情况，但又不能太详细了，要不然新修《清史》承担不了。

第二部分是编年，按照时间顺序记叙历史，第四稿列了 3 卷，可能要扩充。编年体是中国史书中源远流长的体裁，它的功能是写实、存史。如果说通纪是揭示规律和历史教训，不免以一些议论反映作者的历史观点，那么编年是要严格按照时间的框架表述事实，厘清事实，与通纪优势互补，相得益彰。我担心编年与通纪这两部分内容容易重复，要尽量避免出现这个问题。

第三部分是典志，篇幅最大，第四稿列了 39 卷，第五稿准备扩充，准备做一次大的修改。在讨论的 9 次会议中，典志部分的分歧最大，议论最多，简直是五花八门。一种意见认为，典与志不同，不是同一个级别的东西，认为典高，志低一些，应该以典统志。我感觉，典、志的原意未必有高低之分，如果分开是否有叠床架屋之感？层次太多了，反而混淆不清，自乱体例。所以我主张典、志不要分开。究竟设哪些典志，意见分歧比较大。《天文志》，历代史书都有，一开始我主张不设，因为《天文志》的内容是自然现象，我们历史学家写不了，乾隆以后的资料也非常缺乏，清后期的钦天监资料也缺失，我主张不写。但有一位中国科学院院士提出意见，说《天文志》不能没有，各地记录的资料非常多，我就加上了，但也没有把握。历史学家写不了，只能找这位天文学家去写。还有《医药志》，本来我也没有立，后来也有中国科学院院士说了，清代的医药非常发达，应该立志，所以我听了他的意见也暂时设上了，请他们写。还有很多志到底设不设，我也很犹豫。《生态志》《疆域志》《租界志》《港澳志》《科举志》《史学诸子学志》《西学志》等也是讨论中认为不应设，或者归入其他志中的。我也请大家考虑。还有主张设立《北京志》，那其他城市设不设志呢？还有《宫廷志》《仓储志》《文书档案志》这些究竟设不设？请先生们考虑。还有一些应该设但怎么写呢？如《民族志》，56 个民族都写，还是只写几个有代表性的民族？《外交志》，国家那么多，欧洲国家、亚洲国家、非洲国家、拉丁美洲国家与晚清都有关系，这些又该怎么写？一卷志书能包容这么多内容吗？可否分成两卷？总之，难度很大。《宗教志》，清代有佛教、天主教、基督教、伊斯兰教、藏传佛教，还有民间宗教，这么多宗教怎么写？还有清朝的《兵志》也很难写，前后变化太多，八旗、绿营、团练、湘淮军、北洋水师、新建陆军都得写，又怎么写呢？一卷30多万字，每个兵种也就五六万字，这又该怎么写呢？清代历史太丰富了，资料太多了。如果弄成个“压缩饼干”有没有味道？还有个大难题，就是《艺文志》。《清史稿·艺文志》著录清代书籍9 000余种，篇幅已经很大了，后来武作成补了1万余种，山东大学王绍曾先生又补了5万余种，现在看来能补到10万余种。这样字数太多，没法放进新修《清史》，那到底怎么变通呢？《艺文志》以前史书都收，明代只收一朝的，清代只能选了。那我们怎么办呢？这个也请大家来考虑。

第四部分是传记，清朝统治中国的时间达268年之久，加上关外时期存在时间很长，我们到底立多少传？我定了2 000个人物，大家认为少了，要增加一些。立传不能滥，要有标准，也不能漏，不能像《清史稿》那样把翁方纲这样的人物都漏掉。还要分短、中、长条。另外，类传我们立不立？有的先生主张不立，有的先生主张立。如果要立类传，那么立哪些，不立哪些？我本来列了循吏传，有先生说那么酷吏传为什么不立？我的本意是在循吏传中收录那些官不大但做了好事的官吏，不知这样是否合适？我们现在没有为清末的革命党人立传，像邹容、徐锡麟、秋瑾等，他们没有活到民国，应该写入新修《清史》。还有人主张立方外传，包括和尚、道士。我们现在立的类传也不少，我的想法是，进类传的人写的字数要少。如果名气很大，字数很多，就可以单列传，不进入类传。还有跨朝代的人怎么办？黄道周、张煌言、郑成功、史可法、李定国是否立传？有的在《明史》中已经有传，但郑成功等人在《明史》中没有，如果新修《清史》不列，那么就没有他们的传了。如果立了也有问题，他自己就不承认自己是清朝人，他在九泉之下是不是要抗议呢？同样，清朝末年民国初年的人物怎么办？徐世昌、袁世凯曾任民国大总统，在清朝做了很多事，如果不立，就不知道这些人在清末做了什么事。还有很多革命派人物，如孙中山，如果列入新修《清史》，搞民国史的人要反对了。还有许多人，像蔡锷、陈其美等人，没在民国活几年就死了，他们的主要事迹都在清朝。所以传记有很多问题。

第五部分是史表。已经有了大学士表、军机大臣表、督抚表、部院大臣表，但也有人主张将布政使等也列成表，这就很多了。第80卷科举鼎甲表，是把历年进士题名列成表。有的先生提出增加重大的教案表、文祸表，这个也正在考虑。文祸表我考虑有点问题，不好界定，比如“苏报案”这种革命活动，还有洪亮吉被流放，算不算文祸呢？所以很多不太好界定。

第六部分是图录，这是我们新加的部分。“二十四史”里没有图。清朝图很多，晚清有了照相机，现在故宫博物院保存有几万张照片，还有外国的。图片可以证史，在一定意义上，它比文字记录更加形象、直观、丰富，有时一幅生动的图片可以胜过千言万语。所以郑樵非常重视图，他说“置图于左，著书于右”。但是，我们编图缺乏经验，“二十四史”中没有经验可借鉴。怎么分类？是按照朝代还是按照片类别来分？如何用一个清晰的主题合理地贯穿这些图片，使之成为鲜明的、生动的、真实的历史画卷，从而展现清朝历史的发展轨迹？但不能杂乱无章地堆砌。

以上我对《清史》目录做了简单说明，在很多问题上我犹豫不决，希望台湾的专家指教如何妥善地解决这些问题。

谢谢大家！

在台湾宜兰佛光大学谈《清史》纂修*

这次我们清史编纂委员会来到风光秀丽的台湾宜兰，向台湾的学者请教。我们正在启动清史编纂工程，设计全书的框架结构，讨论全书的体例体裁。清史编纂工作从今年年初开始到现在已经10个月了，工作进展比较正常，我们也碰到了很多问题，也有一些初步的想法，这些想法是否适当，也要向台湾的同行们请教。台湾的许多学者对清史有深入的研究，有很好的著作。我想，纂修《清史》是海峡两岸学者的共同事业，我们非常期望台湾学者的支持和参与，能够提出宝贵的意见、建议，希望这项工程在一开始就设计得比较完善。

我们为什么要纂修《清史》呢？政府为什么要投入这么大的财力、人力支持学者们修史呢？我想，这是看到了历史学的重要性。中国是历史学非常发达的国家，从司马迁的《史记》开始，再早有《尚书》《左传》等史书，司马迁的《史记》从五帝世家开始，历史非常悠久。而且我们从商周就有了甲骨文，以后历朝历代都有历史记载，从来没有中断过，这在全世界是独一无二的，是任何一个国家所没有的。所以，中国被称为历史悠久的文明古国。我们中国人特别重视历史，因为历史是人类对自己过去的回忆和反思。人类的智慧、知识都是从过去的实践、经验中获取的，这种历史的回忆和反思也使我们认识到人类的自身，使我们有了创造新生活的能力和信心。如果忘掉了历史，丢掉了历史，就不知道自己的来历，不知道自己是什么样的人，丢失了自己的过去，忘记了自己的祖先，也就不可能开辟自己美好的未来。我想中国人懂得这一点，因此，非

---

* 2003年10月27日。

常重视自己的历史，希望用过去生动的事实，用过去丰富的经验教训，来教育我们的子孙后代。中国有一个好的传统：易代修史。朝代改变了，新的朝代就要为已经覆亡的朝代修史，就是要总结历史经验，吸取历史教训。唐太宗曾经说过："以铜为镜，可以正衣冠；以史为镜，可以知兴替；以人为镜，可以明得失。"唐太宗讲得很有道理。

清朝统治中国有268年之久，清朝灭亡也有了90多年了，但至今还没有一部详细的、令人满意的《清史》，这是非常遗憾的。所以，易代修史这个任务我们一定要担当起来。当然有个《清史稿》，这部书也有一定的价值，有史料价值、文献价值。《清史稿》主要是依据过去国史馆的档案、稿本来修纂的，这些稿本是经过了很多作者长年累月的编写，再三修改而成的，《清史稿》吸收了这些成果，当然是有价值的。但是，还存在不可讳言的缺点，首先是观点上的问题，对辛亥革命抱有偏见，把起义称作"作乱"，把革命党人称作"匪类"，等等。甚至孙中山的名字只在《清史稿》出现过一次，就是慈禧太后通缉他的时候。连1912年选举临时大总统都没有出现孙中山的名字。《清史稿》记载了这件事，但没有写孙中山，到底选举的是谁啊？没有说。这就是所谓"春秋笔法"，看来《清史稿》不愿意将孙中山的名字写进去，所以在观点上有问题。其次就是史事上错误很多。台湾的学者们花了很大努力写了《〈清史稿〉校注》，校正了《清史稿》的很多错误。最近我简单地翻了翻这本书，确实是考证精密，内容丰富，我很钦佩各位先生，做了那么好的工作。所以，我给《清史》编纂工作的同志们说，要人手一册，我们写的时候，可不能再犯《〈清史稿〉校注》已经指出的错误。《清史稿》错误很多，我也曾看到过一个很幼稚、很初级的错误。太平天国的时候浙江的一个村即诸暨县的包村被包围，在太平军打下以后，说杀了村民60万人，啊呀！这个你不用对史料，一看就知道这是错误的，这个村子只是浙江一个小小的村庄，当时整个杭州可能还不到60万人，一个村庄怎么可能有这么多人呢？这类错误可能很多。还有，《清史稿》利用了国史馆的档案，但没有利用大内档案。由于这些原因，《清史稿》存在着不少缺点，不能令人满意，当然它自己也说自己是“稿”，并不是定本。

《清史稿》成书以后，20 世纪内多次提出要重修《清史》。我记得，抗日战争以前，国民党曾拨款 50 万元要修《清史》，但由于抗战爆发，没有能够启动。台湾方面在 1961 年由张其昀先生领衔主编，修《清史》，萧一山等都参加了，这就是“国防研究院”印的《清史》。这部书在利用《清史稿》的基础上，对其做了重要的修改，不是重新编写，所以张先生在序言中说：“网罗有清一代的文献，完成理想中的新《清史》，寄厚望于后来之作家。”他希望后人来完成，并没有说自己已经完成了。1978 年，钱穆先生建议写一部《〈清史稿〉校注》，利用在台湾的档案和其他史料来校正《清史稿》的错误。后来出版了 15 大册，工程很大，共计 1 200 多万字，远远超过了《清史稿》的 800 万字。今天就有很多先生，像冯明珠先生、陈捷先先生，还有庄吉发先生都参加了当年《〈清史稿〉校注》的编写。

大陆方面也非常重视《清史》修纂，解放之初，董必武先生第一个提出要修《清史》。之后，50 年代末，周恩来委托吴晗先生着手制定纂修《清史》的规划，这件事我参与了，当时搞清史的人很少，我是搞近代史的。当时吴晗先生找到我，一起商量《清史》纂修规划，吴晗先生讲的规模很大，远远超过我们现在的《清史》纂修的规划。由于当时人才缺乏，就从培养人才做起，要从本科学生中抽调人才。但后来赶上三年困难时期，这件事情停了下来。1965 年周恩来委托当时中宣部副部长周扬筹备成立“国家清史编纂委员会”，当时就是这个名称，以中国人民大学副校长、著名明清史专家郭影秋为主任，并在中国人民大学内成立清史研究所。当时房子都看了，准备开动了。但“文化大革命”一开始，受到冲击，又停止了，而且后来“修清史”还成了一条罪状。中国人民大学一直保持着清史研究的力量。“文革”后，邓小平转发了一封人民来信，建议编纂《清史》，后来由于“文化大革命”刚刚结束，千头万绪，还顾不上，也没有支持的经济力量，又拖了下来，而且一拖就是 20 年。所以，在大陆修《清史》也是几起几落，路途坎坷曲折，这几次我都参加了，第一次参加时我才 30 多岁。到 2001 年，学术界再次呼吁修《清史》，政府郑重考虑了，也调研了很长时间。到 2002 年年底成立了清史编纂委员会，决定启动《清史》编纂，这得到了中央几个主要领导人的批准。

由此可见，《清史》纂修是两岸长期十分关心的问题，但好几次都流产了。编一部《清史》是两岸共同关心并为之奋斗的目标。可见，《清史》具有不可取代的重要性。因为清代历史离开我们不远，清史对我们特别重要，历史上的很多问题与现实密切相关。我们今天为什么要发奋努力实现现代化，就是因为在清朝历史上中华民族受尽了欺负。还有人口问题，清之前历史上的人口记录从来没有达到过 1 个亿，最高也只有七八千万，当然历史记录与实际有出入，但也不会太多，清代以前中国实际人口可能只有 1 亿多。今天的人口有 10 多亿，人口的滋生基数主要在清代，研究人口问题就要追溯到清朝才能解释清楚。又如，外交问题、划分边界、中英问题、中俄边界问题、香港问题，这都是清代遗留下来的问题。又如民族问题，也是清代遗留下来的。清代处理民族问题有成功的地方，也留下了很多问题。因此，如果要了解今天的现实，了解中国的国情，就必须了解清史，今天的很多现实问题都要追溯到清代的历史。以台湾为例，台湾是清代发展最晚的地区，也是清朝历史上非常重要的一个部分。以前关于台湾的历史记载，我们可以追溯到三国孙吴时期，以后隋、唐、宋、元不断有历史记载，而且以前人口比较少。但到了清朝，历史上发生了一件大事，就是郑成功驱逐荷兰，这是中国人民第一次反对西方侵略的斗争，当然要在清朝历史上大书特书。康熙二十二年收复台湾，这也是大事，平定三藩以后又收复台湾，清政府没有后顾之忧了，以后战略重点就放到了西北。康熙收复台湾以后，很多福建、广东的移民到了台湾，开发台湾。台湾当时大约只有 7 万人口，可是后来迅速增加，到甲午战争前夕达到了 225 万人口。自然生殖没有这么快，大多都是大陆来的移民，他们辛勤劳动，开发了这片土地。这些开发台湾的先民是中华民族子孙，他们的文化、他们的语言、他们的风俗也都是中国的。当时的台湾历史就是中国人在这个岛上的活动，是中国历史的一部分，《清史》要大书特书。说到这里，我自然而然地想到，最近台湾的教科书要把清史与中国历史剥离开，放到“世界史的范畴”，这使我大为惊讶，实在没有想到，怎么能发生这样的事情！这是对历史的公然篡改，忘掉祖宗，丢弃祖先，企图以此让百姓忘记自己的过去，忘掉自己的历史，忘掉自己是什么人。一手岂能遮天，两岸的同胞肯定会坚决地反对。

以上我讲了两岸对清史的关注和清史的重要性。我们这次编纂《清史》已经启动10个月，我们编纂《清史》的方针是：要实事求是，探求历史的真实，写出客观真实的历史。求真求实是历史学的生命，要反对想当然，更要反对任意地篡改，反对隐瞒历史。当然，追求历史真实很不容易。暂且不说故意伪造历史，即使是真正抱着科学研究的态度，也还不容易做到还历史以本来面目，因为历史非常复杂，同一个事件可能有相互矛盾的记载，也可能有各种完全不同的说法。由于研究者的时代不同，观点不同，所以在实事求是的前提之下，也还会有不同的意见。在这种情况之下，我们应该尊重不同的意见，相互交流，深入探讨。写一部历史书，当然要有大体一致认同的观点，但并不是定于一尊，并不是抹杀不同的观点。人的认识是有局限性的，有时候你认为的真理可能是谬误，有时候你认为是谬误却可能包含真理。因此，我们的方针是实事求是，追求历史真实，尊重历史真实，尊重不同意见，而不能抹杀不同意见。

编纂《清史》是个学术问题，要代表21世纪的水平。我们准备用10年的时间编纂这部《清史》，10年以后还会有人继续研究清史，而且必然是后来居上，成就肯定会超过我们。将来会有更好的《清史》，否则历史学就不能进步了。我们力求达到这个时代的最高水平，但并不是完美无缺，我们会有时代的局限性。另外，我们编的这部书以叙事为主，尽量少发议论。历史著作的功能就是记录过去已经发生的事实，还历史以本来面目。不必多发议论，读者从一部叙述历史真实的书中会有自己的判断，要相信读者，给读者留下足够的思考、判断的空间。当然，完全没有议论也不可能。从前的史书也有“太史公曰”“臣光曰”这一类的评论，这都是观点。因为，历史学家对历史的认识本身就包含着历史学家自己的认识和判断，如何叙述，如何写，用哪些事实，这本身就是价值判断。所以写作时不可避免要带有观点，带有价值判断。比如我们身经抗日战争的这些人，如果让我们写抗日战争，一定是带着自己的判断，带着自己的是非标准的，一定是谴责日本侵略者的。不这样是不可能的。当然，我们历史学家要从事实出发，不能添枝加叶，更不能歪曲历史。

我们这个《清史》工程分成两个部分：一部分是主体工程，一部分是基础工程。主体工程就是3 000万字的《清史》，分成88卷，基本内容在下次台北会上我再做介绍。这是我们的主要任务，要全力以赴、保质保量地完成，不辜负人民的委托。同时要整理大量的文献档案，这是基础工程。清朝统治近3个世纪，留下了大量史料，汗牛充栋，光第一历史档案馆就有1 000多万件，多得不得了。地方档案还有1 000万多件，如四川南充的档案、南部县的档案、内蒙古的档案、西藏的档案等，有些眼看就要毁了，怎么办呢？极力抢救吧！我们尽可能整理抢救更多的历史档案。

清代文献也很多，清人诗文集就有4万余种，去年出版的《清人诗文集总目提要》中现存的就有4万余种。我们整理多少出版呢？2%就是800种，大概有几亿字，相当于一个《四库全书》了，汗牛充栋。我们的力量太微弱了，我希望团结海内外的学者共同完成这个工作。

我打个比方，修《清史》是打造一个航空母舰，不仅需要航空母舰，还要有巡洋舰、驱逐舰等，这样才能组成一个战斗群。因为时间关系，其他的我就不详细讲了。

在台北《清史》纂修座谈会上的讲话*

一

各位女士，各位先生：

大家好！

首先，我要感谢大家光临这次会议，来听取关于《清史》编纂的介绍，并发表意见和建议，这是对《清史》编纂的极大关怀和支持，我代表国家清史编纂委员会对大家表示热烈的欢迎和衷心的感谢！清史编纂委员会自去年（2002 年）12 月成立至今已经有 10 个月了，工作取得了一些进展，设计了框架，制定了《清史》目录。在 10 个月的时间内，我们做了大量的调查研究，开了 10 次规模比较大的全国讨论会，在北京、上海、大连、广州征求全国清史学者的意见。目前，我们即将进入下一个工作阶段，也就是分解项目，选拔作者，进行试写。其间我们也碰到许多问题，碰到许多疑难困惑。

台湾有很多清史专家，他们在清史研究上有很精深的造诣，而且看问题的角度也许和祖国大陆的学者不完全相同。我希望听取大家的意见，得到台湾学者的指教，以修改完善我们的初步想法。

前几天，在宜兰清史讨论会上我就《清史》编纂的缘起做了介绍，讲了我们为什么编纂《清史》，编纂方针和原则是什么。我曾经提到，半个世纪以来，海峡两岸的学者为纂修《清史》都做出了努力。台湾有张其昀先生主持编修的《清史》，即“国防研究院本”《清史》，但它不是新修《清史》。在“序言”中张其昀说，以我们现

---

* 2003 年 11 月 2 日。

在的人力财力难以完成一部《清史》，寄厚望于后来的学者。此后钱穆先生倡议写《〈清史稿〉校注》，并做了大量有意义的工作。最近我看到了这部书，感觉此书非常有意义。我曾经给清史编纂委员会的同志说我们必须要人手一册，作为重要的参考。半个世纪以来，在很困难的情况下，台湾学者做了很多工作，我表示非常的尊敬。

祖国大陆方面，国家领导人也非常重视《清史》编纂，毛泽东、周恩来、邓小平、江泽民都非常重视。最早，在新中国成立初期，董必武提出纂修《清史》的建议，得到毛泽东的赞同。50年代末周恩来委托吴晗先生制定编纂《清史》的规划，当时我也参加了，当时我30岁出头。由于赶上三年困难时期，此项工作没有进行下去。到了1965年，“文化大革命”前夕，国家要成立清史编纂委员会，以当时中国人民大学副校长郭影秋为编纂委员会主任，并且在中国人民大学设立清史研究所，我被任命为所长，做《清史》编纂的准备，当时还成立了机构，但两个月以后“文化大革命”开始，这件事又夭折了。不仅夭折了，而且还成了我后来的一项罪名。但是中国人民大学一直保留着清史研究力量，这支力量成为今天修《清史》的一支重要力量。“文革”后，邓小平批转下了一封人民来信，该信建议编纂《清史》。1982年在长沙召开的第一次全国哲学社会科学规划会议，着重讨论了要不要启动《清史》编纂。由于当时“文化大革命”刚刚结束，国家千头万绪，还顾不上，而且也没有足够的经济力量支持这样巨大的文化工程，于是《清史》编纂工程被放下来了，一放就是20年。所以，在祖国大陆修《清史》的事也是三起三落，路途坎坷而漫长。到本世纪初，就是2001年，学术界再次呼吁修《清史》，政府做了慎重考虑，进行调查研究，做可行性的考察，花了一年半的时间，最后经国务院以及江泽民、胡锦涛、朱镕基和李岚清四位中央领导的批准，《清史》编纂工作启动。

这几次，我都不同程度地参与了，第一次是三十几岁，现在已经过了半个世纪，垂垂老矣！对于这个历程，我不胜感慨，颇有沧桑之感。在此事上，虽然两岸学者以前没有交往，但都为此而努力，因为《清史》编纂是我们全民族的共同心愿。

最近，我听说，台湾的某些人要将《清史》划入世界史范畴，把台湾史从中国史中分离出去，这是对历史的公然篡改。台湾自古以来就是中国领土不可分割的一部分，台湾从未独立过，将来也绝对不会。国际社会一致承认台湾是中国的一部分，“台独”分子隐瞒历史事实，这是非常危险的，是玩火。

这次清史工程也经过了很多坎坷的历程。对于我们历史学家来说，这是难得的机遇。屈指算来，从朱元璋下令修《元史》近600年来，国家修史共有四次：第一次是明朝修《元史》，第二次是清朝修《明史》，第三次是北洋政府修《清史稿》，我们这是第四次。这四次修史，都有国家的支持。只有在国家的支持下，大规模的修史才可能展开。我希望海峡两岸的学者能够共襄盛事，都能关心，都能参与，把聪明才智贡献给伟大的文化工程。

在宜兰的会议上，有人提出这次修史是不是官修正史。我们从来没有说过这次是官修正史。首先，我们编纂委员会的25个委员全是学者，没有一个是官员。过去修正史的都是官员，而我们参与修《清史》的委员都不是官员。清修《明史》，只有一个特殊人物万斯同不是官员，他本人只是以布衣参与修史，没有接受清政府的授官。其次，我们是学者修史，学术意见是自由的，怎么修，采用那些学术意见，完全由学者决定，由学者负责，政府不干涉。将近一年来，政府和我们一起开过多次会，但从来没有在学术上提出应该怎么修。最后，这次和官修正史不一样，我们不是独此一家，不是垄断修史，不是只准我们修，不准别人修。封建社会的时候修史是由官府垄断的，像清初修《明史》，庄廷鑨个人修了个《明书》，就惨遭杀戮，后来戴名世搜集一些资料，还没有修史，也惨遭杀戮。所以封建官府不准别人修史，这是文化专制主义，是很恶劣的做法。我们遵从“双百”方针，欢迎私人修史，欢迎各种意见。

当然，我们与官修史书有相似之处，首先我们接受政府的支持，接受政府的委托。这个项目不是我个人的，也不是哪个单位的，而是政府的。其次，工程是经政府批准的，由政府出钱，由政府组织队伍，由政府协调、支持，如果没有政府支持，不可能进行这样一个宏大的学术文化工程。祖国大陆现有的国家社会科学基金，每年资助项目上千个，任何个人报的题目经批准就可以获得资助，学术意见完全自由，个人可以自主进行研究，而且目前有成效的科学研究基本上都获得了政府资助，但这并不意味着政府要干预。在我国历史上，一项伟大的文化工程必须有政府的支持，宋朝修《册府元龟》《太平广记》，元朝修《宋史》《辽史》《金史》，明朝修《永乐大典》和《元史》，清朝修《古今图书集成》《四库全书》，都没有离开政府的支持。祖国大陆也有各种各样的意见，也有人反对修《清史》。但是，一项有意义的文化工程必须有政府的支持，历史上一个有作为的政府也必会大力支持文化工程。

我们得到政府的支持，深感责任重大，要保证质量，要全心全力地将这项工作做好，不辜负人民的委托。同时我感到高兴，因为从年轻时就参与，一直到现在70多岁才实现这个愿望，清史工程终于启动了。

经过10个月广泛的调查研究，我们大体上有了共识，认为新的《清史》应该采用新的综合体，既要吸收传统的纪传体的长处，也要吸收现代的章节体的优点。纪传体是在历史上经过长期使用、长期考验的，有它的优长之处，突出优点是包容量大，有人物传，有表，能反映历史的丰富性、多样性，这是章节体所不具备的。章节体的流行主要是自上个世纪之初始，经梁启超、章太炎等大力倡导，以后成为主要使用的体裁，祖国大陆除了罗尔纲先生的《太平天国史》使用纪传体之外，基本上都使用章节体。章节体的特点是能够表现历史的大事，能够表现历史的复杂性，可以连续叙述历史，把握历史规律。如果能够把这两种体裁结合起来，就能够把历史反映得更加具体、更加真实。经我们多次调查，大家都基本同意使用综合体，我们收到的1 300份书面意见都赞成综合体。调研的对象很广，不但有学者，还有工人、学生等。另外，有人主张用纪传体，有人主张用编年体，有人主张用章节体，尽管这些是少数人的意见，我们也认为这些意见都是很有价值的，因此我们决定把专家们的意见全部整理出版，包括把少数人的意见也详尽地整理出来，以供参考，以表示对少数意见的尊重。

同时我们也搞了《清史》目录，经反复修改，大体上确定《清史》框架的六个部分：通纪、编年、典志、传记、史表、图录。这六个部分各有特点，各有功能，组合在一起，相互补充，就构成了整个新修《清史》的框架。

为了引起讨论，我对《清史》目录做一些说明，便于大家了解，希望提出批评指正。

通纪，通就是司马迁讲的“通古今之变”，我们强调记录事实，而不是发表意见。这部分是全书的核心，是全书的纲领，应该做到史事准确，观点正确，表现清朝一代的兴、盛、衰、亡。要写清朝的重大历史事实，以政治、经济、军事为主干，也有相关的社会文化等内容。必须结合事实，对历史大势做出清楚的交代。通纪一共8卷，8个段落，这是我们根据历史呈现的阶段性确定的。本来历史是连续的，不能割断，前后都有联系，但这268年的历史有其发展特点，每一段历史的重点不一样。根据我们的认识，将其划分为8个阶段，总体上展现清朝的兴、盛、衰、亡。前两卷讲清朝的兴起，第三、四卷讲清朝的全盛，第五、六卷讲清朝的中衰，最后第七、八卷讲清朝的灭亡。我们没有用12个皇帝来划分，当然这也是一种写法。本纪就是这样，以皇帝为中心，我们没有采用，因为我们考虑围绕皇帝个人展开，有点像“帝王家谱”。因此，我们考虑用通纪，而不用本纪。这个做法是否妥当，请大家指教。我也不敢说用别的方式就不行。

第一、二卷是讲满族的崛起，清兵入关，打败李自成，打败南明，接着平定三藩。从努尔哈赤、皇太极到多尔衮、顺治、康熙，从建州女真开始，满族由小到大，由弱到强，发展得非常迅速，打败了很多强盛的势力。满族人口很少，却最后成为全国的统治者，这是我们研究的重点。为什么满族能够发展迅速？为什么能够战无不胜？优势在哪里？它也可能统一东北以后就发展不起来了，也可能入关以后中国形成南北朝，因为中国历史上游牧民族南下以后中国往往容易形成南北朝，游牧民族打不到长江以南。为什么清朝能够统一全中国？当然这里面有很多原因，有很多问题值得我们认真研究。

第三、四卷讲自康熙平定“三藩”以后，清朝的战略重点转移了，从南方转移到北方。在北方要对付准噶尔部，对付俄罗斯，实现全国统一。从康熙中叶到雍正乾隆，前后一个多世纪，中国做了两件重要的事情。第一件大事就是统一，统一南中国，但是北中国还没有统一，打败准噶尔部割据势力，才能统一北中国。统一北中国是很艰巨的，战争很长，而且当年的交通很困难，军队难以到达新疆，粮食难以运到新疆。北京的粮食运到新疆，费用昂贵，但最后统一了。一方面是由于准噶尔内部混乱，乾隆抓住了历史机遇。另一方面是由于发展生产力，康雍乾时代的生产力，我认为远远超过汉朝，当然我的看法不一定正确。衡量一个农业国家的生产力，应看当时的粮食产量。乾隆时期人口有3亿，道光时达到了4亿，养活这么多人口需要有相应的粮食，清朝是远远超过汉唐的。从横向来看，中国人口占当时世界人口的1/3，农业生产也相应占有这样的比例，当时全世界人口50万以上的城市共10个，有6个在中国。所以，从经济总量上讲，清朝在当时的世界上是名列前茅的。但是，我们绝不能因为这个而沾沾自喜，我们应该看到背后隐藏的危机，康乾盛世存在严重的问题。当时中国不了解外国，包括当时的皇帝、大臣，即使是最先进的知识分子也不了解外国，妄自尊大，自诩天朝上国，轻视科技，这是致命的弱点。当时中国的经济总量位居前茅，但是人均拥有量较少，而且在发展进程中隐藏着很多忧患，所以康乾盛世的光辉下存在着抹不去的阴影，是落日下的余晖，而不是朝阳的光芒。

第五、六卷讲清朝中衰，包括白莲教起义、天理教起义、太平天国起义等，一共70年。连续多年大规模的农民战争表明国内矛盾激化。太平天国起义，时间长，规模大。外部矛盾也十分严重，发生了两次鸦片战争，帝国主义入侵中国。内部纷争，外部忧患，清朝风雨飘摇却幸存下来。农民本身很难建立巩固的政权，很难成为社会的新力量，加上中外反动势力相互勾结，农民起义很快陷于失败，太平天国起义就是被中外势力镇压的。同时，清朝内部产生了曾国藩的湘军等力量。

第七、八卷主要讲洋务运动、甲午战争、戊戌变法、清朝灭亡。这个时段的特点是变化，社会力量和形势发生了很多变化。

编年我就不多说了。

关于典志，在讨论中意见很多，比如《天文志》，一开始我并没有设立，因为它主要是自然科学的内容，而且我认为乾隆以后的天文志资料缺乏。但现在我了解到乾隆以后的资料也有。比如《艺文志》也非常重要，但清朝的书籍很多，不胜记载。到底怎么写呢？又比如漕运、盐法，这其中每一个都很重要，现在放在一起，怎么写呢？

由于时间的关系，传记、图录部分我就不多说了。

谢谢大家！

二

非常感谢台湾的学者提出许多宝贵的意见、建议和批评，尽管有些批评相当尖锐，但是我诚恳地欢迎批评，这些批评是很难得的。我觉得能够坦诚相见，把各人的学术意见贡献出来，对我是很大的帮助。我们一定要把这些意见带回去，认真地研究。大家提出的很多问题具有启发性，我们没有想到。可见两岸隔了一段时间，可能彼此的理念、对一些问题的基本观点有一些差异，出现这些分歧是可以理解的。我觉得贵在交流，我们能够交流，能够彼此理解，通过沟通，我们能够达到基本的共识。即使在某些问题上不能达成一致，存在分歧也没有关系，可以存在下去，可以争得面红耳赤。

这些意见中有很多我很难解答，有许多问题不是没有考虑过。譬如说做长编，这是修史的一项基本手段，我们正在考虑。除了做长编，还想仿司马光之例，做考异。清代史事、逸事太多，分歧太多，资料太多，需要做大量的考证。这项工作难度很大，我现在找不到人来搞考异。我找到了一位先生，请赫治清、张捷夫去请这位先生做考异，他不愿来，说身体不太好。我临来台湾的时候还给他写了一封信，不知道他能不能答应。

人才很难得。我现在主持这个事情，深深地感觉到人才问题的重要性。写通纪、写表志缺人，没有多少人能够承担；搞文献整理也缺人，草书没人能辨认。现在确实是人才断档，这几十年里面，教育体制方面有一些问题，所以人才培养不容易。但是如果我们不写史，哪能够培养人才？我想应该是在修史过程中、在实践中培养人才，而不能先培养人才，然后再修史。最近我们准备在清史编纂委员会里边招博士后，按照编写要求，一面编纂，一面培养。这是个很难的问题，他们可能一开始不能适应工作，但我想他们会慢慢成长起来的。

关于通纪、编年的重复问题。我主张小编年，编年小一点，尽量压缩，避免重复。但好多同志主张编年大一点。这个问题到现在还没有定论。

许多先生谈到清国史馆所藏档案的底本，这当然是很重要的资料，修史时必须利用。我们明天去台北"故宫博物院"，预先请求他们提取福康安、蒋廷锡、李鸿章、陈宝箴四个人的"传包"，因为"传包"保存了许多不同的传稿底本，可以看出当年清史馆的先生们是如何修史的，北京中国第一历史档案馆也存有大量纪传表志的底稿。

许多先生集中地谈了"正史"的问题，力主现在修的就是正史，应该保留本纪。什么是正史？"二十四史"被正式列为正史是在修《四库全书》时，这是迟至18世纪的事。司马迁、班固、陈寿、范晔、沈约修史时，根本没有想到自己是在修正史，他们只是想修一部足以反映历史真实的史书。我们也只想修一部高质量的史书，至于是否被列为正史，对我们并不重要。

正史的体裁也有所不同，有的有载纪，有的无表志，而陈寿的《三国志》只有列传，并无本纪，不能说就不是正史。我们的通纪其实是对本纪的改造，随着时代的要求，史书的体裁应该可以改造。

我们是尝试改造，尝试也许会失败，但不敢尝试就不会有前进。

本纪改为通纪，实际上是将以帝王划分阶段改成以历史内容划分阶段，何者更好？我想还是以历史内容划阶段为好，尽管以帝王划阶段可以固定不变。以历史内容划阶段，见仁见智，因人而异，会产生分歧，但每个阶段的历史内容经过深入研究和反复讨论，还是可能取得共识的。

有的先生提到修史不要渗入意识形态，不要有价值判断，不要用褒贬的方法，如果有这些因素，就不能称为正史。当然写历史不能简单化，不能简单地把人物分成好人坏人两大类，我们应该客观地、全面地对待人物和事件。但中国传统史书，包括正史在内都有价值判断和是非褒贬。“二十四史”中把起义农民称“匪”，称“寇”，这不是价值判断吗？为什么过去正史可以这样写，而我们仅仅把太平天国称作“农民战争”的写法就是渗入了意识形态呢？有的先生批评我在提纲中用了“革命党人”字眼，感到“流于意识形态”，我感到惶惑不解。像陆皓东、徐锡麟、秋瑾、熊成基等，不称为“革命党人”，又该称什么呢？“革命党人”是两岸学者多年习用的名称，并不是我的创造。

写历史不可能完全没有价值判断和是非褒贬。让亲历抗日战争的人来写抗战史，必然对日军义愤填膺，称之为“侵略军”。在侵略和被侵略之间，深明民族大义的人是无法站在中间立场而漠然无动于衷的。

有的先生说，1980 年以前祖国大陆史学界前辈的论文著作可参考的非常少。我不能同意这种看法，祖国大陆前辈史学家如郭沫若、范文澜、翦伯赞等都有杰出的成就，对历史有宏观性的、精深的研究，我们都是他们的学生。20 世纪祖国大陆的历史学成绩是相当辉煌的，当然也有问题和缺点。我们下一代的历史学者都是沿着前辈的足迹继续往前进的。

以上发言，有些不同的意见坦陈出来，以就教于台湾的同人们。

关于《清史》目录的几点说明*

《清史》目录在我心中酝酿已久，自今春开始广泛深入研讨《清史》体裁体例以来，专家学者及各界人士提出了许多宝贵建议，使我深受教益。经过认真研究，在充分吸收各种意见的基础上，逐渐形成了最早的86卷《清史》目录，并发给编委会一些同志请他们提出意见，这是今年4月上旬上海会议前后的事。5月在认真阅读专家们咨询报告的同时，又将86卷方案修改为90卷方案，交给了体裁体例小组作为内部研讨之用。这以后，我不断收到热心者关于体裁问题的建议，为了听到更多的批评意见，6月初我在达园宾馆向编委会部分工作人员重点讲通纪部分，以阐述我对贯穿清代历史的一条主线的看法。6月下旬主任办公会议决定7月初召开一次以编委会工作人员为主的更大规模的体裁体例研讨会，以进一步比较权衡已有的主要方案的利弊，方案之一就是经过我进一步修改的91卷《清史》目录。7月3日和4日与会同志进行了热烈讨论，回来后我反复琢磨，觉得大家说的不少意见都有道理，于是立刻着手对91卷目录做较大的改动。这次修改与以往稍有不同，在列出《清史》目录的同时，也说说我的一些想法，以便与各位专家学者更好地交流。

一、整体框架中6大部分的设置

6大部分考虑了传统史书的体裁，也结合了20世纪以来新的体裁，是吸收了它们的长处而设置的。传统纪传表志体裁的优点，在

---

* 2003年冬。

于有比较大的包容量。中国传统史书都是用这种体裁写的，直到20世纪，经梁启超、章太炎大力倡导，之后的100年都用章节体，传统体裁几乎没有了，只有罗尔纲修的《太平天国史》用了传统体裁。我们觉得这两种体裁都有它的优点，也都有它的缺陷。传统史书的优点是包容量比较大，从各方面反映清代历史内容，体现了历史的丰富性、多样性。同时我们又考虑吸收20世纪以来章节体的长处，章节体的优点就在于它能够表现历史的大的趋势，揭示历史的规律，对历史进行连续性的、立体式的、有重点的编写。所以我们的6个部分中，2个部分用章节体，4个部分用传统的体裁。第一部分通纪用章节体，另外典志部分将来恐怕也得用章节体。

二、我对通纪的想法

通纪部分需要比较大的规模，所以拟分9卷，它要从纵向把清代整个268年的历史加以扼要地叙述，前后贯通，揭示它的连续性，同时多方面地反映政治、经济、军事、文化。但它的缺点是容量比较小，写通史很少写到人物的活动，所以要有传记。同时很多方面，如文学、戏剧、医药、天文等，通史中也没法多写，所以又要有典志部分。典志就是把社会生活各个横断面都包罗进来，最大程度地透视历史横断面。但是，为了反映历史大势，揭示历史规律，总结历史的经验教训，我们必须要有通史性的通纪部分，各次研讨会上多数人也认为要有这个部分。

9卷近300万字的通纪，约占全书的1/10，是全书的核心，是纲领，表现宏观的趋势，表现历史观，表现历史发展的大的形势，阐明清代从崛起到鼎盛，直至衰落、灭亡的全过程。当然其中包含了经济基础、上层建筑，包括了阶级斗争、民族斗争，也包括了意识形态、社会生活的各方面，但是这些方面会写得比较简略。这9卷是宏观地叙述，一方面不能够太简略，太简略了很多问题说不清楚；另一方面又不能太详细，太详细了历史内容太多，通纪部分承担不了，很多问题要由传、表、志分别承担，要有分工。

讨论中关于这个问题的意见很多，究竟是大通纪小编年，还是大编年小通纪？就是第一部分9卷大一些、第二部分编年小一些呢，还是反过来，第一部分小一些，比如写2卷，第二部分大一些，写10卷、8卷？这两种都不失为一种合理的方案。我原来倾向于通纪部分相对较大，编年部分相对较小。现在还是坚持通纪部分不能小。当然还可以讨论，我讲的都不是定论。在后面讲到编年的时候，我还要谈到这一点。有的同志提出通纪小一些，编年写成纪事本末性质的大事记，详细展开。我考虑再三，觉得这样写困难比较大。第一个理由，要讲清楚近300年的发展大势，2卷是不够的，100万字以内不行，3卷也不够，9卷已经是比较少的了。近300年的时间跨度很长、内容太多、前后变化太大，比较短的篇幅说不清这个大势，很多问题说不明白。第二个理由，通纪部分涉及的阶级斗争、民族斗争、经济基础、上层建筑的各个方面都要全面照顾到，不能太简略。它重点讲政治、军事、外交这些问题，因为这些问题在后边没地方再讲了。比方军事，清朝的打仗可不得了，17世纪打了一个世纪，18世纪是一个太平的世纪，当然也有“十全武功”，但是战争比较少，19世纪又打了一个世纪，从白莲教到鸦片战争、太平天国、中法战争、甲午战争、义和团、八国联军，整整打了一个世纪。哪个志能写战争呢？《兵志》是不能写战争的，因为《兵志》是讲军队的编制，讲八旗、绿营的编制，不是讲打仗的，不能指望《兵志》来解决战争问题。人物传里能写吗？一个个人物，可能他是个统帅，但一次战争里统帅也常常换，不可能贯穿地写一场战争。“表”就更不行了。那么，在哪里来反映这么多的、这么重要的、这么激烈的战争呢？还得上第一部分通纪里面去，它的重要性和必要性都要求把它写到第一部分去。鸦片战争的过程不一定写得很多、很详细，但必须有，这都是重要事件。政治斗争也是，有许多重大的政治斗争，比如像雍正夺嫡，雍正是否夺嫡，有各种不同意见，有的主张雍正是合法继承，有的主张雍正是非法继承，这些可以讨论，但雍正继位这件事情得写，放到哪里去写呢？也得在第一部分里写。不能在雍正传里写，雍正传里写他有个对立面，涉及的人很多。再比方说辛酉北京政变，慈禧上台，当然可以在慈禧传里写，但主要还是在第一部分通纪中写。所以，没有大的通纪，就没法处理这些政治上、军事上的重大事件。另外，原来想设立载纪，这是我先前提出来的，后来反对的意见比较多，因此就撤掉了。但载纪里的内容放到哪里去呢？太平天国到哪里写？太平天国不仅是打仗，不仅是军事，还有一些制度，"天朝田亩制度""守土乡官制""天历"等都在哪里写？我觉得这些都可以放到通纪里写，当然可以简单地写。再比如准噶尔的丘尔干会议，对他们来讲是很重要的制度，如果不在通纪里写，跟准噶尔打仗时写不到，在官制里也不能写，因为这不是清朝的官制。如果把载纪里的东西都挪到通纪中来，这 9 卷是很拥挤的。以上解释第一部分为什么设立 9 卷，而不是 2 卷、3 卷。

三、我集中谈一点编年的问题

原来，我是主张编年小一些的，以为 100 万字即可。理由很简单，这样安排可以避免通纪与编年内容的重复。在这次的龙泉山庄会议上，有的同志认为 100 万字的编年大不大、小不小，清代近 300 年，每年只写三五千字，恐怕不能称其为编年，不如索性砍掉编年，改为在"表"的部分加个"大事年表"。会后经过与同志们交换意见，我觉得这一想法仍不可取。理由一是编年的传统源远流长，它是我国古代最重要的叙史体裁之一，体现了传统史学精华之所在，有其独立存在的价值。我们在新编《清史》的框架设计中，应博采众长，不能对编年体没有适当的继承。二是编年以其存史的功能见长，寄托着历史学以外诸多学科加以利用的厚望，若代之以"大事年表"的处理，实不足以承当编年所应担负的重要使命。三是编年与通纪不仅在功能上互补，写法也有不同，处理得当，可收相得益彰之效，即使有某些重复，叙史的角度到底不同，也可作技术处理。

那么，编年究竟多大规模、多少字数合适呢？我觉得，要回答这个问题，必须先要说明在整个框架中通纪与编年的关系问题。在我看来，通纪与编年的关系，应是在纵向叙史格局上形成优势互补，体现出章节体和传统编年体各自的长处，前者重在从宏观上揭示历史发展的大势，标题设目，字里行间都不可避免较多地反映编者的“史识”，尽管我们力主客观，标之以“纪”。后者则主要通过严格明确的“年月日”时间框架，表现历史事件的局部，彰显在较短时间内历史事件之间的彼此相关性，并考订史实，凸显“存史”功能，以之传世。在龙泉宾馆的讨论会上，不少同志强调“存史”的意义，这对思考编年部分的规模和写法具有启发作用，我想是否应修正我原来100万字小编年的设想呢?

在综合考虑大家的意见之后，我感到在维持通纪较大规模的前提下，编年的部分适当扩大也不失为一种构建《清史》框架的思路。可能“大通纪小编年”或“小通纪大编年”的构架都不太合适，是不是“通纪与编年恰当合理配置”这种思路比较好。在字数上，“编年”不妨比我过去主张的大些，可以增加到大约300万字的规模。

这样一来，可能会带来两个问题：一个是全书字数要超过3 000万字，另一个是可能出现综合体史书通常存在的内容交叉重叠的毛病。在龙泉会议上有的同志不赞成通纪与编年“平分秋色”，大概就是出于这种考虑。我也有些担心，两个方案融通以后，各自的缺陷似乎都克服了，但彼此的优点是不是也失去了呢?这些我还考虑不好，希望大家想办法解决。

四、关于典志

在龙泉会议上专家学者们对这个部分的议论较多，有的认为志目之间内在逻辑不太清晰，有的认为典与志不在一个量级上，辈分不同，好像祖孙三代同堂（与此相联系，认为每卷一律35万字也不太合适），还有的认为《天文志》绝不能删，《礼乐志》《舆服志》作为当时国之大制也应加上去。大家的意见对我很有启发，下面谈谈我的想法。

我原拟40个志目，前后顺序大概有这样一种考虑：地理环境放在第一板块，接下去是人、政治、法律、军事、外交、经济、社会、教育、科技、思想、学术、文化这些板块。总的思路大概是地理环境、经济、社会、文化占典志志目最大分量，政治、法律、军事、外交在通纪、编年里讲得多一点，所以志目偏少。这样安排主要是把通纪、编年和典志三大部分结合起来，从不同角度多维地反映清代中国的整体历史，突出新编《清史》的存史功能，当然尽量避免内容的重复也在考虑之中。为醒目起见，我在修改志目时，采取空行的办法，把各大板块分开了，不知这样做行不行？另外，人口和民族单列一个板块好不好？有的同志建议人口、民族放在社会板块之首，也有一定道理，请大家帮我一并裁夺。

关于“祖孙三代同堂”问题，以前的研讨会上有的专家主张搞典与志两个层次，典是大范畴，志是典之下的小范畴，让人看起来一目了然。我的想法是，典与志的内容实际上交叉较多，边界并不明显，采用所谓“十典百志”的方法，分两个层次设置志目是否容易出现削足适履的问题？我现在考虑大体按照今天学科分类二级学科这一层次设目，这样比较能反映志目的特色，也避免了“祖孙三代”之嫌。至于一级学科、大范畴如政治、经济、社会、文化、思想、学术、文学、艺术等等，对其在清代近300年的宏观走势的描述应该在通纪部分完成，而典志则强调其创新，强调其学术含量，以其精深取胜。与此相关的还有，这样一来志目的数目可能有较大的增加，相应字数也会大大膨胀。怎么解决呢？一是各个志的字数“因志制宜”，不必也不应一刀切；二是志要写得精粹一些，平均每个志25万字。再有，关于志目的取舍标准，是不是具有重要现实意义的、具有清代特色的要设，不能删？如《港澳志》《租界志》《华侨志》等。在清代当时确为国之大制的也要设。从这点出发，不仅《天文志》不删，而且增加了《礼乐志》（含《舆服志》）。与此相关，我还有一个想法，那就是志目的设置不要面面俱到，求全责备，比如文学下面的门类很多，但清代最突出的是小说和诗文，所以，只设《小说志》和《诗文志》，以概括清代文学全貌；《艺术志》下面门类也很多，但清代最有特色的是戏剧（特别是昆曲与京剧）和书画，所以不设《艺术志》，只设《戏剧志》与《书画志》，以概括清代艺术全貌。总的来看这次修改，典志部分的修改最大，砍掉了一些大而不当的志，增加了更多的志目，一减一加从原来的 40 个志增加到 50 个志。这部分改动，我把握不准，请大家讨论。

在典志组第一批委托项目立项会议上的讲话*

今天我们邀请了准备第一批启动的6个典志方面的负责人，主要是听一听大家的考虑和设计情况。

清史工程是新中国成立以来最大的文化工程，它的由来很长了。新中国成立以来党和政府都十分重视，现在已得到了中央和国务院的批准。2002年11月中央成立清史纂修领导小组，由14个部委共同组成，文化部部长孙家正担任清史纂修领导小组组长。12月成立清史编纂委员会，有25个委员。清史编纂委员会成立一年多以来，做了大量的准备工作，主要是体裁体例方面的工作。去年一年我们先后在北京、上海、沈阳、广州、台北召开了体裁体例方面的座谈会，一共13次。同时，还向社会发出了调查问卷1 000份，问卷回收916份，得到了社会强烈的反响，提出了很多很好的意见。在广泛听取了专家学者的意见之后，编写了《清史》目录，经过6次修改后大体定下来为92卷，一共分成5个部分：通纪、典志、传记、史表、图录。

除了通纪组，我们已经成立了4个组：典志、传记、史表、图录，现在已开始工作。还准备大规模地整理出版资料，成立了档案组，主要是一档馆的同志。另外还有文献组，文献组的同志在全国进行了大量清史资料的调研工作。还有编译组，准备搞外文资料的编译工作。

去年，对我们而言可以说是体裁体例年，确定了《清史》体裁体例的框架。今年的任务是要立项。我们采取项目制，因为这是一个很繁杂、很庞大的系统工程，需要10年多时间。我们每一个项目都要立项，全部项目可能达到300多项。这次会议是我们第一次立

---

* 2004年2月28日。

项，第一批项目有七八十项，今天我们谈到的 6 个项目是典志。这 6 个项目是非常重要的，是我们清史工程的先行。立项工作非常繁杂，今年年底能不能完成还是个问题。项目多，涉及的主持人多。清史是个大项目，下面有二级项目、三级项目、四级项目。典志组是二级项目，再下面还有三级项目、四级项目，以后大家就慢慢熟悉了。

这次立项的典志有：《天文志》《地理志》《法律志》《农业志》《水利志》《灾赈志》。这 6 个项目的负责人都是顶尖级的学者专家，写的可行性报告我都已经看过了，写得非常好，有的可行性报告提出了非常宝贵的建设性意见。看完这些可行性报告，增加了我的信心，我觉得可以写好。只要专心致志，努力工作，就一定能把这 6 个志写好。

《清史》目录第六稿共 92 卷，其中典志有 39 卷，可见典志的分量很重，比传统的“二十四史”所占的比例都要大，《清史稿》只有 16 个志，我们有 35 个志，超过它 1 倍以上，所以很多都是新志。比如，《生态环境志》《人口志》这些都是新提出来的志。另外，还有一些新的志，如《华侨志》《医药卫生志》《戏曲志》，我认为这些都应该写。我们为什么设立了这么多的志？因为清代与以前社会有很多的不同，而且时间跨度很长，历史内容繁杂，要多用一些志来反映历史各个方面的面目。清代是封建社会的终结，也是近代社会的开始，其中有很多新事物、新东西产生，如《交通志》《港澳志》等就是要反映这些新内容。还有《法律志》，清末有了新的法制法规，也应该用相当的篇幅来写这些内容。《灾赈志》，以前的赈灾是官方的，到了晚清民国灾赈有了民间的，这个问题也是非常重要的。

晚清社会是一个转型时期，写志时一定要抓住这个特点。新修《清史》的关键是质量问题，质量是这本书的生命线。我们已经有“二十四史”这样辉煌的典籍摆在我们的面前，现在来写清代史，无论怎么说我们也要无愧于前人。四位中央政治局常委批准此事，可见对此多么重视，国家也从来没有投入过这么大的资金来修史。老百姓对修史也非常关心，很希望有一部正史来反映清代历史。如果修不好，怎么对得起国家，对得起人民呢？所以，我们一定要写出一部像样的《清史》。

保证质量的关键是选好主持人，选对了主持人质量就有了保证。我们对第一批选的主持人比较有把握，因为我们对他们的学识、品德、著作都有了一定的了解。将来我们采取委托与招投标相结合的方式，大量招标大概是在四五月份，要在全国范围招标，网罗全国的专家，你认为你能写，你就来投标，公平竞争，优者得标。另外一个是管理，要严格把关。领了项目以后，我们要全程跟踪，要全面管理。典志组的同志跟你们联系，要经常了解你们的情况，了解你们遇到的问题，写出来的成果要及时向编委会汇报。现在正在建立一个网络中心，你们的阶段性成果一上网，我们就可以看到。在写作的五六年时间里，要随时保持这种联系。

在社科领域里进行招投标，这还是第一次，没有经验，可能会成功，也可能会遇到很多问题，但是碰到问题我们会及时地研究解决，加以改正。如果感觉到这里面问题比较大，或者主持人不负责任，延误日期以及稿件达不到质量要求，将停止拨款。所以经费不是一次下拨，如果问题很严重，就要停止拨款，甚至取消项目，追回拨款。在这里，我们要向同志们说明一下，管理严格一点，是为了保证质量，没有严格的管理是不行的，请同志们务必谅解。

300 多个项目的工程是很庞大的，没有严格的管理，是进行不下去的，所以我们专门成立了项目中心。当然，各个项目还是由各部门自己管理，如典志组、传记组等。工程计划 10 年多完成，去年一年已经过去了，今年的第一批经费在春节拨下来了。去年我们没有经费，但工作干得不少。还有 9 年，9 年多的时间里面，我们还要留出两年多的时间来评审我们的稿子，有些成果和项目还要进行修改，这都需要花费时间。还要有出版的时间，剩下 3 年的时间也是十分紧张的。这样算来，还有 7 年的时间，因此我们决定主体工程《清史》92 卷，必须要在 2009 年全部交稿，全部完成，之后留出评审的时间和出版的时间。所以，实际写作只有 6 年时间。现在已经是 2004 年 2 月底了，所以对同志们来说，写作时间是非常紧的。但是也不能 3 000 万字一下子在 2009 年交，我们也看不过来，所以希望有的项目在2007年写好，写到哪一部分，就交到哪一部分。这样2007、2008、2009年陆续交来。交稿情况根据各典志情况来定，这是给我们一个时间限度，必须要这样做。我看到在有的工作小组写的可行性报告中，准备两年搞资料，两年搞专题研究，第五年开始写作，这需要商量。两年搞资料，接着两年搞专题，2008年你才开始交稿，那可不行，所以同志们在定工作步骤时一定要注意。一般来讲，写作的规律是无底洞，资料总也收集不完，如果那样的话，时间非拖不可。我们宁可前紧后松，也不要前松后紧，这是我的想法。到时候一定要完成，因为这个工程是国家工程，是集体工程，92卷中有一卷完不成，就不能出版，一卷耽误了，整个工程就耽误了。所以，一卅始就要和同志们说清楚，这个工程一天都不能拖。我一直担心这一点。全体同志能按这个要求做，我们就能完成，少数同志不按这个做，我们就完不成，就出版不了。到时候我们讲的出版日期就不能兑现，我们跟国务院也是这么说的。因此，我们每个项目的负责人都要重视这个问题，要前紧后松，不要前松后紧，到时候就来不及了。这是第一个点。

第二点是要求出成果。当然《清史》的正文要出来，我们要求92卷每卷35万字。这35万字的正文是第一位的，一定要写好。还要有附件，附件的第一个叫工作大纲、计划或者叫纲要。大纲写好了，再写一个样稿，好好讨论一下，其他基本就没有什么问题了。工作计划什么时候交，跟各个组商量后定下来，但是时间不要拖得太久。第二个是资料长编。我们写史一般要有长编，但是长编写起来字数比较多，也耗时间。长编做完后上网交给我们，看一看你的核心部分长编写得怎样。

第三点是考异。清史里面的“异说”多得不得了，不同的意见，不同的解释非常多。前人已经搞了很多考证，我想，我们现在出版的这本《清史》也应该有清史考异，这是必须有的，每个项目都必须交考异，交多少不限。台湾出了一部《〈清史稿〉校注》，这是台湾内部印行的，我们只有一部，这是很重要的书。这本书非常大，有1 200万字，比《清史稿》正文还多，考了8万条异说。这8万条异说不得了，花的力气很大。我们这次写，必须要参考这本书。我们在写新史时，要避免旧史已经出现的错误，否则就让人笑话了，台湾学者已经把它们考出来了，大陆学者怎么就没看到？这可太不像话了。他们这本是内部书，外面买不到，我想跟台湾方面商量一下，将来我们如能印行，每个组都要发这么一本书。这样我们就能站在一个最前沿，不至于落后。8 万条考异干了多少年才搞出来，内容很多。前些日子有个清朝皇室后裔找我，说同治有个遗腹子。但据史载，同治和皇后是一块死的，不可能有遗腹子，就需要好好考证一下了。同治的家世很清楚，档案馆里可查到。如果考证不了，我们两说并存。另外，以前有许多人做过考异，像孟森、罗尔纲等。将来我们的考异可以包括两个方面：一是前人考的，二是我们现在做的和依靠各种项目提供的考异成果。考异成果必须交，多少不限，但要保证质量。有些考异交来也可能不采用。

第四点是专题研究。研究出论文成果，这个也要交。在专题研究这个问题上可以放松一点，不一定都要有专题。但是前面的大纲、工作计划、长编和考异一定要有，专题研究可有可无。

关于每个项目的组成人员，我们希望是 2～3 人，我们给的报酬是按 3 个人给的，另找 1 个人我们不能再给报酬了。35 万字 1 人写 12 万字，工作量不是很大，不要搞那么多人，也不要一个人。项目制由项目主持人来负责，招什么人我们不管，但人数希望在 2 个人左右，人数不要太多。

第五点是档案。档案的资料浩如烟海，档案你看也看不完，但你还必须看。如国史馆档案，这就够我们查的，那里保存的传记有 6 000 多人，我们的《清史》中只要写二三千人，我们不准备写那么多人。他们每个人的传记有两三份，我在台北看到李鸿章的传包就有四份，不同人不同的传记，写得都不一样，字数也不一样，《清史稿》的传记都是根据传包来的。前人做出的传包，我们要利用，站在前人的肩膀上，才能达到一个新的高度。传包丰富得不得了，写《清史》我们必须用到它，同志们写志也要看传包。比如《天文志》，老的《天文志》写到乾隆为止，下面就没有了，我到台北看，原来传包中有乾隆以后的《天文志》，不知怎么《清史稿》没有用。我希望同志们要多加努力。外地的同志们也要到北京来看档案，不看档案写不好，档案中有这么珍贵的资料，这么翔实的资料，是十分重要的。写《清史》不用这些资料肯定是写不好的，后代就会批评说你们怎么不看档案。所以，档案要重视起来，这是第五个问题。

第六点是知识产权的问题。我们写出来的成果，版权是国家的，不是个人的，得到许可才能发表，这一点请同志们谅解。国家给的报酬是比较丰厚的，所以这些成果的知识产权被买断了。

第七点，经费是分批给的。经费的拨款手续十分复杂。我们现在有一个初步想法，测算工作正进行，签约以后就会给大家一个结果，所以我今天不能讲得很明确。但是每个项目都有一个基本津贴，另有项目费，可以支付各种费用，但项目费的开支，国家有规定，有的花销能开支，有的花销不能开支。我们一定尊重专家们的劳动。社会科学和自然科学不一样，没有贵重精密的仪器，经费由国家支持，不会成问题。当然我们还是要精打细算，节约开支。

我就谈这么多，希望各项目主持人集中精力，通力合作，全力以赴。祝大家初战胜利，把我们的《清史》写成高质量的作品。谢谢大家！

在《清史》传记样稿研讨会上的讲话*

《清史》92 卷，要分解成一百几十个项目，加上文献的项目、档案的项目、编译的项目、辅助工程的项目，都要立项，通过项目来管理，这种新的管理体制对我和许多同志来说都没有经验，都在摸索。项目首要问题就是立项，立多少个项目，每个项目什么时候完成，谁来主持等，争取在 4 月 20 日立项完毕。现在已经 3 月底了，只有一个月了。第一次立项要立 6 个项目，找 6 个主持人，大体上主持人已经有着落了，也有个别的还在考虑。下半年要把立项做完，要两三百个主持人，人到用时方觉少。这么多数量的主持人确实难找啊！所以要求赶紧建立人才库。因为我们对年轻人不了解，不知道他们的专长。人才库当然解决不了根本问题，但还是可以提供一个线索。写过什么文章、在哪个单位、年龄等信息通过人才库很快就可以查出来。人才库做得还不错。比如输入一个名字，关于这个人的所有信息都出来了。今年从春节以来已经忙了两个月了。因为 92 卷要分成一百几十个项目，特别复杂，有的一卷一个项目，有的一卷几个项目，绝不能像机器生产一样，不能一刀切，机器产品全部一样，我们的项目大不一样。有的一卷立一个项可以，但是有的就不行。比如宗教，就有佛教、道教、藏传佛教、基督教、天主教、伊斯兰教等，没有哪个人对这些宗教都精通，必须要分出好几个项目，写了以后还要合成，因为《宗教志》只有一卷，要合成一卷。现在我们第一批立项的典志有 6 个项目，快要签约了，就要把经费拨出去。传记也立了 6 个项。史表是 5 个项目。总共 17 个项目。主体工程总共有一百几十个项目，所以今年的工作量很大。下面我们

---

* 2004 年 3 月 27 日。

用投标、招标的方法，要引进投标机制，优者竞标，是公开地、公平地、公正地进行竞争，只要有本事，谁都可以来。我们不知道哪儿有人才，投标的好处就是可以网罗人才，将来要在报纸上公布竞标的信息。

今天的会是谈传记的，传记是非常重要的部分。传记在纪传体史书里占的分量也非常大。本纪就是一个纲，传记就是一个目了，纲举目张嘛！“二十四史”里头有很多只有本纪、传记，没有表、志，所以后人有很多补表补志的，没有补传的。没表没志可以成为一部史书，但是没有传记就不成为正史。“二十四史”里哪部没有传记啊？可以说无传不成史。我们现在定了 22 卷，分量不是很多，但也不少了。其中正传是 15 卷，7 卷是类传。分为正传和类传，传统史书上也是这样分的。传记要记述各种类型的人物，凡有贡献的，有名望的，而且也有史料的都要写传记。各种类型，从帝王将相到三教九流。精彩的史书以传记最为吸引人，就像《项羽本纪》《屈原贾生列传》等。传记很多都是合传，四五个类似的人，合成一卷传记，我们较少采取合传形式，大多是单独成传，但是有些情况我们可以采取附传的形式。某个人和一些次要的人关系密切的话可以用附传。比如《清史稿》的岳钟琪，那是重要人物，所以他有单传，但是还有附传，一个是他的叔叔岳升龙，一个是他的堂弟岳钟璜，还有他的儿子岳濬。他们虽然也是重要人物，但是没那么多事儿，够不上写单传。又如鲍超，也有好几个附传，都是他的部将，如娄云庆、宋国永、唐仁廉，所以《清史稿》里的附传是很多的。因为有很多人和其他人有关系，或者是部下，或者是儿子，事情很少。也有儿子附父亲的，有的儿子名气更大，附的是父亲的传。有的可以考虑合传形式。如几位将军，一起打仗，要是每人都给写一个传，事情重复，那就很啰唆，所以干脆就一个人立传。如僧格林沁，他的附传是很多的，因为他打的仗很多，部将很多，附传人也很多，这种附传办法可以采用。另外一个就是类传，我今天重点讲一下，因为这里有分歧，我们立了 7 个类传，立那么多类传做什么？新修《清史》的类传和以往的类传不一样，以往都是皇后有类传，太监有类传，党锢有类传。我们列的类传很多是新的。因为清代社会有一个特点，它是一个过渡社会，从旧社会、传统社会向近代社会过渡。在此期间，产生了许多人物，新的方生，旧的未死，新旧交替，有许多人物带有一些新社会的特色，但不很鲜明，名气也不大，当时社会看不起他们，事迹也不多，但他们代表着一个新的势力的崛起。因此这样的一些人物，我觉得应该给他们立传。但他们没有许多事迹可写，当时的人瞧不起他们，没有多少记载，《清史稿》里也找不到他们的传，例如陈启源，第一个民族资本家，《清史稿》没有他的传，很多资本家都没有传。

类传需要从多方面来创新、挑选，写什么人，这是一个创新，历史上不曾注意，《清史稿》里没有，《清史列传》里也没有，这些人物我们以前不知道，要去挖掘，挖掘出来就是创新。我们所知道的都是《清史稿》或《清史列传》里的传记。我看现在所选的人物好多都是重复的。《清史稿》《清史列传》《清代七百名人传》等，包括我们自己编的《清代人物传稿》，写来写去都是那批人，资料就这么些，你再花时间也就这么多了。当然你还可能找出更多，但是难度很大。比如曾国藩、李鸿章、洪秀全等，研究的人、研究的论文已经那么多，再创新是很难的。当然这部分也是非常重要，要花力量搞，但应该转移我们的一部分力量去发掘一些新的人物。比如妇女传，我们列了一个妇女传，有些人问，妇女写什么？妇女传是不是就是烈女传？当然不是。我感觉到清代妇女有一些变化，当然变化不是很大，就算是一个小的变化吧。女子从来都是无才便是德，但是在清代可能有些改变，知书识字的妇女很多，才女非常多，如清初的柳如是、顾横波等，清中叶的王渔洋的女弟子，袁枚的女弟子席佩兰、金纤纤、严润珠，还有他的妹妹袁杼、袁机，还有顾太清、王照圆、汪端，清末还有个女侠秋瑾。陈寅恪发现了一个柳如是，一个陈端生，我们能不能再发现一些女性？我前几天和一位同志谈文献的事情，我请他编一个清代闺阁诗文选。清代妇女诗集有2 000多部，现在能看到的有800多部，分散在各地图书馆。他说他知道一些，看过一些，清代妇女有一个不同的特色，读书识字的很多，特别是在江南，浙江、安徽等地的很多妇女会著书写诗，诗写得很好。怪不得你看《红楼梦》里有那些女子会写诗啊！她们也组织诗社、雅集，结交诗友，吟咏唱和，清代就有这种风气。这种诗也有它的弱点，写实很少，但是情感非常丰富细腻。妇女和男的不一样。我支持编一个闺阁诗集，就是把所有妇女的作品聚集起来。但是难度很大，图书馆不让看，照相只能够照 1/3。这怎么行哪？一听说是《清史》搞的项目，就要价太高，本来 1 块 5 毛钱，现在变成 10 块了，难度很大。妇女们能写很好的诗，有些是大学者的夫人，有些是女儿。我们可以看到的有 800 多种妇女诗集，当然不可能把 800 多种都编起来，但是我们可以挑选一些来编，我觉得这就是一个创新。从前不写妇女，“二十四史”里写妇女都是节妇贞女、夫死不嫁之类。现在我们转换一下视角，去写妇女，我觉得这可能是超出以往传记的地方，是非常有意义的。因为妇女的自由度越来越高了，虽然还是男权社会，依附于男权，但是妇女的地位已经有所不同了。

譬如沈雨梧同志搞的科学家，研究勤奋，资料也很多，我觉得很好。但是我看还有一个问题，清代的科学家不一定是传统的学者、文人，因为近代机器工业已经产生，工厂里有许多工程技术人员，他们名不见经传，以往史书中不写他们。其实他们为中国工业建设做出了贡献，我们该不该为他们立传？如魏瀚、陈兆翱，他们是法国留学生，在福建船政局工作，自己造军舰，虽然被打沉了，但是自己能造军舰，这已经是很了不得了。有一个叫赖长，左宗棠把他请到甘肃，搞织呢厂，后来成为甘肃很有名的搞各种各样的工程的人物。有个曾昭吉，是丁宝桢手下的，丁宝桢在四川开机器厂，他是工程师。当时没有工程师这个名称，是个匠人吧，后来随丁宝桢到山东。还有一个李维格搞汉阳铁厂，是东亚的第一个钢铁厂，他是技术人员，他好像是广东人吧？还有彭英甲，他是在兰州建造黄河铁桥的，兰州的黄河大铁桥在清末建造，彭英甲虽非技术人员，但也主持了铁桥工程，在类传中可否给他一个位置？这座铁桥不久以前还在使用吧？像这样的人，传记中一个都没有。这些资料很少，确实有困难，难度很大，但是不冲破难关就没有创新。你就得去找。当时的报纸《申报》等，以及各省的地方文献都会有不少记载。还有许多经济资料里，偶然提到一笔，事情很少，仅留下名字。有些人也不知道是哪儿的，比如赖长这个人很灵巧，不知道是哪里人。所以不仅要有徐寿、华蘅芳、李善兰这些著名的人，还要发掘更多的对中国有贡献的人，尽管他们的事情少，我们说不出多少来，但是我们还是要为他们立传，这是写《清史》的一个重要责任。所以类传一般人物量很多，但是字数很少，因为他确实没有留下东西来，可惜啊！江南制造局就有很多搞技术的工程师。江南制造局有位大学者萧穆，搞西北地理的，在江南制造局待了许多年，他是个传统文人，但是在他的文集里就什么都不记，没有任何江南制造局的信息，其实他是一个大学者，应该有记载。我找了萧穆的《敬孚类稿》，其中一点没有记江南制造局的事，因为传统学者看不起“奇技淫巧”，这也是中国的悲哀。所以现在要找这类材料，像沙里淘金，要下很大的功夫。我们既要在传统的重要人物上花功夫，也要下功夫去找那些不被注意但是非常重要的人物。因为这是一个新旧交替的时代。很多新的人物不被注意，被埋没了。有的教育家，在清末开了那么多的学堂。医生，中国第一个西医是谁？是黄宽，他是和容闳一起留学的，回来以后是搞医生的。像这类事情都应该写。我觉得类传的发掘余地是很大的，也很有意义。还有华侨，华侨从前没有，《明史》里没有华侨。《清史》应该有华侨，现在我们要列一个华侨类传的名单，举不出什么人物来。因为我们没有研究，不是没有人物，你去找搞华侨史的人，他肯定能说出一些人物来。台湾、澳门、香港，有些什么人物能够放到我们传里？我们说不出人来，以前我们没有注意，现在修新《清史》，香港、台湾、澳门有志，如果香港、台湾、澳门的人在传里连一个都没有反映，那不是就闹笑话嘛？这些不是中国的地方吗？台湾有一个大富豪林维源，光绪时人，非常有名，清代官书中常常提到，有人给他写传记吗？我想台湾肯定有人写。现在台湾我们知道的有丘逢甲、郑成功等，我们去发掘发掘肯定会有很多的人，所以类传立的人物很多。我提出写类传以后，有的同志不同意，认为就写一般我们知道的人就行了，干吗花那么大力气去写我们不熟悉的？我觉得老写那种人所皆知的传统人物，没有创新，没有新意，再花多少力气也就是那么多资料，某种意义上，是翻来覆去炒冷饭。但是一些重要人物一定要写好，如曾国藩、李鸿章等这些重要人物。我觉得创新亮点之一就在类传上。我这个看法也不知道对不对，请教大家。

我还加了孝义传、忠烈传。什么是忠烈啊？农民战争中被打死的叫忠烈？当然不是，我指的是在与外国侵略者作战中牺牲的，这些人不是大官，够不上列大传，像鸦片战争中牺牲的第一个人姚怀祥，是定海知县，小小的知县，也没有什么大事，专门立传立不上。还有文丰是圆明园管理大臣，在火烧圆明园中他跳福海死了。还有一位畅春园千总燕桂，他砍倒了几个烧园的侵略兵，他牺牲了，他全家 16 口均遭杀害。现在大家谈火烧圆明园，却不知道提这些以身殉国的人。就这一点，我觉得表现了中华民族的气节！可以写。黄海大战中邓世昌、丁汝昌等都有大传，有正传，可以写。但是还有一批人，像陈金揆是个大副，立不上传，甚至林永升能不能立上传都成问题，他是管带。好多人都立不上传，可以放在类传里，以表彰为国牺牲的人物。忠烈是指在和帝国主义作战中死去的人，我们不要忘记他们。不知道我这个想法对不对，请同志们斟酌。不是光指邓世昌等人，死的人多了。老舍的父亲就是被八国联军打死的，当然他可能不会列在我们的传里。

我们还立了一个孝义传，为什么要立孝义传呢？我觉得孝是中国的传统道德，当然我们不能愚孝，卧冰求鱼、割股疗亲都是愚蠢的办法，那个不要写，但是真正对父母好的，赡养父母非常尽心尽力的，历史上不乏其人。我就看过陆陇其写的文章，是我读初中时的语文课本中的，我不记得篇名了，但印象深刻，至今不忘，讲兄弟几个怎么赡养他们的父亲，看了以后才知道对父母应该这样做，这也是一种伦理教育。义，对兄弟友爱也是一个优良传统，这种例子很多，史料也不少，家谱、墓志里边都有一些，当然家谱用起来要小心，有吹牛溢美的地方。但是地方志就稍微好一些。要大量看家谱、地方志。还有循吏传。小官吏哪儿赶得上立传啊！但是他做的事情可真是感人，为老百姓做了好多事情，赈灾、水利、修桥、铺路、断案，但是史中无传。所以我觉得应该去发掘，到处去找，《清史列传》《清史稿》里都是些大人物，当然《清史稿》的循吏传里也有很感人的。所以传记组目录迟迟提不出来，因为有个类传在那里，大传好提。大传都会提，《清史稿》里 7 000 人呢，从这里找出两三千还不容易？难就难在这个类传上，到现在半年了，传记没提出个名单来。为什么？因为类传，该立谁啊？你不去找书，不去努力发掘，那就永远立不出来。还有一些人，像武训，武训将来要不要立传？武训传搁在哪？还有像叶澄衷、杨斯盛，干了那么多义举，这些人的传搁在哪呢？所以到最后一稿，我才决心加上了孝义和忠烈，最早我也不敢加，后来我下决心要加，而且一定要加。类传我觉得应当特别着重讲。当然不是小看正传，正传当然很重要，康熙、乾隆传当然重要，曾国藩、李鸿章这些传当然重要，阿桂、兆惠、鄂尔泰、张廷玉这些著名人物当然很重要，但是他们的传记说实在的，现在已经写了很多了。当然还有深入挖掘的必要，像曾国藩、李鸿章的全集等。我们新编的《李鸿章全集》有 2 800 万字，以前编的只有 700 万字，超过 3 倍，明年年底就可以出版了。如果看完《李鸿章全集》再去写李鸿章传那当然是更好了，但是不行，太多了，时间也来不及，只能看一部分。所以传记确实很有潜力可挖，有已经写过的，也有许多是从来没有见到过的人物和资料，特别还有很多新旧交替时候的重要人物。还有少数民族，从前的传记里少数民族是很少的，非常汉化的少数民族才有。《清史稿》里连噶尔丹的传都没有，达赖喇嘛、班禅额尔德尼也没有传，四大活佛没有传。还有土谢图汗、大小和卓、阿睦尔撒纳、莎罗奔、索诺木、杜文秀、张秀眉，一律无传。这次新修《清史》里我们就增加了四大活佛的表，增加了哲布尊丹巴、章嘉等的表。

我们这部《清史》最重要的是质量问题，成败利钝就在质量，这是我们的生命线。质量搞不上去不仅是每个人的事情，而且影响到集体的荣誉，影响到我们国家的荣誉。自从担任这个任务以后，我一天到晚就在想这个问题，怎么样提高质量，要不然我对不起国家。国家花了那么多的钱，投入了那么多的人力、财力，结果被你们搞得一塌糊涂，这个你说得过去吗？修史是千载难逢的机会，朱元璋修《元史》的时候是洪武元年，离开现在600余年了，600余年来只有几次修史，第二次是顺治二年开始修《明史》，第三次是《清史稿》，第四次就是我们，这是600余年里的第四次。作为一个历史学家，能够碰到这样一个修史的机会，是我们的幸事，能够参与到修《清史》的行列中，来为这个出力，的确是一种幸事。我们决不能辜负了国家的希望、人民的希望。老百姓非常希望修好《清史》，给我的来信多得不得了。昨天《清史》中心还转给我一封小学生写的信，小学六年级的学生写的信，谈修史的事情。你看他们都那么期待我们，所以我们的质量问题一定要做好，拜托各位！特别是样稿，样稿是提高质量的一个重要的手段。因为我们将来写人物，会有许多专家参加，写3 000人物，少说也得有一二百位作者，每个人都有不同的写作水平、不同的写作习惯、不同的写作用语等。我们这个书是一部书，要思想统一、体例统一、文风统一，不能够五花八门，样稿就起一个标兵的作用，就要照着样稿来写。同志们的责任重大。将来你们二十几个样稿都要发给大家，就按照这样子来写。一般光讲讲原则、讲讲细则的话，弄不清楚应当怎么样来执行。比如写一个人物，先写名字，再写生卒年月、籍贯、字号，先写什么，后写什么，这就是统一。如李鸿章先写合肥人，哪年生，字少荃，等等。体例上要统一。这里还有个写法问题，比如，一个人死怎么写？你们细则中没有说到。升官写了，死是也有讲究的。皇帝叫崩，亲王叫薨，大臣叫卒、死，被处斩的叫斩首，有的叫伏法、赐令自尽，各种各样的写法。当然这些写法不一定完全遵从，有一些也不一定合理。但是我们要有个规范，像“牺牲”之类的词可否不写，如认为某某人牺牲了，邓世昌就不要写牺牲，直接写死，就是战死，这本身就是一件很壮烈的事。我这意见对不对？这就是写作规范。同志们一定要注意，要看细则，要不五花八门地写出来，将来改就很难，谁来改啊？所以细则非常重要。写样稿，我们的时间放得比较久，原则是宽以时日，从优酬谢。时间比较宽，最多5个月写1篇，最少3个月，3个月写1篇比较短的。5个月1篇那就是5 000字，5 000字写5个月时间很充裕了，1 000字1个月，所以有从容的研究推敲的时间。

我想关于要求呢，就提一些原则性的。第一条，事实准确。真实是写史的生命，如果不真实，弄错了，写了虚假的东西，甚至一些造伪的东西，那怎么行啊！一定要弄确切，当然有些事情很难弄确切，但是我们一定要尽最大的可能，把事件、人物、时间、地点弄确切，不出错，要不你老是错，那人家谁还用你的书啊，不相信你。真实性是最重要的，一定要反复核对。台湾的学者们花了很长时间搞了部书，叫《〈清史稿〉校注》，当然这部书也有缺点，但是他们花的力量是很大的，他们一共校出《清史稿》8万多条错误和异说。15册，1 200万字，《清史稿》才800万字。我们这次写一定要看《〈清史稿〉校注》，千万不能再犯《〈清史稿〉校注》已经校出的错误，否则就让人家笑掉大牙了。你们修史，连《〈清史稿〉校注》已指出的错误都不知道，真是孤陋寡闻，成了大笑话，所以大家都要看。但是他校出的不一定是错误，也许本身不是错误反而校错了。你也不能盲从它，所以还有核实的工作。他校出来的错误可能大多数是错误，或者有些不是错误，但是无论如何，我们都一定要看这部书。另外还要看档案。档案里有很多东西。不一定去看最原始的档案，那里是汪洋大海，短时间内摸不清楚，可能看不出什么东西来。当年的国史馆有许多成稿，在第一历史档案馆，从来没有什么人用过，当时写《清史稿》的人用了一些。有6 000个人的传包。有的传包在台湾，放在两地啊！真的是很宝贵的材料，因为当年写作时间离传主的时间近，比我们清楚，一定要看，你们领到这个任务以后，一定要到北京来，到档案馆去查阅资料。有些人可能没有传包，大部分人都有传包，有的可能在台湾，现在传包在大陆较多，表志在台湾比较多。我看《天文志》，《清史稿》的《天文志》写到乾隆朝为止，下面没有了。我原以为修《清史稿》的人没有写完，到台湾一看，完整的《天文志》都有，是由多年前国史馆史臣所写，写《清史稿》时没有看到，因此只写了半部《天文志》。所以档案是非常重要的，我们需要发掘。千万不能怕费力，不去博览群书。要尽量翻阅，这样才能使我们的传记写得好。这个第一条真实性非常重要。

第二条就是条理性，条理要清楚。一个人的事儿很多，一生的事很多，要分清楚主次，不要眉毛胡子一把抓，没有条理。按照历史顺序叙述下来，重要的多写，次要的少写，有的根本不写。我是主张文省事增，字数不要太多。我们以前写的《清代人物传稿》，字数太多了。李鸿章传在《清史稿》里写了 8 000 字，我们则写了 16 000 字，多出了 1 倍，当然我们用的是白话。这个还不严重，最严重的是学者的传，把他的生平、思想、著作等全部写出来。这在《清史稿》里是没有这么写的，一般都是几百字、千把字。当然，他们是文言，我们是白话。欧阳修说：修史应文省事增。文章文字要省，笔墨不要太多，事情要增加，他认为他的《新五代史》比《旧五代史》写得好，就是文省事增，所以不要写得啰啰唆唆。欧阳修的文章写得好。文章的条理要清楚。

第三条就是文字简要，无关紧要的，一大篇名词、形容词等都是不必要的。穿鞋戴帽也不必要，开门见山。我们虽然用的是白话，但是文章力求典雅、简洁。《清史稿》虽然缺点很多，但是它的文字很好，有桐城派的味道。参加《清史稿》写作的有两部分人，一部分是桐城派，一部分是满洲的才子。桐城派的很多，文章作得很好，史写得较差。

第四条是要生动形象。我还是希望能够生动一点，因为传本身就是生动的事实记载，是非常生动的故事，读史的人一般都喜欢读传。读表的人很少，表是非常枯燥的，表是用来查的。我们千万不要把人物写成履历表，《清史稿》就有这个毛病，今年升什么官，明年升什么官，性格没有，情节没有，干巴巴的，没有可读性。

第五条就是要讲究文采了，语言要规范，要讲究修辞，写成好文章。

在图录组图片征集会议上的讲话*

今天，清史编纂委员会邀请沈阳故宫、承德市文物局、清东陵、清西陵、颐和园、圆明园、天坛、国家博物馆、首都博物馆、国家图书馆、首都图书馆、北京大学图书馆、北京师范大学图书馆、中国社会科学院文学所图书室、第一历史档案馆、北京市档案馆等博物馆、图书馆、档案馆有关单位的领导和专家们，共同讨论《清史》图录的编纂事宜。《清史》图录如何开展工作？图片如何收集？在座的专家都来自图片、文物收藏宏富的单位，所以我们要请各位专家贡献智慧，大力协助。

修纂《清史》是新中国成立以来一项规模浩大的标志性文化工程。自2002年末成立清史纂修领导小组和清史编纂委员会，项目正式启动以来，迄今已是一年四个月。在这段时间里，清史编纂委员会健全了机构，聘请了人员，制定了一系列的规章制度。最为主要的是在全国范围内组织开展了体裁体例大讨论。在集思广益的基础上，拟定出基本的《清史》卷次目录，同时也形成了涵盖《清史》内容的结构框架。

我们现在编写的这部《清史》有3 000万字，分为5个部分。第一部分是通纪，第二部分是典志，第三部分是传记，第四部分是史表，第五部分就是图录。

收图入史是新修《清史》的一大创新。图录的作用在于以图明史、以图补史、以图证史，即用图录反映人文历史，用图录补充文字历史，用图录形象地表现历史。以往的“二十四史”没有一部是含有图录的。在纂修《清史》的今天，我们给予图的部分以一个正

---

* 2004年4月。

规的命名——“图录”。这一命名并非我们随意杜撰，蔡文姬的父亲蔡邕著有《太尉汝南李公碑》，其中有“奕世载德，名昭图录”的佳句。“图录”一词最早的出典应在于此。另外，章太炎的《驳康有为政见书》也认定“图录有征”，强调“图录”作为证据的可靠性。基于以上用语，我们命名了“图录”，设置了图录部分。

新修《清史》的图录初步拟定10卷。最终图录设定多少卷，要依据图片的价值和数量丰薄，斟酌而定。如果图片价值连城，收藏宏富，10卷容纳不下，可以增加卷次。也许征收选中的图片偏少，不足以支撑起10卷的框架，那么也可以相应地核减卷次。现在初步拟定的10卷篇幅，占有全部《清史》92卷容量的11%，已经成为《清史》主体的重要组成部分。

能够收入《清史》图录的主要应该是具有历史价值、有代表性，并且是纪实性的舆图、图画、照片、文物遗址图像。这些图片应该能够反映清代的历史生活、社会风俗，从而强化新编《清史》的形象性与真实感。我已说过，古典的“二十四史”没有设置图录，但并不是说中国古代没有图。古代中国的图与书往往相提并论，“图”“书”二词并连使用，遂有“图书”一词。古书中有“河图洛书”“左图右史”的说法。

一些史书也有“图”与“书”的连带表述，《周礼》就记载说：职方司掌管天下的图。《史记·萧相国世家》篇章里记述：汉王刘邦率军攻破秦朝的国都咸阳，许多将领、士兵都急于抢夺金银财宝，而萧何则去收敛秦朝遗留的律令、图书。正因为图书记载着秦朝社会的方方面面，所以刘邦得以了解天下的险要，查知大众的户口，知晓各地的贫富，明了关中的物产。刘邦战胜项羽可以见证“图”“书”的重要。

“二十四史”里没有设置图录，的确使人萌生疑虑。司马迁在《史记·留侯世家》曾说：原以为张良的相貌奇伟、身材魁梧，但观看图画之后才知道“张某如妇人女子”，可见汉代之际已经出现图画。然而，司马迁在哪里看到的张良图？又为何未编入《史记》？推测其中的原因，我估计最有可能是古代的图和书截然分开。汉代的文字是刻在竹简上的，竹简宽度有限，比较狭仄，没法画图。所以我们见到的汉代画图都是以绢为载体的。比如，马王堆出土的图画就画在绢上。竹简与丝绢是无法编为一体的。古代史书不见画图大抵缘于此。但丝绢容易腐烂，难于保存，能够经历时间的销蚀而留存下来的画图为数很少，经考古发掘出来的图画就更少得可怜！绢画绘制需要较大的空间，因此，古代画家也把绘画移植到墙壁上，我们称之为“壁画”。地表建筑上的壁画，长期遭受日晒、风吹、雨淋，难以在数百年后完好保存。湮埋在沙土之下的建筑，尤其是大型陵墓，如章怀太子墓、永泰公主墓，倒是能够保存一些壁画。所以，以竹简、纸质为载体的“二十四史”没有画图，我估计缘由在此。

但有一点需要说明，“二十四史”不载画图，并不表明古代史学家忽略画图的历史价值。郑樵《通志》里设有 20 略，其中一个“略”称为图谱略，专门讲解图的重要性。清代学者章学诚说，天象、地形、舆服（服装）、仪器“难以文字注，绘图以标明之”，阐述了画图的形象性。明清时期，画图逐渐多了起来，而且偏重于插图。四大古典文学名著之一的《水浒传》，配有陈洪绶绘制的插图，成为传之久远的画图版本。插图或者放在书的前面，或者置于书的中间，一章、一卷插入几张画图，附属于文字。这一时期图书表现出文字主干、画图枝叶的特点。应该说设置《清史》图录是一项创新，是新修《清史》的一个亮点。《清史》图录中的图片不像从前附属于文字，不是插图，而是成为主体。图录的图片不附属于纪、传、表、志。它自成体系，有相对的独立性，是利用整体来表现清代历史的。

编纂《清史》图录是一项创新，没有前人的经验可以参照借鉴，因此要靠我们自己摸索、探讨。这就是一门学问，涉及整体设计、科学分类、真伪鉴别、严格保管、严谨编纂、贴切的文字说明等一系列的问题。既有技术攻关，也有理论性的规范。我知道前不久在大兴讨论编写总则时，关于图录定位出现了以图证史、以图明史、以图补史的各种说法，这都可以讨论。如今，我们拥有的编纂条件远胜于封建时代，纸张品质的提高和制版印刷技术的进步，给我们收图入史提供了极大的便利。编纂出版精美、考究的图录已经不再是一件难以实施的事情。此外，图片资源非常丰富，清代纪实性的图画多得不可胜数，舆图、风俗画、肖像画、战图等，种类繁多。晚清时节又引进了照相术，图片的摄影便利了许多，大量的晚清老照片汹涌而出，可以用来拼接历史的记忆，复原历史。因此我们决定与时俱进，设置《清史》图录部分。照片能够非常真实地反映历史时代的人物、建筑、器物、风俗及场景，关于这方面的图片多来自晚清之际来华游历的外国人。外国人到中国，对一切都感到新鲜，他们撰写旅游日记，拍摄旅游照片，回国之后出版描述中国社会面貌的图书。许多图书里面附了照片，真实地记录了当时中国社会的人文风情。我浏览过一本《俄国人在黑龙江上》的书，里面有反映黑龙江流域达斡尔族、赫哲族的民居及黑龙江自然风貌的照片，非常漂亮。李希霍芬是非常著名的德国地质学家，在中国居留数年，足迹遍布山西、山东各地，听说他著录了四大卷书，里面穿插着很多具有历史价值的插图和照片，尤其是详尽的山东省全图。类似的图书不可胜数。晚清之际，许多传教士、外交官、探险家、军官到中国来，回国之后大多数人撰写了回忆录。图录组的刘潞同志前年在英国休假期间收集了很多珍贵的图片。我花费一个下午仔细浏览了她赠送的光盘图片，觉得里面的图非常珍贵，颇有价值。

我们要扩大积累清史图片资源，把收集来的大量图片归集到一个图片库，实现科学的保管利用。每一张图片收录回来，都要著录名称、年代、内容、形制、规格、收藏单位，还要评估图片的价值。这项工作现在就应该开始启动，因此我们请博物馆、图书馆、档案馆等单位给予援助，协助我们建立清史图片库。目前来看，散在各地各处的图片汗牛充栋，无法准确估算。苏州大学图书馆馆长王国平，以一人之力花费五六年的时间，收集了 5 万张清代（不止清代）历史名人图片。我知道，第一历史档案馆有上万张舆图，故宫也有几千张！现在全国还没有一个机构收集这些图片，如果下功夫搞好的话，我们将是全国第一家。

我希望能建立一个容量达10万张以上的图片资料库。在广泛收集图片的基础上精选图片，选出比较精彩，具有历史意义，能够反映清代历史的图片上万张。要一边收集，一边编写，用两年时间完成收集，用两年时间编纂出来，争取在2007年底完成。

现在的这个编写总则，比体裁体例组议定的目录更细化、更具体。但图录组取消了体裁体例组拟定的肖像卷，主张将肖像内容打散后分到其他各类里去，这属于学术分歧。我要再阐述一下自己的理由：我认为肖像还是应该集中起来立一卷。所谓肖像是杰出人物的个人像，不是群像。例如清帝狩猎、群臣朝拜、信使朝觐、接见外藩就不是肖像，而是群像。战争中的图画或者照片，场面千军万马，也是群像。我们说的肖像一般是指一个人，或者有名有姓的几个人。众多肖像集中起来，其本身就可以自成体系，成为一部清代名人的画廊。从努尔哈赤开始一直延续到光绪，甚至到溥仪幼年时代。不分类别，一律按照生卒年流水排列。用人物肖像来表明清朝的历史，使人们知道清朝有哪些历史名人，乾隆朝有哪些文臣武将，雍正朝有哪些勋吏封疆，其身高、相貌都能够反映出来。可能会有人物缺漏，而且还是非常重要的人物，特别是清前期会有很多人物没有图像。晚清时期要好些，一些重要人物的肖像，我估计能够找到十之七八。我们要把肖像卷编纂成《清史》里一个有体系的形象化的部分。如果把肖像分门别类地打散，编入各个类别中，会产生几个缺点：第一，历史上著名的人物以政治人物居多，文化人物居次，其他人物寥寥。如果以类划分，都集中到政治类、文化类里，图录的结构会非常不平衡。政治、军事、文化类的图片极度膨胀，一卷的篇幅都容纳不下，仅仅是政治类恐怕就要有300人，其他如民俗类、建筑类，几乎没有肖像。这是非常不均衡的。第二，某些重要人物无法准确划定类别。如努尔哈赤、皇太极肯定有肖像，而图录组设置的政务篇是从多尔衮执政开始，加不进去。划分到军事篇里是绝对不合适的。努尔哈赤、皇太极是皇帝，一定要放到政治卷里。政务篇里设置了太上皇训政，那只是乾隆帝退位时段的事务，那么，清朝前期重要大臣阿桂、兆惠、张廷玉等人如何处置？不能归在太上皇训政里面，因为他们都是乾隆朝前期的人物，时间跨越了半个世纪！将来编纂图录的时候，肯定会发现以类划分将面临无法解决的难题：某些重要人物有肖像，但无法简单地划分为何种类型人物，也就无法恰如其分地放入相应卷目。我提出设立肖像卷的建议，还可以协商探讨。清史编委会借本次会议，希望各馆藏图片单位能够慷慨地给我们提供查阅、收集、利用的便利。我们将支付一定额度的费用，具体合作办法还可以继续协商。《清史》图录实际编入的图片不会太多，每卷 1 000 张图，10 卷图录最多能够容纳 1 万张。因此我们要反复精挑细选，去伪存真。对各馆藏单位来说，也是在参与修史，参与国家文化工程，为国家文化建设贡献力量。

图录组将开展大规模的征集图片工作，此前的档案文献征集工作已经全面铺开，希望继续得到有关单位的热诚支持。

在清史档案整理工作座谈会上的讲话*

同志们：

你们好！

今天我们请来了档案界的许多专家，这是一个向你们请教的会议，请教编纂《清史》如何利用档案，如何结合档案来进行修史。大家知道，研究历史最重要的是史料，要有第一手的真实的史料。其中档案是最重要、最珍贵的史料，是不可替代的史料，也是清史研究的基础。因此，研究清史必须和档案相结合，《清史》编纂工作必须和档案整理齐头并进。

为什么清史研究必须依赖档案？为什么档案是清史研究最重要的基础资料？这是由档案本身的性质和它的特点所决定的。档案有这么几个特点。

档案的第一特点是丰富性。全国所存档案的数量非常大，浩如烟海。第一历史档案馆就有1 000多万件，各地方保存的中央档案和地方档案也有1 000多万件，总共有2 000多万件。档案的一件，有的不只是一片纸、两片纸，而是有很大一摞，所以2 000余万件数量的清代档案，包含了很多的信息，涵盖了清朝近300年的历史。近300年间的历史大事、历史人物、典章制度、政治、军事、经济、文化、外交等各方面在档案中都有比较详细、比较完整的记录。尤其是清朝中央一级档案，也就是中枢机构的档案，包括内阁、军机处、内务府等，经过那么多战乱，能基本上完整保存下来，这很不容易。当然也有散佚在各个地方的。还有地方的档案也非常多。总之，档案的丰富性决定了它的重要性。清代档案的数量如汪洋大海，这是

* 2004年4月15日。

我们进行清史研究取之不尽、用之不竭的资料源泉，是一个非常宝贵的资源库。

档案的第二个特点是它的系统性。一般而言，档案是在处理历史事件的过程中形成的文书，它不是片断的记录，不是零碎的记录，而是对历史事件自始至终、原原本本的记录，非常完整，非常系统。这件事情怎么开始，怎么进行，怎么发展，中间碰到什么困难，碰到什么问题，一直到它结束，原原本本把历史事件都记录下来了。比如有一本《中日交涉史料》，是由档案编成的，要研究中日甲午战争，就非看这个档案不可。从战争一开始日本如何在朝鲜挑衅，中国如何应对，各个国家如何调停、调解，到战争爆发后，日本进行偷袭，丰岛之战，黄海之战，中国不得不应战，应战中又如何屡战屡败，每一次战役怎么打的，怎么布置的，将领是谁，为什么失败，最后到《马关条约》签订，这一年多时间里的档案非常多，自始至终，记录很详细。研究甲午战争，不看这些档案是不行的。虽然还有其他的第一手记载，但都是记载一个方面，如记载的只是黄海大战，或是平壤之战，或是记载外国的调停，或是记载主战派怎么弹劾主和派等，外交的、军事的、政治的都有，这样的史料也非常多，但都是一个方面的记载，不是个完整的记录。唯独档案，它是完整的、全面的，各个方面都有。由于档案存在时间上的连续性和内容上的系统性，看完了这些档案，对于甲午战争的全过程就了然于胸、非常清楚了。所以档案的长处、优点，就在于不是记片断的事情，不是一堆杂乱无章的个别记录，而是全面系统的记录，它的重要性就在这里。

档案的第三个特点是直接性。档案是历史事件进行中当事人根据亲身经历和直接见闻所形成的第一手记录。比如关于一次战争的档案，根据统帅意见上报朝廷的一些奏折，它是当事人直接的报告，所记录下来的文书不是为了留传给后世看的。其他的记载，很多是事后的回忆录，有的是隔了几十年时间的回忆，就可能有差错，所以回忆录是有点靠不住的。现在有一些回忆录，对于同一件事情就有各种各样的说法，因为时过境迁，人的记忆模糊了，当事人也记不住了。譬如同盟会成立的日期，现在知道是在1905年9月，但到底是哪一天呢？各种不一样的记载都有，还都是参加同盟会成立大会的人说的。我曾经担任吴玉章老校长的学术秘书，帮他写回忆录，就问过他。吴老是参加了这次会议的人，对同盟会成立的日期，他只记得是在秋天，连9月都记不起来了。因为从1905年同盟会成立，到20世纪50年代我给他当学术秘书的时候，已经有半个世纪了，时间太长，记忆就会模糊。因此回忆录往往有差错，它不是当时的记录，是事后的回忆，好多事情容易记错。如果你不是当事人，不在历史现场，所记的是人家告诉你的传闻，那这个记录更要打点折扣，因为传闻常常有说错或听错的地方，甚至有添枝加叶的，或者有些细节忘掉了。档案就没有这个问题，它是当时的记录，不是人家传说的东西。比如战争的档案，不是听人说那次仗怎么打，而是他参加了这次战争，看到了这次战争，或是指挥了这次战争，回来写的报告，这就比较可信。因此档案有直接性，也就是权威性，是这件事情的权威的记录，避免了记忆上的错误，也避免了传闻中的错误，同时避免了一些主观的想象，因此档案较真实可信。我们研究历史，最重要的一条就是真实。真实是历史的生命，一点也不能造假，时间、地点、人物、事件，都要是真的。讲真实性，档案最有真实性。当然档案也不完全可靠，比如说打了败仗，向上报的档案却说打了胜仗，这种情况也是不少的。所以我们也不能百分之百地相信档案，档案里边也有许多虚假的东西、模糊的东西。但是比起其他的记录来，档案则要好一些，因此我们历史工作者最重视档案。

为什么历史研究要重视档案，我想就是上面说的三点：一是丰富性，信息量大；二是系统性，记事完整系统；三是直接性，比较真实可信。这三条非常重要。国家编修《清史》，最重要的是质量，档案整理利用是《清史》纂修的基础工程，我们一开始就非常重视。历代修史也是这样的。比如说明朝朱元璋修《元史》时，元朝其他的实录保存着，但是没有元顺帝的实录，因此朱元璋下令征集元顺帝时所有的档案，散失在外的都要征集回来。清朝修《明史》的时候，也缺失了很多档案，因此从顺治开始下令修史，修了很长时间，有 90 多年，前一阶段根本没动笔，就是征集史料，讨论体例，这个时间花得很长。历史上，新的朝代一建立，很快就要修前朝的历史，要赶快修史的原因之一，就是时间一长，档案一旦丢失就修不了史了。可以说，没有档案，就无法修史。唐朝的时候，唐太宗曾设立史馆，他有个命令，就是把重要的档案移到史馆，在史馆里才能查看重要档案。我们现在修《清史》比前代人幸运得多，因为清代的档案，现在虽然散失了很多，特别是部、院和各地方的档案，但是清代中枢的档案，如军机处、内阁、内务府的最重要的这部分档案，基本上都保存完整，这是我们的幸运。要是这部分档案丢失了，这可麻烦了。其他像户部、工部、刑部的也保存着一些，但是比较零碎，大部分都遗失了。保存下来的档案很多，这是我们的幸运，但也有一个问题，就是根本看不过来。刚才我讲到清代档案的丰富性，让一个人一辈子去搞档案，也只能看到其中的一个小角落。这么多的档案，怎么样去利用它，也是一门学问。档案工作者都知道档案的分类、提要、索引非常重要，它们为你指出了一个怎么去看档案的门径。档案太多了，如果东看一点西看一点，什么也抓不住。

新中国成立以来，第一历史档案馆的同志做了大量非常有意义的工作，大概出了数以百计的档案史料，有四五亿字。这还仅仅是档案中很少的一部分，光第一历史档案馆保存的东西，就多得不得了。所以清史编纂委员会成立以来一个很重要的事情，就是要继承第一历史档案馆原来的传统，再整理部分档案。当然，我们编纂委员会力量很有限，不可能把档案都整理出来，只能整理很小的一部分。这些档案，将来还有子孙后代来整理，这是我们的一个宝库。档案的使用价值很大，整理出来也不仅仅是为了我们编修《清史》，还有很多用处。譬如现在连年闹水灾，历史上水灾的档案多得很，在什么地方，哪些年发生过大水，就可以参考。从前黄河每年都有水灾，现在黄河的水少了，水灾也少了，倒是长江厉害起来了。档案里面，就能够查到长江的水文记载。除了水利，其他如建筑方面，现在故宫的建筑，避暑山庄的建筑，圆明园、颐和园的建筑，还有各地方的建筑，“样式雷”的建筑设计档案也非常多，有内务府的，有工部的，还有营造则例。各种各样的档案，除了我们《清史》编纂离不开以外，其他方面的工作与档案的关系也很大。

除了中央的第一历史档案馆的很多档案以外，地方上的档案我们也很注意。比如辽宁省档案馆就有满文老档、玉牒（就是皇帝的家谱）、黑图档、屏风档。屏风档就是明末辽东残档，后来曾用来糊了屏风，称为屏风档。大连图书馆也保存了一部分内务府档案。吉林省，有吉林将军衙门的档案、中东铁路的档案（中东铁路是清朝末年修的，这个档案，除了吉林，黑龙江也有）、矿务档案等。又如黑龙江省，有黑龙江将军衙门的档案。河北省，有获鹿县档案，这以前是保存在北京的，后来调回去了。还有内蒙古的档案。内蒙古各个盟旗，蒙文档案非常多。我们这次特别希望能够整理出版少数民族文字的档案，满文的、蒙文的、藏文的，等等，因为清朝是一个多民族统一国家，我们不能光出汉文档案，蒙文、藏文档案的量也是相当大。像内蒙古清朝末年贻谷垦荒的档案。当时大规模的垦荒，一方面是扩大了耕地面积，提高了粮食产量，养活了那么多人口，但另一方面也破坏了生态，这里面是不是也有些教训可以吸取？像贻谷的档案，我非常重视，因为这是晚清时候一个新政的大举措，在内蒙古的河套地区垦荒。还有阿拉善札萨克衙门档案，我听说数量很大，但是不知道记的是什么内容，价值如何也不清楚。江苏泰州也保存着很多中央一级的档案，听说还有明朝的档案。还有，最近在四川发现的档案。四川的巴县档案是有名的，最近又有一个南部县衙的档案，内容是些什么，还不太清楚。巴县档案量很大，听说有 25 万件，只出了一小部分。保存在南充市的南部县衙档案，听说量也不小。还有西藏的档案，数量就更大了，甚至有宋朝的、唐朝的，当然大量的档案是清朝的。西藏最重要的档案是噶厦政府的档案。还有译仓的档案，是宗教的。还有寺院的档案，像色拉寺、哲蚌寺，都有档案。还有各大家族的档案，西藏各个贵族家庭里的档案。西藏档案中还有许多是人物传。

所以地方档案也是数量大、品种多。但是我们这些在北京研究历史的同志，对地方档案就不太清楚了，只是看过书上很简单的介绍，而它们的实际内容是非常丰富、非常重要的，是我们珍贵的文化遗产。因此我们希望各地方的同志们能够协助我们在编《清史》时整理利用这一部分档案。当然，对于这些档案，我们也不可能全部整理。我们的办法是招标，你们认为有比较好、价值比较高、比较完整的档案，由你们向清史编纂委员会来申报整理项目，包括什么名称，大体内容是什么，重要性是什么，有多少数量，整理的人是谁，要多少时间，花多少经费，等等。少数民族文字档案，如满文、藏文、蒙文，还要翻译，译成汉文。我们大概在今年五六月份在报纸上登出招标广告，请大家注意时间，也可以写信索取投标的详细办法。希望各个单位能够拿你们的项目来投标，我们挑选那些内容重要、整理得比较好、经费也比较合适的项目进行评选。哪个项目中标，我们就拨给资助经费，请你们在一定的时间内整理出来。当然落选的也不见得就一定不好，因为落选有很多原因，如档案数量太大，或者整理经费太高，等等。下一阶段我们要采取这个办法来跟同志们合作，我希望各个地方的档案馆都能够踊跃地来投标，参与清史纂修工程的工作。

在传记人物名单讨论会上的讲话*

今天讨论传记的名单，名单里面的人物很多，大概有 3 000 多人。我看了几天，晕头转向，犹如倾盆大雨。这个人物与那个人物是怎么回事，也弄不清楚，确实是很繁杂。传记的特点就是人物多得不得了。

传记目录的名单非常重要，它是我们分工写作的基础。传记 22 卷目录怎么分工，究竟写什么人，什么人入传，什么人入正传，什么人入类传，这些都要有一个抉择。排序要按时间顺序来排，人物又要定等级，所以必须有这个目录。可以说，目录是我们工作的前提，非常重要，决定了我们这本书的面目，也决定了我们这本书的质量。因此，把传记的目录搞好，非常重要。当然，目录不可能一下子搞好，只能逐步完善。现在讨论目录，初步确定以后进行分工，然后立项。之后，各传主持人还要考虑：这一卷写哪些人，排序怎么排，等级怎么定，并不是说目录定了以后，就成定论了，还要有调整，而且在写的过程中，还会发现问题。

传记在整个《清史》中非常重要，可以说无传不成史，中国传统史书的特点就是这样，没有传就不能成为正史。正史都是有传的，“二十四史”里面没有一部没有传的，可以没有表，没有志，但不能没有传记。有的甚至全部都是传，比如《三国志》无表无志，都是传。所以，人物传记在传统历史学里是非常重要的。纪传体作为正史，记载中国历史的最大特色，是写一个庞大的社会群体，一个朝代的重要人物统统立传，有几千人之多。《清史稿》的传，有统计说各色人物大概有 8 000 人。我们现在的目录有 3 000 人，也不少。这

---

* 2004 年 8 月 6 日。

在世界历史著作中是独一无二的，哪一个国家的历史著作中有那么多人！记载大量历史人物的历史著作，就会展现一个丰富多彩的人物画廊，色彩鲜丽。本来历史就是人创造的，历史是人的实践活动，成千上万人的活动组合成历史活动的洪流，而且决定了历史的发展。写人物传记，有鲜明的性格，有具体的活动，有各种历史细节，甚至有他的对话。所以写人的历史，才会使历史著作生动、具体、充实。

去年在《清史》体例体裁的讨论中，有的主张写章节体。我也考虑了章节体，它本身有很多长处，但有一个缺点，就是不好写人物，章节里怎么写人物呢？一章里写几个大人物就不少了，更无法写群体人物，所以后来不完全采用章节体。传统的历史著作重视写人物，这个传统我们应该继承，这样历史容量更加宽阔，叙述更加生动，所以后来决定用现在这种体裁。但是我们也要看到传统传记写法的缺点，过去的传记最大的缺点是全是帝王将相，都是大官、重要的武将，正传尤其如此，只是在类传里有一些小人物。如果达不到一定品级，再重要的人物也不能入正传。比如，钱大昕当过广东学政，相当于一省的教育厅厅长，《清史稿》里没有正传，只在类传里有。所以，《清史稿》的最大的弱点就是政治、军事人物占据正传，这就反映了封建社会的官本位特点，不重视老百姓，也不重视那些非官方人物，即使是大官也要二品以上才能入传，当然三品以下也有，只是少数。所以如果我们要有所突破，第一个必须改变传记的结构，即写什么人物。我们以前已经考虑到了这个问题，重视类传。我感觉，类传比较接近平民，比较接近技术专业人员，如《畴人传》全是科学家，所以要增加类传。《清史稿》中的类传大概有 9 种，现在我们拟增加到 13 个类传，增加了很多。这是我们在结构上很大的创新。但是在现在的目录中，类传还比较凌乱，其中一个原因就是类传缺乏研究，好些人物不清楚，在《清史稿》里也没有。

传记目录有 3 000 多人，已经经过再三斟酌、讨论，几易其稿，可以作为一个工作的基础。但目前仍然比较粗糙，需要补充、提高、修改。我看了以后，感觉现在的目录有四个特点：

第一，选人严格，比较有原则。与《清史稿》相比，人物已经大大简化，《清史稿》正传里许多人物没有入选。当然，有的人物写不写还值得考虑，但是很多人物被淘汰了，不太重要的政治、军事角色也已经去掉了。

第二，以时间为序，按时间排列。这样符合历史的发展规律，因为历史本来就应该按时间叙述。

第三，以类相从，按照类别区分，分为政治家、学者、军事家以及其他人物。但是部院大臣等分类将来出版时是不标明的，因为很难区分，所有的大学士，不是曾担任部院大臣就是曾担任督抚，要不怎么能升为大学士？所以很难严格地区分部院大臣和大学士，类传里文人学者和部院大臣也不能严格区分。比如阮元是个大官，他入正传是因为他当过两广总督、云贵总督，而并不是因为他的学术地位。这样的人物清朝还有很多，所以以类相从是相对的。

第四，分别主次。分别主要人物和次要人物，就是目前定的级别，分为特级、甲级、乙级、丙级等，按照人物在历史上的贡献、在历史上的地位影响进行划分。将来写的时候每个人物的字数就按级别来定，这是一种具体操作的手段，没有级别就不好确定字数。前天，我收到一封信，写一个科学家的，我们现在将这个人物定的是丙级，而他写了六七千字，丙级应该是 3 000 字，他的文章再加上注文有 1 万字。文章写得还不错，很扎实，资料丰富，但是有个缺点就是字数太多。如果都这样的话，这部书的字数就不得了了。他还附了一封信给我，说你一定要开恩，要从宽处理，实在舍不得割爱。我说，你还得割爱。很多人物都可以写几十万字的一部传记，如果开恩的话，都往外撒开来，那还得了。所以定级，对字数进行限制是必要的。而且我觉得丙级定为 3 000 字还多了，还应该减。总的感觉是，目前这个名单经过筛选，按时间排列，以类相从，而且有一定的等级，为下一步工作做了很好的准备。

对于这个名单，我一方面比较满意，另一方面又有不满意的地方。最大的问题是与《清史稿》的面目颇为相似，虽稍有不同，但是没有大的改变，好像是把《清史稿》简化了，正传尤其如此，类传要好一些。目前，正传里的绝大部分人物是政治、军事人物。当然历史人物总是那些人，怎么挑选也是那些人，与《清史稿》相似是必然的。但还是比较单一，帝王将相占 90%，只有 10%是其他人物。因此，我们应该进一步采取措施改变传记结构。

第一个措施，是加强类传。《清史稿》的正传是 255 卷，类传有 41 卷，现在我们大大增加了类传，正传与类传的比例是 15∶7，类传分量加重了。而且，类传改革的力度比较大，与《清史稿》的类传已经有了很大的不同，除了文苑、学术、科学、遗民四卷一样外，其他都不同，增加了工商、宗教、少数民族、华侨、外国人、农民领袖、妇女、革命党人等，这些在《清史稿》中都没有。把各界人物都吸收进来，大规模地改变了类传的内容，因为类传更加贴近于下层，更加贴近于平民，这就大大减轻了官本位的色彩。所以，写好类传是我们很重要的任务，也是难点。因为类传的资料比较少，《清史稿》里也没有这些人物，我们要另外找材料，要重新开辟资源，无法从《清史稿》中单找，甚至《碑传集》《国朝耆献类征》《清史列传》里都很少，要从文集、地方志、族谱、家谱里找资料。这是一项非常艰巨的工程，地方志很多，看也看不完。不投入大力量是干不好的。所以我觉得，写类传是我们一个亮点，也是难点。

第二个措施，是改变正传的结构。正传原来都是写官员的，而且都是大官，小官还排不上。《清史稿》的正传全都是政治、军事人物，即使有几个学者，也是因为他当过大官才写进去的，而不是因为他是大学者。比如王士禛入正传，因为他是工部尚书，并不是因为他是诗人。同时代的黄宗羲、顾炎武、王夫之等大学者都没有入正传，只是在类传里。戴震是清代有名的大学者，也在类传里，没有入正传。至于医生、工匠、艺术家更不在话下，全在类传里。蒋廷锡倒是大画家，在正传里，这是因为他是大学士。曹雪芹、蒲松龄甚至在《清史稿》中找不到。文学家袁枚、桐城派鼻祖姚鼐也没有正传。还有商人，如盐商宛平查家、山西范家也没有传。红顶商人胡光墉也没有。程长庚作为京戏的创始人，《清史稿》里也没传，因为正史不会让唱戏的人入正传。我们能不能打破观念，把程长庚放入正传？还有“样式雷”的雷家，雷家世世代代都是宫中的掌案，是建筑总设计师，雷家七代都是清廷样式房的掌案头目，因此被世人称为“样式雷”。在清代200多年间，七代“样式雷”都为设计修建皇家建筑付出了毕生的心血。他们设计修建的建筑包括圆明园、颐和园、北海、中海、南海以及京城中的王府、御道、河堤等，他们遗留下来的作品被列为世界文化遗产的就有故宫、天坛、颐和园、避暑山庄、清东陵等。全世界有哪一个家族曾创造了这么多的建筑精品？创造了这么多的世界文化遗产？烫样也是雷家的发明，所以雷家非常重要。这样的家族，世代好几个人都可以入传，但是《清史稿》里一个人也没有。我们这里倒是注意到了，在目录中有一位雷发达，但写一个雷发达我觉得还不够，这样的家族应大书特书，不止写一代，后代的重要人物也要写，如雷发达之子雷金玉、四代孙雷家玺、五代孙雷景修。不给他们写传是不公平的，而且他们材料很多，有族谱，资料保存很好，可以写很多。所以第二个措施就是我们要打破传统传记的框框，不仅重要的政治、军事人物可以入传，而且文化和其他领域的重要人物，像程长庚、雷家等人物，也可以入传。把传记的面目改变一下，不要完全是帝王将相，当然，帝王将相还是会占多数。但一打开这个传记，面貌就与《清史稿》不一样了，能看到各种各样的人物，色彩斑斓，形象丰富多样。

至于哪些人物入正传，哪些人物入类传，由二级组来决定，由正传和类传的主持人进行协商。我的意见是将来要有一批非军政人物进入正传。同时，还要适当提高他们这些人物的字数级别。我觉得你们把这些人物的级别定得太低。目前定的特级人物有8个：努尔哈赤、皇太极、康熙、雍正、乾隆、慈禧、曾国藩、李鸿章，全是帝王将相。我想清朝最重要的人物就是特级人物。能不能拉一个名单，看看清朝最重要的人物到底是谁，历史贡献最大的人究竟是哪些人，我想这里面也应该有曹雪芹吧？当然曹雪芹写不了多少，因为没有资料，总不能去编造，但是没有关系，事情少，他也可以是特级人物，也入正传。这样，正传人物恐怕要有几十个人，到底多少人，你们拉一个名单出来，再考虑，然后按照这个来定甲级、乙级。有的人可以与努尔哈赤并列为甲级，如郑成功、林则徐、孙中山，还有黄宗羲、顾炎武，再比如曹雪芹，他的影响大，不一定比努尔哈赤小，我看知道曹雪芹的人可能更多些，贡献也大。当然我不是贬低努尔哈赤，两个人的级别至少是差不多吧。目前，对一般文化人物的级别定得都比较低，所以定级别还要斟酌。

第三个措施，我主张搞合传、附传。把相关的两个人或者三个人甚至更多的人物合起来。当然，这比较难搞，是难点，谁和谁合写，谁附在谁的后面，这都要考虑。现在我们的人物是一个一个的，很少有附传。《清史稿》倒是有很多附传。因为人是社会的人，不是孤立的一个人，人与人之间有各种各样的关系。写人物，重要的一点就是看人与人之间的关系，我觉得这对于写传记很重要，要了解人们之间的关系网络，现代社会有人与人之间的网络，封建社会更是如此。如果可能的话，应写一写合传、附传。它的好处，第一个是可以文省事增，就像欧阳修讲的原则，文字少但是事情不少，附传里的很多事可以略掉不讲。两人共同经历的事情可以只写一次。比如三河之战写李续宾，曾国华、丁锐义、孙守信可以作为附传，因为他们是一起作战又一起战死在三河镇的。

写合传、附传的第二个好处是可以看到很多人与人之间的关系，这一点我觉得也很重要。比如，清初五大臣中的额亦都是最早归附努尔哈赤的，额亦都要立正传，他的儿子彻尔格、图尔格、伊尔登、超哈尔、遏必隆都很有名。遏必隆后来是辅政大臣，也应立正传，另外有几个儿子是战死的。他们一家子全是在努尔哈赤时冲锋陷阵、投入全力创业的。如果一个一个地写，不知道他们之间的关系，也不了解额亦都、遏必隆为什么那么重要。额亦都是五大臣之首，为什么他那么重要？为什么努尔哈赤能兴旺起来？因为有很多人在帮助他，有这么多的家族集团在帮他干。如果用附传的形式，就可以看出他这个家族的重要。费英东也是这种情况。费英东的儿子索海在《清史稿》中有传，第七子图赖也很有名。他侄子鳌拜更是个重要人物。鳌拜当然要独立成传，但要交代清楚他是费英东的侄子。

这样，我们就能理解五大臣为什么这么重要。他们作为家族集团，都在为努尔哈赤打江山，为此全家战死的人也很多。这样，读者对清初努尔哈赤的兴起就会有更深的印象。

汉人也有这种情况。比如昆山徐家的徐元文、徐乾学、徐秉义。目录里虽然已经列了徐乾学、徐元文，但是你们把他们分开了，看不出他们的兄弟关系。徐家是科举世家，三兄弟一个状元（徐元文是状元）两个探花，而且徐乾学四个儿子都是进士。他们当时在昆山势力非常大，是非常显赫的门第，后来有人弹劾徐乾学，说他鱼肉乡里，结果徐乾学被罢官。如果分开各立各传，就看不出他们之间的网络关系，就不能理解为什么有人要弹劾他。所以要提到他们的功名，要提到他们的子侄。桐城张家也是如此。张廷玉的父亲张英是大学士，他自己也是大学士，他弟弟张廷璐，侄子张若溎，儿子张若霭、张若澄都是进士，还有很多人。所以，乾隆有一次说，这次科举会试你们张家不要考了，你们家的进士太多了。可以说，张家、姚家占了半个桐城，他们家里全是科举出身。科举世家在封建社会往往会形成很大的势力，他们的关系也往往构成一个社会网络。鄂尔泰是满族世家，他的儿子鄂容安、鄂实都死于平准战役。他还有一个儿子叫鄂弼，官不大。还有个侄子叫鄂昌，也是大官，是湖北巡抚，与胡中藻案有关。可见，鄂家的势力也很大，而且鄂家与张家是对立的两党。这种关系要在传记里表现出来。如果只写一个鄂尔泰，也不知道他是怎么回事，势力怎么会有那么大。

学术界也是这样的。清初学者万泰有八个儿子：万斯年、万斯程、万斯祯、万斯昌、万斯选、万斯大、万斯同等，个个都是大学者，在文学、史学等方面都很突出，号称“万氏八龙”。八个人不一定都立传，现在有万斯同的传，万斯大、万斯选也比较有名，其他的人可以做附传。又如黄宗羲，他的弟弟黄宗炎、儿子黄百家都可以做附传。

又比如说高斌一家。他是乾隆皇帝贵妃的父亲，儿子高恒是两淮盐政，侄子高晋曾是安徽巡抚、两江总督，也是一代名臣。乾隆对他的岳父高斌、小舅子高恒以及高恒的儿子高朴都不客气。有一年秋天，黄河因官吏侵吞工程款，导致误工决口。乾隆非常愤怒，要把有关人员斩首示众，同时命河道总督高斌等人绑赴刑场陪斩，以示儆戒。后来，高恒因盐政任上贪污，被处死刑。高恒的儿子高朴到新疆叶尔羌办事，采办玉石时贪污钱财。乾隆派人调查，证实确有其事，被诛杀。当时皇后的弟弟傅恒为高朴求情，说“高朴是皇贵妃的侄子，可免一死”。乾隆说：“那如果皇后的兄弟犯法，又该怎么办?”吓得傅恒“战栗不敢言”。可见乾隆整治贪污的力度很大。所以写高斌时，把这几个人都写出来，可以看到乾隆当时整治贪污的力度和决心。所以我觉得写合传、附传有好处，可以看出人际关系，一个一个传不容易看。你不知道谁和谁是什么关系。

又如费扬古，他是打噶尔丹的主将，很有名，但他是董鄂妃的弟弟。这一点很少人知道，传中可以提一下。又比如琦善已经有传，他的孙子瑞澂是湖广总督，是武昌起义第一个逃走的清政府高官。如果两个人分开了，也不知道他们的关系，而琦善又是清初蒙古额驸恩格德尔的后人。可以在琦善的传里点一下，祖父是谁，孙子是谁。我觉得有必要这样，把人际关系搞清楚，可以使信息量更丰富。又比如姚鼐，《清史稿》有类传，我们这里列为正传，他的四大弟子方东树、刘熙载、管同、梅曾亮也非常有名，但可能立不上正传，可以在姚鼐的正传里写附传（或在学术类传中立传）。可以说，写附传、合传不是简单的一个人，而是弄清一个网络。战役也是这样，曾国荃传里可以附上李臣典、萧孚泗。他们两个是打太平天国时最早进入南京的，后来清朝封官时，曾国藩封了侯爵，曾国荃封了伯爵，李臣典封了子爵，萧孚泗封了男爵。这几个人不一定都立传，可以在曾国荃的传里附上李臣典、萧孚泗等人。又如王亶望的传里也可以写勒尔谨、陈辉祖，因为他们是一个贪污案里的人物，放在一起写，就更明晰。不单要看《清史稿》，还要弄清楚他们的关系，这一点很重要，难度比较大，但是我们要努力去做。

最后关于传记目录提几个具体意见：

第一，第一卷一开始列的重要人物有三个：努尔哈赤、皇太极、塔克世，我觉得可以加上觉昌安。

第二，类传中的忠烈不一定从鸦片战争开始，鸦片战争之前的也要算。在郑成功收复台湾，施琅收复台湾，雅克萨之战，平大小和卓中战死的人物都要算，但是在打缅甸、打安南的战役中战死的不能算，因为很难断定是什么性质的战争。

第三，还有些人物有缺漏。比如太监，好像一个也没有，吴良辅、魏珠、安德海、李莲英有吗？是不是也应立传？你们再考虑。另外，太平天国里没有洪仁玕，把李秀成、陈玉成放在类传里也不合适。我觉得应该把洪仁玕、陈玉成、李秀成放在正传里。

第四，体例前后不符。前面汤若望、南怀仁入正传，后面却没有外国人入正传。按说，近代外国人与中国的关系更密切，后面的外国人也应该更多，比如赫德简直是清政府的大总管，是不是应该有？还有华尔、戈登等人都是很重要的。

第五，次序有些混乱。鳌拜这个集团放在康熙朝了，应该放在顺治、康熙朝这一卷。孔有德、耿仲明、尚可喜三个人分开了，分别在第一卷和第二卷里。这三个人是密不可分的，应该在一起。吕留良不能放在雍正朝，他的案子在雍正朝，而他本人不是雍正朝的人，应该放在前面。还有李鸿章的传在光绪朝，他的弟弟李鹤章、李昭庆却在同治朝，他的部下程学启、周盛波、唐殿奎也都排在他的前面了，不符合时间顺序。左宗棠也有这个问题，他的部下刘松山等人都在前面，而左宗棠排在后面。还有漏掉的人，像黄兴、宋教仁、蔡锷这些清末人物漏掉的比较多。

以上就是我的几点看法，可能有不合适的地方，仅供参考。

在《清史》通纪工作研讨会上的讲话*

今天的会议是通纪立项的筹备会议。通纪是整个《清史》最重要的部分，记载清朝近 300 年的全部历史，包括政治、经济、文化等各个方面的重大事件，有 300 多万字，占全书篇幅的 1/10。通纪既要展示近 300 年清朝历史的全貌，也会展示我们对清朝近 300 年历史的一些观点和评论，全书其他部分如典志、传记、史表、图录等都要以通纪为核心，以它为纲。

通纪也是全书最受关注的部分，整个清史工程搞得好还是搞得不好，就要看这 8 卷。现在已经有很多清代通史了，写得各有特色，各有千秋，那么如何在他们的基础上有所前进、有所创新呢？这是我们最关心的问题。将来一般人看《清史》，不会看所有的 3 000 万字，3 000 万字太多了，一般人看不了。他看的可能就是 300 万字的通纪。有的同志说，你这个 3 000 万字《清史》写出来谁看？说得也对，3 000 万字《清史》一般同志看不了，他们建议将来写成缩本。我说也不用写缩本，通纪本身就是缩本，因此，通纪的质量一定要是精品，要反映我们这个时代的水平，要经得住检验。

通纪部分第一个要求是观点明确，第二个要求是史料丰富准确，第三个要求是结构严谨合理，第四个要求是文字简明流畅、有可读性。我相信经过大家的努力，经过几年的奋斗，这部书会写好，会有所创新。正因为对这部书的质量要求很高，所以邀请主持人经过了再三的考虑，你们几位专家都是我们诚心诚意以礼聘请的，各位都年富力强，写作经验丰富，学术水平高，具有独立研究和创造能力，能把你们邀请来参加通纪的写作，我个人感到非常荣幸，很不

---

* 2004 年 10 月 30 日。

容易，也感觉很骄傲。

去年，我曾经专门在一次会议上讲了讲通纪的内容，按照8卷的内容一卷一卷地讲，因为写通纪总要有个贯穿全书的线索，我试图提出这样一个线索，由于时间限制不可能全面展开讲，讲得也非常肤浅，内容也难免片面，观点也不一定对，可以讨论。今天我还是先发个言，不对的地方请同志们指教。

第一，是对清朝历史的定位。清朝近300年在整个中国历史中的地位如何？它的成败、得失如何？在这个历史阶段，中国社会达到了什么？没有达到什么？有什么成绩？有什么失误？给我们留下了什么样的遗产？留下了什么样的问题？可以总结出什么经验教训？对清史进行定位，不是我们才开始做的，前人已经做过。《清史稿》对清史就有自己的定位，它的定位是清朝天子是圣明的，造福苍生，功德无量，总之是歌颂。辛亥革命年间的革命党人对清朝也有个定位，他们的定位是清朝统治是血腥的、残暴的、不平等的、不合理的、腐败的、落后的统治，要推翻它。这跟《清史稿》的定位是完全不同的。辛亥革命党人这样评价是合理的、正当的，因为当时清王朝确实十分腐败，不推翻它，中国就不能得救。站在推翻清王朝的立场上，当然要尽情揭露它的黑暗面。中华人民共和国成立以后，对清史研究较少，但对近代这部分研究得较多，认为当时是落后、屈辱、封闭的社会，研究角度是反帝反封建，反对清朝统治，因此对清朝的评价都是负面的。改革开放以后，研究的人多起来，钻研逐步深入，对清史才有一个较全面的认识，开始看到清代社会积极的因素和正面的东西。所以，以前的定位，不能说不准确，但他们都只抓住了一个方面，强调和夸大了负面的东西，这是时代所决定的。每个人都是时代的人，都有他的时代性，他在这个时代所看到的和感受到的方面，表现了他们所处时代的特点。现在我们处在21世纪，是新世纪了，我想我们这部书应该反映新世纪的观点。每个时代的人都有他的时代局限性，都会有看不到的东西，我们也是一样。我们现在能看到20世纪人们对清史研究的局限性，我们今天也同样有局限性，假如再过一个世纪，人们同样会看到我们的局限性。

我们的工作就是在今天这个时代重新反思清朝近300年走过的路程，我想每个不同时代的人对过去的历史都会重新反思，得出某些以前人们所看不到的东西。

应该说，在清朝这段历史时期，中华民族走过了漫长曲折而又光荣艰难的路程，既有光辉的历史事迹，也有悲惨屈辱的遭遇，既有不幸的痛楚和苦难，也有执着的追求和对未来的希望。这些我们都应该看到。满族，开始只是个少数民族、一个小部落，13副遗甲起兵，刚刚崛起的时候人非常少，但充满朝气，具有英勇的、团结的、奋斗的民族精神，故能在很短的时间里统一了女真各部，统一了东北。这时正好李自成起义进京，满族抓住这个历史时机，进入北京，并很快挥师南下，渡过长江，可以说无攻不克，无坚不摧。应该说，当时的满族确实是一个有朝气的群体。中国历史上，在游牧民族与农耕民族对抗的过程中，游牧民族强大的时候，可以打到中国北方，甚至占领中原，但是很少能够越过长江。清朝不同，不仅越过了长江，统治了长江以南的地区，而且接着巩固了统治，这在以前是没有的。魏晋南北朝时期，中国南北对立，南宋时期也是南北对立，只有蒙古族渡过长江，但蒙古族也是经过了很长时间才灭南宋的，而清朝很快就统一了长江以南。当然在征服战争中发生了严重的暴力行为，杀戮了许多汉民，应予谴责。这是民族融合和国家统一进程中难以避免的，历史的进步常常要付出沉重的代价。清朝到了康熙平定三藩、收复台湾以后，历史又发生了转折。北方的问题严重了，俄罗斯向东扩张，蒙古也有叛乱，尤其是准噶尔的割据势力对清朝统治形成重大的威胁。所以，康熙在解决南方以后，马上把战略重点放到北方，亲自去巡视松花江，布置北方防务，抵抗俄国入侵，签订《尼布楚条约》，又用全力对付当时威胁最大的敌人准噶尔蒙古的噶尔丹。经过康、雍、乾三代前后70余年的长期战争，时和时战，最后平定准噶尔和回部，统一了全中国，包括蒙古、新疆、西藏、云南、贵州、四川，奠定了中国的版图，这是非常伟大的成绩，前人留给了我们版图广阔的遗产。

在经济上，康熙从他年轻时就将平三藩、解决漕运、治理黄河写在宫里的柱子上，念念不忘。在治理边疆的同时，他在中原地区休养生息，兴修水利，发展生产，奖励垦荒，轻徭薄赋。我们现在减收农业税，康熙那时也曾 6 年不收农业税，乾隆时期也是六年全不征税，结果生产突飞猛进。康、雍、乾三世生产发展到什么程度，我们要进行总体上的估计，当然很难有精确的数字。应该说，当时的生产力达到了中国历史上的最高峰，远远超过汉朝、唐朝。从人口上来看，汉朝、唐朝的人口，在记录数字上没有超过 8 000 万，但实际人口可能达到了 1 亿或者 1 亿以上。乾隆初年的统计是 1 亿 6 000 万，乾隆末年达到 3 亿，道光朝是 4 亿，这个人口数量一直持续到解放时。要养活 4 亿人口，就需要相应数量的粮食，由此可见乾嘉时期的农业生产力达到了中国历史的最高峰。有学者认为，18 世纪中叶中国的 GDP 相当于世界的 1/3，与占世界人口的比例相当，当时整个欧洲的人口也没有中国人口多，因此从国民生产总值来说中国应是世界第一。当然，18 世纪的中国社会也延续了历史上许多致命的弱点：一是延续两千多年的封建专制制度，人民没有权利；二是闭塞守旧，故步自封，不了解世界，当时最先进的知识分子也不了解国外的情况，不知道国外有什么好东西，有什么先进的东西。在这种情况下，当时的中国故步自封，没有进取心，没有改革的愿望和改革的动力，而且轻视科学，不重视自然科学的研究。由于这些致命的弱点，因此在 18 世纪后期即欧洲经过产业革命以后，中国很快就落后了，而且是越来越落后。据国外的统计，在 18 世纪中叶中国的 GDP 占世界总量的 30%左右，到 19 世纪 20 年代下降到 20%左右，到了义和团时候只占 6%左右。这个统计可能不精确，但整个下降趋势是显然的。落后就会挨打，后来接连是鸦片战争、英法联军战争、中法战争、中日战争、八国联军战争，半个世纪内中国多少次挨打，受人欺负，每次都签订不平等条约，屈从外国侵略者的要求，人民生活在水深火热之中。可以说，19 世纪的中国历史是一部伤心的历史、悲惨的历史。

中国变成了半殖民地，但也并不是没有希望，世界还在变化，中国人开始觉醒。甲午战争以后中国人迅速觉醒了，有了抗争的意识，有了学习先进的意识，有了近代爱国主义的意识。觉醒、抗争、学习先进、爱国主义结合在一起，形成了推进晚清社会的大潮。尽管航路险恶，礁石遍布，但这股大潮浩浩荡荡，不可阻挡，它是拯救、复兴中国的伟大的精神力量。与这股潮流同时出现的是阶级结构和社会群体的大变动。无产阶级、资产阶级、绅商，从事新式企业、交通、教育、报刊、医疗的人群以及学生新军应运而生，显示中国正开始艰难而奋勇地走上近代化的征程。所以这段历史也不全是灰溜溜的，中国有许多新的变化、新的转机，历史不可能永远沉沦下去，万劫不复。因此，清朝近 300 年既有强盛的时代、繁荣的时代，也有落后屈辱的时代，有起有伏，整个趋势是波浪式的变化。如果我们从明朝看起，明末内忧外患，李自成、张献忠起义，同时清朝满族兴起，到明朝灭亡，当时是“天崩地裂”的低谷时代。接着兴起了新的民族满族，很快统一了全国。后来，发展生产，达到空前繁荣，经营边疆，设立行政机构，巩固边疆，远远超过前代。经济上也是远远超过前代。所以，经过明朝末年的低谷以后，很快走到 18 世纪的高峰。延续 100 年左右又很快往下跌，成了半殖民地。进入 20 世纪以后，各种新的力量兴起，民主革命开始，孙中山推翻了清政府。当然，孙中山以后帝国主义、封建主义还没有消灭，又经过了几十年的奋斗，新中国成立，中国人民重新站立起来。所以清朝近 300 年历史的发展是波浪式的推进，历尽艰辛苦难，经过风风雨雨，有胜利也有失败。清朝的发展不是个“超稳定结构”，其中有稳定也有不稳定，有进步也有退步，但也不是长期的停滞。现在我们一般说“宋朝以后中国衰落了”，我看不完全这样。中国封建社会长期以来存在许多潜在的致命弱点，但并没有一下子显示出来，直到 18 世纪的清朝从整体国力来讲也不低于外国，CDP 总量尚是世界第一。中国真正落后于外国是从 18 世纪开始的，真正是直落千丈，一泻千里，所有潜在的弱点在外国力量的冲击下都暴露无遗。而到晚清也不是全方位的黑暗，中国社会正在产生新的因素，有新的力量成长，也有追求和前进，也有这个时代的希望。

以上是我对清代中国历史的看法，我不知道这样定位准确不准确？我的看法不一定对，我讲出来向大家求教，看按照这个思路来写通纪行不行？或者要做什么样的修正？希望大家提出意见。总之，近 3 个世纪的清朝历史有兴、有盛、有衰、有亡，是很漫长的过程，是一个有规律的发展起伏的过程，我们的任务就是追踪这一过程，研究它，分析它，阐明它，把这段很贴近我们的历史如实呈现给读者。

第二，我们必须用辩证的思想去对待历史。清朝近 300 年是一个很漫长的错综复杂的历史，各种因素、各种关系相互交错，我们必须要用辩证法进行深入的、理性的思考，要充分估计到历史的复杂性。不能静止地、简单地看问题，以为好的就是好的，坏的就是坏的。在很多时候，好事中间会带来负面的因素，坏事在一定条件下也可以转化为好事。比如战争。战争是残酷的，我们今天都反对战争，希望和平，但历史发展常常是通过战争完成一定的历史使命。比如平准战争，非常残酷，几乎是一场灭绝族群的战争。我们不能因歌颂统一战争，就隐讳这一点。这种战争从国家统一来说固然是好事，但也带来了负面的影响。在战争紧张的情形下，必须要求号令一致，令出必行，这就需要中央有绝对权威，其结果是封建君主集权的程度越来越高。因此，不能单方面地看问题。人物也不能简单化、脸谱化，因为人都生活在具体时间、具体空间和具体条件下，都有他的时代局限性，正面人物不是各个方面都完好，要看到正面人物也有缺点，不必为尊者讳。同样，反面人物也不要写成魔鬼，反面人物也有他的思想逻辑和生活逻辑。我们的指导思想是唯物史观，因为它是剖析社会历史最锐利的武器，历史的复杂性要用唯物辩证法进行深入的分析，才能实事求是，存真取信。

第三，要把清朝近 300 年的历史放在世界历史的长河里来考察。清朝与前代很不同，一开始就进入了世界体系的一体化过程中。明末有许多传教士来到中国，清军入关时好多传教士就留在了中国，清朝一开始就和外国接触了。不仅民间有很多传教士，宫廷里也有很多传教士。顺治皇帝对汤若望非常尊重，据记载，在两年的时间里，顺治皇帝到他家去了 20 多次，平均一个月去一次，可见关系非常密切。康熙皇帝更不用说了，他宫廷里养了很多传教士，学数学的，学技术的，因此清朝一开始就接触了西方文化。为什么后来完全汉化了呢？为什么没有接受西方文化呢？既然与西方人接触这么多，而且关系又是这么好，为什么后来简直就没有外来文化的痕迹而完全走上汉化的道路了呢？这恐怕是文化传播方面的一个谜吧。可能是土壤问题，文化一定要有适合的社会土壤才能生长。由于礼仪之争，传教士被赶走了，文化的交流停顿了。但是其他的交流还没有停顿，贸易往来、经济交往的关系在18世纪依然有相当大的发展，自18世纪初到18世纪末，海关的收入增加了20倍，可见对外贸易很频繁。有人说，美洲银矿产出的1/2都运到中国来，都被中国吸收了，中国是当时世界白银的地窖、仓库。这个说法可能是夸大了一点，但进入中国的白银数量肯定是很大的。另外就是美洲农作物玉米和白薯的传入。这两种农作物在18世纪的中国迅速推广，为什么中国人口的增长非常迅速呢？可能与这两种农作物的广泛种植分不开，白薯和玉米是高产作物，所以能够养活当时那么多的人口。这也是中国经济结构的重大变化。因此，在18世纪，清朝虽然是一个闭关锁国的国家，不愿跟外国接触，但实际上与外国的接触还是很多。鸦片战争以后就更不用说了，外国直接打进中国来了，那时不愿意接触也得接触了。因此，要从世界一体化的角度来考虑，离开一体化，就不能了解清朝的历史。

第四，叙述史实要准确、丰满、清楚。准确，就是要求叙述历史不能推断，不能臆想；丰满，就是要有血有肉，不是苍白无力的；清楚，就是要结构严谨，条理清晰，不是模糊不清的，不是主次不分的。同时，又给予公平的、有分寸的价值判断。有人认为，叙述历史不能有价值判断。当然我们不要多发议论，而一定的价值判断是难以避免的，因为在写某件事的时候你当然要尽力做到客观，但是你一点立场都没有，一点倾向都没有，这是不可能的，因为要接触这个史实，就会有你的感情。比如写抗日战争，你应该客观公正地写，但是不是一点感情都没有？中国人对抗日战争就必然有倾向，而且如果我来写，肯定会强烈谴责日本侵略者，因为我是那个时代的受害者。当然，我们不能用感情代替科学，但我同情什么，赞成什么，反对什么，立场要鲜明。所以，我们一方面强调客观准确，但并不排除历史学家的主观判断，只有对侵略者进行谴责，才能够体现历史学家的客观和公正。

第五，文字要简明、流畅、生动。欧阳修认为写史要文省事增，文字要省，笔墨不要太多，但事情要增加。他认为《旧五代史》太啰唆，文字太长，写得不好，所以重新写了《新五代史》。《新五代史》确实是文字简练，但也有人认为它的史料价值比《旧五代史》要略逊一筹，这是欧阳修在删繁就简时，将不少具体资料也一同削去所造成的。我们现在写史也要求简明，但不能因简单而干瘪。另外，文字还要流畅、生动，不要佶屈聱牙、深奥晦涩，要有理性的思考，但不要大讲哲学，要用哲理的头脑来考虑问题，但不是专门讲述哲理或胡乱引进外来的概念。使用外来的词汇要慎重，尽量把它转化为中国式的语言，因为我们的作品是要写给别人看，要让普通人看得懂，要民族化、大众化，这是老生常谈了。

最后我讲讲立项。通纪工作首先要立项，我们这个会议就是筹备立项的会议。整个《清史》编纂是一级项目，通纪是二级项目，大家要申报的是三级项目。通纪 8 卷共分为 9 个三级项目，其中第 8 卷分为两个项目。立项的第一步是填项目申报表。其中每个项目的成员 2 至 3 人最好，因为字数并不多，一卷也就 35 万字，5 年完成，平均一年也就七八万字吧。所以不需要很多人，不要组织一个很大的队伍，这样你们工作起来也麻烦。我要求绝大部分的内容都由主持人自己来写，因为各位主持人都年富力强，有丰富的写作经验。在申报表中有个重要的内容，就是希望大家对本卷的内容梗概有个叙述，字数约 3 000 字，主要讲这一卷写什么，解决什么问题，重点突破什么问题，可能的创新之处在什么地方，可能的难点在什么地方。我希望大家能够找到亮点和难点，当然一开始这些都很难预计。这个内容梗概是非常简略的，希望大家沉潜思索，把本卷内容做一次全面考虑，努一把力，写出内容梗概，即使写得较粗浅、一般化也没有关系，因为在研究之前、写作之前，是不可能有精彩内容的。

但是我相信经过5年的钻研，一定会出现一些亮点和前人没有考虑到的重要问题，一定会有超越前人的观点和写法。我希望能够写出一部面貌不同的书，这个不同并不是刻意的，而是有道理的，你可以不同意我的意见，但我有史料，有论据，言之有物，言之成理。我知道，有的同志不是长期研究这段历史的，但我相信大家经过多年的努力，依靠大家的学养才智，一定会写出好的作品。

通纪立项准备今年年底完成，明年一月份开始工作。我希望第一年交一个二三万字的提纲，这个要多少时间，大家考虑考虑。大纲要比梗概详细，要分篇章子目，要有简单的史实、观点以至评论，大致上是可读的纲目。可以看出全书的轮廓，也可以看出你的观点，甚至可以看出你文字的风格。我想用一年时间写大纲是不是可以，明年年底交稿，怎么样？当然，具体时间还可以商量。通纪部分是一个整体，各卷之间所提出的问题都存在相互的交叉和连续，因此如何协调布局、统筹照应就显得很重要。这就需要大家讨论，所以提纲写出来之后，再来进行讨论，要集思广益，吸收大家的意见。如果提纲定了，接着就要制订出写作计划，在4年的时间内如何安排进度，每年写出多少，都要有个规定。你不能说我头一年没有，第二年没有，第三年没有，等到第四年再一起交来，这样不行。因为，这个集体项目如果没有阶段成果，就看不出你的进展怎样，也不清楚你的风格如何，观点如何。所以必须要有阶段性成果，一个阶段交一部分成果，至于交多交少可以商量。这一点，希望同志们谅解。

集体项目既要给大家一个充分的创作空间和自由，要充分发挥同志们的聪明才智，什么观点、意见都可以讲，但也要有规定，要步调一致。如果缺一部分，那全书就没有完成。大家都很忙，研究任务也重，但我们希望大家能够集中力量。如果还有其他项目没有完成，那么赶快完成，优先考虑这个项目。将来项目完成以后，大家都可能要署名，现在署名的方式还没有确定，但可能署名是你写的，要负责任的。写作阶段到2009年为止，这后面还有时间要审议、合成，要请专家们来评审，做必要的修改。如果前后体例不一致，文风不一致，就要我们尽量协调。我们充分尊重专家们的意见，尊重专家们的劳动，但全书要有个协调，比如标点符号、引文方式等。另外也有观点的问题。在观点上尽量不改变同志们的看法，尊重大家的意见，但有一些问题如果前后矛盾，是非颠倒，那就要进行一定的修改调整。

最后，我希望我们 9 个人加上工作人员，形成一个学术团队，在这 5 年中间团结一致，努力工作，相互讨论，虚心谨慎，在工作中彼此理解，彼此学习，加强友谊，培养一个良好的学术氛围，经过 5 年的努力，写出一部出色的作品！

清史工程与修史人才*

清史工程启动已有一年之久，经常有朋友向我询问："在编纂《清史》中，您考虑最多的是什么?"每次我都毫不迟疑地问答："质量问题。"

作为国家的大型文化工程，质量问题最为重要。我国前有"二十四史"这一世界独一无二的历史文化工程，后有无数继起后贤们的高水平著作，《清史》若要厕身其中，也必须有自己的特色与贡献，为清朝近三个世纪走过的历史路程，做一次详尽可信的记录和深入透彻的分析，为后世留下我们这一代人对这段艰难曲折历史的深刻反思。

清朝灭亡之后，袁世凯北洋政府曾于1914年开设史馆，为清朝修史，但由于种种原因，历经14年所成的《清史稿》未能尽如人意。新中国成立后，党和国家三代领导人都十分重视清史，并先后三次动议重修。新中国成立之初，董必武同志曾建议纂修《清史》，得到毛泽东主席的赞同。20世纪50年代末，周恩来总理曾委托吴晗同志考虑纂修《清史》的规划，1965年秋周总理又委托中宣部负责组成了七人清史编纂委员会，并在中国人民大学建立清史研究所，作为编纂清史之机构，但都因种种原因夭折。"文化大革命"之后，邓小平转发了一封建议纂修《清史》的信件，学术界又曾筹议纂修《清史》，初步拟订了编纂规划。但由于当时刚刚改革开放，百废俱举，万端待理，难以顾及修《清史》之事，故再度搁置。直到2001年，人大清史研究所的专家学者再次呼吁编纂《清史》，得到社会科

---

* 原载《瞭望》，2004年第12期。

学界的积极响应。2002 年 8 月，中央领导经过详细调研和缜密考虑，认为重修《清史》的时机和条件已经成熟，经江泽民、朱镕基、胡锦涛、李岚清四位政治局常委批准，做出了启动清史纂修工程的重大决定。工程由中央财政划拨专项资金，用十年或十余年的时间完成。由中央 14 个部委组成领导小组，可见中央的重视。2002 年 12 月 12 日，国家清史编纂委员会成立，并在京召开了第一次工作会议。国家清史编纂委员会由清史学界的专家学者组成，全面负责清史纂修的学术组织工作。

如今，大规模修史的条件已经具备。指导我们研究的是马克思唯物史观，这是最先进最科学的思想武器，将引领我们走向历史的深处。当前学术研究的环境相当宽松，历史资料的收集和整理已有成效，研究成果已有较丰富的积累，研究人才正在成长，经济条件和其他物质条件都有极大的改善。这是修史的良好时机，也是提高《清史》质量的根本保证。其中人才问题尤为重要。应该说清史还是一门比较年轻的学科，要完成一部内容丰富、观点正确、史料翔实、文字流畅的大型清史著作，我国目前的高水平研究人才尚嫌不足。因此，如何识拔、团聚、培养和提高研究队伍，是完成修史任务的关键，也一直是我们关注和考虑的焦点。

中国有重视历史研究的传统。全国研究清史的人才数量不少，根据很不完备的资料，我们制作了一个清史研究的人才库，记录了 1 000 名左右的清史专家。在一个断代史领域有这样多的人才，实属可观，在世界各国学术界也是罕见的。但由于我国清史学界交流不广，分散各地，彼此缺乏了解，对许多专家的经历、才能、学识、品德心中无数，因此选择研究项目主持人颇多犹豫，难做决断。韩愈说："世有伯乐，然后有千里马。"我们在实施清史工程时先要学习当伯乐，"知人善任"，选拔适当的人才，主持项目得人，才能使研究成果具有较高的质量。

为了广揽全国人才，必须去除关门主义、宗派主义的陋习，礼贤下士，诚邀各方才俊，共襄盛举。为此，清史工程决定试行研究项目招标制，在清史基本框架确定以后分解为若干项目，实施委托与招标并举的办法。许多研究项目确定项目名称、研究要求、篇幅结构、完成时间后，在全国范围公开招标，以公正、公平、唯贤是举的原则，评选项目主持人，给以优厚的待遇和条件，俾能专心致志投入修史工作。这样，就可以依靠许多优秀项目主持人的共同努力完成研究任务，写出高水平的清史著作。

在图录组 2004 年总结会上的讲话*

我浏览了图录组演示的幻灯图片之后，感觉到《清史》图片的确非常丰富，非常精彩。可见图录组在诚如同志的领导下，在全组同志的共同努力下，取得了很好的成绩，为《清史》图录的编纂工作做了很好的准备。我认为很多图片都是可以利用的，而且某些图片是必须要利用的。

图录是新编《清史》的组成部分，是一个非常重要的组成部分，也是《清史》修纂的一项创新。以前，“二十四史”没有条件编图录。如今，我们编纂图录的条件成熟了：印刷技术取得巨大进步，图片资源极为丰富。

我认为，利用图片表现历史是一种新颖的创新形式，并且是一种更直观、更生动、更具体的表现形式。历史图录给人一种历史的真实感。比如怎样来表现康乾盛世？浏览了这段时期的历史图片之后，你就会感慨：康乾时代真是意想不到的繁华！人流如织，货殖丰饶，生活异彩纷呈，给人的历史感觉非常形象直观。所以，图录是我们新编《清史》的一个亮点、一个特色。这也就使得新编《清史》与以往的“二十四史”有着大的区别：新编《清史》有大量的图片来表现全部的清史。

但是，在浏览演示的图片之后，我也感觉到部分方面有缺失：第一是生产部分。比如耕织图等，反映清代农耕生产活动，但未收入。第二是缺少工业、制造业等方面的图片，这关系到生产力的进步。第三是人物图像比较少。叶恭绰编撰的《清代学者象传》，你们可以参考。第四是战图方面的问题，也应该引起关注。比如乾隆时

---

* 2004 年 12 月底。

期紫光阁功臣图，能够找到吗？第五是缺少近代以来的图片，尤其是近代化方面的图片。清朝历史的变迁，一个重要的方面就是从传统社会向近代社会转变。刚才演示时有一张铁路通车的照片，画面上人员众多，盛况空前，显得非常新鲜。今天看来这种场面可能没有什么值得惊奇的，但在当时却是不得了的场景。

你们把征集的图片划分为诸多门类，大致是 11 个门类。如果算上 11 个门类里包含的小类别，估计能有上百个小类别。这就存在着征集图片时的筛选和总量控制的问题。

《清史》图录收入的图片应该是具有历史表述性的，与博物馆专注工艺艺术的收藏目的不一样。它最重要的目的是用来表现历史生活，这就需要图片包含丰富而重要的历史信息，需要能体现出历史价值。清代距离我们很近，如果什么图片都收入进来，其数量将超出预想，收不胜收。北京市里就现存着很多各类清代的图片，我的老家常熟地区，也有很多古建属于清代的民居。如果都要拍照下来，数量就太多了。我参观过碑刻博物馆，发现里面百分之八九十的碑刻都是清代遗留下来的，我们当然不能凡是清代的碑刻都予以收录，应该有所筛选，有所考证。选择含有历史信息的实物图片。如果历史信息比较少，就要舍弃。

图录组现处于收集图片的立项阶段，迄今已经立了几批。预计可以收集图片 9 万张。仅这些项目完成后，就快接近最初预定的总量 10 万张图片的任务了。

图片的征集要有选择性，具体需要你们去掌握。但要集中把握住一条：图片的收集标准应该具有历史性。你们汇报说明年还有 31 个立项，是不是可以适当减少一点？

具体每一件器物（遗址）的图片怎么选择？我也没想好。一座大佛可以拍几十张图片，从头到脚，正面、侧面、胸部、背部等许多部位，这种拍法是供建筑、艺术研究的。我们编纂的图录是描绘一种历史现象，一种器物的图片不要多，但必要的历史信息都要保存。比如印章，上面的印文要保持完整，要有完整的历史信息，但也不用拍摄过多。再比如瓷器，拍摄瓷器正面的形状就完全可以了，不一定要拍整个瓷器各角度的剖面图。我还知道，故宫收藏的西狩回銮（慈禧逃难西安后回北京）的照片很多，许多场面是重复的，真正拍慈禧太后形象的没有几张。许多照片都是反映行进队伍的场景，凌乱不堪。像几个人抬个轿子，扛个旗，经过天安门、午门等地方，就拍一张。其实这些场景的图片，不一定全部需要。我们挑选几张就可以。

以前我主张的建设 10 万张容量的图片数据库，也只是一种估算。因为我们《清史》图录能够容纳的也就是 1 万张左右，粗算起来，需要 10 多倍的图片资源保证。不过，征集来的图片即使进入不了《清史》图录，也可以当作一种研究资源。依现在的图片征集规划，我看 20 万张就可以了，不要太庞大了。

我还要提醒你们注意：中央电视台十频道播放的几部关于清代的历史短片，比如《百年中国》《留美幼童》，我看之后，觉得画面的形象比较好。中央电视台是花费很大气力，甚至到国外查阅了容闳上学的档案，查阅到了当时的档案照片。此外应该注意《清宫秘档》这部资料片。像上述的历史图片资料片都应该完整地收集起来。甚至可以进一步开阔思路，调查一下各省市是否也有类似的资料影像。

晚清以后，来中国游历的外国人，对中国的一切事物都感到新鲜、惊奇，利用携带的照相机拍了许多民俗、风情图片。我们一定要设法寻找这类西文图书，挖掘其中的图片资源。西文图书中的老照片需要花费一定精力，可以请编译组协助。

总体来说，图录组的工作很好，很出色。征集的图片资料丰富多彩，许多图片都是我没有看见过的。相信利用这些图片编纂图录，可以编得很好。

读《教育志》《天文志》《朴学志》《摊丁入地》大纲样稿的意见*

《教育志》记事详明，原原本本，对晚清学制之变更，礼部、学部之递嬗，叙述清晰，颇有条理，文字亦通顺。观已交各典志样稿，体例尚不一律，如《教育志》设篇目，《天文志》设章目，《摊丁入地》则不设篇章目等，似应及早规定，全书一律。

（1）可否考虑全书卷之下设篇，篇之下设章，章之下设目（用一、二、三、四标目，不列目的名称），目之下设子目（用1、2、3、4标子目，子目视情况可不设）。如按此规定，则《教育志》应设4篇15章。

（2）清代传统教育以官学、书院、蒙学、讲约为主，时间最长。从前对此类教育了解很少，希望加大力度深入研究，阐明其组织、形式、作用、流弊。学堂为近代化的产物，当然亦是研究重点。

（3）留学中应有早期留学之追溯，清初传教士曾携若干中国教徒出国留学，如高类思、杨德望等在欧洲留学11年回国，他们曾与魁奈等学者接触，曾觐见法皇，颇通晓西学，回国后居京多年，默默无闻，无所表现。中国载籍中查不到他们的姓名，这是他们个人的悲哀，也是闭关锁国下中国之悲哀。他们的资料在外国教会档案中能找到。

（4）学堂篇子目中“转向欧美”可否改为“庚款留学与留美预备学堂”？因庚款留学对中国教育影响深远。预备学堂即清华之前身，京师大学堂既设子目，预备学堂亦可列子目。

（5）1986年西北大学出版社有谢兴尧整理之《荣庆日记》，荣庆

---

* 2005年2月13日。

长期主持学部工作和学制改革，官至学部尚书，与晚清教育关系甚大，样稿中未见引用《荣庆日记》。

《朴学志》包容丰富，分类叙述追溯源流、辨章学术，甚有功力，网罗经史、诸子、小学，旁及校勘、辑佚、金石、目录、天算、地理，无所不包。广博固是其优点，但35万字必不能容纳如此宏大之内容，应加以归约，择其重点，删其枝叶，去其重复。如《易经》只谈胡渭、惠栋、焦循数家，礼只谈江永、凌廷堪、孙诒让数家。此所举只以记忆所及略加罗列，并非确定之人。以此类推，重点阐述。至于公羊、穀梁、地理之学、天文历算，不必多费篇幅。因或者不属朴学主流，或者另有《思想文化志》言及，或者另有《天文历法志》详谈。《朴学志》相关之各卷，如传记中之学术类，以及典志中之各卷，必须注意分工合作，避免重复。

《天文历法志》样稿对宇宙理论之阐述，为打破传统宇宙理论之偏见，亦属必要，但理论阐述之篇幅稍多，可否略减？其中对中国士大夫颇多批评，谈及《地球图说》时，对钱大昕、阮元挞伐较重，说他们的言论“堵塞了通向科学研究之通路”。钱大昕、阮元等人之宇宙观仍属传统型，对西洋新说不能全部接受，故多非议，此亦在情理之中。但钱大昕、阮元总体上并非排拒西学，钱氏盛赞西方科技之发达，并刊印《地球图说》，即是一证。阮元创编《畴人传》为古代科学家立传，均属当时先进之中国人。因为他们宇宙观中留有传统之影响而斥之堵塞科学研究之道路，似属言之过重。

《摊丁入地》内容繁复，注释详备是其优点，但地丁银之名目数字与改革过程极为复杂琐屑，阅读时含混不清，可否酌减头绪，以清眉目。

读策凌、赵翼、长庚传记书后*

《策凌传》

此传总体尚可，文句通顺，有新史料，并有考释，如与准噶尔议和划界，准噶尔派遣使者达什、博尔济是两个人，《清史稿》误作一个人，此文加以纠正。

但对策凌之评价尚有可商议之处。策凌在统一战争中战功卓越，做出了贡献，清廷因其战功册封亲王，但在对俄国划界谈判时丧权失地有重大失误，此文中仅称其“不谙外交”，用语甚轻。雍正五年，策凌随隆科多与俄使臣萨瓦会议八次，隆科多坚持收回被俄国侵占之中国领土，争执不下。此时隆科多突然被逮回京治罪，策凌代替隆科多继续谈判，仅与萨瓦会议两次，即允俄方要求，签订《布连斯奇条约》，把恰克图以北之大片领土拱手让与俄国，此为何等重大之过失！当时俄国人“高兴得无法形容”，“因为他们看到这一条约，不仅没有使他们的土地面积缩小，反而更加扩大了，有的地方扩大了几天行程的面积，有的则扩大了几个星期行程，从而给俄国带来了不少好处”（卡缅斯基《俄中两国外交文献汇编》）。当年隆科多坚持不肯让步，策凌参与谈判，亦必深知，何以很快做出如此巨大之让步，殊不可解。后来策凌被内大臣四格（亦为谈判代表）弹劾，廷议应削爵，文中称因“施放枪炮，叩谢天恩”而遭弹劾。我估计可能因策凌谈判失误，割地辱国，得此重咎，仅因施放枪炮，不致获削爵重咎，此为清代文书中惯用之讳饰手段。策凌是否曾被削爵，亦有异说，蔡家艺所写《策凌传》称后来未被削爵，仅罚俸

---

* 2005年4月5日。

三年。中俄谈判中之失地责任为一重大公案，请加考实，以昭信史。

又，康熙五十九年（1720）随傅尔丹出兵“擒杀准噶尔宰桑贝坤，俘获近七百人”，《清史稿》作“俘获百余人”，未知孰是？

又，与俄议约得罪，本文第三页说“并与俄罗斯人一同列队施放枪炮，叩谢天恩。廷议责其举止荒唐，应削爵，诏罚俸三年”；而《清史稿》称“陈兵鸣炮谢天，议罪当削爵，上命改罚俸”。记载有异，未知孰是？

又，关于策凌生年，蔡家艺《策凌传》推测为康熙十二年（1673），本文推测为康熙二十一年（1682），根据何在？

又，策凌之子成衮扎布、车布登扎布，其孙拉旺多尔济皆有战功，不知另立传否？如无传，应在此附传。拉旺多尔济之孙车登巴咱尔（其妻为奕绘之女，奕绘的侧福晋是著名女词人顾太清）家庭文学底蕴深厚，藏书甚富，今天著名的《车王府曲本》即他家的藏本。

《赵翼传》

《赵翼传》系以《清史列传》为蓝本。《清史列传》以记载宦绩为主，赵翼虽少入枢廷，曾官知府，从征缅甸，但官品不高，时间较短。此人所以能立传全在其史学和诗的成就。所撰《赵翼传》重点仍在其宦绩，虽补充若干文事，但仅缕述其著作，对其思想成果、艺术风格较少论及。至如述及《簷曝杂记》评为“稍芜杂”，此评语欠妥，取名“杂记”，自然较杂，但形式虽杂，内容却多可取，未必“芜杂”。《簷曝杂记》中关于军机处与乾隆勤政之记载，史家颇多引用。

统观全文，似宜改变以宦绩为主线之结构，加重对其史学与诗作之介绍，而尤以《廿二史劄记》为重点。赵翼的鲜明特色为创新精神，该书用归纳法将历朝史事排比整理，分析比较，得出结论，发人之所未发。能潜心深思，别出机杼，摆脱传统史学之局限，亦与当时盛行之经学考据不同，寓论于史，有理有据，创为札记之体裁。其诗文迥异凡俗，立意新颖，卓然不群，前无古人，所谓“江山代有才人出，各领风骚数百年”。

《长庚传》

长庚为清末大官僚（伊犁将军、陕甘总督），政绩平常，无重大罪愆，亦无特殊功绩。虽可立传，篇幅不宜达3 000字之多。

光绪十四年（1888），长庚平瞻对事，一方面惩办了虐民的藏官，另一方面“歼渠宥胁”，也镇压了瞻对的藏民，以“稳定川藏大局”称誉之，似属过当。

巴尔鲁克山之收回，长庚虽不无微劳，然因借约期满，俄方不得不把该地归还。

光绪十八年（1892）英、俄强占帕米尔，本文称其“加强防御”，实际上是无所作为，长庚劝说陶模“兵衅不可开”，“毋以小忿遂起大衅”，将帕米尔拱手让给俄、英。此事固属强弱悬殊，非陶模、长庚等所能挽回，然难言其“筹边有功”。

长庚办理新政，“力图振作”，但宥于内地风气、经费、人才所限制，未有实济。

辛亥革命中，升允为革命之顽敌，长庚荐举升允，与之联手对抗革命。清廷退位，长庚即弃官归隐，尚属识时务者。

综观长庚一生，为清末一普通之大官僚，碌碌无所作为，传文篇幅与名将策凌、名臣孙嘉淦等相差无几，应加删削，揄扬亦稍多。至于赵欣余之回忆录固为有用之新史料，但赵欣余为长庚之子，必多颂扬之词，使用时应慎重鉴别。

在主体类项目阶段性成果评估经验交流会上的发言*

很多问题我也考虑不清楚，究竟怎么办好，我也不知道，但我们这个会非常重要，我们这个会进行到一个实质性的阶段。因为以前很多会，立项的会以及体裁体例的会，我们都做了大量的准备工作，从这些工作中看到了我们的成果，有样稿，有试写稿，占到我们全书的1%，我关心的问题是我们写出来的东西的质量是不是好，估计我们写出来的东西是什么样的。

我看到了第一批出来的成果比较少，占全书的3%，所以我要问大家，你们觉得这个成果满意度如何，我关心的问题是这批的质量如何。现在看来二三批的项目比较多，两头小中间大，满意的很少，很不满意的也很少。如果谈到这样一个成果，我自己感到还可以，两头小中间大，我觉得比较正常，但是我们花费的力量很大，我感到样稿翻来覆去地这么三五遍地看，大概不可能，今后我们有大量的稿子要上来，我们就没有这么多的人力时间来搞，这可怎么办。同志们要有忧患意识，要认真对待，形势还是比较严峻的，要搞好这个书并不是那么容易的。当然，我们也不是说什么都不行，我感觉我看稿子大概有30至40篇了吧，当然我不是翻着资料来看，有的稿子我看得很仔细，有的稿子我看得很粗。我自己看了以后，跟同志们的感觉差不多，满意度也差不多。我们这个稿子有它的优势，一个是稿子规模宏大，全面反映了清代的历史和清代社会，我不知道同志们有没这样的感觉。你比如说，我看《清史稿》里面的《水

---

* 2005年4月15日。

利志》，里面讲了淮河、黄河、永定河几条河，而长江、黑龙江都没有讲，但是我们这里分了七个水系，中国到现在还没有一部比较完整的水利著作做明确的记载。新修的《清史》对这些水系增加了说明。再看《教育志》，是李世愉同志提的意见吧？写的很多、很仔细，按照他的这个设想我感觉到能够写得很好，他补充了社会教化，把它从教化书院里面分出来，这个路子是对的，很有道理。从传统到现实教育，这在《清史稿》里是没有的。现在有没有全面反映清代教育的书？我还没有看到。有一些反映清代的书还是新出的，所以我感觉到总的说来我们这个研究反映得很宽。就拿表来讲，过去的表反映的都是人表，现在加了很多的表，像教案表、事表、报刊表，这些都是近代的新生事物，或者是部分反映清代的事物，所以我们充分发挥了表的功能，我觉得这样还是可以的。

传记，现在加上了许多类传，这个类传很难，从来没有，连人都找不到，难就难在新。比如写谁的传，如霍元甲、大刀王五等，这些都是新的，不管你写成什么样都是新的，过去没有，过去不重视这些。雷氏一家搞了五个世界遗产，避暑山庄、东陵都是他们家搞的。《清史稿》里面没有传，我觉得这家七代都要写上，为中国搞了这么多世界遗产还不能立传吗？有的还有家谱，这个写出来就是新东西，还是要有些创新。我看传记里面有些东西还是要注意的，李治亭同志提供的一些资料，是满文老档，还是有些新资料的。但是有些仅仅根据资料来写是不够的，还是要从档案里面去搞，我感觉到要用全面的眼光来看清代这个世界。现在社会发展了，我们的眼光也要发展，不能用旧的眼光来看，而是要新的眼光来看一百年以前的清代。

我们谈的这些问题很艰巨，要认真对待。要多次修改，要多次推敲。有些我可能看得不准确、不仔细。现在大家要写样稿，我们不叫样稿，可以叫试写稿，不说它好也不说它坏，你们来参考着写，没有什么时间来写样稿，我主张你们写一本书，人手一册发给大家，照这个格式来写。我们不做样稿，半年发不下去，那可不行。通过评估，我增加了几分信心，我觉得评估非常重要，通对专家评估，质量把关，人人见智，大体上来讲质量差的作品是进不来了。但是要把不满意的质量提高上去，伪劣的东西决不能进入我们的《清史》，对进来的文字要进行核对，要进行校对，通过这次的评估会议我增加了几分信心，大家各有各的想法，任务是非常艰巨的。我们常说人到用时方恨少，真正到了立项时，找项目主持人的时候没有人，如何解决？我想到我们不是有一个人才库吗？我建议在这个基础上搞一个专门专家评估人才库，找什么样的专家来评估是非常重要的，你不能找错了，本来是搞医学的你找了一个搞文学的来评，那可不行。评估专家一定要负责，你不能找一个不负责的来。实在不行的你就不要请他，如果实在忙不过来，我们内部承担项目的负责同志也可以上。因为我们的人太少了。我看了稿子后有一些想法，不管传记也好其他也好，一般来说我们的稿子字数偏多，李文海同志改了一个稿子比较好，我一看改得更清楚了，写史的原则是字要少，史要丰，事要多，要分清主次，要裁去枝叶。我也改了一个稿子，王鉴是一个画家，原来有 1 400 字，我给去了 700 字，裁去了多的地方，这些多的地方没有关系的写了很多，作者不懂得剪裁，现在这个问题比较多。

第二个是结构大纲，我觉得赫治清同志写的《农业志》比较好。他把该写的地方都分开写了，这个结构非常重要，结构是决定你全篇的一个总的内容，结构要合理。我感到典志组在这方面要注意。《教育志》也有这个问题，《水利志》也是这样，原来分省讲，我觉得还是应该分区讲，我对生态不懂，生态是否也应该分区讲？因为每一个地区的生态都不一样。一篇文章当中也有结构问题。还有一篇文章的引文问题，同志们都谈到这个问题，有的 4 个字也用一个引文，4 个字你能不能用自己的话来说，该用的地方你用，不该用的地方少用。要用权威的话来说，你写得好将来别人就引你的，引文不通将来这个文章就不好读。另外注解不要太多，尽量用自己的话说，特殊情况找来原稿看看。引文一定要严肃对待，该加引号的要加引号，否则就成了你自己的话了。引文一定要合情合理。另外一个问题是重复，重复得不得了！《科学志》《思想志》《文学志》这三个志怎么分？如傅山，既是思想家又是书画家，又是移民，又是妇科专家。书画家说傅山是书画家，应该由他们来写，怎么写？每个传都有这个问题。所以我刚才说这些问题组内协调解决，要有全面了解，联系人与联系人之间要保持密切联系。另外，我考虑章节标题怎么标，现在有不同标法。我曾经提出过 92 卷按卷标，后来考虑按篇标，或者按大写的数字一、二、三标，或者按阿拉伯数字 1、2、3 标，要有统一标准。

另一个问题是前言问题，是叫序还是叫论，但是不能乱用，因为前言这个词太前卫了，不能用。具体用什么我们再说。还有一个则例，各个组都有，我看了以后觉得还可以，就暂时用陈其泰先生改订的则例。你们写出来的这个则例不要违反陈其泰同志写的那份则例，你们要按规则写，引文怎么写，标点符号怎么用，注释怎么写，什么时候用大写数字，什么时候用阿拉伯数字都要统一起来。人名地名怎么写，皇帝年号怎么写，用高宗的年号还是用乾隆年号好，我觉得还是用乾隆年号比较好写，大家都知道的是约定俗成，你要用清太祖努尔哈赤写年号大家谁知道？我想还是约定俗成的好。还有下一个问题我想提出来。我们这个评估一定要公正，要准确，要有一个量化。量化有没有缺点？量化有好处还是没有好处？有可能的话可以给一个评定的分数，具体的问题看看再说吧。评估的意见马上要反馈给相关部门和作者本人，今天我们开完这个会就可以马上反馈给他们，如果有改好的稿子马上给他们看，看他们同意不同意，枪毙一个稿子一定要慎重，不可以了了从事。

上面我谈了一些想法，好多问题一下子也讲不清楚，需要以后慢慢再说，尽管我们评估的工程很大，但是我们还是要进行下去，我们的要求是达到 21 世纪的最高水平，不能说 30 至 50 年别人就超过我们了，我们要做的是 21 世纪的传世之作，达到 21 世纪的最高水平，如果达到了我们就成功了，如果达不到就说明我们没有成功。

在清史工程项目阶段性成果评估工作会上的讲话*

今天主要讨论《国家清史纂修工程项目阶段性成果评估验收办法》。截至目前，我们进行了七次项目评审，一共立了182个项目，其中主体类立了120项，基础辅助类立了62项。主体类项目接近于完成，但还没有结束。我们下一阶段的重头戏就在于对阶段性成果的审读、评估。去年年初立项的项目，已经有一些成果陆续交来，正在各组进行评估。因此，我们必须制定出一个切实可行的评估办法。现在这个办法已经修改了好多次，项目中心的同志很辛苦，多次讨论，集中各种意见，进行多次修改。现在拿出来，在一个更大的范围内进行讨论。

对稿件进行评估是个非常重要、非常复杂的工作，关系到稿件的质量，我们能不能达到21世纪清史研究的最高水平，能不能成为精品，其中很重要的环节就是评估，包括审读、评估。评估工作的好坏是工程成败的关键，也是编委会的艰巨任务，必须要严肃认真，全力以赴，必须把评估工作做好，要摸索出一个妥善的、切实可行的评估办法，而且在今后四五年内，评估工作要不断进行。因为我们的撰写过程是一面写作，一面评估，一面修改，不可能把3 000万字主体工程写完后，放在那里，以后再来评估，这样不行。阶段性成果交来了，怎么办？要立即评估，这关系到下一步拨款与工作计划，所以不仅要评估，而且速度要快。清史主体工程有100多个项目，将来每年有大量的阶段性成果上交。我们好像制造汽车，要先造零件，零件也分阶段上交，这样成百上千个零件造好了，才能合

---

* 2005年5月16日。

成一辆完整的汽车。边写作边评估，这是个很长的、很艰巨的工作，要有章可循，要建立评估、修改的机制。将来，评估、修改工作的任务主要落在二级项目组。二级组是承上启下的枢纽。目前，二级项目组已建立四个，通纪组还没有建立起来，但很快要建立起来。评估办法大家要共同讨论，共同修改，共同出主意，集思广益，这样制订出的文件才会切实可行。

我下面主要讲三个问题：一是评估的任务，二是评估的程序，三是评估的标准。

第一是评估的任务。评估工作的最终任务是为了保证质量，提高质量。这部书是一部规模宏大、由上千位专家参与的大工程。我听说，前一段时间，中宣部副部长雒树刚同志在讲话中提到新中国成立以来有四大文化工程：马列著作编译、大百科全书、夏商周断代，还有就是清史工程。清史工程作为一个重大的学术文化工程，有众多学者参与，每个作者写作风格不一样，有的清新，有的厚重，有的水平很高，有的水平稍差，所以不经过评估、修改，就不能合成一部统一的、高水平的作品。

我想，下一步评估程序应该包括审读、评议、修改。要对稿件的优缺点，对使用材料的丰富程度、准确程度，对观点是否正确、是否有创新，对文字是否流畅等各个方面进行详细评议。在评估工作中，最重要的步骤是对稿件的修改。编委会对稿件有修改的权力，这在合同中也写明了。由于这部书是众人参与的集体作品，不修改肯定不行。即使是写得很好的作品，也要修改。可能不会修改其中的观点，但其内容与别的部分可能会有重复或者有遗漏，也可能引文不合乎规范，甚至标点符号、称谓等不合乎标准，这些都要修改。评估的任务就是提高质量，保证质量，没有评估、修改，质量就没有保证。这是个非常艰巨也非常重要，要花费大量时间的任务。

第二是评估的程序。我觉得，是不是可以分三个步骤：第一步是审读。稿子交来以后，要先读一遍，判断有无修改的基础，暂时先不去核查材料的准确性。如果有修改的基础，就进入下一个程序，否则就退回去。这个程序的负责人是联系人，由二级项目组联系人来决定，是退改还是转入下一程序。这个步骤要在10天到两周之内完成，要快。因为，审读这一关通过以后，要决定下一步拨款。没有二级项目组的通知，财务部门就不能拨款。所以，这个程序要快。当然，如果是退改，要慎重处理，要提出明确的修改意见。如果一点修改基础都没有，便要否决，否决的稿子要提交主任办公会。实在无法挽救的项目，要立即更换主持人，决不能含糊。第一步的责任人是项目联系人。

如果审读通过了，接着第二步就提交二级项目组组长，由组长组织聘请2至3名专家进行评议。评议要认真，要有详细的评价，要核对材料的准确性，要看结构是否合理，剪裁是否得当，资料是否确凿，有无新史料，文字是否流畅、通顺，观点是否正确，要写出详细的评议书。同时，我们要求有量化的评议，填写评议表，要打分数，用百分制。这个大家可能有不同意见。但我想，评议一定要细化，一定要详细，要提出稿子不足在哪里，要提出如何修改，哪些地方要修改。这一程序最多3个月的时间，不能再长。

第三个步骤是修改。由二级组组织修改，由谁具体来修改呢？我想，一是联系人，因为他们都是专家，懂得这个专业，在写作过程中跟踪始终，了解项目的情况。即使不十分熟悉这个专业，联系时间长了，也会逐渐熟悉原本不太了解的研究领域。另一个当然的修改人是作者本人和三级项目主持人，很多作者水平是很高的，之所以稿件有不足，很可能是这个专家不太了解我们的写作体例。如果有了我们二级组联系专家的修改稿，作者和主持人就可以举一反三。另外，就是外面聘请的专家，如天文史专家、工业史专家、农业史专家等，可以请他们参加修改。

我的想法，是不是大体上二级组专家修改20%的稿件，三级项目主持人和作者修改50%的稿件，其他聘请专家修改30%的稿件。这个比例，我也只是设想，不一定合适，提出来供大家讨论。当然，具体到每个项目，这个比例是可以调整的。

为什么要求联系人修改稿件呢？因为他了解情况，不仅参加了体裁体例的讨论，而且自始至终了解项目本身，至于写作者就可能不甚了解，他可能还是写论文的思路，长篇议论，而不是我们对史书的要求。另外，写作专家水平可能很高，但他可能不太在意写作细则，也可能是文字偏向文言。因此，二级组联系人都要参与修改。当然，我们的联系人在很多领域不如作者，如《天文志》，这些就无法修改，更无法增加新的史料。但对于一些基本观点，如违背唯物史观，就可以提出来。至于是否符合总主持人的学术观点，这一点关系不大。可以说，很多主持人的见解都比我高明，而且绝大部分要超过我，否则这部书怎么创新呢！在学术观点上，尤其是新的思想，新的见解，我们都竭诚欢迎。只有超越传统的观点，才能有所创新，除非是政治上出问题。所以，我想将来的修改可能更多的是在风格上、体例上的修改，而不是重大内容、学术观点的修改。

修改稿件一要靠联系人，二要靠作者本人和三级项目主持人，三要靠外聘专家。绝大部分主持人是负责的，但也有个别主持人不太负责，不认真，把项目分给自己的学生，胡乱应付差事。我们要杜绝这种“拆烂污”的现象。如果真的出现了不负责的主持人，要撤销其项目，并通报所在单位。这种情况，联系人绝对不能包容，要对国家负责。如果联系人不及时上报，到时也要追究责任。有一些项目的修改，可能更多地要从外面聘请专家，如《天文志》《水利志》《戏曲志》等，我们这里很多人都修改不了，所以还得要请专家，预计有30%的内容要请他们修改。我这也都只是空想，但为了有个方案，提出来供大家讨论。

最近，我看了两个志的大纲和样稿的修改稿。《农业志》，是由郭松义写的，他是国内水平非常高的专家，也非常负责，初稿写得相当好。赫治清是这个项目的联系人，对稿子进行了审读、修改。我觉得修改得不错。如果赫治清同志同意，是不是发到各组，供大家参考。比如，原标题有“清初垦政”，删掉“清初”二字，改为“垦政”，很准确。又如，原标题是“对各地官员的垦田考成”，现在改为“垦田考成”。我认为改得很好。“考成”实际就是针对地方官员，所以无须再加“对各地官员”。修改之后的标题更加准确、简明。另外，我也看了传记组的试写稿，也不错。如，代善的传稿，全面反映了代善的一生，内容丰富，重点突出，而且资料长编做得很好，使用了近年出版的许多新资料，看来做资料长编很有必要。如果都能写到这种程度，我就觉得满意了。还有一些稿子，如周汉、策凌、邓世昌、倭仁的试写稿，写得也不错。当然，传记组同志花了很多工夫，但我看了以后就觉得有信心了。只要我们下功夫，国家给我们这么好的条件，我们一定能写好。修改稿子很难，如果单纯发发议论，对稿件评议一番，说起来较容易，但要动笔修改，就难了。看着它写得不是很通顺，但要修改通顺，修改成一个浑然一体的、前后连贯的作品很不容易。整个评估过程中，修改是其中的核心。这个学术评估包括三个过程：第一步是审读，填写审读书；第二步是评议，填写详细的评议书；第三步是修改。修改一次不行，再修改，这样反复修改才行。要边撰写，边审读，边修改，同时进行。如果零部件都合格了，到时合成也就容易了，而且能够保证质量不会出大问题。

第三是评估的标准，也就是成果评估指标。第一，观点是否正确，是否以唯物史观为指导，是否有超越与创新；第二，内容是否全面，结构是否合理，剪裁是否得当；第三，是否充分占有资料，是否丰富、准确，有无新史料；第四，条理是否清晰，逻辑是否严密；第五，文字是否简洁、流畅、精练；第六，是否符合细则、体例。如果用百分制分配，观点可占 25 分，内容结构占 25 分，史料占 25 分，逻辑条理占 5 分，文字占 15 分，细则体例占 5 分。

按照这六个标准打分，大家看行不行。如果不打分，太笼统，难以评估全部作品的质量，但打分也不是绝对的标准，可能大家看法也不一样。给稿件打分数，当然不能做到精确，但可以相对地反映情况。如果所有稿件都分为合格与不合格，就很难估计优劣。70 分与 75 分，看不出区别，但 60 分与 90 分就不一样了。这也只是相对的反映，可以帮助我们了解稿件的总体质量。稿件与稿件之间拉开差距，也有助于我们决定抽查哪些稿件。如果一个很有水平的专家稿件，得了 60 分，就要抽看了；如果一个平时水平不是很高的专家稿件，得了90分，也要抽看，看是怎么回事。量化无法做到绝对精确，但可以相对反映整体质量。所以，我觉得打分是可行的。当然，打出来的分数要保密。最后，稿件通过审读、评议、修改之后，再由项目中心协同三位副主任分管验收，也可以抽查。

两年来，清史工程受到社会各方面的关注。汪道涵同志与宋楚瑜会谈时谈到两岸学术文化交流，还专门提到了修《清史》有台湾学者参加。中宣部副部长雒树刚也在讲话中提到了清史工程。因此，我们要兢兢业业地做这项工作。过去的工作成绩是依靠二级组专家，今后还要依靠大家。二级组的工作责任大，工作量大，但人员少，时间少，我期望大家继续奋斗。的确有困难，但我们要克服，之所以要留大家在二级组，不让你们承担项目，就是要靠大家修改稿件。我们要不辞辛劳，千方百计把质量搞上去。

我粗略估计，二级组的工作量，除了图录，大概有3 000万字需要评估。通纪、典志、传记、史表四个二级项目，目前有18位专家，每人平均160万字稿件，在4～5年内审读、评议、修改，平均每年约30万～40万字，每年如果修改20%，大约不到8万字，一个月就是6 000字。这个工作量，大家努力一下，还是可以做到的。我现在希望能增强你们二级组的力量，但苦于找不到合适的人，如果你们能找到人，也可以推荐。另外，我也希望年轻的同志能逐渐开始核对稿子，审查稿子，甚至修改稿子。当然，一开始要由老专家带一带。希望年轻人要逐渐进入修改、评议的行列中来，得到锻炼，提高自己的学术水平。

评估办法将来要作为工作的依据，当然各个组的情况也都不一样，应有灵活性。如传记，不能一卷一卷地审读、评议，而是要一篇一篇地写审读意见。如史表，也有特殊性，每个表的标准也都不同。另外，除了主体工程外，基础辅助工程也有个评估、评议办法。如文献，评估的重点不是在内容上而是在校勘、标点、操作规程上，也有阶段性成果的问题。编译组怎么评估，怎么把关，也要想办法。希望基础工程举一反三，思考一下怎么来评估。

以上，是我与几位副主任，与项目中心和秘书组的一些同志共同商量的想法。当然，我们一开始进度会慢一些，没关系，逐渐地我们就会熟练起来。我提出这些看法，大家一起讨论，看是否可行，希望大家畅所欲言，即使颠覆这个想法也可以，我们的目的是摸索出一个适合的妥善的评估办法。

在国家清史编纂委员会第四次工作会议上的讲话*

清史工程，从2002年底开始，到现在已两年半了，在领导小组的关心领导下，在各位委员、全体工作同志的努力下，总的形势还是比较平稳地发展，比较有序地开展，工作当然也有失误，我们努力及时发现错误，努力及时改正错误。现在进入了第三阶段，就是对项目阶段性成果的评估。第一阶段是讨论体裁体例，第二阶段是项目分解立项，第三阶段是对项目阶段性成果的评估。现在我们刚刚进入评估阶段。

第一阶段体裁体例的讨论是2002年开始的。工程总要先搞个体例，准备写成什么样的书，要先有个蓝图，同时要建立机构，健全制度。为了确定我们写一个什么样的《清史》，我们召开了多次讨论会，充分听取了各种意见，集思广益，把《清史》框架定下来。

第二阶段项目立项工作是2004年春季开始的，第一次立项是在2004年4月，直到现在，前几天第八次立项评审工作刚刚结束，这也不是最后一次，以后还有呢，但立项阶段基本结束了。我们的立项工作是根据2004年中央三号文件《关于进一步繁荣发展哲学社会科学的意见》，推行科研工程项目制，以项目制为纽带，以项目主持人为龙头的科研体制。立项的主要任务，就是选择项目的主持人，组织写作梯队，明确写作任务。我们把上一阶段制订的框架分解成为两百多个项目，通过招标、委托的方式，对项目主持人的学术水平、工作态度，对课题论证等进行评审。截至目前，已开了8次评审会，已确定立项191项，其中重点是主体工程，还有基础辅助工

* 2005年6月25日。

程。现在绝大多数项目已经动工了，去年最早的第一批项目已经开始一年多了，各组也已经交了很多稿件，准备进行检查、评估，开展大规模的评估工作。基础辅助工程进展也比较快，有几十个项目，其中最大的是《清代诗文集汇编》。这部书现在初步估计收录 3 600 种诗文集，总数要达到五六亿字，相当于一部《四库全书》。我昨天刚刚参加了这个项目的会议。另外，还有很多档案、翻译、研究项目。我们准备出五个系列：档案丛刊，用红色封皮；文献丛刊，用绿色封皮；编译丛刊、研究丛刊也用统一的格式；我们还有一个图录丛刊，目前还没有出书。所以，第二阶段工作取得了一些初步的成果。

现在，处于第三阶段的开端，各个组已经交了一些阶段性成果，我们怎么办？这个工作前后已经讨论了好几个月了，开了很多次会，反复讨论，现在总算有了个评估的暂行办法。评估工作包括四个过程：第一步是审读，二级项目组的联系人进行初审；第二步是评议，请这方面的专家评议，写出详细的修改意见，填写表格；第三步是修改；第四步是验收，由三位副主任分工负责验收。我们这个工程很大，项目很多，所有项目都要评估，但评估工作主要是针对主体工程项目的。主要是，编纂委员会主任办公会议要了解各个项目的进展程度，及时了解存在的问题，要在各个项目之间及时进行沟通、协调。二级组的联系人要有专人联系，全程陪同、跟踪，了解情况，及时发现问题，及时解决问题。我们要坚持质量重于泰山，质量就是生命。评估阶段的工作就是要保证质量，提高质量，要竭尽全力搞好质量。现在的做法是，各项目组一边写稿，一边进行评估，一边进行修改，评估的原则是观点正确、内容全面、材料确凿、史事正确、文笔通顺流畅，要尽一切力量写出一本高质量的著作。因此，选择主持人非常重要，但同时修改工作也非常重要。我要说明一点，稿子都是专家写的，到底谁能修改呢？对于稿子要不要修改这个问题，我们也斟酌了很长时间，刚开始我们不怎么敢修改，但后来考虑再三，还是要修改。这个考虑是否合适，也请大家提出意见。主持人和撰写人毫无疑问是这个领域的专家，从专业水平来讲，我们编委会的修改人员不如他。但全书是个统一的项目，而作者有几百人，写作风格不同，水平不一，所以初稿肯定是五花八门的，现在交上来的稿子也确实是五花八门的。虽然作者水平很高，但大都是写论文的风格，不大符合写史的要求，不像个史书，这是一个很大的问题。不经过修改，不经过整合，肯定不行。

所以，第一是对重大观点的把关，不过，到目前还没有发现在这方面出问题的。第二是内容的交叉问题，这个问题始料未及，各卷之间、前后之间的矛盾、重复、遗漏的现象很多。这个问题是由本书的结构本身带来的。比如，有《文苑传》，还有《文学志》，不同的人写必然要重复，所以协调的工作非常艰巨。又如，经济类14个志，30个主持人，最近要在成都开协调会，我很想去，但天太热，不敢去。经济方面有贸易、工业、手工业等，分得很细，肯定有重复、交叉，哪一篇重点写什么，整体思想是什么，清代经济怎么估值，都需要有个统一的认识。清代盛世的经济，以往我们估值比较低，细想一下，历史上哪个时期能够养活三四亿人口？世界上哪个国家有过这么多人口？没有。当时中国的GDP占世界的1/3，经济上如何定位，全书的口径要基本一致。要有比较统一的认识。又如，《教育志》，还有个《学校学堂表》，这个也会重复。当然，志与表之间的重复问题要好解决一些。还有农民领袖传，通纪要写太平天国起义等，传记也要写农民起义中几个重要人物。这个要协商，谁重点写，谁简单写，要事先协商。要兼顾左邻右舍，因此我考虑非要修改不可。即使水平再高，不了解整体情况，也可能会有矛盾、重复、遗漏。按道理，我们不应该修改专家的稿子，但是我反复考虑还是要修改，也请同志们出出主意，到底怎么办？另外，用语、用词方面也要规范。每个人都有各自的写作习惯，即使有个则例发给大家，也不一定能一致，所以还要加工，只有这样才能比较统一。不修改，就成不了一部书。

总的来说，评估阶段包括四个程序：审读、评议、修改、验收。这是今后的工作重点。验收之后，我们还有个第四阶段，就是合成。每个项目都是一个零件，如同组装一部汽车，各个零件完成了，还要组装，才能成为一个产品。比如《宗教志》，下面有基督教、佛教、伊斯兰教等，每一篇写完了还要整合成一个完整的志。今后我们长期工作的重点就是评估工作，这是个艰苦、持久、细致的工作。同时也要求工作人员要继续努力，要不断提高水平，努力投入工作，这样才能保证产品的质量。各位委员都是著名的学者，都参加过集体著作，都积累了很多经验，我迫切希望向大家学习、请教。我们面临的是一个大规模的集体工作，同时大家也来自各地，也可能看到了我们工作的一些问题，所以，非常希望各位委员能指出我们工作中存在的问题，提出建设性的意见，这是对我们最大的帮助、最大的爱护。

在通纪撰写大纲（一、二、三卷）研讨会上的讲话*

昨天，有的同志提出要务虚，我觉得很有道理。有些共性的问题，有些体例结构的问题，有些历史的内容都需要务虚，从理论上提高认识。历史已经过去，不会发生变化，问题在于不同时代的人认识不一样。《清史稿》所写的内容与我们今天所写的内容就不一样，这就是人们的认识问题。历史上发生了什么要弄准确，为什么会发生，怎样发生的，要提出背后的问题，否则就成了史事的罗列。要问个为什么。

有很多问题，光靠历史资料、史事，看不出背后隐藏的东西，史料不会直接告诉你，而是要经过探索，经过各种比较，经过考虑、研究，才能探索出规律性的东西。我们写这部书的目的就是要探索规律性的东西。当然，史事要正确，要来自事实。历史资料虽不会直接告诉你隐藏在背后的东西，但可以用我们的头脑，以唯物史观作为武器，透过现象，发现本质，探索规律。所以，通纪首先要翔实、准确。但仅仅这样还不够，还要力求创新，要能看出问题，要有思维的能力。不仅要问发生了什么，而且要问为什么会发生。要能够提出问题。提出问题是非常重要的，否则，你看历史就是平面的，发现不了问题。所以提纲要下功夫。清史资料，浩如烟海，要竭泽而渔是不可能的，但要尽可能看更多的史料，要全面掌握史料，这样才能进一步考虑，才能深入。而且要对史事非常熟悉，闭上眼睛，你一想，就像放电影一样，一幕一幕的历史场面展现在眼前。然后在这个基础上弄清事实，校正史料，让人物、历史生动地凸显

---

* 2005年12月22日。

出来。这还不行，还要有思想，要琢磨这些场面是怎么回事，为什么发生。要把思想的光芒照射到史实上，形成对历史的看法，这样才能有突破、飞跃。这是个困难的过程、艰苦的过程，并不是很轻易、很随便就能发现问题、解决问题的。必须经过勤奋的阅读、艰苦的思考、细致的分析，才能有所创新，这是马克思主义的创新，马克思主义是分析问题、看问题的望远镜。所以，第一条必须弄清史实，第二条必须从史实中得出结论，第三条要运用正确的、科学的理论武器。经过这样提炼出来的提纲才能够站得住脚。创新不一定要求全面创新，在某个方面有创新就很不容易了。要表现亮点，产生思想的火花。这里面没有秘诀，就是读书，在前人基础上，掌握史料，打开视野，解放思想。从前的都是成说，前人的结论我们要尊重，但不要迷信，可以超越它。我们这部书是在唯物史观指导下比较全面地论述清代近 300 年的历史。要全面但不可能非常详细、面面俱到，该有的就要有，不该反映的就不要，不能细大不捐，要有所取舍，最重要的是写清历史过程，反映历史规律。

关于史与论的关系，要不要论，我个人的想法是这本书不可避免地要有一定的议论。古书中有“太史公曰”“臣光曰”等，这就是论述。但我们的论述站得要高，是概括的、有高度的、科学的论述，能够画龙点睛。这个问题可以讨论。我们的主体是叙述，但要有适当的议论，要有自己的观点。这个观点不是离经叛道，不是歪门邪道，而是用马克思主义史观指导的、实事求是的观点。

首先是第一卷《满族兴起和清朝建立》，我比较仔细地看了。提纲写得不错，很翔实，内容充实，条理清晰，文字流畅，观点体现在叙述中。内容以时间为序，全面地展开。入关以前的总形势是什么？我也边读边思考。满族是个很小的民族，处在东北一隅，在明朝强大势力的包围下，它是怎么发展的？怎么脱颖而出的？碰到了什么历史机遇？怎么能与明朝抗衡？怎么打败了明朝？这一卷应该回答这些问题。

建州女真在前 30 年首先是整顿和统一女真内部。在统一建州女真自身之后，接着是与哈达、辉发、乌拉、叶赫等海西女真部斗争，一面用武力征服女真内部的反对势力，一面又把它们团聚整合，成为自己的力量，用了30多年的时间。后来，入关用了22年，倒没有这么长的时间，统一内部花了很大力量和时间。内部是怎么统一的呢？它打完了后再收容、整合，完全把被征服者当作自己人，善待被征服者，这是满族在崛起之初的包容、团结的精神。例如康熙时的权臣明珠，本是叶赫部金台石贝勒的孙子，叶赫部与建州女真是宿敌，连年攻杀。努尔哈赤攻打叶赫，尽焚其村寨，灭其部落，金台石被俘缢杀。明珠与清廷有杀祖之仇，但努尔哈赤善待叶赫余裔，并未斩尽杀绝，也不以奴畜之，而是养育了明珠的父亲等，后来明珠因有才能，得以重用。明珠也不因杀祖之仇而怨恨清廷，反而化解了仇恨，甘心效忠，迅速升擢。康熙三年（1664）已任内务府总管，后来官至武英殿大学士，权倾一时。以明珠的际遇，可见初兴的满族有广大的包容力，能化敌为己，善用降人。因此，越战越强，四面八方的部族都来归附，其势力像滚雪球一样，越滚越大。

皇族内部也是如此，努尔哈赤本与其弟舒尔哈齐位势相埒。舒尔哈齐因与其兄争权，被囚禁，最后他和他两个儿子被杀害。舒尔哈齐共有9个儿子，其他儿子并未被株连，均被任用授爵。舒尔哈齐第二子阿敏，后来位居四大贝勒，排序第二，掌国政，阿敏又得罪皇太极，被囚禁死。舒尔哈齐第六子，阿敏之弟济尔哈朗仍未被废弃，居高位。皇太极死后，济尔哈朗与多尔衮共同执政，称辅政王。即使皇族内部相残，亦不株连其兄弟子女。

满族内部最危险的一次内争就是皇太极死后的继承人之争。两黄旗必欲立皇太极之长子豪格为君，多尔衮、多铎所属两白旗，必欲立多尔衮为君，其他有从黄旗者，有从白旗者，也有中立者，双方壁垒分明，剑拔弩张，势将火并。豪格见势紧张，表示让步，多尔衮亦表示不愿继帝位。两人均退出了争夺，形势缓和，商议立皇太极第九子、尚在幼年的福临（即顺治帝）为嗣皇帝，由多尔衮、济尔哈朗共同辅政，一场势将爆发的严重冲突才缓和消解。这事发生在李自成攻占北京之前半年多，如果这场内部冲突不能和解，黄白旗双方势力相当，必有长期激烈之内战，如同太平天国的内讧一样，力量消耗，人心涣散，很可能会丧失挥师入关、统治全中国的机会。满族的崛起和它具有坚强的团结力、凝聚力、包容力有密切的关系。

满族崛起之初，还有开放、学习的精神。满族处在各种势力的包围之中，外部环境的压力虽大，也有好处，就是吸收了周围各种势力的文化。一个民族如果不吸收优秀文化，就不能进步。满族一开始学习的是蒙古族文化和朝鲜族文化，后来接触汉族，又学习汉文化。皇太极积极学习汉文化，重用投降的汉人，采用汉族的制度。红衣大炮也很快学会了，而且在战争中起了非常重要的作用。所以，一个新的民族共同体在形成的时候，当它乘风破浪前进的时候，会产生一种向心力、凝聚力，会产生英勇作战、努力学习的精神和风气。中国古代少数民族的兴起都是这样。契丹、女真、蒙古，莫不如此。一个民族的崛起会形成朝气蓬勃的民族精神，否则不可能崛起。这样来理解历史，写起来可能就与以前不一样了，解释了满族是怎么兴起的。当然还有很多别的优点。

满族正式诞生于 1635 年，这一年废诸申，改称满洲。这个日子很重要，在中国土地上崛起了一个民族，同时诞生了新的朝气蓬勃的民族精神，这种民族精神推动着它的前进。

一个时代有一个时代的形势，我觉得，当时的辽东开始出现了从分散到统一的形势，在蒙古、女真、朝鲜、明朝的共处局面中出现了统一的趋势，要完成这个趋势就必须要有强人的出现。我看，海西哈达部的王台好像是第一个顺应这种趋势的人。他一度统一了海西四部。明朝总兵李成梁不行，他用钱与各民族贸易，把他们养肥了，管理无方，用以夷制夷的老一套，没有长远的战略，所以形成了东北部族的崛起。但王台晚年昏庸，他与明朝关系也比较好，是依靠明朝强大起来的，这在一定程度上也限制了他的命运。王台死后，他的儿子不行，又出现了努尔哈赤，他是顺应统一趋势的第二人。努尔哈赤与王台所部有联姻关系，他不怎么依靠明朝，开始也不得罪明朝，以他英勇的才略逐步统一了女真各部，所以，统一的趋势出现以后，关键就看谁能抓住统一的时机。

满族崛起之初还有一个优点即和汉族不相混淆、保持距离的主体精神。汉族有上亿人口，满族把汉族包容进来，犹如一条小河要包容汪洋大海，势必被汉族迅速同化，在汪洋大海中惨遭灭顶。满族在包容大民族时，必须保持自己的民族主体性，保持满族的身份、特权、传统、习俗、语言、信仰，不被迅速同化，不失其主体性，故而采取各种措施，提倡国语骑射，保持萨满教的信仰，禁止满汉通婚。进北京后，分城别居，满族居住北京内城，后扩充到圆明园、香山周围、玉河沿岸以资警卫，汉族都被赶到南城。各地驻防旗兵都住在满城之内与汉族隔离。甚至在占领江浙之后，强迫汉民剃发易服，触动了最敏感的民族情绪，引起汉民的强烈反抗。有人说：这是多尔衮的失策。当时多尔衮也很犹豫，后来坚决下令剃发，我觉得他可能不得不这样做。如果江南财富之区的老百姓都不剃发，不认同清朝的统治，服饰发辫异样的少数满族人生活在多数汉族人中间，就会显得孤立，对清朝的长久统治十分不利。多尔衮即使没有非常明确地认识到这一点，也会朦胧地有所感觉。所以他下剃发令先是犹豫，后是坚决。

满族崛起时还具有英武善战的精神，它是生长在草原山林中的狩猎农耕民族，骑马射箭、打斗扑击是其擅长，中国历史上新兴的北方游牧民族都有这种尚武精神，如匈奴、鲜卑、突厥、契丹、女真、蒙古、满族等，所以北方诸民族能对以农耕为业的汉族进行强有力的攻击，汉族人数虽众，但往往挡不住他们的攻势。

最后一点是满族的组织性。北方民族平日居住散漫，相互攻斗，联系松散，缺乏强韧的组织，但他们从相互的兼并战斗中逐渐聚合，联系密切了。一旦出现强人，以一种组织形式部勒其众，整肃队伍，严明纪律，那就会爆发强大力量，成为一支战无不胜、攻无不克的劲旅，这种组织形式就是八旗制度，这是努尔哈赤在长期狩猎和战斗中创造的。把建州、海西、野人女真三部，再有若干蒙古、汉族及其他部族整合起来，成为一个朝气蓬勃的新兴的满族。中国历史上曾有许多北方民族兴起，大概都有类似的活力和神奇色彩。

具有以上这些特点的满族，虽然起初弱小，但比起周围的蒙古、明朝、朝鲜，具有重要优势，最重要的是民族精神上的优势，而非人口众多或物质丰富的优势。再加上努尔哈赤、皇太极所聚合的领导群体，既英武勇猛，又有雄才大略，两位领袖文武双全，富于韬略。看看它和明朝初战的萨尔浒战役，明军10万余，号称47万大军，以杨镐为统帅，分兵四路，攻打后金。努尔哈赤所部共6万人，沉着应战。努尔哈赤见明军虽多，但兵力分散，士无斗志，于是集中兵力，各个击破。努尔哈赤说“凭尔几路来，我只一路去”（《辽事述》），先集中力量迎击明军之主力杜松于萨尔浒，猛烈攻击，大获全胜，“死者漫山遍野，血流成渠”（《满洲实录》卷五）。得胜后迅速挥师北上，第二天，大败北路马林所率明军，马林逃窜，仅以身免。接着后金军返旗东向，伏击正向赫图阿拉进攻的明军刘綎，刘綎战死，全军覆没。第四路李如柏所率明军仓皇撤逃，才免了被歼的命运。5天之内，后金军连续作战，3次大捷，指挥灵活机动，行动迅速敏捷，战斗勇敢顽强，创造了速战速决、以少胜多的战例。从此，后金的力量大增，对明朝从战略防御转入战略进攻。

提纲中对蒙古的处理也很好。早期蒙古既是努尔哈赤的敌人，又是他的帮手，蒙古本比建州女真强大先进，满族的文字和官制是从蒙古学来的，以后在战斗中与蒙古部落结盟、联姻，得其帮助。当时满族逐渐强大，人口骤增而战争频繁，消耗甚大，壮年丁口都去打仗了，没有人种田生产，于是要远征关内，抢掠人口、粮食、财物。但山海关防守森严，清兵过不了关，就绕道从喜峰口、古北口、大同进长城，假道蒙古的地方到直隶、山西、山东，大肆劫掠，满载而归。还包围了北京，对明朝造成重大威胁。皇太极的这种策略，既为了解决自己的供需，又为了削弱明朝，斩其枝叶，动摇根本。

反观明朝，内部党争几十年，矛盾深刻，不可化解。万历皇帝长期不见百官，不理朝政；天启皇帝信任宦官，残害忠良；崇祯皇帝虽有振作之心，但刚愎自用，猜忌心重，任意杀戮大臣，连干城良将袁崇焕也惨遭冤杀。再加上李自成、张献忠起义，干戈扰攘，烽烟四起……双方形势与才略相较，优劣显然。故明朝虽是庞然大物，但已如枯木朽株，满族初起力微，又僻处东北一隅，但努力自强，如日初升，它最后脱颖而出，取代明朝是历史的必然。

现在讲第二卷《清朝入关、平定南中国》。

总体说来，这一卷提纲视界宽广，思路很活跃，内容较新颖，有所突破，有所前进。

有两个特点：一是把17世纪放在世界背景之下，放在16世纪传统之后，在更广阔、更长的时段内思考；二是对清朝入关后进行区域性分析，按照华北、江南、东南、西南进行分析。这个思路我很欣赏。以往，写这段历史没有层次，而提纲中分别区域的写法有所突破。每个区域碰到的问题不一样，问题不同，对策也就不同，表现了不同的历史过程。这种思路可取，但还要深入。譬如，华北地区是经过了长期战争破坏的地区，清军在此掳掠，李自成军也曾在这里作战，到这时已经没有抵抗力了，整个防御体系崩溃了，抵抗信心也没有了。清军来了，老百姓就逃了。江南不一样，是个富饶的地区，是知识密集的地区，没有经过战争的破坏，李自成没有来过，元气没有伤。虽有点力量，但不是正规的军队，只有江北四镇，纪律很差，战斗力弱。弘光政权没有思想准备和军事准备，所以史可法一死，清军很快渡江。但江南财富力量强，文化发展比较高，关于夷夏之防、古代民族主义的信念很浓，它对明朝倒不一定迷恋，但古老的夷夏观根深蒂固，非我族类，其心必异。所以，你不改衣冠、不剃发还行，一旦改衣冠剃发就翻了天了。所以，多尔衮剃发易服的命令触动了民族的敏感点，引起了强烈反抗。

清朝很重视江南的财富，失去这个地方，就统治不了北方，所以对江南的镇压也很厉害，出现了很多抛头颅、洒热血的事件，这是传统民族主义的显示，但一直没有一支像样的军队。过去的江北四镇，如高杰、黄得功、刘泽清、刘良佐等类似土匪部队，没有纪律，也没有战斗力，高杰、黄得功都已经死了，刘泽清、刘良佐降清，成了镇压人民的力量。江南人民抗清起义很多，由于剃发易服而起来反抗，如江阴的阎应元，松江的陈之龙、夏完淳，余姚的孙嘉绩、熊汝霖，东阳的张国维，宁波的钱肃乐，金华的朱大典等，纷纷起兵，但他们缺乏有组织、有训练的正规军队，虽英勇作战，但被清军所扑灭。江浙、安徽长期潜藏着一股反清暗流，许多知识分子和明朝遗臣参与其中。清朝进行严厉镇压，对官绅士人控制甚严，发生了许多大案要案。如奏销案、明史案、科场案、通海案、哭庙案，矛头都冲着江浙皖地区的官绅知识分子，直到康熙亲政后才逐渐改变政策，开博学鸿词科，编纂书籍，拉拢明朝遗民与士人。这一政策十分重要，安抚了江南知识界，缓和了矛盾。

怎样评价南明人物激烈反抗满族的斗争呢？应该充分肯定像史可法、黄道周、何腾蛟、瞿式耜、张煌言、郑成功、李定国等的抗清斗争，他们的民族主义尚是古代的华夷之辨，但和近代的民族主义是相通的。清朝入关之初，实施民族压迫政策，如圈地、逃人法、易服剃发令等，每个国家和民族都有保卫本民族利益和传统文化的权利，他们起而反抗是合理的。尽管今天来看满族也是中华民族，但当年满汉是不同的民族、不同的政权、不同的风俗习惯，并没有交融合一，整个中华民族大家庭的概念尚未最终形成。当然对于满族入关也不能等同于后来帝国主义侵略中国，毕竟满族也是中国境内的民族，但境内民族之争也有个是非问题，也有个强大凌虐孱弱的问题。最先，强大的明朝曾经欺凌弱小的建州女真，之后战争的性质逐渐在变化。崇祯末年，已是强大的清朝屡次入边抢掠汉族的人口财物，清朝进入中原和南方，对广大汉族而言是压迫战争。我们不能把史可法、郑成功、李定国的反抗视为对新兴势力的反抗，是违抗统一，自取灭亡，而把清朝入关之初的残暴镇压、滥杀无辜视作正义战争。当时清朝和南明谁能统一中国尚未可定，随着战争的进展，清朝和南明的势力互有消长，彼此的政策均在不断调整，这场战争不仅是军事的斗争，也是政治的竞赛。优胜者却是清朝，它逐渐在改变野蛮落后的政策，愈益进步，愈益顺应人心，而南明却内部争夺激烈，钩心斗角，不能协力抗清，各种措施失当，导致最后失败。顺民者昌，清朝最后统一了南中国。

当清军进入东南沿海福建一带，他们遇到的对手是一批海商、渔民和海盗。对手海上作战能力甚强，且有对外贸易之利，财力较充足，而海上作战恰恰是清朝八旗兵的弱项，故郑成功等能据守厦门及沿海港口、岛屿，与清军战斗，相持甚久。

清军进入湖南、广西、贵州战场，遭遇到的又是一种情形。抗清的主力军是李自成、张献忠的余部李过、郝摇旗、高一功以及孙可望、李定国，都是久经沙场、能征善战的劲旅，战斗激烈得多。再加上山高路远，贵州、云南土司林立，是三国时诸葛亮七擒孟获的地方，清军在这里作战也艰难得多。但那时清廷已统治全国许多地方，财富充足，兵力甚众，西南一隅之地已难对抗清廷举国之力，尤其是清廷利用了吴三桂、孔有德、洪承畴等汉族降将降臣的力量，抵消了自己在南方作战不利的地理因素，南明终于失败。

所以清军入关之后，进入不同地区，遇见了不同的环境、不同的对手，也出现了非常不同的复杂的历史过程。这里有个问题，清军入关，为什么没有形成南北朝对立、划江而治的局面？在中国历史上，北方游牧民族一旦拥有强大武力，越过长城，占领中原，至长江戛然停止，形成南北朝对立，东晋如此，南宋也如此，因为游牧民族不能适应南方的气候、风土饮食，战斗力大为削弱。为什么清朝入关后能够长驱直入，跨过长江，进兵闽粤，深入西南，统一关内全部地区，而没有出现南北朝对立的情况？我认为原因有以下两点：

第一，清朝是一元化领导，尽管内部也有许多矛盾，但能够内部解决，不使扩大，不影响领导权。多尔衮大权独揽，以后顺治继之，有统一、权威的领导，可以集中力量，一个拳头打人。而南明存在弘光、鲁王、隆武、绍武、永历五个政权，五个指头打人，力量弱小。

第二，满族八旗兵渡长江作战有较大困难，但清廷大量起用汉兵汉将，如洪承畴、吴三桂、孔有德、黄梧、施琅等。洪承畴是福建人，有文韬武略，对南方风土民情、天时地势十分熟悉。吴三桂、孔有德均百战骁将。而东晋南宋时，游牧民族南下并未大量起用汉人，只有苻坚重用王猛，但仅一谋士而已，金人用张邦昌、刘豫，但未给予兵权，而洪承畴曾指挥南方之全局。吴三桂、孔有德均为方面统帅，重兵在手，执掌大权，包括大批忽降忽叛的姜瓖、金声桓、李成栋，均曾为清廷出力，镇压南明。清廷使用以汉攻汉、以汉治汉之策略，故能成功。

至于提纲中谈到的岸本美绪的东亚世界理论，岸本美绪是很有成就的研究者，她讲东亚世界当然也包括中国，但可能着重于海上诸国。中国拥有广大陆地，有些情况不一定适用于中国。还有所引人口学家说明朝人口已达2亿，我不相信有如此之多。据何炳棣推算，康熙三十九年（1700），中国人口已达1.5亿，这是推算的数目，我感到似乎也稍高些。乾隆六年（1741），正式统计的人口只有1.4亿。

下面讲第三卷《康熙之治和雍正改革》。

我觉得这部分写得翔实、厚重、细致。对史事很熟悉，用力甚勤，读书甚多。

这段历史从康熙帝平定三藩，统一台湾之后，直到雍正去世，这是清朝走向兴盛的时期。

康熙是中国历史上一位杰出的君主，他少年时代，计擒权臣鳌拜，夺回了政权，将三藩、治河、漕运三事写在宫内柱子上，牢记此三大要政。青年时代定议削藩，消灭了尾大不掉的三藩割据势力，又决心收复台湾，练兵选将，一举成功。在南方军事行动即将胜利之际，立即把战略重点转移到北方，两次在雅克萨战败俄国入侵者，实行军事斗争、外交谈判与充实边防三者并举的方针，与俄国签订了《尼布楚条约》，又用兵8载，多次亲征，攻打准噶尔。

在消灭三藩之后，准噶尔蒙古是康熙最大的威胁和对手，因为准噶尔雄踞伊犁，兵力强盛，不但统治北疆，而且控制和影响南疆、西藏、青海与中亚地区。当中俄双方在黑龙江上对峙时，准噶尔向外蒙古三大汗发起进攻，逼三大汗南逃，兵锋直指内蒙古，到达乌兰布通，该地区距北京仅700里，人心惶恐，“京师戒严，每牛录枪手派至八名，几乎倾国矣。曲廨尽闭，来价至三两余”（《广阳杂记》）。康熙一开始迎战准噶尔，只是防御措施，后来战局顺利，形势变化，成了一场统一西部、北部的战争。

关于乌兰布通的胜负，我尚心存疑团。据《东华录》所载，统帅福全（康熙之兄，裕亲王）的奏折称，八月初一日“未时交战至掌灯时，大败之，斩杀甚多”，康熙闻此捷报“大喜，焚香谢天”。故后来历史书中据此而称乌兰布通大捷。既战胜，则应乘胜追击，而福全却接受噶尔丹的议和请求，停止了追击。噶尔丹率兵逃遁，康熙责备福全不该“坐失事机”，意见甚大。福全班师，康熙令他停驻朝阳门外，不令入城，后福全被革去了议政王，罚俸三年，而且几乎带兵的全部将领，包括康熙的弟弟常宁，大臣索额图、明珠等，全都受到惩罚。康熙和哥哥福全，手足之情深厚，战争又大胜，仅是未擒拿到噶尔丹，何以遭此重谴？福全甚至自请死罪，康熙不客气地对福全说，要死你就该死在战场上，又牵连这样多的人。我一直抱有疑问。现在看到了当时的外国传教士李明在北京听到的消息，其大意是说：皇帝派兄长率兵征讨鞑靼（指准噶尔蒙古），鞑靼军瞄准战机，及时出击，以少胜多，打败了王者之师，官兵全面败北，溃不成军，而国丈（此处李明误，实为国舅佟国纲）率勇猛善战的炮营战死疆场。福全回北京，康熙亲自审讯他战败之罪，福全自请死罪，康熙震怒回答：你咎由自取，应该战死在沙场，不该死在北京。（《中国近事报道》220 页，述其大意）

从李明的记载看，乌兰布通之战，清军是一场败仗，国舅佟国纲和名将韩大任战死，福全讳败为胜，谎报军情，时康熙的皇长子允禔在军中，可能已将福全措置失宜、指挥不当之处密报父皇，但康熙不信允禔之言，斥责允禔“听信小人谗言，与裕亲王不协”。当然纸里包不住火，战败的消息传来，康熙的震怒可想而知，故有不令福全入城及福全自请死罪和康熙的重话。可见失败之惨与福全得罪之重。当然康熙并未处死自己的哥哥，仅革职罚俸，从此终福全一生，康熙不再让他带兵作战。大概乌兰布通战败，当时北京人皆知此事，故李明记录此事。作为一个外国传教士，没有把胜仗说成败仗的理由。而不令福全入城与众将领革职罚俸载在官书，如果打了胜仗，不应这样对待凯旋之师。

奇怪的是乌兰布通之战发生在康熙二十九年（1690）八月，而《清圣祖实录》中对此战只字未提，八月实录记事寥寥无几，只有一页半，而在七月《清圣祖实录》中却记载给舅舅佟国纲议恤以及韩大任祭葬之事，佟国纲所率炮营，李明称其勇敢善战，韩大任为当时名将，时任职火器营（即炮营，大概佟国纲、韩大任和火器营全军均战死。《实录》把他们战死时间提前了一个多月，这年有闰七月）。当时档案明明还保存着，因为蒋良骐在乾隆后期纂修《东华录》时使用了福全奏报乌兰布通大捷的战报，雍正时编《清圣祖实录》，也是讳败不言，竟把乌兰布通这一重大战役，全部从《清圣祖实录》中删去，不见其踪影，可见《清圣祖实录》不可全信。

延至 1696 年，即乌兰布通之战 6 年后，康熙又亲自率兵出征，费扬古等在昭莫多地区设伏诱敌，打败噶尔丹，噶尔丹之妻阿奴阵亡，才重创了准噶尔军，后噶尔丹败亡。

噶尔丹虽死，但准噶尔问题并未解决，伊犁已被策旺所据，新疆路途遥远，地多沙碛，清廷的物力、财力尚不能远征伊犁，只能在边境设防。至康熙后期，准噶尔实力恢复，进兵西藏，在喀喇乌苏大败清军，康熙派皇十四子允禵驻军青海，先锋岳钟琪入藏，驱逐准噶尔军。至雍正时，平定了青海的罗卜藏丹津，又在蒙古的和通泊、光显寺作战，双方互有胜负，以议和告一段落。

康熙的立足点和历代汉族帝王不同。汉唐宋明均以关内富庶之区为立足点，北筑长城，抵拒北方游牧民族的南下。而康熙不同，满族本崛起于东北，视东北为龙兴之地，入关前就征服了内蒙古，并与之结成亲密联盟，1791 年多伦会盟，又团结了外蒙古的三大汗。他的立足点不仅在关内，而且包括东北与内外蒙古的广大地区。康熙的军事活动不是为了倚靠长城保护关内，而在造成对新疆的包围态势，故他不修长城，不以长城为内外之界，而是平定青海，安抚西域，驻兵于乌里雅苏台和巴里坤、哈密一带，压缩和限制伊犁的割据势力。这一统一全国的伟大事业，康熙雍正两朝始其事，至乾隆时毕其功。

康熙、雍正在内政方面也很有成绩。劝农、垦荒、治河、蠲免赋税、摊丁入亩、设养廉银、立军机处、严惩贪污等，总的来说，康熙的作风在“宽”而雍正的作风在“严”，雍正时文字狱增加，大多和反清复明或内部党争有关。

至于康雍之间，授受之际，疑窦丛生，争议难决。提纲中详列双方的见解观点，没有主见。我感到大体上可以做结论，雍正帝是不合法地夺取帝位，孟森、王钟翰、许曾重、杨珍的意见较正确，我们可采用其说。《雍正朝满文朱批奏折全译》一书中载有康熙近侍赵昌与太监魏珠在康熙死后，很快被处死，此事尚无人提及。康熙一死，雍正放着许多大事不办，却偏偏先要杀掉康熙的两个亲信近侍，这也颇透露了重要的信息。可以仔细研究一下，或可作篡位说新的佐证。

在“桐城派名家文集汇刊”项目组座谈会上的讲话*

今天很高兴和各位先生见面，谈谈“桐城派名家文集汇刊”如何编纂。我是搞史学的，对桐城派完全是外行，很多问题要向你们学习。清史编纂委员会对这个项目非常重视，这是文学领域相当重要的一个项目，困难也比较大。桐城派是清代历史上主要的文学流派，它的重要性、价值和影响都不容低估。我们希望能够编好这部书，也相信在严云绶先生的领导下，各位专家学者全力以赴，一定能够很好地完成这项任务。

桐城派源远流长，传播了200多年，几乎与清朝历史相始终。从康熙时候开始，一直到清朝灭亡以后，这个文派还在社会上有一定的影响。我觉得桐城派在中国古代文学史上是传承最久、作者最多、影响最广的一个文学派别。它的传承达七世之久，如果戴名世、方苞算第一世，那么刘大櫆就是第二世，他们相距约30年。刘大櫆到姚鼐又是30年，姚鼐是第三世。姚鼐的几个弟子，梅曾亮、管同、刘开、方东树，包括他的侄孙姚莹，也相距三四十年，是第四世。再下去是曾国藩、吴敏树、戴钧衡，是第五世。曾国藩以后是张裕钊、吴汝纶、黎庶昌、薛福成，都是他的幕僚，是第六世。吴汝纶下边有曾涛、二姚（姚永概、姚永朴）、马其昶、范当世。这样算来总共七世。试看中国文学史上哪有流传七世的文派？没有。中国的文学流派，从散文来讲，《左传》下来是《孟子》《荀子》，以后隔了几百年转到《史记》《汉书》。《史记》《汉书》之后又没有了，转到六朝骈文，韩柳欧苏一代二代而终，韩愈的传人有李翱，苏轼

---

* 2005年12月。

的传人有秦观、黄庭坚，再下去就没有了。所以，中国文坛数不出像桐城派这样的文派，“代有传人”是桐城派在中国文学史上的一个特点。桐城派能够流传下来，发挥那么大的影响，这个特点值得研究。桐城派流传200多年，人数之多前所未有，有人说共有600人，有人说是1 200人，当然像曾国藩、梅曾亮、范当世都不是桐城人，他们也属于桐城派。“天下之文章其在桐城乎!”可见桐城派当时影响之大，盛况空前。因此，我认为这个文学派别流传之久，人数之多，与中国历史上其他的文学派别不一样，此现象值得我们研究。我们要跳出清代的范围，与前代的文学流派进行比较。《史记》《汉书》以后到六朝骈文，文体变了，韩柳欧苏下来到明代，古文显得比较疲弱。而清代散文的作者队伍庞大，作品非常多，而且写得很精彩。桐城派的特点是不仅有文学实践，而且有其理论：方苞提出的“义法”，刘大櫆提出的“神气”，姚鼐提出的“义理、考据、辞章”，曾国藩再加一个“经世”。但是理论分散在文章中，没有总结性的。我立这个项目，是从这样的角度来考虑的：不管以前曾经出过多少关于桐城派的书，不管是否会重复，我们是立足于这样一个高度，即从总体上看桐城派这个文学现象有什么规律性。所以我们要编这部书，就要抓住桐城派的特点，它究竟是一个什么样的文派？为什么在这个时候会出现这样一个文派？它和以前的文派有什么不同？与其他的文体有什么不同？诗词有很多派别，但都没有像桐城派影响那么深，只有桐城派的生命力特别强，为什么呢？这是值得我们深思的。我觉得对于桐城派的研究才刚刚开始，值得研究的地方还有很多。

所以我要求编文集要反映桐城派的整体特点和作家在桐城派中的地位。我们现在选定了23位作家，其中有几位作家的集子已经出版，如《方望溪集》、《惜抱轩集》和刚刚出版的《吴汝纶全集》。现在就产生了一个问题，我们出的文集和已经出版的集子有什么差别？我们不管他们，重复出了也没关系，我们出版的应该是选集而并非全集，“取其精华，去其糟粕”，而非将其全集照单全收。名家的作品重复出版的很多，从不同角度选择就有不同的意义。像姚鼐的《古文辞类纂》，所选的古代文章大家都熟悉得很，都是重复的，但是经过姚鼐的选编，成了一个精品。我原来的设想是，比如方苞的文章，我们可以抛开《方望溪先生全集》，一篇一篇地重新选。我开始很惊讶，为什么你们的项目 1 000 万字还不够？现在才明白，你们不是选，而是全部搜集进来。我是想有一定的选择，这样就跟其他的全集不一样了，是用我们的眼光来看最能代表桐城派特色的文章是什么。比如现在我们选《郭沫若集》《巴金集》《冰心集》，他们的全集都出了，有几百万字、上千万字，而我们要出这些名家的汇集，每人只选一本，只选几十万字，这样就可以看出选家的眼光。但是，你们现在已经把框架搭起来了，是根据底本来补、校，补以前文集所未收，所以篇幅更大了。必须明确我们这部汇刊不是钩沉辑佚之作而是选录，用力之处应在精选而非补足。所以有的图书馆拥有佚作，我们要求提供，他们开出了天价。我们不必去补遗佚的文章。究竟怎么做，我们可以商量。这就有个诗选不选、选多少的问题。我原来的设想是诗可以选，桐城派不是以诗著名，但是像范当世的文章比较少，他是以诗出名的，不选诗不行。我认为每人选 30 万字，20 多个人就是六七百万字。而你们是找到底本去补，那当然会多了，底本里的好多东西可以不要，不是代表他最精华的东西。我们这一套书，就是要他最精华的东西。从这个角度来体现选集的价值。当然，我们是代表 21 世纪的人来选的，是以 21 世纪的人的眼光来看问题的。到了 22 世纪，人家认为我们选得不好，有偏见，那是另外一回事。

你们现在的做法也是比较费劲的，找底本来补，这样将来就不能再叫《惜抱轩集》，而是以《惜抱轩集》为底本重新编的《姚鼐集》；也不叫《方望溪先生全集》，而叫《方苞集》；等等。这样做也有一定价值。我认为我们还是应当选一选，一些比较短的、不太重要的文章可以去掉，经学的部分很多可以去掉，诗也可以适当减少——不是搞全集而是选集。由补全集改为精选，当然是较大的改变，但不会很困难。如果某个作家文集中有一百篇文章，削去 30% 或 40%，就选出六七十篇，不必再找其他的书来补充。可以把文集中宣扬愚忠愚孝的、宣扬不近人情的贞女节妇、为对抗农民起义而被击毙的传记、墓志铭、神道碑，以及含有迷信鬼神、荒诞不经的作品去掉。总之是把思想性、艺术性很差的文章删去，能删多少就删多少。这样工作量反而减少，不是增加，而汇刊的精华之处更加凸显，篇幅也可以大大节约。

桐城派还有个问题，就是在发展晚期受到五四运动的冲击，这个冲击是非常激烈的，被全面否定、抹杀。在新文化运动中，陈独秀曾说：方、刘、姚等“妖魔”，尊古蔑今，咬文嚼字，称霸文坛，胸中无物。所谓桐城派者，八家与八股之混合体也。陈独秀作为文学革命的主将，对桐城派批评得非常厉害。胡适也同样，他说：下规姚曾，上师韩欧，皆为文学之下乘，二千年文人的文学都是死文学。他不仅把桐城派骂倒了，而且把中国整个文学都骂倒了，这显然是不合适的。还有钱玄同则标举要打倒“选学妖孽，桐城谬种”。当年五四运动中这些激烈的言论，我们今天都是可以理解的，因为有其时代背景。桐城派形成于封建社会后期，到五四时，中国要摆脱封建主义，向近代社会迈进，要求文学要能够跟上时代、接近大众。文言文和大众的口语脱节，为了使文学为近代服务，就要从内容到形式进行彻底的改革，使大众传媒革命化。而当时文坛势力最大的就是桐城派，其不符合时代的要求，当然首当其冲成为激烈的批判对象。因此他们发出了一些很激烈的言论，矫枉过正，可以理解，不破不立，不塞不流，不止不行。言论虽然有片面性，但五四运动的大方向是正确的，功绩是伟大的，开辟了白话文的发展道路。但是他们这种激烈的言论到今天也应该冷静地来看待，所以评价桐城派不能把他们的文章都当成糟粕扫进垃圾堆。五四运动人物的古文修养实际都是很好的，他们也很了解古代文学中精髓的东西。桐城派古文的“义法”，就是“言有物，言有序”，就是内容的充实和形式的美，都是文学的要求，不能算是错误的。五四运动中批判“言有物”是程朱理学。其实桐城派的文章很多都不是讲理学的，而是丰富多彩的，文章讲究形式、讲究艺术、讲究结构和方法，这个还是很有必要的。你可以说它讲得不够，或者不全面、不完整，但你不能说“言有物”有问题。当时将桐城派比之于“八股”，但桐城派的文章与八股文是不一样的，当然桐城派中的许多人善于作八股文，像方苞、戴名世。桐城派的文章在内容上还是比较丰富的，有讲学理的文章、有叙事的文章、有描写景色的文章、有人物的传记，形式也是曲折变化的，不是千篇一律的。所以我们今天来编书时，要对这个问题有一个清醒的认识。如何来评价桐城派？它有缺点、问题和时代的局限，比如说有些文章的内容不行，许多妇女传记中讲贞节，还没出嫁就殉死，还有许多文章讲封建的愚忠愚孝。这是些糟粕，而且相当多，应该将这些宣扬封建道德迷信的东西去掉，要选出桐城派的精神。这样你们的任务就比较繁重了，甚至可以增补几个作者，最好把曾国藩、吴敏树、黎庶昌、薛福成、贺涛、王拯几个人都补上，形成一部千万字以内的汇刊。是不是可以打开另外一个思路，每个人选三四十万字，选 30 家，不要超过 1 000 万字。有些人可以多选一些，有些人可以少选一些，适当地做出调整。我感觉到，把那些封建糟粕也放在里面，对我们这套书没有好处。

另外，我有两句话：质量重于泰山，质量等于生命。我们编《清史》关键不在于数量，而在于质量。我最担心的就是质量问题，哪怕少一点，但是做得很精，这就是好书；做得很多，但是很庞杂，不算好书。保证质量，首先就是要用心去搜集文献，另外还要选。选就要有眼光，就看得出功力，用我们时代的眼光去选择。一些无关紧要的东西也可以不选，根据我们的篇幅来决定。其次就是编，不一定按照底本来编，将各种版本的文章编在一起。整套书的体例要统一，全部按照时间来编，或者全部按照问题、文体来编，有统一的规范，不要八仙过海，否则就不是一套书了。再次是校，校勘是很难的，最好是对校，希望我们能够找到几个文本进行对校。又次就是点，标点，有很多书是原刻本，是没有经过标点的，我们在标点时千万不能闹笑话，有报纸报道甚至将五言诗标成七言诗了。最后是校对，完成后的校对也是很复杂的，一两遍是不行的，现在一般校六遍。按照新闻出版总署的规定，错误率不能超过万分之一，否则就不能评奖，那是很难的，不能完全依靠出版社。所以我拜托先生们要把住这些关，达到一个高的要求。今天就说到这里吧。

在通纪第四卷（乾隆朝）讨论会上的讲话*

第四卷讲乾隆一朝，共60年。这是清朝盛世的高峰，也是通纪的核心内容之一。乾隆帝完成了全中国的统一，中国的多民族大家庭最终形成，人口增至两三亿，经济文化达到极盛。

这一卷要写出盛世的气象和盛世的规模。盛在什么地方？怎样达到了鼎盛？要写它的经济发展、政治措施、军事实力和文化繁荣的程度。写盛世要实事求是，既不夸大、溢美，也不缩小、贬低，要有根有据，言之成理，有说服力。为什么兴盛？其后来了个跌落，而且一落千丈，盛世中埋藏着什么隐患？我们要力图解释这一100多年之谜。

第四卷提纲写了很多问题，经济问题、国家能力问题、疆域问题、皇权合法性问题、官僚体制问题都提到了，有些提法较新鲜，考虑较深入，也有些问题值得商榷。例如提纲中说人口压力迫使乾隆调整粮食政策，形成了新的经济布局，出现了全域性开发，促进了市场发育，加快了早期工业化的步伐。对此我要做些修正。通常情况下，统治者在人口压力面前是无能为力的。人口急剧增加，人多地少，争夺土地资源，加剧贫富分化，只能陷入马尔萨斯陷阱，即发生农民起义，经过激烈战争，然后改朝换代。为什么乾隆时人口增加很多，却能避免农民战争，它还有发展经济的空间，还能创造一个辉煌的盛世？仅仅是人口增加不可能使统治者头脑中发明应对的新政策。如果乾隆时确实出现了带点新意的政策，必定是客观形势为人们开辟了新的出路，这样才会有新政策的出现，才会有实现新政策的可能。不是人口增加迫使乾隆发明了新政策，而是客观

---

* 2006年3月3日。

形势的变化推动了新政策的出现，允许人口有更多增加的空间。我们的任务是阐明当时出现的客观形势。一是不要过分夸大统治者的作用，没有新形势的出现，新政策不会有立足之地；二是也不要夸大新形势所允许的人口增加的空间，应该说这种增长仍在封建社会框架之中，从整体上看，并未突破自给自足的封建经济的范围。否则为什么到嘉庆初年，人口增至3亿多，经济未能同步增长，不堪负荷，爆发了白莲教农民大起义，清朝盛世，开始衰落。

提纲中的第二个问题是异族入侵和皇权合法性的问题，这是清朝的老问题，不是乾隆盛世的主要问题。满族入关，遭到占全国人口大多数的汉族的强烈反抗，汉族不承认满族君临全国，这时满族的皇权合法性遇到极大挑战。经过清初长达半个世纪的战争和安抚，到康熙中期以后，情况已大为缓和。三藩之乱已没有多少明朝遗民加入吴三桂的行列，清朝开博学鸿词科，傅山、李颙等虽拒不应试，而毛奇龄、朱彝尊等曾经参加抗清斗争的人，应试并中式了，投奔清朝做官去了。由于清廷把儒学奉为国家的指导思想，知识界的反清思想逐渐淡褪，很多人慢慢认同了清朝的皇权合法性，连黄宗羲那样坚决抗清的人，也让他的儿子黄百家、学生方斯同参与了清廷开馆修《明史》的盛举。尽管满汉矛盾的情结长期存在，当时有朱三太子案与各地以朱洪英为名的造反，辛亥革命时满汉矛盾也起了很大作用，但那是在不同历史条件下资产阶级革命所借用的一种形式。康熙中后期满汉矛盾逐渐缓和下来，不是风声鹤唳、草木皆兵了。乾隆时满汉矛盾已不是困扰国家的一项重大问题了。提上日程的是另一个问题，是全民族的认同，即国家在广大地区统一之后，最终组成了中华民族，在这民族大家庭中，蒙古族、维吾尔族、藏族、回族、苗族等族对清朝中央政权的认同，这才是乾隆时的重大问题。乾隆对少数民族的许多措施都是为了解决这个问题，如尊崇藏传佛教，各种政治措施因地而异，建立扩大避暑山庄，围班年班款待各民族的王公等，都是为了得到全民族的认同，为了捍卫祖国的统一、巩固国家的统一。

对第四卷的写作，我提一个不成熟的方案，写三个方面：第一，政治、军事；第二，经济；第三，文化。

乾隆的活动站在什么舞台上？处在什么形势下？客观形势因何能允许他做出偌大的惊天动地的大事业？乾隆上台和康熙不同，康熙上台时是站在长期战争所造成的一片废墟上，经济凋敝，反叛势力猖獗。康熙在经济上振兴农事、兴修水利、开垦荒地、减免赋税，经济得到了恢复和发展。又平定三藩，收复台湾，与俄国签订边界条约，打败了准噶尔部的进攻。雍正整顿了内部，在西南实行改土归流，平定了青海，对准噶尔造成包围态势，可以说已从军事上、财力上做好了统一全中国的准备。雍正末年与准噶尔达成划界的和议，维持了 20 年的和平。当时为什么没有攻打伊犁，统一全国？最大的困难在于路途遥远，饷秣不继。从北京到伊犁，远隔万里，饷械的运输是个大难题。每个士兵日食粮一斤几两，如果派出 5 万士兵，每日耗饷 6 万多斤，征战一年耗 2 000 多万斤，如果作战 3 年，需用粮食六七千万斤，这是何等巨大的运输量！军中需用大量的火器、弓箭、火药、帐篷、衣服、锅碗，马驼所食草豆等尚不计在内。当时只能靠马驼装载，人夫背运，而人夫在途中又要耗费很多粮食。在当时的交通条件下，几万大军，长驱到伊犁，旷日持久几乎是不可想象的。故而康熙后期和雍正时，虽然打了胜仗，但清军最前沿的军务设在玉门关外的巴里坤和外蒙古的乌里雅苏台，在此驻兵屯田，以防异动，而不能深入乌鲁木齐、伊犁。

到乾隆十年（1745），时机来临，这就是准噶尔领袖策凌死后，达瓦齐继位，内部发生长期内讧，争权夺利，兵锋屡起。先是萨赖尔降清，接着是达什达瓦部被排挤，其领袖也归附清朝，再以后是杜尔伯特部三个车凌（车凌、车凌孟克、车凌乌巴什）不堪达瓦齐之虐迫，率 3 000 户、1 万余人归附清朝，厄鲁特蒙古像这样大规模降附清朝尚属初次。乾隆大喜，于避暑山庄赐宴，决定进兵伊犁。乾隆十九年（1754 年），达瓦齐又与辉特部的阿睦尔撒纳反目火并，阿睦尔撒纳战败，率部众 3 万余人内奔，归附清廷，准噶尔汗达瓦齐众叛亲离，这更增强了乾隆平准的决心。

平定准部统一全国的时机到来了，作为政治领袖要能审时度势，敏锐地抓住时机，做出决定。乾隆帝及时做出决定，迅速地于乾隆二十年（1755）出兵，分两路进军伊犁。当时很多人反对出兵。时任陕甘总督的刘统勋负责西路大军的粮秣后勤，他说要准备3年后才能出兵。乾隆斥责他是个迂夫子，说3年过去，准噶尔的内讧也停止了，战机已经失去，哪里还能打到伊犁？乾隆指示：出征的军队只要自带部分粮食，其余可以“因地就粮”。

乾隆二十一年（1756）第一次平准，两路进兵，以近年来归附的准噶尔降人为先锋，由阿睦尔撒纳率领，远道长驱进入伊犁，沿途敌军皆不战而降，兵不血刃，达瓦齐逃到格登山，战败被俘。但阿睦尔撒纳抱有野心，想自立为准噶尔汗，建立一个独立的准噶尔国，因此煽动叛乱。清军只有很少人随同鄂容安、班第留驻伊犁。叛乱起，鄂容安、班第遇难。于是乾隆二十二年（1757），第二次平准，战斗十分激烈，加上缺少粮食，流行疫病，死伤者甚众，阿睦尔撒纳逃往俄国，死在那边。清军继续南进，攻打维吾尔族的大小和卓。清军一度被困于黑水营。维吾尔族是农业民族，战斗力不强，清军反败为胜，终于统一了新疆。

统一中国很不容易。自康熙始，经历大小战争无数次，时间长达100年。当时国家有实力能够支持战争，两次平准和一次平回，统一了新疆。在此前后还有许多战争，如两次金川战争［乾隆十二年—十四年（1747—1749），乾隆三十六年—四十一年（1771—1776）］，耗时最久，靡费最多。金川在四川西北，由土司管理。那里地处进入西藏的道路，土司之间相互争斗，清廷驾驭失当，抚治无方，地方秩序混乱。清朝派兵介入土司之间的纠纷，不料该处地势险峻，雨雪连绵，土司兵力仅5万，而战斗骁勇，善筑碉堡，清军持续失利。清廷调兵10万，帑银7 000万两，耗力之大，为“十全武功”之首，方才平定大小金川。

还有两次廓尔喀战争［乾隆五十三年（1778)、乾隆五十六年(1781)］，显示了清廷保卫国家领土、主权的决心和实力。当时廓尔喀人觊觎西藏的财富，两次跨越喜马拉雅山，进入西藏日喀则，占领班禅的驻锡地扎什伦布寺，大肆抢劫。清政府两次出兵入藏，战争更加艰苦。试想，在当年没有现代化交通条件的情况下进入西藏，还要攀越喜马拉雅山打仗，其艰苦程度，难以言喻。粮食供应，从四川省起至喜马拉雅山上，安设粮站，形成漫长的运输线，共分七段。每段有一个督抚级的大员管理。由于地形险峻，大雪封山，高原反应以及战斗激烈，清军死伤者甚众，这场“世界屋脊的战斗”，在世界战争史上无与伦比，是保卫国家驱逐外敌的壮举。

经过康熙以来 100 多年的艰难经营，浴血战斗，形成了中国统一的局面，其版图之广阔，联系之密切，统一之巩固是前所未有的。这是清朝留下的最宝贵的历史遗产，这是何等伟大的业绩。在明朝，东北的大部分，内蒙古、外蒙古、新疆、青海、宁夏、西南许多地区以及台湾还没有纳入中央政府管辖的范围。当然，历史上的统一总是通过战争武力才能完成，必定会造成人员的大量伤亡，也必定会遗留下众多的矛盾和问题。清朝在边疆和民族地区采取了一系列政治、经济、文化措施，使统一后的人民逐渐和好相处，增强了中华民族的凝聚力。这是乾隆盛世的第一个伟大主题。

乾隆盛世的第二个主题是经济繁荣，国力增强。经济和政治是相互联系的。经济发展，才具备统一的实力，而政治统一又促进了经济繁荣。

康熙以后经济恢复发展，人口迅速增长，到乾隆末全国已有 3 亿人，但没有陷入马尔萨斯陷阱，没有很快发生阶级冲突和农民战争，这是什么原因？因为乾隆时，中国的历史舞台拓宽了，不像宋代、明代局限在长城以内。清朝增加的人口可以寻觅新的生存空间，发生了长时期的大规模的移民潮。中国从前的移民潮大多是受北方游牧民族侵犯的影响，自北而南迁徙，晋代、宋代，北方民族进据中原，以农耕为生的汉族向南退往长江以南，以至珠江流域。而清代移民方向发生了重大变化，由中原人口密集地区向边疆、海岛迁徙，形成中心爆炸，向四周辐射的模式，所谓“闯关东”“走西口”，就是指山东、直隶、山西、陕西人民纷纷移居东北、内蒙古谋生。统一台湾后，福建人民渡海赴台湾定居。统一新疆后，甘肃、四川人民移往新疆，清政府还大力提倡移民，移民至新疆者每户给田 30

亩，发给耕牛种子，建造房舍，资助路费，免收数年田赋。还有改土归流后，湖南、湖北、江西人口进入西南地区。国家的统一促进了人口大迁移，扩大了生存的空间。原来的提纲中说，乾隆盛世不是靠农业垦种。我认为，这个观点值得商榷，当时那么多迁徙的人口都是为了到边疆、海岛种田的。譬如台湾在康熙二十四年（1685年，即统一台湾后两年）人口只有7万人，而到嘉庆十六年（1811年）人口达到190万人，这些人口中的绝大多数是从闽粤移来的。他们均以种田为生。因此大规模的人口增长与移民垦荒应是乾隆年间经济繁荣的一个重要原因。

康雍乾的经济发展仍是建立在小农经济基础上的，而不是建立在工业或商业基础上的。当然手工业与市场经济也有很大发展，但不足以改变小农经济的汪洋大海。从全国耕地面积而言，康熙时约有七八亿亩，雍正时达9亿亩，乾隆后期估计10.5亿亩，当时人口还不到3亿。每人的平均耕地是3.5亩。现在去估算二三百年前的耕地，十分困难。每人估算的数字均不相同。我估算18世纪后期（乾隆后期）耕地面积为10.5亿亩，吴承明先生估算19世纪前期（嘉庆道光时）的耕地面积为12亿亩，卜金斯估计19世纪后期的耕地面积为12亿亩，都是按个人的方法独立估算的，每人估算均有差距，但差距不太大。我以为这个估算数字可以应用。乾隆后期的粮食产量为2 040亿斤，人均680斤，这是皮粮，如果去掉糠壳，可能要减去10%以上。粮食是农业社会的基础，乾隆盛世是建立在生产2 040亿斤粮食的基础上的，这些粮食养活了当时世界1/3的人口。

还有海外华侨，在世界一体化浪潮的影响下，中国人也移居到了海外，18世纪东南亚的华侨已有相当数量。总之，中国人活动的地域大大扩展，从内地到边疆，到海岛以至海外，这是当时经济发展的很重要的因素，也是全中国统一所带来的结果。

全球一体化对康乾盛世的到来也起了重大作用。18世纪中英贸易逐步增长，经历了100多年之久。交易物品以前是出口手工业品、瓷器、丝绸换取香料、苏木和珠宝，后来则是出口瓷器、丝织品、茶叶换取大量的白银，贸易规模日益增大。康熙时，粤海关税收仅

4.3 万两，定为关税正额，以后贸易额扩大，税款增加部分称盈余。乾隆末“盈余”85.5 万两，比正额高出 20 倍，至鸦片战争前“盈余”已达 150 多万两，增加至 35 倍，可见对外贸易飙升之速。马戛尔尼曾经说：英国东印度公司每年从中国进口茶叶 2 000 万磅，在不到 100 年的时间内，增加了 400 倍。而欧洲国家在当时没有什么商品可以拿到中国市场上销售，只能以美洲所产白银换取中国的茶、丝和瓷器。中国长期出超，大批白银滚滚流入中国。

中国生产的增长、外贸的扩大、大批白银流入，有助于中国市场的发育，国内商业也有很大发展。康熙年间淮关、浒墅关、九江关的商税正额共为 47 万两，至嘉庆时，三关的税收银 140 万两，上升近 3 倍，这说明国内市场的发展。18 世纪南方运往北方的粮食每年有 600 万石，湖南、湖北、四川运往江苏、浙江的粮食每年有 1 000 万石。棉布每年的交易量达 1 亿两。据吴承明先生说：加上丝、茶、盐、糖、木材、瓷器，中国之内的长途交易量达 4.5 亿两，这是一个不小的数目。

全球一体化的另一个影响是粮食经济作物的传播，如甘薯、玉米、花生、烟草，到乾隆时期更加推广了。当时，福建人陈世元曾至山东、河南等地教种甘薯，死后乾隆帝谕旨悼惜，赏国子监学正。山东按察使陆燿著《甘薯录》，教种薯之法。乾隆帝令直隶、河南翻印此书，广为传播。乾隆后期，四川、陕西、直隶、湖北、湖南、安徽、江西漫山遍野，皆种玉米。英使马戛尔尼途经天津，对该地种植玉米之多大为惊叹。甘薯、玉米都是高产作物，耐旱耐涝，推广种植，有利于提高粮食产量。

乾隆时经济很繁荣，从纵向比较，超过汉唐。汉朝人口峰值 6 000 万，唐朝人口峰值 8 000 万，而乾隆时人口达 3 亿，显然清朝的农业养活了几倍于汉唐时的人口。从横向说，18 世纪全世界人口为 9 亿，清朝养活了全世界 1/3 的人口。据国外学者计算，乾隆十五年（1750 年），中国的 GDP 占全世界的 32%，印度占 24%，英、法、德、俄、意共占 17%，中国高居首位。这个数字是怎么计算出来的我不很清楚，但被一些权威著作所引用，应该有一定根据。但中国人口多，人均GDP比英、法等国低很多。尽管当时经济繁荣，但还没有处在近代化的临界点上。尤其在鸦片战争后，遭受列强侵略，经济一落千丈，到1900年，中国的GDP仅占世界6%，跌入了谷底。

乾隆盛世的第三个主题是文化昌盛。

文化是意识形态，是上层建筑。它随着经济基础的改变而改变。康雍乾时期长达130多年的经济发展，必然会带来文化的进步和繁荣。当时文化品种之多、作品之精、人才之盛，蔚为壮观。这个时期文化的特点一是求实，二是创新，三是集大成。

文化有两类不同的载体。一类是以文字为载体，如哲学、文学、史学以及自然科学等；另一类是以物质为载体，如建筑、雕塑、戏曲、书画等。

康雍乾时代出版书籍之多是前所未有的，达数万种，有很多大部头书籍，如《四库全书》达3 500多种8万卷之多，集古今之书，精选保存，提要钩玄，每部书都精心撰写了提要，评其得失，论其源流，撮其大旨，贯通考证。清政府网罗了当时许多第一流的学者，倾注了极大的力量。还有一部《古今图书集成》，为陈梦雷主持编定，共1万卷，分6编，抄撮古书，分类编成有利于查找利用的大类书，内容丰富，无所不包。还有继杜佑、郑樵、马端临之后完成“九通”的编纂，对本朝典章制度著录详备。《康熙字典》、《全唐诗》、《一统志》、《方略》、《佩文韵府》、《日下旧闻考》、《八旗通志》以及《明史》的撰写，都是规模很大的文化工程，编纂精审，水平很高。清政府还指定各地撰修地方志。据统计，清代地方志书共5 700多种，有许多著名学者应聘修志。清代还出了许多丛书，如曹溶的《学海类编》，张潮的《昭代丛书》，鲍廷博的《知不足斋丛书》，黄丕烈的《士礼居丛书》，都篇幅浩大，把许多书籍集合编纂在一起。当编纂《四库全书》时，还辑出古代佚书，形成辑佚之学。马国翰所辑《玉函山房辑佚书》辑古代佚书有580种之多。乾隆朝文化之盛在于整理古籍，规模浩大，集古代文化之大成。

乾隆朝文化的另一特点是求实。坚持以理性精神来研究世界。

当时，以惠栋、戴震为首的汉学大盛，如日中天，他们不迷信、不盲从，重视证据，不受成说和权威的影响，运用归纳分析和逻辑的方法。这种考据学就是求实之学，必求实在的证据，方能定论，如戴震所言，“一字之义，当贯群经，本六书，然后为定”。戴震校勘《水经注》，以确凿的根据建立校勘该书的原则，果然把《水经注》原来经和注混淆的地方分清楚了。王念孙《读书杂志》考订了许多古书的音训句读，如萧一山所言，“凡列一说，博采证据，然后论定，故最足令人信服”。后来章太炎说过“审名实，重佐证，戒妄牵，守凡例，断情感，汰华辞，六者不具而能成经师，未之有也”。这里所说的“六者”，就是以理性的精神和方法，反对主观臆断，反对华而不实的治学态度。

康乾时代文化的第三个特点就是创新精神。第一位代表人物郑燮（板桥）是康乾时代的著名作家。他能诗、工书、善画。他的诗清新旷达，能反映民间疾苦。他的画风劲秀潇洒，自然活泼，能表达出不同凡俗的意境，跳出了传统书画的束缚，代表了扬州一批画家自然而创新的追求。第二位是曹雪芹，他生于康熙末期，死于乾隆中叶，创作的《红楼梦》是中国伟大的小说，描写了大观园里一群被禁锢而天真活泼的少女。他同情女性，同情弱者，体现了尊重人关怀人的人文主义精神，通过生动的艺术形象反映了封建衰世的矛盾。第三位是袁枚，与曹雪芹同时。他是性灵派诗的创始人，写诗是为了抒发自己的思想感情，反对模仿抄袭，反对诗以卫道，他说“夕阳芳草寻常物，解用都为绝妙调”。第四位是戴震，他是乾隆时期学界领袖。他学识渊博，又擅考据。他尊重人，认为人有欲望是合理的，天理即在人欲之中，反对理学家把天理、人欲对立起来，认为要存天理灭人欲是不对的。这四个人都生活在康雍乾时代，年岁较近，虽然他们生前并未交往，亦未相逢，但在不同的领域表现了类似的思想倾向，具有鲜明的创新精神，超凡脱俗，力求创新。有的用诗文，有的用书画，有的用小说，有的用哲学，表达了人文主义和理性主义的精神。

18 世纪虽然有这一批人表达了进步的、新颖的思想，这种思想在一定条件下如能发展，必将冲击封建社会的正统思想，但当时只是一些思想片段，没有成为潮流，甚至他们之间彼此从无交往，并不相识，被认为是异端、怪人。郑板桥被称为“扬州八怪”之一，曹雪芹是个落魄的世家子弟，甚至他写《红楼梦》长期未为世人所知。袁枚负诗名甚高，却因招收女弟子，被认为是无行文人。戴震的学问无人能及，皇帝钦赐举人，参与会试，但他发挥进步思想的主要著作《原善》《孟子字义疏证》，却被他的朋友们贬为不能代表他成就的著作，只承认他在考证方面的成就和著作。当时这些进步思想尚是涓涓细流，不可能有力地冲击封建社会的主流意识。

乾隆这一卷应该写出它政治上的统一、经济上的繁荣和文化上的昌盛。当然，如果要细化，那将是很大的篇幅，要进行更多的研究。

在通纪第五卷（嘉庆、道光朝）讨论会上的讲话*

现在谈第五卷，这一卷是从乾隆盛世走向衰微。我们把鸦片战争也包括进这一卷了。鸦片战争是中国历史的分水岭，既是传统封建社会的结束，也是近代半殖民地半封建社会的开始。

乾隆时期已经到了封建社会的鼎盛，随之跌落下来，一落千丈。为什么跌落下来？因为乾隆盛世是建立在封建农业社会的基础上的，内部包含着许多不可克服的矛盾，不同于当时的英国，英国的兴盛建立在工业革命的基础上。一个是农业社会，一个是工业社会，性质不同，结构不同，发展的前景也不同。一个是封建主义的迟暮，一个是资本主义的青春。英国蕴藏着发展的潜力，如初生的朝阳，富有蓬勃的朝气；而清朝则是落日残照，它的余晖正在黯淡下去，即将坠入黑暗中。尽管 GDP 总量仍很高，仍然是个庞然大物，人口很多，市场规模很大，但国家已千疮百孔，它不可能跨越产业革命这一关，它还没有站在工业社会的门口，前面等待着它的是无穷的坎坷、灾难和伤痛。

产业革命是全人类历史长期发展而出现的机遇，是经济、政治、文化、科技、教育各个领域协调发展的结果。创新贯穿于产业革命的始终，各部门科学技术创新的高潮迭起，持续不断，相互促进，使机器工业取代了传统的手工业。创新与进步是近代化交响曲的主旋律。产业革命唤起了埋藏着的经济能量，使巨大的生产力如魔法般地从地底下喷涌而出，以十倍百倍的速度加速前进。社会必须像一台机器一样，制造、装配、调运、操作达到最佳状态，各个部件

---

* 2006 年 3 月 3 日。

协调动作起来，互相带动，互相促进，全面发展，才能跨越产业革命，进入近代化轨道。如果某个部门某个零件发生故障，就会影响其他部门的运作，最后导致整部机器运转不灵，滞后停顿下来。

中国封建专制主义所沉淀下来的固有模式和陈规陋习，根深蒂固，难以改变。尽管全国的 GDP 总量较高，但人均 GDP 相当低下，如以人均土地计算，18 世纪中国人均耕地面积 3.5 亩，而同时的英国每农户占地 8 英亩（合 49.6 亩），每农户如按 5 人计，人均耕地近 10 亩，高于中国 3 倍，农业生产和收入高于中国农民，具有较大的改善生产的能力，也能扩大购买的市场。中国人均 GDP 的低下正是跨越产业革命门槛的一大障碍。

18 世纪的英国已经形成学习和研究自然科学与技术的风气，各国纷纷成立皇家学会或科学院。欧洲的科学研究蔚然成风，涌现了牛顿、莱布尼茨、波义耳、拉瓦锡、惠更斯等大科学家。在科学发展的基础上，英国在纺织业中出现了连续不断的技术创新。1769 年瓦特发明蒸汽机，使人类摆脱了对自然能源的依赖。从此生产浪潮汹涌前进。而中国政权则鄙视科技，斥之为“奇技淫巧”，八股取士把自然科学排斥在科举选才制度以外，使人民长期处在科学无知的漫漫长夜之中，使中国不可能通过产业革命的关口。

中世纪的欧洲，工商业者以城市为据点，争取自己的权利，使国王、贵族、教士不可能任意褫夺其生命和财产。而中国的工商业者，地位卑微，匍匐在专制政权的脚下，唯命是从，生命和私有财产毫无保障，因而缺乏投入产业革命的条件，也不可能激发产业革命的勇气和热情。

还有一个法制问题，中国的法制也是有缺陷的。中国古代的法律偏重于刑法，讲大逆不道、造反、盗贼等刑法的规定比较细，而民法不是很细，如财产纠纷、民事纠纷很多由宗族调解解决，法律中没有明确具体的规定。比如工商需要有专利，中国从来没有专利法，欧洲很早就有专利法，对发明创造非常关心。在中国发明一个东西也没人理你，得不到保护，不利于科学和工商业的发展。

由于中国社会这种结构性的问题，它不是一个短时间能解决的问题，这些矛盾积累了很长时间。虽然表面上看起来也是盛世，也是人口增长、商品流通，但是这类结构性的问题很多。各个部门、各个领域的不适应与滞后限制了整个社会经济的发展，这是一个非常复杂的问题。我就提出这么一个结构性的矛盾，经济不能与各个部门协调一致地前进，发展到一定程度就受到牵制，就停步不前，就要跌入马尔萨斯的陷阱。因此，当时中国的社会没有成熟到可以很快进入近代社会，原因在于政治、经济、文化、科技、法制等各个领域缺乏协调，存在结构性的矛盾，不仅缺乏相互的推动促进，而且相互牵制，发展到一定阶段就寸步难移了，动不了了。这种制度性的障碍，不是哪一个部门的问题，而是整个社会长期积累的矛盾，不是短时间形成的，因为清朝的许多制度是从明朝继承来的，有些问题是明朝就存在的，甚至是唐宋时就存在的。一个个丢不掉的沉重的包袱，日积月累，难以解脱。所以清朝的落后，当然清朝人应该负责，为什么到你这里落后了，但是也不能完全埋怨清朝人，他也是从前人那里继承下来的。打个比喻，四个人接力赛跑，最后一个人失败了，最晚跑到终点，但是你不能怪最后一个人跑得不好，前面三个人跑得也并不好啊！前面三个人的问题在最后一个人身上表现出来。当然清朝人有责任，历史给清朝人一个往前赶的机会，但是他也没赶上去。马戛尔尼到中国来就是一个机遇，阿美士德来也是一个机遇，这些机遇都一个个丢掉了，这当然是清朝人的责任。但是他为什么会丢掉机遇呢？也有他的必然性，他也是从前人那里继承下来的思想观点。还有重要的一条就是中国的地理位置，离欧洲太远。彼得大帝发现自己落后了，赶紧迁都，把都城迁到彼得堡，跟西欧靠近一点，他跑到欧洲去留学，当学徒工去学习，他有这个机会。中国离得远，没有这个机会，看不见人家是什么样子，是怎么干的，没有借鉴学习的机会。知识分子应该看得比较远一点，但闭关锁国政策把知识分子都关在笼子里边，他哪有机会看西方世界？他不仅不能实际到达西方，连世界还存在许多与中国不同的西方国家也不知道，他没有机会接触。如果有一个参照系，我想不会失败得这样快、这样惨。拿火器来讲，明朝打满族打得很厉害，满族一看你这个炮厉害，我得学，他就把汉人俘虏过来，让一些工匠俘虏造炮，后来满族的炮也很厉害。他有参照的实例，就想法赶上了。但是到后来，满族军事上也落后了，因为入关以后清朝长期面对的敌人是揭竿而起的农民起义和少数民族，这些对手更落后，没有先进的武器，只用弓箭和刀矛。欧洲就不一样了，欧洲几百年大战，15 世纪、16 世纪、17 世纪，百年战争、三十年战争、玫瑰战争、王位继承战争，多少战争！多少国家之间打仗！英国、法国、德国、俄国、意大利、西班牙、葡萄牙，这些都是处在长期战争中的国家，并不是和一个揭竿而起的乌合之众打。跟乌合之众有什么可打的，装备较好的军队到那儿，乌合之众就瓦解了，它根本没有坚强的组织，也没有先进武器，也没有给养。两个国家之间的战争可不一样。欧洲在长期的军事斗争中磨炼了它的战争能力，把中国远远地甩在后面。当年马戛尔尼看了中国军队，说真是不堪一击。中国军队没有碰到强大的敌人，200 年以后曾经学的造火炮的技术全丢了，吴三桂时还有大炮，后来就没有了，跟农民起义和少数民族都用不着大炮，跟少数民族打仗最重要的是后勤问题，主要问题是后勤跟不上，路途遥远，运输不行，而不是武器跟不上。因此，清初以来武器就没有进步，中国的落后也是必然的。

这一卷前面几章是否可以考虑合并？能不能合并？首先是人口问题，从 3 亿增加到了 4 亿不到 50 年，按照当时农业生产的水平来讲，土地的承载能力已经达到极限，所以发生了社会的动荡。乾隆的后期，起义就开始发生了，第一次起义是临清的王伦起义，以后，不断发生起义，甘肃回民起义、湖南贵州苗民起义，一直到白莲教起义，农民战争起来了。这是因为乾隆盛世并没有越过产业革命，不能够避免马尔萨斯效应，如果它建立在工业基础上，如果经历了产业革命，就不会发生那么多起义，不会发生社会的大动乱。矛盾激化了，起义发生了，官僚体制腐败、老化、保守，应付不了。社会动荡，嘉庆初年手忙脚乱，捉襟见肘。白莲教的情况就是如此。白莲教是官逼民反，本来还没有想起义，是官府抓人逼出来的，自己到处点火，湖北襄阳开始，接着蔓延到陕西、四川，打了八九年，中央的决策能力下降，谈不上决策了，只是对付，军队的战斗力也下降，没有办法，镇压不下去。应该说，嘉庆和道光两个皇帝，从才能上讲不是最昏庸的，只是平庸。在那种条件下，如何显示出才能？有本事也显示不出来，到处是反对的声浪。这个不在于他们个人的才能问题，而在于他们所处的环境。本卷中还讲了生态环境的破坏。砍伐森林、破坏植被越来越严重，经过盛世，维持 4 亿人的生活，对土地来讲的确是极大的负担。如果是小规模的生态破坏，自然界有自我修复的能力；如果大规模开垦，持续多少年，环境就失去了自我修复的能力。大自然就要对人类进行报复，就要形成大的灾害。康雍乾时期，中原地区一个半世纪的太平，人口从 1 亿多增加到 4 亿，连年的开荒，破坏之大、时间之长，触目惊心。当年没有生态环境保护的知识，我看到一些讲 18、19 世纪生态环境破坏的论文，讲木兰围场的破坏、陕西南部老林的破坏、榆林地区的破坏都很厉害，因此，中国的灾荒加剧。乾隆以前，长江没有大灾害，乾隆五十余年开始，荆州大水，把荆州城整个冲垮，湖北几十万人淹死。清前期人口大量移往四川，湖广填四川，造成长江上游压力加剧。还有一次在乾隆四十七年（1782），黄河在青龙岗决口，两年没有堵住缺口，黄水到处泛滥，一直泛滥到山东。本来从江苏淮河入口，后来到咸丰五年，铜瓦厢决口，从山东大清河入口，黄河大迁移，造成多少老百姓死亡，惨不忍睹。青龙岗决口，乾隆一年要花 900 多万两银子来治理，相当于当时一年财政收入的 1/3。我觉得当时的生态破坏已是个很大的问题了。

我想一、二、三章可以合并，第四章专讲起义，大大小小的起义很多，这些起义当然要写，但也不必太多。清朝发生大问题，中衰的表现正是内部矛盾的激化，至少用几万字来写，这里也可以看出中国地方之大、版图之广、地域性发展的不平衡。北方是教门，南方是天地会，更多是游民参加的，对这些起义要肯定，不能一概说他们是土匪，大部分是被逼无奈的老百姓揭竿而起。当然这些人采用的是激烈的行为，非理性的行动甚至残暴的手段，我们也必须指出他们的弱点，这些起义没有出路，中国人不能靠这个。农民起义为什么会利用宗教？因为农民没有更适当、更有力的政治和思想武器，只有利用宗教的组织系统来动员说服农民起来反抗，不能以邪教一概而论。在战略战术上有特点，一种是流动战术，像白莲教，打不过清军就走，往深山老林里跑；一个是占山为王，这个在少数民族里比较多。这些人，战斗力不强，没有什么火器，都是冷兵器，没有枪炮，清兵没有强大的对手，用不着先进的武器。

我有一个想法，这一卷经济要少讲，集中到乾隆时期讲，不然就重复。讲思想时，着重讲士林风气，经世学风，比如《皇朝经世文编》，研究盐政、漕运等，唯独没有研究世界的。这里建议加入一章对外贸易，康熙、乾隆那一卷就没有，在这个地方着重来讲。因为分散讲不好，集中到这里从清初讲起，中国的丝、茶贸易，连年出超，从康熙讲起，一直讲下来，对外贸易增长非常快，达到几十倍。随着对外贸易增长，对外矛盾也增长。这样正好接上鸦片战争，英国在对外贸易中大量白银流入中国，这对中国市场的发展有利，但是长期下来英国受不了，他发现了一种特殊商品——鸦片，吃了上瘾，因此嘉庆年间鸦片贸易上升了。道光年间，进口的鸦片多得不得了，这样引起林则徐的禁烟，发生鸦片战争，跟近代部分接上了。

鸦片战争后 10 年也归这一卷，这一时期出现了一批思想家，沿海有了变化。鸦片战争只是在沿海，对内地的影响比较小，有些先进人士感觉到了，很多老百姓仍然没有感觉到。中国真正的奋起是到甲午战争之后。中国地方大，各个地方信息不灵通。要使全国人民觉醒，需要时间，需要有更大的触动，中国的觉醒是非常漫长的过程。

在《清史》史表工作会议上的讲话*

史表是《清史》中的重要部分，现定13卷，共31个表，在《清史》总92卷中约占14%，有一定的分量。其实史表在《清史》中占的分量不止于此，因为在典志的《人口志》中，人口数字、各地人口比例、性别比例可能都有表。《工矿志》《交通志》中工厂、矿山、铁路也有表，《财政金融志》中税收数字各种支出，还有进出口贸易也少不了有表。总之，在新修《清史》中会有很多史表。

司马迁创10表、8书，班固继之，作8表。史表和《清史》的其他部分不同，它以表格的形式表现历史现象，以一统多，以简驭繁，一目了然，这是叙写历史的一种好形式、好体裁。

但值得研究的是自从司马迁、班固创制史表之后，一千年间，无人为正史作表。随后继作的16部正史，包括《后汉书》《三国志》《晋书》《宋书》《齐书》《梁书》《陈书》《北魏书》《北齐书》《北周书》《南史》《北史》《隋书》《旧唐书》《旧五代史》《新五代史》等均无史表，这是一个奇怪的现象。直到欧阳修写《新唐书》才恢复了史表，与《史记》《汉书》相隔一千年。这是什么缘故呢?

第一，《史表》很难做，难在资料不全。因为《史表》的内容是实在的。譬如宰相表，某一朝宰相的姓名、任职岁月都要写明，一个也不能少，不能借助推测、传闻来补充，也不能靠模糊不准的记忆来写作，必须依靠准确的档案资料。自汉至唐，国家分裂为南北朝，战乱频仍，档案缺失，难于把一个个人名和年代写出，而唐太宗时大规模开馆修史，离晋代和南北朝时间已久，已难寻觅这些旧的人事档案，这可能是史表缺少的一个原因。

---

* 2006年5月26日。

第二，南北朝史家很多，他们写了不少当代的历史，可惜所写史书散失殆尽，没有传留下来，即使他们书中有的做了史表，我们今天也看不到了。

第三，当年史家对史表似乎不甚重视。《史记》《汉书》以下16部史书，有本纪有列传，志则有写有不写，表则一律皆无，故而“二十四史”亦称纪传体史书，无纪无传不成正史，无表无志仍可列为正史。唐代的刘知幾称史表“有之不为宜，无之不为损”。在这位大历史学家心目中，史表也是可有可无的。后来虽有许多史家为前史补表，但时间离得越远，资料越是稀少，工作也更加困难。

欧阳修继司马迁、班固之后为《新唐书》做表，这是很有眼光的，也是唐代复杂的历史现象促使他恢复了史表。中唐以后，由于藩镇林立，形成一团乱麻的长期割据现象，几十个地区都成了独立王国，各立山头，各推领袖。这种复杂混乱的历史现象，用史表的形式可以表现得简单明了。欧阳修为《新唐书》做方镇表6卷，把中唐以后的复杂历史交代得很清楚。

在欧阳修以后，史表在正史中的地位重新确立，此后的史书中，包括《宋史》《辽史》《金史》《元史》《明史》《新元史》《清史稿》中均有表，此后历史的内容愈来愈繁复，表的数量也越来越多。《清史稿》的一个优点就是史表多，共有10表，不仅设有部院大臣、总督、巡抚等中央地方大员年表，而且根据中国多民族特点设藩部世表，根据中外交往频繁的特点设交聘年表。我们更将史表增至31个，不仅新增提学布按、进士等多种人表，而且增设大量事表，如史事、书院学校、文祸、教案、中外约章、报刊等表。

从《新唐书》设表以后，史家对史表也重视了。郑樵说：“《史记》一书，功在十表。”梁启超说：“史公仿周谱作十表，宜为史家之大法。后起诸史，或私自著述，力有不逮，且付阙如，或史臣无识，遂以删汰。”（《清史商例》第一书）充分肯定了史表的作用。

对于你们所编《史表表文选编》与《史表配套成果选编》共3大册，洋洋洒洒，共1 200页，斐然可观。我未能详读，大略翻阅一下，初步印象有四个优势。

第一，立表之多远超前史。前史立表最多的是《史记》和《清史稿》，均是10表。我们立31表，这是为适应清代历史的复杂性、多样性而设的，可以反映多方面、多领域的社会生活，而且创立事表，也超出前史。如果我们能用心做好，每个表都可能成为一个亮点。

第二，使用原始档案资料远胜于前。前代修史能看到的档案甚少，大多已散失。我们能看到基本完整的清代档案，实是幸运，表中所引，很多来自档案。

第三，我们的做法是先将档案、实录和其他文献编成资料汇编与考异，再据此做史表，根据确凿。汇编、考异等字数要超过史表5倍以上，将来虽不出版，却是我们这一代修史者的心血所凝聚，要很好地保留下去。

第四，我们的表格设计颇费匠心，参考了《清史稿》表、钱实甫的《清代职官年表》、魏秀梅的《清季职官表》等成果而有所改进。

以上四点意味着良好的开端，循此以进，努力工作，必有成绩。我谨对参与工作的先生们表示热烈的祝贺和衷心的感谢。

在通纪项目（卷四至卷八）工作会议上的讲话*

今天，主要谈通纪第四、第五、第六、第七、第八这 5 卷，谈包含什么内容，有什么难点亮点，准备怎么写。今天的会议主要是沟通的会议，交流意见，畅所欲言，海阔天空，充分发扬学术民主。只有思想解放，才能突破传统，才能有所创新，有所超越。我先抛砖引玉，谈点意见。

第一卷主要内容是关外，第二卷主要内容是顺治时期和康熙前期到 1683 年康熙收复台湾，清朝从东北入关，统一中原和南中国。这两卷是清朝兴起，进展顺利，速度很快，摧枯拉朽。我们多方面观察，分析清朝崛起的原因，从小到大，从弱到强，从所处客观环境到主观努力，分析它的崛起对中国的影响。清朝在崛起过程中既改变了客观世界，改变了中国历史走向，又改变了主体本身，诞生了满族，发展了满族。

第三卷主要内容是康熙后期和雍正时期，致力于西北边疆统一，又致力于国内经济发展和内政治理。统一西北不是那么容易的，是旷日持久的战争，准噶尔蒙古立足于伊犁，内部政治经济千头万绪。中原地区有了较好的环境，经济的恢复为实现统一提供了可能性。人口增加，土地开垦，农业水利、手工业、文化逐步发展，国力蒸蒸日上。

第四卷主要内容是乾隆一朝，这时清代社会经济政治发展到最高峰，也可以说是中国历史上的最高峰，人口达 3 亿，道光时达到 4 亿。在封建社会，人口是衡量社会发展的重要标尺，人口既是计算

---

* 2006 年 6 月 3 日。

社会劳动能力的指标，又是衡量社会财富的指标。养那么多人口，就要有那么多粮食。农业社会主要以农产品粮食数量衡量国力，18世纪全世界9亿人，中国占3亿，占全世界的30%，居全世界首位。现在有些外国著作中说当时世界中心在中国，如《白银资本》，这种说法是否正确，有待于研究讨论。我们对世界各国的GDP做个估计（不可能有精确统计），当时欧洲都是小国，英、法、德、俄总人口加起来也没有中国多，英国仅800万人口，法国2 300万，整个欧洲不到2亿人，当然GDP赶不上拥有3亿人口的中国。当时的世界大国，一个是奥斯曼帝国（土耳其），一个是莫卧儿帝国，但也没有中国强大，它们都在不景气的时候。

中国完成西北统一是非常艰难的，从康熙和噶尔丹开始进行乌兰布通之战到乾隆平定准噶尔部、回部，一共70年。如果加上两次攻打大小金川，有100多年。和廓尔喀打仗，翻越喜马拉雅山，是世界屋脊上的战斗，是全世界最艰苦的战斗。一共100多年，才统一和巩固了新疆、青海和西藏。我们这个统一的多民族大家庭来之不易。

第五卷的主要内容是嘉庆、道光时期，共55年，这是衰落时期，加上第六卷咸丰一朝。嘉庆、道光时期重大事情少一点，但有白莲教起义，起义此起彼伏，越来越多。白莲教以后，林清、李文成打进皇宫。还有南方天地会起义，直到太平天国起义，少数民族起义。阶级矛盾激化，连续70年起义。这些起义的正义性无可怀疑，穷苦人民水深火热，因而起来冲击清王朝，太平天国时清朝几乎灭亡。除国内阶级矛盾激化外，中外之间的矛盾也在激化。当时中英贸易迅速增加，但中国贸易顺差很大。中国出口茶叶，还有生丝、瓷器，而英国商品生产还没有达到打开中国市场的能力，它需要中国商品，就用鸦片贸易扭转逆差。中外矛盾引起鸦片战争，这场战争不可避免，这是资本主义殖民扩张的后果，但它在鸦片贸易上爆发，正反映了这场战争的侵略性、非正义性。

这里写法上有所改变。由于嘉庆和道光在位长达55年，但事情较少，所以想把鸦片战争放在这卷，直到道光三十年（1850）。由于把鸦片战争提了上来，不作为下一卷的开端，而作为第五卷的结束，因此把中英贸易、18世纪中英贸易、鸦片贸易也放在这里，再把鸦片战争后中国社会的变化也放在这里，所以事情就多了。鸦片战争后《黄埔条约》《望厦条约》《上海租地章程》签订，租界设立，对外贸易从广州转到上海，广州的反入城斗争，以及中国思想的变化，都放在第五卷，以便篇幅的均衡。

第六卷的主要内容是太平天国农民战争，咸丰一朝11年，同治朝3年，把太平天国打败，捻军、回民起义，李鸿章平捻、左宗棠平回，以及苗民起义杜文秀都放在这里，打破1861年甚至1864年的界限。

现在对太平天国议论很多，有的完全否定。我想应当肯定它是起义，有它的历史合理性。它是人民反抗封建剥削的斗争，民不聊生，揭竿而起，反对封建主义。到后期太平天国碰到外国干涉。太平天国是早期的反帝反封建斗争，这一点是值得肯定的。但农民阶级本身具有局限性，反对封建又恢复封建，走了一个怪圈又回到封建主义，内部腐化争权夺利，后期军纪也不好。农民阶级有不可克服的矛盾，既要肯定它的正义性，又要严格批判它的落后性。加上帝国主义和封建主义的镇压，必定失败。因为太平天国是清史的一部分，本想写三部载纪：第一，南明；第二，准噶尔；第三，太平天国。顾虑到重复太多，篇幅过大，所以删去载纪，分别放在通纪、人物传中。所以这一段太平天国应着重写。当然主要还是写清朝，这一时期清朝方面发生了两个显著变化：一个是满汉权力重新分配，中央地方权力重新分配。湘淮军崛起，满族还掌握朝政大权，但汉族地方督抚很多，而且地方督抚权力很大，有兵权、财权、用人权、司法权。以后大权旁落，朝廷大权落入李鸿章、袁世凯和张之洞手里，后来演变到民国初年军阀割据。另一个显著变化是外国侵略势力的态度发生重大转折，从打击清朝转向扶植清朝，通过清朝统治中国。以英法联军战争为转折点，外国帮助清朝镇压太平天国，通过条约制度来束缚中国；清朝相应设总理衙门、南北洋大臣。建立了双重体制：一重是从皇帝下面的军机处、六部到各省；另一重是外国，下面是总理衙门、南北洋大臣、出使大臣。所以，以后洋务运动，不是举国一致努力，而是从李鸿章到少数地方督抚，没有得到全国认同或每个统治机构的认同。

第七卷进入洋务运动，中国近代化起步。不管它的动机如何，效果如何，也不管它整个路线方针存在什么大问题，它还是中国近代化的开始。一桩大事业的开始必然是幼稚的，有许多缺点，走许多弯路，谁也不可能一下子走正确。洋务运动显然是在学习西方，不过洋务派对西方的认识不是一步到位，不是全部看清了西方制度，包括优点和缺点，而是认识逐步深化，逐步前进。开始搞军事工业，为的是镇压太平天国。但搞了兵工厂需要烧煤，需要运输，第二步就创办轮船招商局、开平煤矿。工厂用外国工程师，另外和外国办外交需要外文，办工厂需要科学，因此认识到培养人才的重要，就要办同文馆，派遣留美学生，翻译书籍。办工厂、矿山需要资金，因此认识到要先搞轻工业，如纺织、面粉、火柴厂。认识逐步深入，行动逐步前进。有人批评李鸿章的洋务运动只知改革枝节，只知船坚炮利、开矿、铁路、工厂、海军，不知道最根本的是政治改革和思想改革。这个批评当然是事实，有道理，但洋务运动就像盲人登楼梯一样，一个台阶一个台阶地摸索攀登，走一个台阶时不知道还要走第二个台阶，而走第二个台阶必须先走第一个台阶。因此洋务运动是一个漫长艰难的过程，只能依次攀登，循序渐进。没有人能一下子认识到最后，一步登天，达到目标。孙中山甲午战争上李鸿章书时，思想最超前，基本上也还是洋务运动框架。何况李鸿章是封建士大夫，更不能认识到彻底改革的必要性。要知道洋务运动时客观国际环境险恶，天然竞争者你死我活，你上去我就上不去。当时中国和日本同在东亚，处在竞争态势中，日本明治维新同时开始，日本战胜，踩在中国身上，爬进了世界列强的行列，中国早期近代化失败，跌进了万丈深渊。

第八卷的主要内容是戊戌变法、义和团运动。这是中国人对甲午战后面临亡国灭种的反应，有三个不同的群体：一是带有浓厚封建色彩的知识分子和下层官吏，如戊戌六君子；二是义和团农民和顽固派官吏；三是革命党、小知识分子、新军和会党。目标都为了挽救中国。戊戌变法被以西太后为首的顽固派扼杀；义和团被帝国主义扼杀；辛亥革命有成功的一面，推翻了清朝统治，但袁世凯篡夺革命成果，挽救中国的目的也没有达到。三次运动，三个不同的群体，三样不完全相同的结果，但都没有达到救亡的目的。历史告诉我们，这时国际国内环境非常险恶，辛亥革命是联合工人、农民、新军、会党以及立宪派共同努力取得的巨大成就。

以上八卷，内容说起来非常简单，是老生常谈，但写成作品很不容易。今天希望听一听大家的想法。大家已酝酿了相当一段时间，会有所考虑，有所启发。

在传记组关于传记编写若干问题的讲话*

刚才成崇德同志代表国家清史编委会谈了三年多以来的工作。大体上可以概括为六个字，即平稳、有序、顺利。所谓“平稳”，是指没有发生大的风波，当然也有很多困难和矛盾，但在清史领导小组的指导下逐个地克服了困难，解决了矛盾。所谓“有序”，是指工作基本上按预先的设想、计划逐步推进，当然步骤也有所调整，但改变的幅度不大。所谓“顺利”是指工作的进度还算可以，质量也未发生大问题。

今天召开传记组的编纂会议，交流意见，讨论问题，要对传主总目录以及若干试写稿、资料长编、考异提些意见。传记分为列传和类传，列传、类传在传统史书中均称列传，我们因为加重了类传的分量，故把两者分开。列传有 15 个项目，类传有 13 个项目，两者人数均为 1 700 多人，总计 3 500 多传主，每位（包括合写）都要写一篇传记。

传记是中国历史著作中极普遍、极广泛的一种体裁，地位很重要，号称“正史”的“二十四史”大部分篇幅都是传记，所以“二十四史”名为纪传体史书。130 卷《史记》中列传占 70 卷，其实，还有些本纪、世家也属于传记，如《项羽本纪》《高祖本纪》以及《萧相国世家》《曹相国世家》《留侯世家》也是人物的传记。《清史稿》536 卷，列传 315 卷，约占 60%。正史中可以没有表没有志，但不能没有传，无传记则不能称“正史”。“二十四史”可说展示了中国几千年历史画廊中的人物群像，这在世界上是独一无二的。本来历史是人创造的，记录人物是历史学的职责。人物有行动，有言

* 2006 年 6 月 30 日。

论，有性格，有事迹，生动活泼，记载的人物可以栩栩如生，是历史著作中鲜活的亮点。写人物群像是中国历史学的好传统，同一个时代写很多人的活动，包容宽广，信息量大，涉及历史的各个方面、各个领域，可以反映出一个时代的全面性、整体性、丰富性。

我们列传与类传要写 3 500 多人。《清史稿》写了多少人，我没有仔细统计过，可能达六七千人。它写传记，当然有它那个时代的取舍标准，在我们今天看来，有应立传的人未立传，也有不应立传的人立了传，我们大幅度地削减了很多人，去掉了许多事迹言行不彰的文武官员，还有许多贞女烈妇，但增加了许多类传。我们的原则是“做表不漏，做传不滥”。上千个总督巡抚，几万名进士，做表时全部记录，不漏掉一人；做传时就要慎重选择，不能滥竽充数，因为史传不是人名大辞典，够得上立传的人才能够立传。

我看了全部传记名单和部分试写稿、资料长编、考异，先谈点读后感，抛砖引玉，以供讨论。我初步印象有四个特点，或者也可以说是优点。

第一个特点是传记的结构有重大突破，即分别设立了列传和类传。列传、类传都是司马迁创造的，如《货殖列传》《酷吏列传》实际上是人以群分的类传。我们的突破不是创造了类传而是大大增加了类传的分量。前史的类传比较少，如《清史稿》列传 262 卷、类传 53 卷，两者的比例是 5∶1；而我们的列传是 15 个项目，类传 13 个项目，两者的比例几乎是 1∶1。量的变化成为质的变化，因为列传所写大多是帝王将相，都是大官，连中级官员也很少，小官除特殊情况，一般是轮不到立传的，因此“二十四史”被指责为帝王将相的家谱。士、农、工、商这四种人一般都进不了史传。农民人数最多，肩负着生产的重担，但几乎没有一个农民能进入正史；工商也被歧视，很少立传；士是知识分子，但没有功名，没有一官半职的布衣之士也难入史传。“学而优则仕”，只有高级的文武官员充满了史传。这不能客观地反映历史，而是被扭曲了的“官本位”的历史。我们增加类传的分量，使得士、农、工、商都能进入正史，如工商人士、农民领袖、科技人士、华侨、少数民族人士、妇女、宗教人士，也有学者、诗人、艺术家。这样就比较全面地反映了清代社会的阶级结构、群体结构，在很大程度上破除了官本位，这是一个重大的突破。看了传记的总名单，有面目一新的感觉。

第二个特点是许多下层人民进入了正史。多设类传，其中农民类传有几十个人都是农民起义的领袖，像武训则是出身农民并为农民兴学的。科技类中有宫廷匠师“样式雷”家族，自康熙以后世代在宫中服役，他们建造的北京故宫、颐和园、承德避暑山庄、沈阳故宫、清东陵都已经评上世界历史文化遗产。世界上哪一个家族曾经创造过五个世界历史文化遗产？这是我们民族的荣耀，但《清史稿》中没有为雷氏家族一个人立传，这很不公平。我们的传记名单中有雷发达、雷金玉两人，我觉得还可以增加一些，因为雷发达、雷金玉是康熙、雍正时的人。清代建筑最繁荣的乾隆时代还没有到来，好在北京中国文化研究所和国家图书馆有雷氏家族的丰富资料，有他们的家谱，包括各代匠师的传记。清代许多民间艺人处在社会的底层，他们也不能入史传，像清初柳敬亭是位说评书的能手，清初许多文人集子中有很多记载。同时的苏昆生则是吹笛子的乐师。光绪年间的朱绍文创造了相声，外号“穷不怕”，大概是一贫如洗的杰出艺术家。相声这一艺术品种人所共爱，传布极广，喜闻乐见，我们也应该给他立个传。还有像中国的武术，闻名遐迩的拳师霍元甲居住在天津郊区，前些时候报纸上整版报道霍元甲的后裔谈他的生平。还有创造了太极拳的杨露禅以及大刀王五。还有围棋国手范西屏、施襄夏、黄龙士都有立传的资格。京剧是中国精湛的艺术，它诞生于乾隆后期，徽班进京融合吸收了各种地方剧种的精华，像程长庚、谭鑫培等“同光十三绝”，名家辈出，也可以写不少传记。社会上一些小知识分子也有立传的资格，如这次试写稿中有一位吴楚材，康熙时人，编《古文观止》，这是流传 300 年之久的一部古文普及读物。它是我在青少年时代常读的课本，我很早就知道这个人，但不知道他的身世，原来他是绍兴人，长时间做幕僚，本名吴乘权，是曾任两广总督吴兴祚的侄子。吴楚材声名不显，无人给他作传。我们的作者从绍兴吴氏族谱中找到资料，为他立传，这样做很好，因为吴楚材在普及文化方面贡献很大。跟他类似的一位蘅塘退士，曾经编《唐诗三百首》，我还不知道他是何许人（后经刘桂生先生查明，“蘅塘退士”是无锡人孙洙，乾隆进士）。能不能查找一下，也给他立个传。朱柏庐《治家格言》也是耳熟能详的作品，讲治家之道和伦理规范，但《清史稿》中似乎也没有朱柏庐的传。总之，新传记的第二个特点是挖掘出大量有才能有贡献的下层人民，为他们立传，使新传记不再成为帝王将相的家谱。

第三个特点是资料丰富。新传记大量利用各种资料，包括档案、碑传、诗文集、各种官书、报刊以及外文资料，搜罗之广，发掘之勤，引用之多，是以前写传记的人难以做到的。能做到这一点根本原因在于我们现在条件较好，生活在安定、开放的时代，前人为我们做了很多准备工作。第一历史档案馆出版的档案已有一百数十种之多，各种资料也相继编纂刊印。台湾出版了《〈清史稿〉校注》，又提供了清朝国史馆档案（包括大量传包、志包）。我们所处的时代很容易看到各种资料，这是前人的积累，加上各位先生的勤奋努力，我们在资料以及研究成果的积累和使用上超过了前人。

例如，我读了阎若璩的传稿，此人是大名鼎鼎的学者。钱大昕、江藩给他写过传记，赵执信写过墓志铭，张穆编过年谱。《清史稿》《清代名人传略》中也有他的传。现在写的传集中了前人成果，又研读了他的著作《古文尚书疏证》《潜邱札记》。阎若璩多次从淮安到北京、太原应试，交游甚广，与当时学界名人多有往来，可见他人际关系的网络和所处学术气氛环境造就了他的学术人生。但看来此人性格上有弱点，利禄之心甚重，康熙南巡时他忙着献诗献文，没有赶上，就派他的儿子专程赶到北京向皇帝进献作品。他考试博学鸿词科未中式，引为大憾。晚年受雍亲王府征召，以 69 岁高龄，欣然上道，可能是老年体衰，到北京三个月就因病逝世，其追求利禄的性格特点跃然纸上。他和毛奇龄争论《古文尚书》真伪，毛奇龄伶牙俐齿，阎若璩辩论失败，甚为失落。这篇传记写得很生动，如见其人，正因为作者掌握了大量资料，故能运用自如，左右逢源。

写史最重要的是资料，掌握史料多，乃能昭示历史的真相。最近我看到一部重要的工具书，江庆柏编《清代人物生卒年表》，其中收清人3万人，对我们很有用。我们的《传记》名单上生卒年不详的很多，有的朝代半数以上的人不知其生卒年，这部工具书对我们有很大的参考价值，还有像《〈清史稿〉校注》也是很有用的。

第四个特点是我们设置的一套工作程序发挥了作用。我们要求：写作传记之前，先收集资料，编写资料长编，如有不同记载，应做考异。这一程序看来是行之有效的，推动了研究和写作的规范化。要求大家必须充分掌握资料，必须细心梳理资料，再进入写作。经过这样的程序，写出的传记，资料充实了，思路清晰了，质量提高了。譬如遗民类传中的邱维屏，《清史稿》中附于魏礼传后，仅300字。作者仔细检索了《邱邦士集》、《魏冰叔集》以及《遗民录》、《赣州府志》、《小腆纪传》、《易堂九子文钞》，编成详细的资料长编，分成七个小标题，写成四篇考异，邱维屏的生平变得清楚、丰富，写出2 000字传文，这篇传记自然要超过《清史稿》中的传文。

以上讲了我的四个印象，也可称为传文的四个优点。但目前尚不能对全部传文做出评价，因为3 500余篇传文，目前只有几十篇，而我只读了几篇。豹窥一斑，不能以此推论其他的传文。但我希望大家能努力从事，把传文写好。

以下简单提出一些不足之处，我也来不及仔细推敲、查对，也可能我反而说错了。

我刚才说“立传毋滥”，有的传似乎可以不立，如努尔哈赤共有16个儿子，我们的传要立13人，似乎太多了，可酌情删几个。顺治朝未为孙承泽、傅以渐立传，似应补立。左良玉早死可不立传。郑芝龙降清不应入南明抗清人物。康熙朝可补充杨方兴、朱之锡二传，康熙朝（下）人物有几个死于康熙初期与中期，如李率泰、姚启圣、吴兴祚、佟国纲，应移康熙（上）。而徐元梦应移至康熙（下），不应置于雍乾朝，因徐元梦在雍正朝已年老，屡有差错，不受重用，乾隆六年死，年已87岁。方苞、姚鼐均应改入文苑传，张献忠、李自成余部李定国、李过、郝摇旗、高一功等应入南明抗清人物，不应入农民领袖类传。康熙（下）韩大任不应入三藩集团，因他降清后，在乌兰布通战死，受清廷赏恤。曾国藩不应置于同治朝，可改入咸丰朝，他虽死于同治时，其事迹多在咸丰，且其部下罗泽南、李续宾、江忠义等均在咸丰朝。汪辉祖不应放在学术类而应放在循吏类，另外文苑传应增补曾朴、柯劭忞、叶德辉、叶昌炽、陈衍等人。

当然这个传记目录可能还有很多问题，可以商榷，第一次拿出来的初稿不会一下子就很完美，必然会有瑕疵。一个学术精品，必须经过反复打磨，千锤百炼。以后对稿件评估、审改，一定要认真负责，严格把关，评审每篇稿件，达不到标准的稿件要退回修改，力求使所有稿件均能合格，多花一分功夫，就能提高一分质量，希望先生们理解我们的愿望和做法，一起共同努力把《清史》写成一部高水平的著作。

在典志组会议上的发言*

听了典志组的汇报，读了7篇稿子（《医药卫生志》《宗教志·佛教篇》《水利志·防洪篇·长江》《回族志·土族篇》《华侨志·侨政篇》《城市志》《宗教志·基督教篇》），总体印象比较好，可以列入中上等水平，如果再修改锤炼，可以达到更高水平。希望大家努力加劲！

好在哪里？第一，史料十分丰富，引用资料之多、之广，很钦佩，每篇稿子都先做了各自的史料长编，功夫下得很深，如《宗教志·佛教篇》天童系的长编。不是有长期积累和深厚功力的专家，是做不到这一点的。第二，内容较充实，正因为资料丰富，所以写作的内容很充实，把主题的各个方面都叙述到了，比较全面，很有内容。第三，逻辑较严谨，叙述论断较清楚而谨慎，合乎分寸，顺理成章。第四，文字较通畅，可以通读，可以读懂。

郭成康同志估计：好的和较好的稿件达到60%。我看可能还要超过。看了这批稿件，我增加了一点信心。当然也还有可以改进、可以商榷的地方。今天主要是讨论如何改进典志的编纂，如何提高质量。所以谈的问题和缺点多一些，这也是我不成熟的印象，且稿件太多，看得匆促，来不及深思熟虑。我是抛砖引玉，意见很可能不对，只是提供讨论，提供参考。

我谈五方面的问题：第一，典志篇目；第二，典志的内容、结构与写法；第三，篇幅；第四，重复；第五，文字。

---

* 2006年10月18日。

一、典志篇目

典志篇目已讨论修改了许多次，现在共有 40 个志，已经很多了。《清史稿》16 个志，我们超过二倍半。因为典志要反映社会生活、典章制度的各个方面，而清代社会已进入近代，内容甚为丰富、复杂，像铁路工矿轮船、华侨、生态、港澳台问题。以前社会都没有的或不重要的，在清代凸显出来了，所以增加了很多篇目。是不是太多了？见仁见智，意见不尽相同，可以继续讨论。

是否立志，我想不外乎考虑三条：第一，该志的意义和价值，有无立志的必要？第二，志的内容，其丰富程度如何？有的志即使内容丰富，但我们没有研究，写不了，也可以暂时不立。第三，该志内容与全书重复多否？重复太多，可在其他部分撰写，不必再立志目。我的想法是现在按照 40 个志写下去。因为讨论可能旷日持久，一下子得不出结论，而且 40 个志已经立项，再讨论要不要增减，会影响写作。我们的篇目业已确定，共 40 个。没有重大的、充分的理由，不轻易改变。比如《天文志》，我开始立此志时很犹豫，因为天文纯属自然现象，不关人事。又《清史稿》的《天文志》只写了一半，到乾隆为止，资料不全。后来专家们说，“二十四史”均有《天文志》，且位列第一，十分重要。资料在各书和地方志中很多，应该立志。我们尊重专家的意见，后来在台湾“故宫”发现有国史馆《天文志》志包，原来清中期以后已有原始的天文记录。

有的同志说，《生态环境志》缺乏对全国生态的研究，写不好，可以撤销。我觉得《生态环境志》十分重要。自从清朝人口激增，晚清至民国生态环境破坏日甚。像木兰围场，清中期林木繁密，溪流纵横，兽群出没。其面积有 1.2 万平方公里，当年北京一带的气候可能受益颇多。我在 20 年前到过围场，全都开垦成农田了，树木很少了。睹此情景，感慨很深。后来读到两篇论文，说木兰围场的今昔变化，深受教益。还有清初东北，铁岭以北全被森林覆盖。当年南怀仁随康熙东巡，有所记录。还有陕南老林，内蒙古河套，四川水土流失，都有一些记载和研究。即使研究不够，记载不详，我们努力把它写成《生态环境志》，意义很大。即使粗糙一点，也为今后的研究做了准备，所以还是保留为好。也有同志主张撤销《港澳台志》，这三地比较特殊，经历了一段殖民统治，与内地情况各异，我也主张保留为好。

《城市志》，我最初也很犹豫要不要。这次看了稿件，增加了我设置《城市志》的决心。因为内容较充实，现在各城市均在写志，地方志的研究成果甚丰。我看《城市志》的稿件中吸收了很多新写地方志的成果，故内容充实而新颖。

二、典志的内容、结构和写法

典志该写什么内容？如何设计框架结构？怎么样进行撰写？说实在的，我并没有研究，也说不清楚。这些问题需要在工作实践中探索前进。

“志者，一方之史也。”志是一个方面、一个领域的历史和状态。从“二十四史”来看，天文、地理志是写自然现象和地理沿革的，食货志是写经济领域的变迁的，职官、刑法、兵志是写政治、法制、军事方面的历史和状况的，礼乐、艺文志是写文化领域的制度和状况的。总之，“志”应该反映各领域的历史现状、规章制度。我们曾经提出“事以类从，依时叙事”，也就是把这个领域的历史现象分成几类，每类按时间顺序叙述。如《民族志》可以考虑把一个民族分成五题：一是概况（族称、族源、人口、分布等），二是政治，三是经济，四是文化（包括宗教，因为有《宗教志》，故而在《民族志》中自然不可避免地会写到宗教，但不要多写，也不必立目，不必加详），五是风俗习惯。五题大体就可以。如果小民族材料少，也可合并几题甚至不分题目，务必要简明扼要，条理清晰。“文省事丰”，也就是篇幅尽量小，信息量却要丰富。当然各个志均有其特殊性。

如《防洪篇·长江》，一上来就是依时叙事，并未按“事以类从”分成多少题，这样做很合适。哪一年有洪水就记载，没有就不记。要分类的话按上游下游地段分，或以工程种类分，都不合适。

没有绝对统一的框架结构和撰写方法，因为各个志的内容不同。应该量体裁衣，“事以类从，依时叙事”也只是个原则，要按照不同的内容设计不完全相同的框架结构。这就要求三级项目组发挥聪明才智，设计出适合本志之用的框架结构。

现在看来，《兵志》的结构有些问题。它只写了兵种，即八旗、绿营、防军（湘淮军）、北洋水师、新建陆军等。《兵志》有两卷，只写兵种，给两卷太多。当初的想法还应该有韬略（战略战术）、兵器、装备、训练、后勤、工程等等，都忽略了。能不能加上去？《兵志》除战争以外（战争都归通纪写）要反映军事的各个方面，如后勤就非常重要，也非常复杂。清朝打仗很多在边远地区。战争的对手是少数民族或农民，战斗力不很强。问题在于山高水险、路途遥远，粮饷运输很困难。如统一新疆的战斗，转战大漠，一直到帕米尔高原，进藏抵御廓尔喀，翻越喜马拉雅山，道路冰封，艰苦卓绝。粮食、物资的运输、供给、保护、管理是一项极艰难的工作。清朝在战争中的台站制度运作良好，入藏作战，从四川运粮，沿路设立七个粮台，每个粮台均以一位督抚大员驻扎管理，效率很高。不知现在有没有人研究，是否写得出来。还有《佛教篇》，资料很丰富，文字也通畅，但体例尚待商榷。写佛教各派的衣钵传承，共 30 多位高僧，有点像高僧传，可否改变一下体例和写法。我已经在传记部分看到木陈忞的传，而《佛教篇》中又有一个木陈忞传。一部《清史》中，一人两传是不能允许的。其他像《佛教篇》中已有的玉林琇、函可等，我想传记部分的宗教类传中亦可能出现。又如圆悟、圆修、慧经、元镜、如馨等多名高僧都死在明末，没有活到清朝，不能在《清史》中立传。佛教中的衣钵传承怎么写，我提不出意见，但不要写成传记，实在不行，只写个名字、列个表，也可以。

内容方面尚有《侨政篇》中说“顺治十八年采用郑成功叛将黄梧的献策，推行迁海令”。黄梧之前不要加上叛将的帽子，当然叛降是事实，但情况非常复杂，后来收复台湾的施琅也是郑成功叛将，他们以前跟着郑芝龙当海盗，并不是一贯效忠明朝的将领。凡是书写人物时，都不要书写贬义或褒义的头衔。

还有《医药卫生志》中说“顺治病重期间，其子玄烨因未出痘，隔离于紫禁城外，不能进宫尽孝，乃成终天之恨”。玄烨（康熙）小时是出过痘的，因出了痘，才能得继帝位。

三、篇　幅

7篇稿件，字数略多，每个志如果超出10万字，40个志就要超出400万字，所以一定要注意“文省事丰”的原则。二级项目组的任务，第一是注意稿件质量，“质量重于泰山，质量就是生命”，没有质量，一切都谈不上，我们一定要对得起国家，对得起人民。二是要注意进度，按计划进行，无特殊原因，最好勿拖延。三是要注意篇幅，字数超过太多，将来也不好收拾。

现在如《防洪篇·长江》达二三万字，似乎要减一些。《城市志》三个城市写三四万字，计划要写60多个城市，将达70万字，达两个志的篇幅。土族写1.5万字，56个民族也要超出不少字。

解决字数多的问题，是要详略取舍，要略其所可略，判断什么应详，什么应简，什么应删，取舍剪裁是写史的重要方法。客观历史非常丰富，其内容是无穷无尽的，我们写什么，不写什么，应有识见，否则冗杂支蔓，难断纠葛，不但字数多，而且史事也会模糊不清。我挑选《防洪篇·长江》中的一段文稿试行改写，看看效果能否好一点。

乾隆九年御史张汉有一段议论：

> 建言于长江两岸恢复通江穴口。即江南疏通采穴口，使之与虎渡口合流；疏通杨林市，与调弦合流，以增加江水入湖水量。江北则复郝穴，使江水东注，而黄潭堤不筑自固；复庞公渡，以减缓监利防洪压力。于汉江则复操家口等支流故道以达

> 五通口入于江，以缓天门、汉川滞涝。

此段共109字，似从张汉奏折原文引来，我尝试进行了改写：

> 于长江两岸兴工。江南疏通采穴口等，以增加江水入湖水量，江北修复郝穴，减缓监利防洪压力。于汉江则疏通支流故道，使水入江，以缓天门、汉川滞涝。

剩下60字，减掉了许多地名（这些地方虽是通湖通江的重要渠道，但大多已淤废，清朝时已不为人所知，似可省略）、衍字，省略49字。我不懂水利，不知是否有损原意，是否可行？但从字面上看，字数缩省，意思亦明豁了。这是举例而言，以一反三，应在改换语气、节省字数方面用些力量。

字数多的另一个原因是注释太多。将来出版会有简明的注，只注资料出处——作者、书名、页数（或卷数）三项，其他（如出版社、日期等）从略。稿件中释文甚多，如《土族篇》解释族称、族源的注释将近10个，达4 000多字；解释其寺庙有30多个注释，达1万数千字（会上撰写者解释，这些都是给审稿者参考的，出版时要删掉）。《土族篇》中历代袭职土司的名字一概列明，是否不必保留，列明或者只保留首任土司之名，下面写几传而止，不写传袭者的名字。我想一个土司的管辖范围可能只有今天几个乡、镇，最大亦不超过一个县城，《清史》中要保留全部土司的名字是不可能的，只能分别在各地方志中保留。《土族篇》（送审稿）讲其语言，还制成"称谓表"。我们的书，单独有史表，其他部分一般不制表（除《人口志》《财政志》等），修改稿已删掉了，这一删改是很合理的。

四、重　复

重复是我们这部书的大问题之一，很难解决。由于内容太广，篇幅甚大，写作者之间少有沟通，因此到处都有重复，不通读全书就发现不了。即使发现了重复，哪里该写，哪里可不写，哪里该详，哪里该略，也难以决定。总之，既要保持全书的完整性和全面性，又要避免相互重复和前后记载矛盾，是很费力的工作。

例如闭关政策，我本来以为闭关政策可能会在通纪、《外贸志》、《邦交志》、《边政志》中发生重复。这次读稿，发现《华侨志》中谈禁止人民出海也涉及闭关政策。当然它只是从禁止人民出海而言，但篇幅写得也很多（又其中写吴尚贤在缅边所开银矿，似应在华侨经济活动中写，不要在清廷压抑侨民政策中写）。

又如《城市志》的《兰州》中写左宗棠兰州织呢局很详细，是否会和通纪中的《洋务运动》重复？应该协调一下，但《兰州》中写黄河第一桥是宣统时建成，《交通志》内肯定不会写，而对兰州来说去却是大事，似可详述。

各志之间重复问题很严重。如所立《朴学志》《西学志》《思潮志》三志，甚难区分；又《边政志》《宗教志》《民族志》《风俗志》之间亦应注意其重复之处。有的一个志中就会有重复，如《邦交志》中写到八国联军，不但和通纪重复，也会在《邦交志》内各篇之间相互重复，如英国、法国、俄国、德国、日本、美国、意大利都参加了八国联军，在每一国家之中都写八国联军如何分工。不要在同一个志的八个国家中都大写特写八国联军，联系人必须注意分工协调。

解决重复问题的原则是加强沟通，整体协调。

第一，三级项目组应了解全局。纪、传、表、志都要了解大概，要东张西望、左顾右盼、胸有全局，加强各部分之间的沟通。

第二，二级项目组联系人更要有全局观念，考虑自己联系的项目与其他项目的关联，进行协调。

第三，可考虑将纪、传、表、志的目录、提纲、传记人物总表发给全体写作者。（此事需办公会议讨论一次。）

第四，将来结稿时，尚须留出时间抽查稿件，重点是查遗漏、重复、矛盾之处。因稿件不齐，现在这些弊病是查不出来的。

五、文 风

7篇文稿，文风各有差异。《医药卫生志》《宗教志·佛教篇》《水利志·长江》较文，《基督教篇》较白，《城市志》《回族志·土族篇》《华侨志·侨政篇》在文白之间。我的倾向是应向中间靠拢。

文风不同，其中一个原因是引用原始资料，未将语句转换，因而看起来像古代人的文章。有的志专业性甚强，使用的名词、术语，表达均已定型，难以转换，只好稍文一点，但尽量转换成接近现代人的语气。

著史对文字的要求是很高的，一定要简明概括、通顺流畅。虽非文学作品，也要求文字达到上乘水平。传世的“二十四史”中观点、结构、史料可议之处甚多，但文字不通或佶屈聱牙的艰涩之作却很少，一般均能够做到文从句顺。这一写史的优良传统一定要继承下来。我感到这7篇稿件还应下力气从文字上细加推敲。

以上所谈是听了典志组汇报和读了7篇文稿后的感想。由于篇幅大、字数多、专业性强，我看得又很粗略，走马观花，许多意见可能不对，只是提供讨论。其中涉及篇目设置、框架结构、篇幅大小、重复遗漏、文字风格等问题，对各典志带有普遍性。欢迎大家提出意见，批评指正。专家们的意见，我们一定虚心考虑。

在通纪“戊戌变法”学术研讨会上的讲话*

茅海建先生的提纲写得很好，得到了一致的认可。好在平实清晰，多叙事而少发议论，寓论于史。当然写历史不可能没有作者的倾向性，应该通过叙述历史来表现倾向性。就像昨天杨天石先生所引恩格斯的说法，要学莎士比亚的写法，不要学席勒的写法。利用档案是茅先生一大优势，写戊戌变法的人几乎成千上万，可以说，没有人像茅先生看了那么多的戊戌变法的档案。茅先生在提纲中写道：这部分档案已看完了，有把握下笔写了；那部分档案尚未看完，还没想好应该怎么写。我看了，既高兴又惊讶，因为就是读一部分档案也是穷数年之功。利用档案写历史，其权威性要大得多。

以下我谈点感想：

首先是谈通纪，共 8 卷，9 个项目。篇幅占《清史》的 1/10，但很重要，是全书的纲。纲举目张，“纲”要站得住，其他“目”的部分才能张开，全书才能成功。因是通观全局，故难度甚大，要简明有序，史中有论，叙事准确流畅。

目前通纪碰到的一大难题是各卷的统一问题。很多同志为此担心。9 个人写作，9 个样子，9 种风格，怎么办？我也为此而忧心忡忡。无论如何，我们要在努力争取基本统一的前提下发挥每人的聪明才智。

首先，我们是在马克思主义唯物史观的指导下撰写历史。迄今为止，我在 9 个提纲中尚没有看到出格的违反唯物史观的论点。

其次，我们是集体著作，只能尽量统一体例、观点、文风，但做不到完全的统一，像完全出于一人之手那样。因为每个作者虽然

---

* 2006 年 12 月 25 日。

写的是同一部书，但各有思路，各有写作习惯和行文风格，只能相对统一。

我想采取如下的做法，可否做到相对统一？

第一，理出一条主要线索，确定《清史》的整体内容和框架，弄清大致思路和主要观点。我在2003年达园宾馆的长篇讲话中做了一次努力，当然这是浅陋之见，有待于丰富和充实。

第二，召开多次学术讨论会，对每一段内容做详细深入的探讨。从2005年底以来，我们举行了五次较大规模的讨论会（包括今天这次在内），会议的目的之一就是希望各卷作者相互了解，在观点写法上尽量靠拢。

第三，我们听取了积极建议，修订和完善了编写的细则，规定分卷分章，各种称谓如何记年记人，引用书籍以至标点符号等，以利于行文的统一。

第四，我们请求作者们给予编委会修改作品的一定的权利。因为这是一项集体作品，各卷之间难免有互相矛盾、互不衔接、互相重复，以及观点、文字、引文以至标点上的舛误之处，有必要进行修改。除通纪以外，典志、传记、史表、图录中也有这种情况。我们承诺：只有在必要的情况下，才进行重大修改，尽量尊重原作者的意向，少做重大修改。

第五，稿件完成之后，将聘请专家通读，再一次校正其舛误、重复、遗漏及其他不尽如人意之处，总之，要经过反复锤炼打磨，方能作为成品。

即使经过多次打磨，也难以做到各卷之间在风格和观点上完全一致。我想，如果承认集体创作可以存在，那么作品各部分之间的某些差异应该是可以允许，可以认可的。

以下回到茅海建先生的提纲本身。提纲分两章，前章谈戊戌前夜的社会变动，后章谈戊戌变法本身。甲午战争的失败对中国影响之大、刺激之深，是前所未有的，真正有了亡国灭种的切肤之痛。康有为的上书皇帝虽还没有看到，但许多知识分子看到了，起了很大的觉醒作用。报刊、学会、学堂在各地纷纷涌现。经济上筑铁路、开矿山，提纲谈到了。但应该强调一下当时中国资本主义的发展，这些都是戊戌变法运动的物质基础。时间虽然很短暂，但各种工厂开办了很多，连新科状元张謇也跑回家乡开办大生纱厂，搞实业救国去了。当时有一个值得注意的新趋势，即商办工厂多了，也就是私营企业多了，官办、官督商办少了。事实证明官办工厂弊端重重，效率低，很多亏损倒闭，洋务时期和后来张之洞办的民用企业就是这样。

提纲中说，戊戌变法是一件突发事件，不是逻辑地发生的。我从另一方面考虑，戊戌变法虽然是一次不成熟的改革运动，但它也是当时社会的需要和必然，因为有了一点资本主义经济发展，有了一点社会传媒（报刊）和群众团体（学会）的出现，有了一批先行的思想家的鼓吹（如薛福成、王韬、郑观应），特别是有了甲午战争失败的刺激，人心激愤，人心思变，这就是戊戌变法必定会发生的原因，但是不知道怎样变。当时经济很幼稚，改革主体没有发育成长，没有改革理论，完全套用外国的经验，而并不适用于中国的现实。当时中国改革的群体力量尚未成长，“改革”就像在母腹中躁动欲出的婴儿，但当时中国还没有一位强有力的改革领袖，光绪帝和康有为就来充当不称职的接生婆。康有为登高一呼，群起响应。康有为是一个大智大勇的人，他既看到了改革的迫切必要性，又甘冒千万人的反对，举起改革的大旗，不避艰险，勇敢向前。他既是第一个发出呐喊、呼唤改革的改革者，又是知识上、性格上有缺陷的改革者。这些缺陷导致改革夭折。但即使没有他那种冒失作假、不慎重的性格缺陷，戊戌变法也不会成功，因为守旧派和维新派的力量对比太悬殊了，改革运动尚未成熟，未成熟的改革运动才产生了软弱的光绪和康有为这样未成熟的改革家。

当时，“人心思变”，连慈禧太后对改革也是点了头的。光绪的有些措施，她曾经是同意了的，但突然一下了完全拐了弯，是光绪和康有为行动过激得罪了她？有的先生甚至说慈禧并不是个守旧派，你看她在八国联军后，从西安回来，态度很开明，改革行动比戊戌维新走得更远。那是因为形势已经急剧改变，革命运动已经起来，不改革清朝走投无路，只能灭亡。在戊戌时代慈禧不过是随大流，甲午战败也说要改革，只是口头上说说而已，真要实行改革，就会侵犯她和她周围人的利益。改革必然是权力和利益的重新分配，触犯了她的权力利益，她就必定要拼命反对，这就是“叶公好龙”。改革越深入，触动的面就越大，反对也愈加激烈。一大批守旧派集结起来，慈禧就是守旧派的领袖。礼部六堂官被光绪罢黜，礼部尚书怀塔布的媳妇就是慈禧的亲戚，罢免了她的亲戚，连个招呼也不打，怒气就上来了，还能不反对？如果说慈禧不是守旧派，那么当年就没有一个守旧派了。判断人物的政治倾向不是根据她口头上曾经说过什么，而是要看她一生的言论和行动，特别是关键时刻的言论和行动。从政治上说，慈禧既是个有心机、有权术的人，又是个浅薄、短见、昏庸的人，她并没有认识到国家和她自己的长远利益所在。她长期在宫中，足不出宫禁，智不识大局；又没有多少文化，未和外界接触，不认识历史潮流，不知道世界上各种势力和新鲜事物。她所接触的只是很小的圈子，宫中的嫔妃、宫女、太监，自己家里的亲戚朋友，有限的几个王公朝臣。她生活在一个守旧派的小圈子、小范围中，没有什么远大的见识。当时的中国正处在危急的关头，偏偏有这样一个不允许有所作为的最高统治者、顽固的守旧派，她一手扑灭了改革并杀害了六君子，这是极大的悲哀与不幸！

甲午战后虽说人心思变，但这出于一时激愤，其实很多人的头脑并没有变，还是装满旧思想，需要一次启蒙运动。戊戌变法的政治改革虽然失败了，但它在思想启蒙方面做了很多工作，形成了中国的第一次思想解放，促使很多人觉醒，纷纷从改良走向革命。

好几位先生都用“睡”和“醒”来形容19世纪中国人的情形，这确是很形象的比喻。中国国门关闭甚紧，专制统治日久，不知世界大势，不识新鲜事物，浑然入梦。拿破仑就曾说过：东方的中国像一头正在睡觉的大狮子，最好别去惊醒它，要是它醒来，世界会因而颤抖。大家说中国近代多次遭到外国入侵的战争，每一次战争，中国人因受刺激而醒了一下，但随后又睡着了。确实如此。19世纪中国睡着的人太多了，睡觉的时间太长了，很多人长期在昏昏入睡，从未醒来。例如，戊戌变法时，全国督抚中除了陈宝箴、张之洞以外，哪一个是清醒的？有的人是先睡后醒的，如翁同龢；有的人是先醒后睡的，如康有为。戊戌变法以后，康有为站在原地不动，时代在前进，他就落后了，成了保皇派。总之，在那个时代睡觉的人太多，这是由于封建传统意识太浓厚，根深蒂固不易摆脱，所以当时梁启超说要开民智，写了《新民说》，孙中山说要唤起民众，毛泽东说重要的问题是教育农民，他们都很看重提高全体人民的素质。

解决项目超期的问题*

这几天分别与典志组、传记组、史表组开会，占用了假期，因为有特殊的原因。这次会议实际上是2006年工作总结会议的继续。因为会上发现各组有不少项目进度未完成，超期现象较为严重，急需研究解决。

项目超期本是意料中的事，科学研究由于各种原因，有些项目会发生延期超时。我们现在共有268个项目，不可能100%按时完成，有若干项目要延期应是正常的。但现在的超期又很不正常，出乎意料，因为超期项目甚多，达50%以上。如果有10%～15%超期，可算作正常范围，20%超期就太多了，要引起注意。如果50%超期就很不正常，要引起严重注意。我们正式动笔纂写，时间才两年左右，就发生严重超期，再过些时候超期就会越来越多，不可收拾。一个项目超期会影响其他项目，互相仿效，互相影响，发生多米诺骨牌效应。如果不加注意，会产生严重问题，说得危言耸听一点，整个清史工程会你拖我延，出现雪崩之势，所以必须想法扭转。

我们编纂的时间只有10年，现在已经过去4年。我们的经费也按10年拨给。如果超期延期，我们的工程是进行不了的，因为既没有时间，也没有经费。希望大家认清这个形势。我听到超期达50%以上，心中感到很沉重，有点食不甘味、寝不安枕。

我们重视质量，强调质量第一，没有质量，一切都是空的。但又要重视进度，因为没有进度，就没有质量，进度是质量的前提。如果稿子都没有写出来，还有什么质量可言！今天的会议就是研究项目超期，研究解决的办法，扭转严重的超期形势。

---

* 2007年2月7日。

超期有众多的原因。事前对项目设计考虑不周，研究进行中发现许多新问题、新资料，以及主持人得病甚至去世，这是一些难以避免和不可抗拒的原因，但也有项目管理不善和主持人投入不够的原因，今天的会议上我提出几点供大家考虑：

第一，逐个排查全部项目，逐个分析，逐个解决。那些按期交稿的就不必研究了，对超期的要求延期的项目，逐个研究其超期原因。主持人怎样？梯队怎样？管理怎样？了解该项目情况，做到掌握全盘情况，心中有数，逐个解决。

第二，加强二级组联系人的责任。我们有联系人制度，每个项目都有联系人监督、检查项目的进度、质量及其他问题。联系人要加强责任，做好工作。监督工作要抓紧，要经常过问主持人的进度。当然要讲究做法，尊重作者，关心作者，和作者交朋友。不是打个电话就完事，也不是板起面孔像讨债一样，而要态度和蔼，帮助作者解决问题，关心他们的困难。总之，联系工作要做得和蔼、细致、有礼貌。

第三，启动经济机制。我们本来规定了超期延期要暂停发津贴的办法，甚至要撤销项目。我希望尽量不采用这个办法，现在无可奈何，只得使用这个办法，也许能起些作用。但是清史工程不是商业行为，而是国家的学术行为，一定要尊重学者，使他们理解我们为什么要使用经济机制。学者重视的是信用和声誉，不在乎金钱，千万不可粗暴对待。

第四，增加力量。有些三级项目组力量薄弱，可想法加强其力量。编委会也想组织一支预备队，物色一些年轻优秀的学术力量。哪些项目力量不足，就去帮助。但找人不容易，找到了人，钱从哪里出？都是问题。如果没办法，只能从超期的项目费中扣取。下一步我们就要研究这个问题，准备组织队伍。

希望大家有点忧患意识，加强责任感，关注项目超期问题，齐心协力，千方百计，缓和并扭转项目超期现象。

在史表组汇报会上的讲话*

五一长假期间看了史表组送的材料，包括《编纂工作手册》和10个表（《史事表》《诸臣封爵表》《总理各国事务衙门年表》《按察使表》《学政表》《提督表》《驻防将军都统表》《驻外使领表》《外国驻华使领表》《报刊表》）。

这些史表做得不错，好在丰富、扎实、细致、有创新，努一把力，可能成为上乘之作。

丰富，是指品类多，涉及领域广，提供的信息量大。《史记》只有10表，《清史稿》有10表，我们有31表，超过2倍。清代的社会生活更加复杂，能看到的资料更多，能做出更多的表。既有人表，也有事表，各个领域应有尽有。

扎实，是指资料功夫扎实、深厚。正表只有寥寥几页，但所附资料、考异很多，比正文多出5倍、8倍，提供了大量的证据支持。一条信息不是只有一条材料，而是参稽众说，折中于一。这些资料副产品很有价值，要保存起来。

细致，我们做的是细活、实活，一个姓名、一个日期、一个地点、一个籍贯、一个生卒年，反复推敲，寻根问底，于细微处见功夫。31个表是大量劳动的结晶，如百花丛中采蜜，点滴积累而成，感谢各项目组的努力。

有创新，一方面是指我们许多表前人从未做过，如《进士表》《报刊表》《约章表》《书院学堂表》《教案表》《文祸表》《四大活佛表》《议政王大臣表》等。做出来就是新的，前无古人。另一方面，资料挖掘深入，上谕档、起居注、官员履历档、满文档等以前没有

---

* 2007年5月11日。

印出来，编《清史稿》的人看不到，我们能够看到了。有大量新的史料，可资利用。

这样，如果我们加紧努力，31 个史表可能成为权威之作，因为品种多，史料征引广而新，可信程度高。

以上谈的是我们的优势，以下谈点应该注意的问题和缺点。

第一，我担心史表的篇幅可能膨胀，甚至使全书失衡。原定史表 13 卷，现在看来会膨胀。《进士表》原定 1 卷，之后才知道清朝进士有 2.8 万人，加上主考官，几达 3 万人。每人记载其姓名、籍贯、出身、及第年龄、最高官阶、生卒年、三代父祖名等，字数不少，即使用很小的字体，3 万人非有 6 万行不可。将来印的书每册不过 500 页，每页 30 行，每册可容 1.5 万行，6 万行非 4 册不能容纳，如此浩瀚篇幅，望而生畏。将来通纪部分也只有 8 册，而一个《进士表》达 4 册之多，有失平衡。其他的如《部院大臣表》，以及督、抚、布（政使）、按（察使）、学（政）、提（督）各表，人数也很多。而且史表部分排印时不免有空行空格。原定《史表》13 卷看来会大大膨胀，如何控制要预先筹及。“二十四史”和《清史稿》都有这个问题，如中华书局版的《清史稿》印成 48 册，其 10 个史表印 13 册，占全书的 27%。我们的《史表》有 31 个，将来所占篇幅可能会很多，希望尽量减少一些不太重要的信息点，压缩篇幅。亦应考虑将来怎样排版，减少空行空格。这虽然是将来印刷方面的任务，但做史表时也要预先筹及，才能把表格设计得更合理、更节约篇幅。这是史表组的一个特殊性。还有图录组也有印刷设计的问题。

第二，提些缺点。看表时很匆促，手头亦无参考书查对，也查不出若干瑕疵，都是小问题。大多数史表不存在观点以及文字问题，都不是大毛病。但对史表组来说小毛病就是大毛病，错了一个名，错了一个年代，就会影响权威性，这是个细活，必须多次校对，多次核查，消灭每一个小错误。稍有疏忽，即为大错。

如年代的写法，则例中规定“康熙二十五年”“乾隆三十八年”的其中“十”字省略，写成“康熙二五年”“乾隆三八年”，这是为了节省篇幅，既有此规定，便当严格执行。但有不少不按则例，有的省略，有的不省略，并不统一。如陕西提督表1页，“康熙四十二年召京”（此处多一“十”字），“四十八年授镇绥将军”（此处又多一“十”字）；同页，马见伯“康熙五十九年十月卒”（此处多一“十”字）。类似的很多，如1页金国正、3页杨宁、4页胡超、6页邓增等。

又《驻外使领表》，曾纪泽“一等勇毅侯”似是“毅勇侯”之误。

《驻外使领表》中洪钧、李凤苞下均作“荷兰公使”，而许景澄下作“和兰公使”。

史表是细功夫、硬功夫，每个字都不能错，史表的质量在于记载完整，准确率高，多核实一遍，就能多消灭错讹。将来评估不必多请老专家，只需细心踏实的博士生、硕士生每天到我们图书室或数据库内，核对资料即可纠正很多错误。

体例上每个表有没有小序或前言，也不统一。《总理衙门表》有前言，伊犁将军有前言，但其他表都没有。最好都能写简短的“小序”或“前言”。

超期问题有的可以稍延时间，但多数稿件，应按时完成，要抓紧。

在传记组汇报会上的讲话*

听了传记组的汇报，也看了一点材料，但我很久未看传记稿件，因此了解情况并不真切，也许所了解的情况是表面情况。

传记组做了大量工作，在评估稿件上很用力气，看得很细，查阅了大量资料，做了修改，把关工作很有成效。当然工作中也出现了一些问题。现在，通纪、典志、史表、图录都有各不相同的问题，也各有自己的解决办法，工作都在艰难中逐渐推进。现在进入了攻坚阶段，问题越来越多，也越来越棘手，一定要集中精力，研究办法，逐个解决。

传记组共有 28 个项目，如每个组平均有 4 位专家，加上二级组共有 100 多位专家，力量不可谓不雄厚，但分布不平衡，各组强弱有别。现在看来，道光组、光绪组（下）、遗民组、民族组做得较好些。其他各组亟须抓紧，赶上去，突出的问题是进度。进度和质量之间是相互联系的。质量是我们永恒的主题。学术成果质量第一，但进度也十分重要，进度没完成，稿件写不出来，就谈不上质量。从进度上来看，存在很大差距，问题相当严峻，我感到忧心忡忡。

可以从三个方面看：

第一，从立项时间和交稿数目来看，传记组立项在 2004 年有 4 项，2005 年有 17 项，2006 年和 2007 年有 7 项，还有 1 项正在等待立项。全部稿件有 3 000 多篇。如以 2005 年立项计，已有两年半时间，只交了 772 篇，占全部稿件的 1/4。照这样的进度再过两年半，即到 2009 年底，只能交 1 500 余篇，仅及全稿的一半。我们预定在 2009 年要结项。如果结项时只完成一半文稿，这怎么能行？当然，

---

* 2007 年 5 月 18 日。

以后交稿可能会快些，但前期的进度是不行的，必须赶快抓紧。

第二，从立项时原定各阶段完成计划看，至 2007 年底应交稿 2 400 篇，只剩 600 多篇在 2008 年交。2008 年以后应是定稿评审修改的时间。现在离 2007 年底只有 7 个月了，离原定目标差距太大，即使允许各项目延期交稿，到底延到什么时候才行？而且把评审修改定稿的时间都占去了，怎么办？须知全书应在 2012 年定稿，时间不允许拖延。

第三，从各项目存在的问题看，较好的项目只有七八个。有六七个问题较大，有的主持人患病卧床不起；有的年老体弱，难以承担；有的组成员逝世；也有的组成员太少，几乎是主持人在单干；也有的主持人或成员工作忙碌，无暇顾及。我们必须逐个项目进行研究，想办法补救。

鉴于这种情况，我们应该紧急行动起来，下星期再开会，逐个项目进行研究。

我初步提个想法。

第一，在今年内（2007 年）再完成四五百篇。年内共有 1 200 篇稿件，今年 7 个月时间内平均每个项目组要上交 15～18 篇。下次会议落实这四五百篇稿子。估计每个组能写出几篇，抓紧落实。

第二，2008、2009 年每年完成 900 篇左右，这样到 2009 年可以完成 3 000 篇。当然完成这些稿件要保证质量。

第三，主持人最好不更换，但如果问题太大，完不成任务就必须更换，要果断，有决心。时间紧迫，耽误不得。

第四，已经延误的评审修改定稿工作怎么做，也要研究一下。

在图录组会议上的讲话纪要*

今天邀请图录组和有关单位同志参加，一起商讨图录组的立项问题。上周五（7 月 6 日）开了图录组的立项评审会，通过了 10 个项目，另一个项目未通过。我没有参加专家评审会，事后看了申报书，感到有些问题还要商议，否则如果在主任会议上通过，签了合同书，有的事难以操作。

图录组的立项已酝酿很久，去年避暑山庄开会时我和图录组同志谈过，此后又多次个别交换意见，但一直存在意见分歧，故迟迟未能立项。当然，立项拖延也有另一个原因，就是我们原来搜集图片的项目只拿到 10 万张照片，还有一半未拿到，想等到多拿到一些图片再立项。

看了立项申报书，我想提出些疑问和建议：

（1）图录组立项后，工作是将数据库里的图片进行整理、分类、挑选、说明。现在数据库内图片还不全，已有 10 万张，加上二级组搜集到 2 万张，共 12 万张，还有 10 万张未拿到，全部拿到需在 2008 年底。图录组结项，全部工作完毕预定在 2009 年底，你们后期制作（整理，分类，挑选，说明）的时间只剩一年，能完成吗？原定三年搜集、三年制作的计划不是落空了吗？

（2）立 11 个项目，请 11 位专家工作，但工作离不开数据库，必须来上班。11 位专家大多在其他单位工作，能按三天上班的规定到编委会的数据库来上班吗？还有住在天津的和年已 70 岁的专家，都能上网工作吗？

（3）有的专家聘请助手，最多有 4 个助手。我们每个项目只发一位专家的津贴，助手的钱怎么办？助手的工作电脑和工作空间都

---

* 2007 年 7 月 10 日。

没有，又怎么办？能否不请或少请助手？

（4）立项后要请 11 位专家来办公，可图录组现已有工作人员 11 人，原来的 11 人干什么？图录组 22 人工作，人员太多了。应实行岗位责任制，明确任务和工作量。

（5）现规定每个项目只给津贴，不给项目费。如果实行项目制，每个项目是应给一定项目费的，如每人需有一台电脑，必需的办公用品，最重要的调研和拍摄图片的照相机和胶片，以及会议费用。没有钱怎么推动工作？你们说这些钱用二级项目组的经费，但 11 个组所用经费不少，二级项目组今年经费已超支，能拿得出钱吗？

（6）我们前期收 20 万张图片已花费很多钱，听说将来发表还要向图片保管单位交纳每帧 800 元的发表费。保管单位都是国家的博物馆、图书馆，是保管者，不是图片的所有者。我们为国家修史既已付出为数不菲的收集费、保管费，又要付每帧 800 元发表费，这不太合理，能否不收和少收发表费？

（7）你们规定将来图片每卷 1 000 幅，太笼统。图片有大有小，大图（如舆图）一帧占 1 页或数页，小图可能 3 帧、4 帧占 1 页，不能一刀切，将来整理图片须标明大图、中图、小图，由你们负责，根据图片大小设计版面，不要推给出版社来定。

（8）目前图片分 11 类，即政事、军事、生产、财贸、科教、社会、科技、民族、宗教、舆图、肖像，据此立 11 个项目，但收集的图片有的类很丰富，质量也高，有的类甚稀少，质量较低。视实际情况，类别可以补充或合并，不是一成不变的，可以进行调整。规定书面说明，字数尚嫌太多，以后写出样稿，再看可否再精简一些。

（9）11 类中，无少数民族类，这类照片都混在其他类中，有无单列的必要？

（10）建议图录组就已有人力做初步挑选，将已有 12 万张图片选出若干。按其质量列出特等、上等、中等三类。可备选入图录之用（不是正式选用），只写图片名字，其他从略。大批被淘汰的图片不必列入，作为编委会负责人与今后项目主持人的参考。

在编译工作会议上的讲话纪要*

编译组自成立以来工作成绩很大，我以前也看过些有关编译组工作的材料，我给编译组送四句话：

第一句话是成果多。我上次参加编译组的工作会议，感觉到你们的工作内容很丰富，成果不少，印出来的书也很多。我看了一下编委会的几个出版物，截至目前，“编译丛刊”共 18 种，包括译著 12 本，《清史译丛》6 辑。其他几个丛刊，像“档案丛刊”出了 5 种，当然这 5 种是大的，一种就 30 本甚至 40 本；“文献丛刊”出了 14 种，其中也有一些是很多本的，像《李慈铭日记》有 18 本；“研究丛刊”出了 14 种；“图录丛刊”出了 5 种。所以论本数来讲，你们是少的，但从种数来讲，“编译丛刊”比较多。因此第一句话是成果多，不算少。

第二句话是质量高，尤其是你们搜集了一些质量很好的东西。像上次从法国弄回来的 8 000 张档案照片，还有《中国丛报》。我看了很高兴，你们拿回来的是全套的吧，我年轻时就知道《中国丛报》之名，这么重要的东西，但我从来没见过。《北华捷报》你们也弄回来一部分，质量也很高。我们编淮军资料的时候本来没考虑到国外的报刊，后来上海方面一翻《北华捷报》，发现记载淮军的东西很多，因为当时淮军是李鸿章在上海训练的，当时上海的外国记者一看中国成立新式军队了，就纷纷报道，都登在《北华捷报》上，几乎每天都有淮军的消息。所以后来他们的项目分出个子项目，专门做外国报刊关于淮军的报道，大多是从《北华捷报》上翻译过来的，包括淮军的组织训练、军器、服式等情况，这就提供了很多有价值

---

* 2007 年 7 月 18 日。

的资料。

第三句话是范围广。你们已经联系了十几个国家了，主要是欧洲国家和澳大利亚、美国、日本，而且结交了很多知名人士，国际上很多知名学者，像孔飞力、史景迁等人，都是美国研究清史的权威。另外法国巴斯蒂夫人，也是欧洲汉学权威。米亚斯尼科夫是俄罗斯的权威。这几个专家我认识有20多年了，孔飞力在80年代的时候在清史所做访问学者，时间达一年之久。我认识米亚斯尼科夫的时候，他还不是院士，现在是俄罗斯科学院的院士了。他们都是非常知名的、非常有影响的专家。

第四句话是难度大。我听了编译组的工作总结以后，觉得困难很多，工作难度很大。经费上的问题，选聘程序上的问题，限制太多，有点像关在笼子里面要拳棒，耍不开。因此我想应该给你们较大的灵活性，较大的自主权。

我最近跟外国没有多少交往了，有些情况也不了解。加上现在主体工程正处于攻坚阶段，我也顾不上考虑太多编译方面的问题，但你们确实做出了很大的成绩。

编译工作对于我们《清史》编纂作用非常巨大，这就是给编译工作的定位。无论直接的作用，还是间接的作用，都帮我们解决了很多问题。比如我曾经几次都在会上说过，我偶尔看李明的《中国近事报道》那本书，发现他对乌兰布通之战的记载，和我们中国的记载完全不同。我们所有的书上都记载那是一场大胜仗，我的《简明清史》里也是这么写的，但李明记载的那是一场大败仗。我一看吓了一跳，怎么是一场大败仗呢？仔细想，李明说的可能有道理。因为李明当时正在北京，他是外国传教士，跟这场战争没有关系，没有编造谎话的必要，而战后清军的那个总司令，也就是康熙的哥哥福全，被搁在北京城外，不准进城。福全请康熙赐给死罪，康熙是怎么答复的呢：你死在北京还不如死在战场上。这么严重！佟国纲战死了，韩大任也战死了，清朝整个炮兵被消灭了，一场大败仗。后来我想印证一下，看看中国史书怎么写的，我一翻《清实录》，《清实录》里没有记载，那一个月连一句乌兰布通战役的话都没提，这为什么？我没时间研究这个具体问题了，但其实这个问题非常重要。我后来想，可能是败了，所以《清实录》里面没记载。蒋良骐写《东华录》，魏源写《圣武记》的时候，是根据当时的奏折写的，中国的档案当然很重要，但尽信档案不如无档案，中国的档案里边记载的战争没有失败的。例如，国民党在解放战争时候的报纸，报纸里面写的都不是败仗，后来蒋介石却逃到台湾去了。中国统治者一向有讳败为胜的毛病，人们就以为他真打胜了，其他按这个写，都是胜仗，就上当了。估计乌兰布通战役可能也是这样，实际情况是败仗。后来我在查史料时发现，乌兰布通之战后清朝受处分的官员很多，波及的面很大。当然中国当时的力量很强，最后噶尔丹还是逃跑了，他从伊犁打到承德围场附近，孤军深入，他怎么能够打胜呢？怎么可能牵制清朝那么多的军队呢？但是在这场战争中清朝确实失败了，这是通过最近翻译的《中国近事报道》这本书才了解的。这就是你们编译组的功劳，现在我决定以后多翻翻这种书。历史要求真相，但对历史真相的了解，仅靠我们中国方面的资料，有时候看不到真相。所以你们的工作为我们打开了通向世界的门户。

在清代的时候，世界全球化的浪潮相当高了，这个背景和以前的汉史、唐史、宋史、元史都不一样，中国的历史已经和外国的历史交织在一起了。清代前期，中国遭到了四次世界历史的冲击：

第一次的冲击来自传教士，从明末的利玛窦，一直到清朝的汤若望、南怀仁、白晋、郎世宁等，成百上千名传教士来到中国，有的在中国住了一辈子，在宗教上、文化上对中国产生了很大的影响。

第二次的冲击，南方的从海上来，即荷兰侵占了台湾；北方的俄罗斯从北方过来到黑龙江。这是军事上的冲击。

第三次冲击是18世纪，从康熙中叶一直到乾隆、嘉庆时期，以东印度公司为代表的海上贸易迅猛发展，这是贸易上的冲击、经济上的冲击。

第四次冲击是乾隆末年到嘉庆时期，英国的马戛尔尼、阿美士德两个使团先后来华。

在这几百年时间里，这四次冲击都有大量的文字记载，数量浩如烟海。关于东印度公司的材料比较完整地保存着，数量庞大。我希望能够复制一套，但是它是天价，复印不起，数量也太多。中国如果有财力，应该复制，都是讲和中国做生意的，是讲中国历史的。

总之，材料实在太多，每一次冲击不管文化上的也好、军事上的也好、经济贸易上的也好、政治上的也好，都有大量的记载。比如，关于马戛尔尼使华的材料，已经翻译了不少，但是还有一个使团——阿美士德使团，嘉庆时候来的，在马戛尔尼之后 20 多年来的，那个时候是拿破仑刚刚战败，我们现在翻译了很多关于马戛尔尼使团的东西，但关于阿美士德使团，一份原始材料都没有，连阿美士德使团哪怕比较简单的介绍都没有。阿美士德这个使团的规模不下于马戛尔尼，这是继马戛尔尼之后中英政治上的重要事件。马戛尔尼使团 700 人，他们可能是 600 人，600 人的大使团，也有各种各样的专家，也有各种各样的记载，但是现在没人注意这些记载。学界都关注马戛尔尼，而我们就要关注全面，阿美士德使团怎么回事。马戛尔尼还在热河见到了乾隆皇帝，阿美士德连嘉庆帝的面都没有见到。当时是怎么谈的，不清楚，这种情况，空白的多。比如，关于郑成功收复台湾的事情，有很多资料，都存在莱顿图书馆，所以要研究郑成功不搞莱顿图书馆的资料不行。再比如，梵蒂冈保存了各个国家的传教士的大量信件，汗牛充栋，肯定有很多关于中国的，有多少我们现在也不知道。

清朝前期有四次冲击，每次冲击都有大量的记录。到清朝后期是五次战争，第一次是鸦片战争，第二次是英法联军战争，第三次是中法战争，第四次是甲午战争，第五次是八国联军战争。五次战争派那么多军队来，文书、士兵、将军，以及带兵的统帅很多人都有很详细的笔记、日记。鸦片战争的英国统帅濮鼎查，他的日记我们没有翻过。德国传教士郭士力的东西很重要，他记载了当时的中国海路的航路、航线，他在中国待了很长时间，留下的材料都在德国。英法联军侵略中国的时候，英国的统帅是额尔金，是他下命令烧了圆明园，他留下两大本日记，已经出版，记载了到北京和日本的情况。他的日记在中国也有，是英文的，国家图书馆可能有，应该译出。巴夏礼是英法联军中很重要的人物，他和中国人谈判时被抓，英国人很恼火，后来以此为借口要惩罚中国，两国交战不斩来使嘛。巴夏礼后来一直在中国，也写了很多东西。中法战争时期，外国人也写了很多东西，广西大学出版社出版了中法战争的资料，对打台湾、云南镇南关、马尾各个战役的情况，有很多记载。甲午战争那不用说了，在日本的军务档案里记载很多，连日本伊藤博文的东西我们都没翻译过。所以对外国的材料，我们只是知道一些皮毛，翻译的都是比较浅的、比较短的东西，大的东西都没有翻译，所以任务是非常艰巨的。

当然这是五次大的战争，小的战争还有很多，像日本占领琉球，俄国占领伊犁等。派到中国的外交官，那些大使、公使都写回忆录，而且记载得非常具体，非常感性，不像中国人记笔记都大而化之，比较笼统。比如他们对人数的记载，有几个人就是几个人，很准确，比较具体，对历史学来讲很有用处。每个使团来都有笔记，巴德利写的《俄国·蒙古·中国》很详细。因为中国这么大的国家在东方，外国人好长时间不了解，他们很好奇，现在有机会到中国，会非常注意记录中国，写了很多东西，动不动就是一本书，留给我们的资料也就不计其数了。世界上的资料是我们研究中国的非常重要的信息，虽然是外国的资料，却是有关中国的文化遗产，因为全写的是中国，是外国人眼中的中国，记录的是中国的事情。他是从另外的角度来看的，有些东西他看不清楚，瞎说，但也有些东西比我们自己还能看清楚，价值很高。

所以在这些资料面前，我们编译组怎么办？怎么来工作？怎么来利用？像你们计划出版的160本书，我看看目录，都是很重要的，立项究竟该怎么立？这个主意我一下子也不好拿，或者分解开，分成几个部分，有个先后，比如今年立50，明年立50，分两年，情况就不同了，反正我们要想个办法来立项。

对于你们的工作，我送给你们八个字：开拓、创新、守先、待后。

第一，开拓。你们的工作是具有开拓性的，用世界眼光、世界史料来研究中国，以前没有这样的规模。以前外国来一个人写一本游记，现在不是一个人写的书，而是成批成批的人、几百个人写的书。我觉得这种学问将来会有所发展，能够让我们的后人看到当时的外国人是怎么看中国的，与中国人自己是怎么看中国的，二者之间有很大的差别。写史学史的时候加上一笔，用外国史料来研究中国，这是很有开拓性的工作，将来可能会成为一门学科。有这么丰富的史料，可以在学校开一门课，可以写多少本专著，永远也研究不完。从长期来看，这种资料的积累是很有意义的，我们现在刚刚开始，做的是奠基工作。

第二，创新。你们的工作是创新的，因为你们的资料是新的，一般的历史学创新要靠资料。为什么有敦煌学？因为发现了一批敦煌文书。你们发现了一批外国的资料，外国人看中国的看法不一样，观点不一样，利于创新。历史学的创新往往要靠新的资料。比如讲戊戌变法，戊戌变法时康有为要包围颐和园，谋杀慈禧太后，我们都不信，说这是袁世凯告密的时候造谣，故意夸大康有为的罪状，他怎么能杀慈禧太后呢？后来日本找到一册毕永年所写的《诡谋直纪》，一看果然是，康有为为了包围颐和园，为了调军队，把毕永年调到了北京，让他当总指挥。他写了本日记，这本日记没有保存在中国，保存在日本的档案馆。杨天石先生把它带回来了，这下子杨先生成为戊戌变法的专家了，这是新观点，你不信也得信。再比如说顺治皇帝，说顺治皇帝有个董鄂妃，从前有人说，董鄂妃可能就是董小宛吧，后来汤若望的东西出来了，不是董小宛，是董鄂妃，而且是满洲人，是顺治皇帝弟弟的老婆，是他的弟媳妇，顺治把他弟媳妇抢来了，这是汤若望讲的，他讲的是真的。凌力写《少年天子》讲了这个事，有人怀疑，就是因为没有看汤若望的日记。这是新资料，产生了新观点，所以你们搞外文的东西最容易创新，有新资料就有创新。比如光绪皇帝的死现在还没有定论，我们有了个意见。我相信当时那么多外国人在中国，慈禧太后和光绪皇帝的死他们会不会有记录？他们有什么议论？我们不知道，我们没去找，也不知道到哪儿找去。现在我们知道了，光绪皇帝是被毒死的，证据确凿，因为头发上有砒霜，肯定是毒死的，现在没有问题了，但当时外国的档案中已有预料。日本的外交官讲光绪帝不可能死在慈禧之后，当时宫里面的人都是这样看的，可见这是大家不敢宣传的秘密，他肯定要被谋杀，这是孔祥吉发现的，这也是一种新史料。所以你们的工作可以帮助研究工作的创新。

第三，守先。前人留下了这么多东西，外国人写了中国的那么多东西，一个东印度公司的材料就弄不完了，怎么办？我们的责任就是守先，守先就是我们要保护先人留下的东西，对于其最好的保护就是翻译出来，影印出来。守先就是把以往的传统继承下来，把以往的文化遗产保护下来。我们现在没有力量去全部复制，但是把它记录下来，在什么地方有什么东西，大体什么内容，如果将来编完《清史》，能有这么一个清单，对全世界就算很大的贡献了。梵蒂冈如果和我们建交成功的话，我们应该去看看，传教士有多少信啊！前一阵子联合国计划要整理，后来也没有消息了。所以这类东西要能够了解，在什么地方有什么东西，这个可是大海捞针。守先，守住先人传下来的东西，包括外国人写中国的东西，对编译组来讲，主要就是外国人写的东西，像东印度公司那么多的东西，谁会去复制，印度、美国不会去复制，要去复制也是中国，因为是有关中国的文化遗产，是关于中国的东西。我们要弄得更清楚一些，什么东西藏在哪儿，它有什么价值，能够编出这么一个清单来，就是很大贡献了。

第四，待后，期待后人。清史工作我们这一代人做不完，几代人也做不完，代代相传。我相信，随着中国经济的发展，将来的文化学术工程肯定会有大发展，各种各样的文化工程都要上。现在除了《中华大典》《儒藏》等一些老的文化工程，又上了一个文化标志城，就是要在山东孔子和孟子的故乡之间，即曲阜和邹县之间的一个山上，建一个城，作为中国文化的标志，比我们清史工程的项目大得多，现在正在请专家论证。所以将来文化学术工程肯定要一批一批地上，我们这一代做不完，我们下一代也做不完。

开拓、创新、守先、待后，这个不仅是给你们编译组的，也是给我们清史工程的。将来《清史》写出来，30 年后，后人承认你的观点吗？可能新的看法出来了，因此一定要谦虚一点，后人一定能超过前人，后人也有他们的看法，我们写的只是我们这一代人的看法，是我们这一代人工作的成果。所以根据这个情况，你们要考虑什么东西能立项，什么东西不能立项，什么东西暂时不上。暂时不上并不是我们就永远放弃了，我们是量力而行，有多少力量我们做多少事，要做的事情还多得很。

还有一个补充，我提出一点，前几天看《新华文摘》第 13 期，有一篇关于火烧圆明园的文章，登有圆明园被烧以前的照片，是当时英国军队照下来的。这些照片出自《伦敦新闻画报》，是有一百几十年的老报纸，它里面肯定有很多中国的照片，你们到英国一定去看一看。既然英法联军有，火烧圆明园有，八国联军有没有？那么后来辛亥革命，甲午战争，可能都会有照片。你们是不是到英国去一次？对图录组非常有用。另外其他国家你们了解吗？有没有类似的图片？你们帮图录组一个忙，好不好？

在通纪学术研讨会上的讲话*

各位专家，各位女士，各位先生：

今天邀请大家过来讨论《清史》通纪的提纲，也就是讨论《清史》的基本内容和基本观点。这是一次很重要的会议。新修《清史》总共92卷，一开头就是通纪，为的是给读者提供一个简明扼要、生动鲜活的清史知识。我们把通纪写好了，才能体现写作《清史》的宗旨，才能体现这本书的作用和功能。通纪是统率全书的一个纲。通过写作近300年的历史，来揭示历史发展的规律。写通纪，要运用丰富确实的史料，要重视史料，但主要不是堆砌史料，不是排比史料，而是运用史料叙述历史过程，探索历史的整体面貌。我们的书当然不能发表长篇大论，也不宜发表长篇大论，而是应该通过叙述历史事实、历史事件来说明近300年的发展，但也可以有适当的议论。因此撰写者必须对史料进行深入的思考。我们希望能够运用确切的历史事实、哲理性的思想、简明而优美的文笔来书写历史，将三者结合起来撰写我们的《清史》，这样才能写出高水平的作品。当然这是我们的希望、我们的奋斗目标。目前离此目标的差距还非常大。为了讨论的方便，我抛砖引玉，在这里简要地说明一下我对清史很肤浅的了解，请教大家，将这样的思路贯穿在这部书里面是否合适，希望大家指正。

清朝是中国最后一个封建王朝，跟其他王朝当然有不同之处。清朝创造了一个其他王朝无与比拟的辉煌的功绩。版图之大，疆域巩固，多民族的融合，形成了一个有凝聚力的民族大家庭，再加上经济文化的繁荣，可以说是中国历史发展到了最高的水平。但同时

---

* 2007年9月21日。

它在全球一体化的浪潮中以及殖民主义入侵形势之下，由全盛转向中衰。在应对外来入侵时，屡战屡败，从辉煌的顶峰一下跌入万丈深渊，变成了半殖民地。强烈的历史落差使我们许多代的中国人刻骨铭心，他们毕生投入拯救中国、复兴中国的斗争中，想打造和再造一个强大的新中国。因此清朝的历史内容非常重要、非常丰富、非常复杂而又非常激动人心。

近300年的清朝历史，我用四个字来概括——兴、盛、衰、亡。“兴”是指努尔哈赤起兵，中经皇太极经营、顺治入关，直至康熙平定三藩和收复台湾，共100多年的历史。这段历史奠定了清朝的基业。在我们的提纲里分成两篇，即“创业”和“入关”两部分。“盛”是指康熙收复台湾后，战略重心转移到北方和西北，抗击俄罗斯，平定准噶尔，形成了一个新的更大的统一，同时又恢复发展国内的经济，到乾隆时代达到鼎盛。这部分内容也分成两篇，即第三篇的“统一”和第四篇的“鼎盛”。“衰”指的是从嘉庆、道光、咸丰，一直到同治初年，从盛转衰。在此期间，国内外的斗争非常尖锐：一方面是从嘉庆时期的白莲教起义，一直到咸丰、同治时期的太平天国，还有此后的捻军等，像这样时间之长、规模之大的起义，在中国历史上前所未有。另一方面是外国的入侵，即两次鸦片战争。它改变了中国正常的历史进程。这也分成两部分，包括第五篇“中衰”和第六篇“危局”。最后是“亡”，指同治三年（1864）一直到清亡。清朝政权，最后众叛亲离，孙中山振臂一呼，推翻了清朝，跨入了一个新的时代。这部分内容分成三篇，即第七篇“洋务”、第八篇“变法”以及第九篇“覆亡”。这样近300年的历史，分成“兴、盛、衰、亡”这四段。我想对这四段历史简要地叙其要点，当然挂一漏万以及认识不妥之处，希望大家指正。

第一段是它的“兴”，从努尔哈赤、皇太极到康熙初年。一个新民族——满族的兴起，需要有一个较长的历史时段，而且在此期间会将许多领袖人物推向历史的前台，会发动一些战争，会产生若干个重大的历史事件。在中国历史上，游牧民族一个又一个地兴起，像匈奴、鲜卑、突厥、契丹、西夏、女真、蒙古等等。每个民族在新兴的时候，它都带有朝气蓬勃的气息，带有一种民族的精神，这就是一个新民族在兴起的过程中形成的思想观念和价值尺度。这些东西成为一个民族行动的原则，这些原则一旦形成，就能把全民族凝聚起来，团结起来，奔向一个目标。没有这样的民族精神，这个民族就是散漫的，因为它没有了奋斗目标，也没有远大前途，也就不能兴起，不能形成一个民族。在17世纪刚刚形成的满族，从胜利走向胜利。在这个过程中，它弥漫着一种奋发、上进的民族精神，这是它取得胜利的一个主要原因。这种民族精神表现在它英勇善战，表现在它有严密的组织纪律，突出地体现在八旗制度上。它内部有较严密的法规，善于学习周围各个民族的一些长处，如汉族、朝鲜族、蒙古族等。另外，它有包容的能力。在打败建州女真、海西女真、野人女真之后，将它们全部纳入满族之中，所以后来有新满洲和旧满洲之别。它具有很强的包容能力的另一个体现是，能将许多汉人也融入进来，像招降吴三桂、孔有德、尚可喜、耿仲明、洪承畴等汉人。在中国历史上，没有其他游牧民族能像满族这样去做。魏晋南北朝时期的前秦苻坚，他重用一个汉人王猛，但他不带兵，也无实权，仅是一位谋士。女真占领中原后，利用张邦昌、刘豫这两个傀儡，没有实用。但满族利用汉人、汉将，其包容力很大。降清而为清朝做事的人也很多。满人与汉人的关系逐渐由紧张走向缓和。清朝采取了一些诸如开科举、设博学鸿词科等举措。后来一些抗清的斗士都纷纷投降清朝，像毛奇龄原来是抗清的，后来应试博学鸿词科。朱彝尊亦然。黄宗羲虽未应清朝之招，但派他的儿子和学生参加《明史》的纂修。清朝重用汉人，几与汉人融为一体，这是它在促进民族融合方面的一个很了不起的成就。正因为这样，它才能一举跨过长江，一统中国。而此前的游牧民族入侵中原，往往勒马于长江之边，与汉人划江而治，如历史上的南北朝，宋与金的对立。清朝为何能一举跨过长江？长江以南的气候、地理、风俗习惯、语言、饮食，使来自东北的满族人很不适应，所以给他们的作战带来了很大的不利。因此他们在江南进行战争，很多时候是利用汉将，这样才能一举平定南中国，没有形成南北对立的局面。这一点对以后的历史影响甚巨，此前没有出现这种局面。清王朝在入关前即已占领东北，并与内蒙古关系甚为密切，然后又在入关以后，占领中原地区，接着挥师渡江占领全国首富的东南之区以及西南地区，囊括了庞大的财富，这就奠定了它统一全中国的基础。没有这样的基础，它不可能统一全中国。这是它兴的内容。

第二段是它的“盛”，从康熙中叶到乾隆时期，大概 100 年的时间。康熙中叶以后，清朝已将注意力转向东北、西北以及北部等地区。它站在了一个更高的平台上。清朝不似汉唐。汉唐的人口只有 5 000 万～8 000 万，其根据地是中原地区。中原地区的力量有限，人口不多，它要统一中国是不可能的。它只能将匈奴、突厥向外驱逐。它们没有力量完成统一大业。清朝也不似契丹、女真。在历史上，虽然契丹和女真曾据有中原地区，但并没有占领过南方，其力量有限，也不可能完成对长城内外的统一。清朝据有蒙古这块向西北挺军前进的基地。为何清朝要建承德避暑山庄？为什么有的皇帝每年有几近半年的时间住在避暑山庄？乾隆在位 60 年，来避暑山庄达 57 次之多，且每次住的时间都很长。他在这里处理对蒙古、新疆、西藏、青海等地区以及对外国的事务。清朝既有控制西北地区的前沿和平台，又有江南、西南甚至珠江等各个地区雄厚的人力、物力的资源支持，所以有能力在 18 世纪统一中国。这个过程充满着艰辛和困难。这是我们 18 世纪主要的历史，是为今天中国这样的局面形成做出铺垫的一段历史。为什么能出现这段盛世的历史？没有前一段的兴起，就不会有后面如此强大的实力。当然，它在政治上，一方面利用汉族的儒学，如开科举、设博学鸿词科、招徕文士等，希望泯灭满汉界线，淡化满汉矛盾，另一方面利用藏传佛教联络和团结少数民族。蒙古、藏族等皆崇奉藏传佛教。推崇藏传佛教，便可以起到笼络许多少数民族的功效。加上康雍乾三朝 100 多年的长期努力、艰苦作战，使用了军事、政治、文化等种种手段，经历了无数次战争和磨合，最终完成了统一。当然统一是充满困难的，是伴随着征服和反抗的血腥斗争的，是付出了沉重代价的。康雍乾缔造了我们今天这样一个多民族统一的大家庭，结束了中国历史上农耕民族和游牧民族的长期战争。仔细想想，我们所学的历史包括什么呢？除了农民战争，就是民族战争。汉朝与匈奴，魏晋南北朝与鲜卑、五胡十六国，唐朝与突厥、回鹘、吐谷浑，宋朝与契丹、西夏以及蒙古，中国历史几乎是一部农耕民族和游牧民族你进我退、拉锯战争的历史。清朝为什么能结束这样的局面？这是我们研究清朝历史的一个很重要的课题。它到底采取了什么样的措施消除了两大民族之间的对立？当然矛盾还是有的，但总的来说，乾隆之后没有发生大规模的农耕文明和游牧文明之间的战争。所以到了近代，帝国主义侵华时，本来中华民族很容易分崩离析，但没有发生这一幕。日本侵华战争期间，各民族并肩作战，反抗侵略。在近代历次反抗外来的侵略战争中，中华民族都没有分崩离析。康雍乾时期实现的统一的多民族国家事业十分伟大。至今我们是世界上的一个统一的大国，也是继承了这个盛世的丰功伟绩，所以我们要倍加珍爱这个成果。

盛世在经济文化上也是有所体现的。我举三点来说明：第一，人口。乾隆时期的人口达到 3 亿，道光时期达到 4 亿，这样的人口规模超过了历史上的任何朝代。汉朝人口才 5 000 多万，唐朝 7 000 多万，明朝据记载有七八千万，目前有人研究约有一亿几千万，但远远没有赶上清朝。清朝的生产水平应该是封建时代中最高的，可以养活几亿人。从全世界来讲，18 世纪末全球人口 9 亿。中国为 3 亿，占 1/3。印度居第二，人口 1 亿多。欧洲很少，西欧 12 个国家总共才 1 亿多，也只有中国的 1/3。第二，GDP（国民生产总值）。GDP 是衡量一国经济力量强弱的主要标准。在 1820 年，中国的 GDP 总值为 2 286 亿国际元。全世界是 7 000 亿国际元，中国的 GDP 占当时世界的 1/3，而中国的人口也占当时世界的 1/3，这是相当的。第三，GDP 的增长速度。康雍乾时期的中国 GDP 增长速度是世界第一。从 1700 年至 1820 年的 120 年时间里，中国的 GDP 比西欧十二国的 GDP 增加了 40%。这些统计的数据，我是从英国权威的经济统计专家麦迪森所著的《世界千年经济史》一书中获致，该书 2003 年出版中译本。当然，麦迪森自己也说他书中的许多数据不是很精确，许多是估算的。有的是从比较中得来的，但我看这些统计都有一定的依据。我们自己没有做过类似的计算。我在犹豫这些数据能不能使用。这也是我向大家请教的一个问题。当时的统计很难做到精确，我们连当时全国有多少土地、多少粮食产量都不太清楚。但我相信麦迪森的数据从总体来看，比较接近历史实际。

毫无疑问，至18世纪末，中国是世界上最大的经济体。美国当时很小，几百万人口，18世纪才立国。俄国版图很大，但西伯利亚很荒芜，人烟稀少，是不毛之地。中国是当时最大的经济体，这一点毋庸置疑。但是，我们不能仅仅看到经济规模大这一点。它的经济和社会结构与英国是大不相同的。英国当然是个小国，从GDP来看，远远不如中国。但它已经建立起资本主义制度，已经经历了工业革命的洗礼，已经拥有宪法和立宪政治，已经有了选举和法制，已经发展起科学技术，已经产生了像牛顿这样伟大的科学家。它经济发展的潜力非常大，持续发展的可能性非常大，所以英国是一个如日东升的、兴盛的国家，散发着灿烂的光辉，而中国是一个封闭的国家。虽然中国版图大、人口多、GDP总量大，但其开放的程度、对世界的认知水平、科技文化的水平、政治路线以及经济政策存在着一系列重大的问题，在前进的道路上有着不可逾越的障碍。18世纪末的中国没有跨过近代化的门槛，已经是落日余晖，逐渐黯淡下去。

下面讲中衰。经过白莲教起义、太平天国运动，又经过两次鸦片战争，清政府接受了城下之盟，接受了不平等条约，咸丰逃到热河去了，北京陷落，清朝面临前所未有的巨大挑战。它虽是一个经济大国，却又是时代的落伍者，不能够持续发展，不能够持续前进。它的前途将会碰到困难、屈辱、悲惨。清朝的中衰包括嘉庆朝、道光朝、咸丰朝以及同治朝初年在内的长达70多年的历史。在此期间，农民起义烽火连天，从白莲教起义到太平天国起义。太平天国以后还有很多教案，一直到义和团运动。19世纪这个世纪，农民暴动遍及全国。世纪之初是白莲教起义，世纪之末是义和团运动。从这里可以看见农民左右历史的巨大能量。农民人数最多，处在社会的最底层，分散落后，没有文化，但是它蕴藏了无穷无尽的力量。前一个世纪，即康雍乾盛世的辉煌，是建立在农民劳动的基础之上的。后一个世纪，即 19 世纪，农民像火山一样爆发了。当他们能勉强生活下去的时候，是沉默的，历史前台没有农民的声音。然而一旦农民爆发起来，就像火山喷发一样，破坏力极强，毁灭一切，有无比的威力。但由于农民本身具有分散落后的一些弱点，所以不可能引导中国走向一个光明的前途。另外，在中衰时期，地主阶级也发生了很大的变化。地主阶级里边分化出一批利用程朱理学武装自己的地主，如曾国藩、左宗棠等，组成湘淮军，从正心、诚意、修身、齐家到治国、平天下。他们利用儒家的这套理论来整治这个国家，随后出现了李鸿章、张之洞这样的一批地主阶级，在一定程度上适应了世界的潮流，用西方的文化进行调适，以此维护封建统治。通过搞洋务运动，分化出的湘淮军和洋务派，成为晚清政局的主要力量，成为晚清统治者的依靠。另外，外国侵略者很多，有英国、法国、俄国、德国、美国、意大利、日本等，这些帝国主义国家纷纷侵入中国。帝国主义的本质是一样的，但它们的策略手段是不一样的。各个时期，各个帝国主义都有不同的策略。它们实行合作政策，这个合作政策指的是什么呢？一方面是指帝国主义国家与清朝合作，它们不推翻清朝，不取而代之。当然，它们也代替不了清朝对中国的统治。它们是利用清朝来统治中国，所以支持清朝。当第二次鸦片战争结束后，它们立即转向帮助清朝镇压太平天国，使得清朝脱离了危险的局面，能够继续统治下去。这是合作的一方面，即中外的合作。另一方面是指帝国主义之间的合作。许多帝国主义联合起来侵略中国。在中国取得力量的平衡，取得力量的均势，以此来保护自身的利益。当然这种力量的平衡、力量的均势，只能是暂时的，不可能长久下去。帝国主义本身的力量对比有变化，哪个国家力量增长快一点，哪个国家力量增长慢一点，力量的平衡于是就被破坏了。第一次力量均势的破坏是中日甲午战争。这一战中，日本战胜，在中国的力量开始膨胀。此后八国联军进行了整合，八个国家一起来对付中国。但不久，力量均衡又被破坏了，爆发了日俄战争。战胜的日本在中国的势力进一步拓展。所以这是一个很复杂多变的年代，社会力量都在迅速地组合分化，形成了历史上种种复杂的现象。

外国的侵略，把中国推向了半殖民地，但也带来了西方文明，使得中国产生了几千年以来最根本的变化，催生了中国社会上新的近代化的因素。所以中国的近代化不是原生意义上的近代化，不是我们自己本身发展到近代化，而是外国的侵略带来了外国的文化。外国文明的输入，中国的近代化，不是一步到位的，而是经历了漫长而曲折的过程，一个阶梯一个阶梯地前进。近代化的第一阶梯，是器物层面的近代化。中国开始认识西方就是从船坚炮利开始的，造军舰，造枪炮。此后学习西方的机器生产，开工厂，开矿山。而做到这些，需要人才。要翻译外国书籍，要有科技人员，要引进教育和科技，要有资本。器物层面的前进，也花了很长的时间。从轮船招商局、上海织布局，到电报局、铁路，都是逐步前进的。但是洋务运动搞了 30 年，磨磨蹭蹭，阻力非常大，举步维艰，进展缓慢，发生了几次大的争论。第一个是同文馆之争。同文馆要不要开？要不要学习西方的文化？大家都知道，我就不详细讲了。第二个是招商局之争。招商局要不要开？出现贪污该怎么办？关于贪污这件事，顽固派多次借此阻挠，招商局险些被关闭，李鸿章坚持不答应。第三个是塞防、海防之争。当然这不属于顽固派和洋务派的争论，这是洋务派内部之争，是湘淮军为了争夺资金分配的斗争。第四个是撤回留美学生之争。1872 年由清朝派出一批幼童赴美留学，原定学习期限为 15 年，后来学了 9 年便被迫撤回。当时李鸿章、容闳等力主不要将留学生撤回中国。美国作家马克·吐温也写信给中国政府，建议不要撤回留美学生。中国政府坚决不听。在这些争论中，洋务派大多居于下风，顽固派都是气势汹汹，声势浩大。因为中国的传统根深蒂固。同文馆在招生时，科举出身之人，无一报名。顽固派用纲常伦理和华夷之辨来指责和驳斥洋务派，洋务派无言以对。洋务派为什么无言以对？因为它本身的思想立场和顽固派如出一辙，都是从传统的儒家教育中走出来的。他们认为自己的所作所为也是对付外国的权宜之计。他们也认识不到当时中国最根本的国策、根本的传统价值观都要改变，这一点李鸿章他们也认识不到。当然我们今天也不能苛求他们能达到这种程度。一个历史上的人物只能达到他自己的历史高度，不能够要求他什么事情都能做。所以洋务派拿不出什么正当的理由来驳斥顽固派。整个社会基本上也是跟着顽固派走。更多的人理解洋务运动，需要时间。由于传统势力的深厚，洋务运动 30 年成效很低。

但是有个关键问题，即中国有一个近邻日本。日本明治维新几乎与洋务运动同时开始。但是它的国情与中国不同，日本有学习外来文化的传统，它对外来文化不像中国那样排拒。它有一种功利主义的思想，并不固守义利之辨。所以它一开始学习西方，一下子就全盘西化了。大规模地学习西方成为它的根本国策。脱亚入欧是当时日本国人的共识。这一点和中国情况就不一样了。国情不同，思想观点不同，治理国策不同，步骤不同，措施不同，效果就不一样。因此日本不断地造轮船，不断地造军火，而且很快地开议会，搞选举，成立内阁，搞普及教育等等。就在日本变化很大的时候，中国还在争论。铁路之争达 10 年之久，一条铁路都没能修起来。后来，刘铭传在台湾修了一条较长一点的铁路，这已是中法战争之后而临近甲午中日战争之际的事情了。可见，中国的洋务运动步履维艰。相对于日本来说，中国是速度慢而成效低，而这一点是非常重要的。因为中国和日本同在亚洲，一山不容二虎。两个亚洲国家要同时实现现代化，在当时绝无可能。在当时弱肉强食、充满竞争的世界里，两个国家想一道崛起，达到双赢，几乎是不可能的。日本要起来，必然要踩在中国的肩上，剥削中国，掠夺中国。同样中国要起来，日本也就起不来了。当时的历史条件跟今天 21 世纪的历史条件不一样，当时只能一个上升，一个趴下。中国洋务运动贻误了时机，酿成了后来的苦果。甲午一战决定了中日两国的命运：一个上去，一个下来。当然经过日俄战争，日本发展更大了。甲午战败是个坏事，当时对中国刺激极大。中国损失极大，除了巨额赔款外，还被割去了台湾。但坏事中往往也蕴藏着好的契机。中国本来受到三千年封建体制的束缚，麻木不仁。现在居然被一个小小的日本打败了，而且受到这么大的损失，对中国人来说是个很大的刺激。鸦片战争以来40多年间，中国并没有真正觉醒。这个时候却真正觉醒了。近代爱国热情的高涨，甲午之战应该是一个重要的标志。改革要求的高涨、革命运动的高涨全在此时开始。所以这个时候，中国人民才认识到，中国不仅要在器物层面上改革，而且需要在制度层面上改革。改革越深入，反对的势力就越猖狂。结果后来的戊戌变法也失败了，康、梁逃亡，六君子被杀。当然，也有人说改革是否应该缓慢一点，是否应该等耐心地说服慈禧太后以后再行改革。我认为改革快慢从某种意义上说也是由环境决定的。改革快慢的方案不是康、梁所能设计和驾驭得了的，而是由当时的客观环境决定的。甲午中日战争失败以后，社会上群情激愤。群众觉醒，要求大变、速变、快变。这是康有为的话，代表了当时社会的一种趋势，反映了一种客观的状态。在这种形势下，必然要求迅速变法和全部改革。

戊戌政变以后，维新运动被扼杀，社会发生反弹，发生了义和团运动。本来义和团运动是民众日益高涨的爱国主义情怀的表现，是反对帝国主义侵略的，但它也有反理性的一面，反对向西方学习，拆铁路，拆电线杆，滥杀无辜，杀所有的教士和教徒。而且和顽固派结合起来，与八个国家作战。八国联军进京，义和团运动失败，慈禧太后逃亡。义和团运动再次证明了农民的重要性。在中国，农民是头等重要的力量。没有农民，中国什么事都做不成。但历史也证明，只有农民，没有其他阶级、其他力量的参与，农民什么事情也做不好，什么事情都要弄糟糕了。历史进入20世纪，西太后被八国联军赶到西安。清政府腐败透顶，倒行逆施，而洋人在重重地打击它后，又将它扶植起来了，恢复它的统治。清政府的力量何在？威信何在？体面何在？这样的政府还能维持下去吗？当时清朝的统治失去了合理性、合法性。中国近代化进入了一个新的阶段，中国必然要进行政体改革，要改造政权。民众要求一个有效率的、有权威性的政府。中国近代化又进入了一个政治体制的层面，政治体制的改革需要一个客观的社会基础，即社会结构的变化。没有社会结构的变化，政治体制的改革是空谈。社会上要出现一种推动政治改革的力量。慈禧太后从西安回来后实行新政，中国又发生了许多变化。实际上，她实行了戊戌变法时提出的一些改革要求和一些纲领。这在中国历史上产生了强烈的反响，产生了很大的影响。我简要地讲讲它所产生的几点影响。第一点，废除了科举制度，成千上万的知识分子失去了目标、方向，没有了上进之路和生活来源，他们该怎么办？这部分人中很多跑到日本去留学。1905 年和 1906 年都有上万人留学日本。成千上万名学生蜂拥到外国，这意味着什么呢？日本当时是中国革命的摇篮。革命党人已经在那里成立了同盟会。去日本留学的这批人，都是有文化的、有热情的、血气方刚的青年。他们很多人参加了革命党，这便培养了革命党。这是中国社会客观力量的变化。第二，清朝政府为了巩固它的军事力量，改组军队，练新式军队，招募有文化的年轻的兵。这样就把一些知识分子都招进来了，把一些革命分子也都招进新军里来了。中国军人革命化了。这成为培养中国革命者的又一个摇篮。第三个是会党。由于农民、手工业者穷困破产，游民大量增加。为了互助谋生，他们便组织成秘密会党。于是会党力量大大增加，成为革命党的第三摇篮。第四是地方绅商。他们都是地方有钱的、有头有脸的人物。他们组成商会。其中很多人不赞成革命，反对革命。他们要走君主立宪制的道路。但是他们对清政府也不满，不满它的保守、落后、僵化，要对它进行改革。绅商不是直接的革命党人，他们既是革命党人的竞争者，但在反对清政府方面又是革命党的同路人。清末新政加速了社会的变动，加速了社会结构力量的变化，也加速了革命的到来。清政府无意之中培养了它自己的掘墓人。孙中山正是顺应了这样的历史趋势，站在历史的前头，才成为共和国的缔造者，做出了推翻专制主义制度的伟大功勋。当初革命党和立宪派竞争，但革命胜利了而立宪没有成功，原因何在？因为中国激烈的社会变动将强烈要求改变中国现状的革命力量推上了前台，而把要求缓进的力量边缘化。要求缓进者不能够主导历史的潮流，革命的胜利是必然的。这是由中国当时的国情决定的。革命的成功，并不仅仅是革命党人预先谋划的，而主要是客观的形势造就的。水到渠成，革命成功。

我简单地复述了一遍从清朝开国到清朝灭亡的这段历史，很简略，不免挂一漏万。在其他场合，我也多次地讲述我这个想法。我想把这条线贯穿到我们的通纪里边，行不行，请教大家。我主要是想谈谈清朝的“兴盛衰亡”。它兴到什么程度？它的兴对当时中国有何意义？没有少数民族——满族，没有与蒙古族的联合，没有清朝的入关，没有大量的人力资源和物力资源，中国是统一不了的。《尼布楚条约》谈判时，康熙皇帝派汉官去参加谈判，汉官都告病不去。第一次出发还有两个汉官，第二次没有汉官去。这些汉官认为：父母在，不远游。这是儒家的基本教义。因而汉人不可能完成这一伟大的任务。第二阶段是它的盛。它为什么能够盛？盛到什么状况？其鼎盛时期的经济能养活 4 亿人口，这是前所未有的，为什么能做到这点？第三阶段是衰，它为什么会衰？是怎么衰落下去的？总体上是国内外的矛盾交织而起的作用。衰的时候，它挣扎，它自救，力图拯救危机，但屡次丧失时机，终未成功。丧失时机，是最大的失败！时机，一去不复返！等到日本起来了，你再想起来，已经不可能了。

关于图录大纲调整的意见*

图录的大纲一共12卷，1万张照片，加上文字，篇幅很大，结构很复杂，把社会各方面的事情都包括在内，采取什么结构更为合适？政治、经济、文化、科教、舆图和文学等等，工程浩大，收集图片很不易，再编排出来，按类排成顺序，专家们付出了很多劳动，很辛苦。正像刘潞同志刚才所言，数量大，质量高。有好多图是从前没有见过的，反映了好多重要事件和重要人物，可以告慰于大家。在这里，我要感谢各位专家的辛勤劳动。

12卷我没有全部看完，比较详细地看了政事卷和军事卷，翻了翻生产卷和建筑卷，其他各卷未及细看。我是外行，不懂图。资料上只有图名，也没有样子，所以提出的意见可能不准确。因为是挑错误，我就大胆提出我认为不对的地方、应该改的地方，可能有些吹毛求疵，希望同志们谅解。

第一，图录的框架要跟整个《清史》一致。《清史》的框架结构层次是卷，篇，章，一、二、三，1、2、3，图录有点不一致。这个问题怎么办？要统一。可以参考一下《清史编纂手册》中的通纪与典志。这一点好改，没有问题。

第二，编图录，要注意有没有遗漏，要消灭硬伤，要消灭张冠李戴。如果一张图没有任何说明，你就搞不清楚是什么时候照的，照的是什么。

第三，图片要有历史感。历史图片给大家的感觉，应该有历史感。但图是不全的历史，有的重要的历史没有图片，有的次要的反倒有图片，编排起来要有次序，不能因为不全就乱排。

---

* 2007年12月。

第四，图片说明要求简单、明了、扼要。

下面我对政事卷说说具体的意见。不知道图录 12 卷的顺序今后怎么排，政事卷是不是第一卷。如果是，开篇即 20 多张天坛的图片。由于政事卷第一篇就是祭天，天坛是祭天的地方，就造成这样。仪典中祭天礼的确很重要，但它是政事的形式而非内容。我的意见是把政事的实质内容放在第一位，比如从努尔哈赤登基开始。政事卷的顺序改为：政务第一，法制其次，之后依次为民族事务和对外关系，仪典放在最后。当然，将来最终定稿也许不是这样，可能还会调整。

如果把政务放在第一篇的话，现有选定的图片中努尔哈赤的内容不多。讲了他的女儿，但他的儿子倒没有讲。要增加五大臣的内容，补充舒尔哈齐、褚英像。皇太极、顺治朝的内容不少，很丰富。到了康熙时，就只有储位之争这个内容。康熙在位 61 年，事情做了很多，如果只反映这一点内容，就显得过于单薄。到乾隆时，更没有内容。这一部分我不太满意，因为没有显出康乾政事来，他们的政务应该有很多。为什么形成这个情况，是结构上出现了问题。

整个图录把政事、军事分成两篇，现在看来可能不妥当。政治、军事是分不开的。太平天国是一场农民战争，只放在政事卷里，军事卷一点儿不反映，这就是问题。把政治、军事割离开来，如同被腰斩，首尾不全。这里面有好多例子，比如在鸦片战争中，清政府禁烟、林则徐虎门销烟，都在政事卷里。等战争来了，政事卷没有，放到军事卷中。战争打完，该签订条约了，又跑到政事卷"条约"目里去了。这样就割裂了历史，没有历史感。一个完整的鸦片战争，割裂开了，一件事情分成三部分。我觉得这个结构问题很大。还有辛亥革命也是这样，分成两拨儿，同盟会、起义活动、刺杀活动、秋瑾等，都在政事卷，武昌起义开始，放在军事卷，打到南京又没有了。南北议和呢？又回到政事卷了。

这两卷怎么改，我在想方案。能不能把政治、军事合一，分上下卷，这样政治、军事搁在一起就完整了，把政治与军事合在一起，清朝的历史就表现出来了。按照兴、盛、衰、亡编排，下边再分篇分章。两卷的图片要整个打乱重新安排。这样一来努尔哈赤的事情就多了。康熙的事情更多了，“十全武功”等都在里面，这样就不会跑到别的地方去了。

不过，这个方案我也犹豫，工程量太大，你们考虑可不可以这样搞。这个变动是比较大的，变动之后，集中力量，其他同志一块儿来干。这个卷按照兴、盛、衰、亡分四个阶段排列清代的政治、军事大事。兴，从努尔哈赤开始，经皇太极、顺治到康熙平定三藩、收复台湾，是清朝的兴起；盛，指康雍乾盛世，到乾隆末为止，有100来年时间；衰，从嘉道至太平天国结束，以同治三年太平天国失败为止，大约六七十年；亡，包括洋务运动、戊戌变法，直到清亡，也有约50年。这样跟通纪相呼应，一开头勾画清朝历史面貌，解决割裂问题，以免损害历史的真实性和历史感。

接着我要谈一些具体的问题，主要是图片缺漏问题。比如说到皇太极，他有很多重大事件，其中四大贝勒一定要写。和蒙、汉的关系也非常重要，也要有所反映。因为和蒙、汉结盟是统一中国的两个平台：把内蒙古收归麾下，这才可能入关；跟汉族结盟，才能出兵西南、西北，才能统一中国。没有蒙古的军队，统一不了新疆。另外，蒙古跟西藏是有联系的，所以把西藏也纳入了。皇太极七进中原，从长城边上绕道进入中原，包围北京，这表现了皇太极在政治上的厉害。他拉拢蒙古，笼络汉人。洪承畴被抓后，没有杀他，一直到洪承畴投降，对入关起了很大作用。

顺治最重要的政务是入关，打垮南明，是一个战争时期。有没有董鄂妃的画像？顺治与和尚的关系、和汤若望的关系都很密切，图片中没有表现。洪承畴的画像应该放在顺治朝。另外，尼堪的事迹也搁地方不对，应该是不到康熙时期的事情。清代三大苛政——剃发、圈地、投充，也是重大的政治，要有所表现。

到了康熙时期，政事就更多了。博学鸿词科影响很大，这表明对汉族知识分子的笼络。像这些重要的内容要收入政事卷中。朱彝尊、毛奇龄这些人以前是抗清的，也应博学鸿词科了。康熙时有几个大词人。第一是纳兰性德，大学士明珠的儿子，清代第一词人，他和汉人的关系很好。第二个是曹寅，第三个是王士禛，是清初诗坛的领袖。要表现康熙是如何通过这些知识分子，是如何通过编书团结汉人的。另外，治河也是重要政务，不妨从“水利”挪到这儿。还有“滋生人丁永不加赋”，就是取消人头税，从此以后中国就没有人头税了。还有南巡等此类的大事也一定要有所反映。

雍正的改土归流、文字狱。吕留良案是当时的重要政务，要体现。

乾隆朝赦放罪人、平反冤狱、“十全武功”，军事卷中虽然写了很多，但政务卷中只有一张老年像，这样不妥，没有历史感。

嘉庆、道光各朝也是这样的顺序排列。这样，鸦片战争、太平天国、辛亥革命也都完整了。

这样把两卷集中起来，把政治、军事的图片放在一起，再重新分类，制订纲目，返工很大。这怪我们在立项之初没有看出来，实际一操作，才看出问题来，割裂了历史。这是我对结构的意见，大的意见，也就在这方面。

一幅图片的名字，是用原来的名字，还是用我们取的名字？原来的图名，用起来要慎重，不行要改，改要改得恰当。另外像光绪之死之类的最新成果你们没有用，要采用。我发现图片目录中有一幅路易十四的画像，为何选？像戈登等跟清朝有来往的外国人可以选一张肖像。路易十四没来过中国，没必要出现画像。还有太平天国有很多壁画，太平天国的望楼很高。南京太平天国侍王府壁画保存得比较完整，也出版过图录。你们这里一张都没有，可以跟太平天国历史博物馆联系。

准噶尔也有图。有一个挪威人或瑞典人被俘，画了许多准噶尔的图像。这是我们知道的最早的有关新疆的图像资料，描绘了地图、牧场等伊犁地区的情况。

还有，政事卷中端方的官衔，在相邻的两张图片中名称不一样。一张称他是湖南巡抚，另一张称他是闽浙总督，可能是数据库中的错误，专家们在使用时一定要注意，不能出现这样的硬伤。

宗教卷与民族卷“民族、宗教”目重复，既然有宗教卷，那么民族卷里的宗教内容就都不要讲了。如果民族卷中这部分图片很精彩，可以提供给宗教卷采用。民族卷里有 100 多张宗教图片，缺少伊斯兰教，并没有讲全。这 100 多张图片都可以删，好的挪到宗教卷中。

我们有舆图卷，可在科教卷科技篇里还有舆地学，可以删除，图片归并到舆图卷。

文艺卷里没有选桐城派，从方苞、姚鼐、刘大櫆到清末的吴汝纶，一个人都没有。无论如何应该有桐城派。桐城派是中国历史上最大的文学流派，它传了七代，在学派人数和流传上，中国历史上没有哪一个文学流派可以与之匹敌。中国文学真正形成派别只出现在清代。诗文也是如此。桐城派对中国现代文学的影响也非常巨大。我们要给桐城派平反。它主张文章要有内容、有次序，文有道有序。另外诗人中也缺少翁方纲，沈德潜也没有。庚款留学有没有？这是一件大事，要有反映这方面的图片。

在典志经济类项目工作会议上的讲话*

今天，讨论清代经济的宏观趋势。参加这次会议的都是清代经济史方面的著名专家、顶尖的高手。我非常高兴看到有这么多权威学者参与《清史》纂修工作，参与《清史》经济部分的讨论。有你们参加，我对《清史》纂修的质量放心得多了。关于经济方面，我看得不多，不过也看了几篇，我觉得写得非常好。典志组的经济部分一共有 9 个志，17 个项目，在整个《清史》中所占比重是很大的。如果你们这部分写好了，对《清史》的水平、《清史》质量的提高有重大的意义。典志组的同志想让我说几句话，我很犹豫，因为我不是研究经济史的，可以说是个外行，不敢班门弄斧。由于我在编《清史》，只好勉为其难，先说几句，抛砖引玉。

经济是社会的基础，它决定政治、文化、军事、法制、思想等等。要想全面了解清史，不能不学一点经济史，不能不思考一些经济史的问题。当然我的所学所思十分浅陋，不能登大雅之堂。在座的很多位专家都是我的老师。说实在的，我看过你们不少著作、文章，都是我学习的榜样。今天，我想谈一点很肤浅的感想。我的发言比较简单，以学习心得的方式向大家汇报，希望大家指正。清代近 300 年的经济发展，我想是否可用驼峰型模式这种说法来概括，就像单峰骆驼的背，两头低，中间高。清初经济一片残破，经过长期的战争，破坏得很厉害，这方面史料很多了。清朝初期，有三四十年时间经济十分萧条。康熙以后，经过了恢复、发展，又经过雍正、乾隆到达了高峰，发展到了很高的程度。鸦片战争以后，又迅

* 2008 年 4 月 19 日。

速跌落，外国的侵略，经济本身的衰败，又跌落到一个低谷，形成这样一个驼峰型。

清朝入关以后的三四十年间，经济处在低谷，因为明末清初一直在打仗。从努尔哈赤起来，从李自成、张献中在陕北起来，后来清军入关，打农民起义军，之后打南明、打三藩，打了一个世纪。17世纪是一个战争的世纪，连续不断的、全国范围的战争使经济破坏得很厉害。大概康熙二十年（1681）以后，三藩被平定以后，经济的恢复比较快。康熙中后期、雍正、乾隆100多年，从17世纪末到18世纪，这100年是一个经济向上的世纪，社会安定，经济发展，是一个高峰，经济大幅度增长，可以说，在中国历史上是前所未有的，大大超过汉唐。横向比较看，当时的中国在世界上也是首屈一指的。

从人口来看，清初，中国的人口可能在1亿左右，有的说1亿多，有的说1亿几千万。到了18世纪，乾隆后期人口到了3亿，道光二十年到了4亿，两个世纪人口翻了4倍。我们想想世界上哪个国家、哪个时代在200年内人口可以翻4倍？任何时代都没有这种情况，这在世界上是没有先例的。从纵的发展来看，中国的经济汉代盛世是五六千万人口，唐代盛世有7 000多万人口。我们可以从人口估算它的经济，有多少人口就必须要生产相应数量的粮食来供养这些人口，汉朝的粮食可以供养五六千万的人口，唐朝生产的粮食可以供养七八千万的人口，到了清朝18世纪的时候，要供养3亿多的人口。这时粮食的产量比汉唐时多得多。中国是封建农业社会，在农业社会，衡量国家力量主要是看粮食的产量，当然还要看其他方面。粮食产量是衡量当时国家国力的很主要的标志。中国18世纪的生产力远远超过汉唐，到道光能养活4亿多人口，一直到我们小时候，还经常说四万万同胞团结起来，那是道光时的数字，是清朝时期达到人口最高的数字。和世界历史横向来比较，18世纪的中国经济与世界其他国家横向来比较也是最高的。我们发了一本麦迪森的书，这本书我找了好长时间，后来我在北图找到了一本英文版的。我一开始还不知道有译本，到现在我才知道有了中译本，我非常高兴。根据麦迪森的统计，根据贝洛克的统计，他们统计当时18世纪中国的GDP占世界GDP的32%，是世界第一。第二是印度，印度好像是24%。中国32%的GDP远远超过英国，远远超过法国。产业革命以后，中国的经济也依然很高，在世界上是第一大的经济体。当时欧洲的国家都很小，英国当时的人口1 800万，法国稍微多一点。欧洲20多个国家加起来人口1.7亿，中国3亿，全世界9亿多人口，中国占1/3。可见，当时中国的生产力是很高的，从农业的产量、城市的数量、手工艺的规模、市场、贸易中都可以看出来当年的中国是世界第一大经济体。为什么中国生产这么高？原因何在？一个是中国土地广大，人口众多，人口占全世界的1/3。当时一切生产都要靠手工，农业是靠手工，工业也要靠手工。人多生产的东西就多，地大生产的东西就多，但是一定要没有战争，有战争就不行了。17世纪不行，19世纪也不行，都是因为战争。18世纪，在中原地区没有一次大规模的战争。在这期间休养生息，太平盛世就是这样来的。一打仗，秩序大乱，就不行了。

中国的农业和欧洲有些不一样，欧洲的优势是地多人少。比如说英国人均耕地大约3倍于中国，它的耕地很多了，所以可以有休耕的地，可垦的地也很多。18世纪的中国耕地已经是很紧张的了。我估计当时中国的人均耕地大约是3.5亩，而当时英国人均耕地是十一二亩。18世纪耕地面积有多少，现在我们国内有很多计算。因为这个太复杂了，没有那么多的资料，所以统计很困难、很艰巨。统计口径也不统一，有用垧，有用大亩、小亩，各种各样，故统计起来很困难。总的说来，中国耕地少，但比起外国来，中国的农业也有它的优势。

第一个优势就是中国政府重农，把农业放到首位，不像欧洲的政府重视商业、贸易。中国政府将劝农、水利灌溉、不耽误农时、劝耕、为农民免税免赋等各种优惠政策应用到农业中。现在农业不收农业税了，其实在康熙时候有好几年也是不收农业税的，大概是6年吧。乾隆不收农业税也好几年，但不可能全部免税，因为当时主要是靠农业税，如果农业税都免了政府就没办法开支了，所以它实行轮流免税的办法，尽量减轻农民负担。水利的规模大得不得了。治理黄河的决口，经常花费上千万两银子。

第二个优势是有新的高产作物的推广。比如说玉米、甘薯、花生等高产作物。一亩地的小麦那时是一二百斤，而种甘薯则收成上千斤。

第三个优势是精耕细作。地少人多，在单位面积上投入更多的劳动力。中国的种地就像绣花一样，精耕细作。

第四个优势就是市场的扩大。18 世纪的市场确实有很大的扩展。我读过吴承明先生的书，写得很精辟，写了当时白银的大量输入。美国有过一本书叫《白银资本》，书中讲大部分的白银都流到中国来了，是不是有点夸大？但不管怎么说，白银大量流入中国，润滑了中国的市场，使中国的市场达到了前所未有的规模，同时清朝也统一了蒙古、新疆、西藏。长途的贸易也很活跃。还有一个就是外贸的增加。对外的贸易要比明朝增加得多。康熙初年海关的关税有几十万两，到了乾隆中后期，增加了 20 倍。可想而知，海外贸易量增加是非常大的。尽管当时中国实行闭关锁国政策，不让外国人来，但是生意照做，因为经济一体化的潮流是无法阻挡的。你不让外国人来，不让外国的文化传进来，把传教士都赶走了，但是它在贸易上还是不断扩大。经济上的来往还是很多的。不管你怎样闭关锁国，但是经济一体化的潮流还是随之而来的。

总之，康、雍、乾时期是清代经济发展的最高峰，也是中国历史上经济发展的最高峰。我的这个说法对不对，请大家讨论、批评。说它是最高峰是从它的经济规模来讲的，是从它的经济总量来讲的，不是人均的经济水平，这一点要注意。特别是中国经济在本质上没有改变，仍然是封建经济。整个结构还是封建社会的结构，没有走上近代化的轨道，没有经过产业革命。中国的经济与当时 18 世纪西欧经济的重要差距就在这里。没有经过产业革命，你的量是不少，人多，地大，经济体很大，但是本质上还是封建经济，没有经过产业革命。很大的经济量除以很大的人口量，人均所得并不很多。不像西欧在 18 世纪后期，经过产业革命，生产力迅速上升。正如马克思所讲，它像地底下的喷泉喷涌而上，越喷越大，越喷越多，越喷越高，势不可当。中国的经济总量是不少，但是不可持续。人口不断增多，人均耕地面积在不断减少，这样中国就陷入了马尔萨斯的陷阱，发生了农民战争，发生了动乱。18世纪以后，19世纪初，开始是白莲教，8年时间，四川、陕西、甘肃、河南、湖北很多省卷进去，打了八九年。接着是南方的天地会，北方的天理教，各种各样的教门，再就是鸦片战争、太平天国运动、中法战争、甲午中日战争，打了一个世纪。一个世纪还没有完，后面还有抗日战争。在这100多年的战争中，中国就不可能跨过近代化的门槛，经济虽有所上升，但很缓慢。为什么中国经济有发展，量有变化而不能跨过这个门槛？这是值得思索、值得探讨的问题。一个原因就是帝国主义的侵略打乱了中国正常的经济发展（这个我就不详细说了）。第二个原因就是中国本身的经济、自身的社会结构有很大的问题。一个社会的近代化是一个系统工程，大系统里面有很多子系统、小的系统。如政治系统、经济系统、法律系统、文化思想系统、科技系统等。经济也可以被看作一个大的系统，它下面有工业、农业、商业、财政、金融等子系统。近代化是一个系统工程。大系统中的许多子系统要相互联系、相互制约，要协调发展。这样才能跨过近代化的门槛，必须协调发展。经济的发展可以促进政治、文化、科技等的发展，而反过来政治、文化、科技也可以促进经济的发展，也可以阻碍经济的发展。如果政治的发展滞后，科技不发达，没有法制，近代化就没有希望了。因为近代化不仅仅是一个经济的问题，它还要很多方面的配合，很多子系统的配合，没有这些子系统的协同努力也不可能跨过这个门槛。近代化不是一个一元的、单线的运动，而是一个多元的、多线的运动。有经济、政治、文化、科技好多条线，好多个因素协同的动作，互相推动，互相促进，整个社会才能向前走。只有各个系统、各种因素的协同发展、相互推动才能引起整个社会的全面前进，才能产生克服社会惰性的伟大的动力。其实传统的惰性是非常大的，你看看洋务运动期间发生的事情，简直让人啼笑皆非，比如说反对开矿、反对开工厂、反对造铁路。没有各个系统的协调动作，只是经济这个单箭头是前进不了的。必须有其他方面的配合，如果没有其他方面的配合，那就会产生瓶颈效应，挡住了，上不去了。其他方面上不去，经济也要缓慢、停滞下来，整个社会发展就不可持续。

我觉得18世纪后半期到19世纪前半期，中国就是处在一个瓶颈的状态，处在一个不可持续的状态。18世纪中国社会已经暴露了很多迹象，都是妨碍近代化的。封建专制体制，法制不健全，动不动抄家，动不动没收。产权根本没有保障，虽无罪也要报效国家，法制不行，不健全，而且是贫富不均，贫富分化，兼并土地很严重。贫富不均就会发生社会动乱。白莲教起义、太平天国起义就是这个原因。科技十分落后，贪污腐败严重，这些都是危害社会发展的极其严重的方面。18世纪到了高峰以后，19世纪全乱了。再加上外国的入侵，我们的经济状况变得一塌糊涂了。经济跌落到低谷，我说跌落低谷，不一定是生产量、贸易量的绝对数跌落，主要是经济的性质不利于国计民生持续发展，譬如：贸易量，鸦片战争以后，对外贸易数量在上升，但是已从出超变为入超。进口商品主要是鸦片，祸国殃民，中国越来越贫弱。所以我说驼峰型是指经济性质是殖民地型经济，而且也是与世界各国对比而言。中国的经济在19世纪初还占30%多呢，还是第一，但是经过鸦片战争以后就不行了。根据麦迪森这本书所讲，中国的GDP在义和团的时候才占世界GDP的6%，到抗日战争时期占4%，跌入到这个低谷。中华人民共和国成立以后才开始挡住下落的趋势，但是上得不快。这个低谷不同于前面的低谷，历史不会完全重复，它是循环上升的。19世纪的低谷不同于17世纪的低谷，19世纪的低谷不同在于是在世界经济一体化下，经济一体化的潮流汹涌澎湃，不可阻挡。当然这种潮流的冲击带来了灾难，老百姓穷困破产的很多，但是也带来了希望，带来了机遇，因为经济领域里产生了新的因素。外国的工厂传进来了，外国的文化传进来了，西方科技市场传进来了，西方的制度、西方的组织、西方的各种工具也传进来了，这些都是资本主义进入中国，是新的社会因素进入中国。中国进入洋务运动，进入清末的新政，到了民国以后，发展不快，这就是由于我刚才讲的中国的惰性。

日本经过30年时间的发展打败了中国，可以说日本完成了近代化。中国30来年很悲惨啊！洋务运动破产了，甲午海战一败涂地。虽然失败了，但还是在前进。中国虽然没有经过产业革命，但是，开始走向近代化的道路，是后发的一种模式。中国不是原发的近代化，是在世界潮流的带动下进入了近代化。当然这种后发的近代化道路十分坎坷，非常曲折，苦难深重，但是不管怎么困难，不管怎么挫折，近代因素产生了，发展了，有了新的阶级了，有了新的社会群体了，有了新思想、新文化，有了科技，有了工业，有了现代农业。中国社会正是由于这些经济变化也在发生着重大的变化。政治上有戊戌变法、辛亥革命、五四运动等等，这些政治事件都是中国社会经济发展的结果。晚清的经济处在低谷，但后来也出现了变化，产生了希望，与清前期经济面貌大不相同。中国总算从一条漫长的、曲折的道路中走出来了，走过了黑暗，迎来了光明。经济又重新向上，特别是改革开放30年辉煌的成就，我们都有目共睹，是亲身经历的。研究历史不能不考虑经济的发展，不能不考虑它的长期变化，要不然你不能深刻地了解它是怎么回事，也不能正确地说明它。社会的变化，经济是基础。当然，现在我们正在建设小康社会，民族复兴有望，正在攀登更高的境界。2007年的GDP达到3.5万亿美元了，居世界第四，和德国差不多。2008年肯定能超过德国。在历史上我们长期处于经济领先的地位，但19世纪和20世纪前期，由于外部侵略和自身弱点，中国摔了一大跤，摔得很重，伤筋动骨，成了最贫困、落后的国家之一。经过全国人民努力30年进行改革开放，我们正在恢复元气，正在重新进入世界大国的行列。确切地说：今天的奇迹是几千年古国的经济复兴，不是像美国那样平地起家的经济崛起。这就是中华民族的荣耀，这么快，完全靠自己，没有靠外援，就站起来了。我们目前还不是很强大，美国的GDP是13万亿美元，我们的GDP只是美国一个零头，我们还要靠长期的拼搏，再接再厉，取得更大成绩，才能无愧于后人，也无愧于先人。

在《地理志》、区域六志及其他重要问题会议上的讲话*

这次会上讨论非常热烈，提出了很多问题，各抒己见，百家争鸣，这样很好！会上有不同意见，这是好事！至于不同意见，可分为两种情况。一种是你对我错，对错分明；还有一种是双方讲得皆有道理，见仁见智，没有绝对的谁错谁对，关键是要区分出哪种意见更好一点。昨天李文海讲了，我们一面要重视学理，另一面又不能忽视现状，这种看法很有见地。

《地理志》到底要写些什么内容？这是一个非常大的问题。梁启超在《中国历史研究法补编》中所说的那段话，我看了后很受启发，我也是这么想的。在中国史学史上，典志一开始是专写典章制度的，但到了后来，典志的内容在逐渐扩充。以往正史中的艺文志、经籍志能算作典章制度吗？显然不能！典志应该反映社会生活的各个方面。随着社会的发展，生活层面不断丰富，这些都要纳入历史书写的范围里去，由典志来反映其面貌。晚近时期的志书，有点像社会史、文化史，如同梁启超所言的专史。我感觉，古代对典志不是太重视，司马迁创八书，班固成十志，陈寿虽名《三国志》，实则书中无志。降及魏晋南北朝，许多正史没有志。唐代以后的正史都有志，为什么魏晋南北朝时期的正史中没有志？我认为大致有以下几点原因：一是写志比较难。写志乃专门之学，有些是历史学家力所不逮的。如天文志，需要天文学家来写。又如河渠志或沟洫志，需要水利学家来写。这些内容，历史学家写不了，因为他们没有相关的专门知识。二是社会生活的内容在唐以前不被看重。到了唐朝以后，

---

* 2008年6月6日。

社会生活越来越复杂，人们也越来越重视社会生活，因此此后的正史中都有典志。此外，唐朝以前是个人修史，不仅缺相关典志类的材料，也缺少相关知识。唐以后，基本上是国家修史，因此有条件延请一些相关专家来承担典志纂修，如唐修《晋史·天文志》时，请的就是当时著名的天文学家李淳风来负责。

这次请瞿林东先生来给典志项目建言献策，我们收获很大。瞿先生有很精深的专门知识，毕生从事史学史的研究，对史书编纂的历史知之甚详。我看了瞿先生的讲稿，感觉讲得很好。对典志框架、子目多少、篇幅大小等等，都提出了很多意见，讲得也很有道理。现在子目达到 40 个志，篇幅达到 1 700 万字，占全书的 52%，字数确实过多。据瞿林东先生统计，传统史书中的典志，最多占全书的 1/3 强。这个统计对我们有很大的启发，我们是否应该朝着这个方向来努力呢？当然，瞿林东先生所谈的有些问题，值得商榷。瞿先生对我们新修《清史》非常热心，也非常友好，就《清史》纂修问题与我面谈过多次，提出过很多好的意见。我们现在 40 个志，确实有点多。《清史稿》也仅有 16 个志，我们比其多出 24 个。但是我们之所以立这么多志，是因为清朝的社会生活的确十分丰富，各方面都需要反映，志太少不足以反映全貌。“文革”后，邓小平同志批转了一封关于《清史》纂修方面的信，我当时曾规划设立 23 个志。至 2004 年，我在全书 92 卷的目录里，设有 36 个志。后来由于一些原因，分增了一些志，如《港澳志》一分为二。我想，将来我们还可以视情况需要对有些志再予以合并，比如《商业志》和《外贸志》，是否可以考虑合并，虽然这两个志写作范围和内容很不相同，但都属于商业范畴，不过是前者对内后者对外而已。合并以后，可酌减字数。

今天，我想着重谈谈《地理志》和区域志的情况。目前，《地理志》分为上下两卷，区域志共分六志。瞿林东先生和其他一些学者主张将两者合并。如果不合并，又当如何处理？我觉得这个问题还可以商榷。关于《地理志》如何写，有所谓的“宪法”，那就是传统的写法，可是清代出现了许多新东西，和传统并不一样，需要在体例上有所创新和突破。传统的写法，以《清史稿》中的《地理志》为例，主要写自然地理，如介绍城池位置和大小、山川以及水源走向等等。此外，在每写一个地方时，首先要突出其“冲”“繁”“疲”“难”等特点，“冲”谓地方冲要，“繁”谓事务繁重，“疲”谓民情疲顽，“难”谓民风强悍难治，这些都是从政区划和行政治理的角度来写的。此外有的篇幅还讲了何地设立县城，何处设立税官，何处设游击、总兵等等。因此，《清史稿》中的《地理志》以自然地理为主，也包括了一些政治性的内容，人文的内容相对比较少。这样的传统写法，是否适用于新修《清史》？前天，我看了邹逸麟写的《地理志》中的《江苏篇》，昨天华林甫还给我看了《直隶篇》。两个写得很好，邹逸麟不愧为大家。两人所写志的内容很丰富，考证极其精详，有望超过《清史稿》。但是，在体例上，我有不满意之处。关于上海，邹逸麟只写了 11 行，还不如一个普通县写得多。上海是晚清出现的一个新事物，它既表明了中国半殖民化的特点，也反映出了中国近代化的历程，可写的东西很多，为什么不写呢？总体上，邹先生还是遵循老式的地理志的写法，写了黄浦江、吴淞江以及一些浜塘等情况。关于上海的半殖民地以及近代化等内容，后面只写有通商开埠、设立租界、有火车等寥寥几句。等我们新修《清史》出版后，发现上海只写了 200 字左右，这能行吗？尽管多数部分写得很全面，但上海不应写得这么少。或许这种写法，是为了将一些内容留给《租界志》。如果是这样，那我建议邹逸麟可以保留这样的写法，但最好要在文末附上一句话：“见《租界志》”。《租界志》可不写自然地理方面的情况，这样可以与《地理志》形成互补。

华林甫写承德，写了滦河、潮河以及棒槌山等，但却独独没有写避暑山庄。避暑山庄现在是世界文化遗产，而且当时也是清朝的第二政治中心，当时许多为完成统一大业而采取的军事行动，都是在这里发号施令的，怎能不写呢？热河木兰围场、外八庙等内容也都没有。作为普通读者，要看《承德志》，恰恰是要看这些内容。在清朝，有了避暑山庄后，才有承德市。没有避暑山庄，就没有承德！

又如《京师志》，在写北京西郊一带皇家行宫苑囿，如香山、万寿山、圆明园、颐和园等三山五园时，不能仅仅满足于提其名称，还要写得更详细一点。至于会馆，在《京师志》中好像没有提到。有清一代，北京会馆极多，总体上分为两种：一种是供知识分子进京赶考住宿之用的同乡会馆，又称“试馆”，如山西三晋会馆、福建同安会馆、安徽休宁会馆等；还有一种是由各地在京的商人或手工业者创办的，实际上是一种行会、行帮性质的组织，当时也称为会馆，或称行馆。会馆是清朝北京城的一大特色，因此志文中不仅要提及会馆的名称，还要将会馆的修建情况、成立缘由及其历史作用说清楚。这些内容属于地理，但又不完全属于地理，更多的是要写出人文，突出文化、政治、经济等方面的内容。正是考虑到有些内容倘若放到《地理志》里，会显得很臃肿，所以我把它们单独抽出来，从而设立《京师志》《租界志》等区域六志。总体而言，区域六志属于交叉学科，不仅仅属于《地理志》的范畴，有独立成志的必要。没有区域六志，许多重要内容我们无法写入新修《清史》，比如一旦缺少《城市志》，作为既是今天世界文化遗产又是清朝陪都的沈阳故宫，就无法写入新修《清史》中来，这将是一个很大的缺憾。我坚持保留区域六志，是因为它固然是从《地理志》中分离出来的，但许多内容实已超越了《地理志》。按照邹逸麟所说，传统《地理志》的写法，有一个“宪法”约束，只能写自然地理。但是我们恰恰需要写宫殿、园林、会馆、琉璃厂等内容，因此就必须在体例上做变通处理。一方面为了避免将《地理志》弄得过于臃肿，另一方面也不去扰乱传统《地理志》书写的“宪法”，所以保留独立的区域六志为好。至于香港、台湾、澳门以及租界单独立志，是因为它们有自身的特点。对这些地方多写一点，能彰显出当时半殖民地、殖民地的社会性质。又如，由于社会生活发生了变化，清代的城市格局也不同以往了，出现了新兴的通商城市、边疆城市与传统城市并现的局面，这就需要单列《城市志》。

现在，我们写区域六志包括写《地理志》，有一个很好的条件：各地都修了志，大多数志都是从晚清开始写起的，其间一定能找到我们所需要的丰富的内容。我们应该借鉴这些新修地方志。这些地方志，可能对传统的写法有所突破，因为里面写了大量关于近代的内容。比如兰州的地方志，记光宣年间兰州修有一座铁桥，为当时甘肃洋务总局彭英甲所督造，负一时盛名，有“黄河第一铁桥”之誉，一直沿用至今。关于这座桥，我觉得新修《清史》的《城市志·兰州篇》里应该将其收入。又如，作为中国近代史上第一所正规陆军军校的保定军校，在清代即有北洋速成武备学堂、北洋陆军的陆军速成学堂、陆军军官学堂作其前身，如果《城市志》要写保定，这一内容理应写入。华林甫在写京师宫殿时，仅仅将武英殿、文华殿等宫殿名称罗列出来，对这种写法我有不同意见。我认为应该分别出哪些宫殿是承继明朝的，哪些宫殿又是清朝自己修建的。清朝京师的许多宫殿是明朝造的，对这些宫殿可以一笔带过。至于清朝自己修建的，应当特别详写。其实，关于这些内容，孙承泽的《天府广记》以及清宫纂修的《国朝宫史》里都曾讲过，可以参考。在华林甫所写的京师志中，北海、中南海皆未写。北海实际上全部为清朝所造。顺治年间，请尼泊尔工匠造白塔。至今白塔山上还保留着乾隆手书的四块碑，其中有一块名为“白塔山四面记”，记载着修建白塔山的缘由以及四周景致。因此，总的来说，《京师志》应当主要写人文方面的信息。有一点需做说明的是，《地理志》里也可以写京师，但主要侧重于自然地理。在《地理志》写完京师内容后，可以附上一句：“见《京师志》。”同理，《地理志》中的承德可以按照传统的写法来写，但在后面可以附上“见《城市志·承德府》”。这样做，可以避免内容上重复。

至于《艺文志》，我开始是打算立的。但后来发现清朝书籍卷帙浩繁，可能有20万种，如果对每本书写上10字，即已达200万字，而且10个字也只能写完书名、作者、卷书等信息，无法周及书的内容。现在，国家搞清全国古籍目录，该工程不亚于我们的清史工程。这一工程之所以难度很大，主要就是因为清代书籍的确切数目很难弄清楚。唐代书籍不多，自宋朝印刷术兴起书籍开始增多，明代又有所发展，但最多的还属清代。我们现在立了一个项目，叫“清人著述总目”，由杜泽逊承担，就是为了试图摸清清朝书籍总数。杜泽逊非常努力，做得也相当不错，现在越做越大。面对如此浩繁的书籍，如何去写《清史·艺文志》呢？谁又有能力去写呢？瞿林东先生认为将《四库全书》《续四库全书》的目录写上去就可以了，这种想法过于简单了。其实，《四库全书》的写法，我是不敢恭维的。如集部书目，清朝有 4 万部之多，而《四库全书》里只收录了 40 部，且多为皇帝、高官之作，真正有影响的大作家的书籍却并未收入。《续修四库全书》，是利用日本退还给清朝的庚子赔款，组织人员纂修而成的，虽比《四库》书目增加 51%，但与清朝的实际书目数仍相去甚远。最关键问题在于，书目之多，无人能遍览，因此我们找不到一个愿意或者有能力承担此项目的人。不写不行，写亦有所不能，两难之下，我只有请人做一个“清人著述总目”，即便这样，也只能将目前所能见及的清代书籍名称列出，书目提要也还是难以做成的。仅仅将《清人著述总目》内容写入《艺文志》，预计将达 1 300 万字，这几乎与一个典志字数相当，肯定不行！左思右想，《艺文志》我只能割爱！不过，这个“清人著述总目”，我拟将其作为三个附录之一列入新修《清史》之中［其他二个附录是：谭其骧等所做的《清朝地图集》（产权问题再作商量），《考异》（待定）］。所以，总的来说，《艺文志》准备用附录解决。

关于排序问题，我还是分为 7 个版块，区域六志仍单独存在。其实，我和瞿林东的排序差别不大，他只是将区域六志搁入《地理志》里面，成六个版块。但如上所述，我认为区域六志不完全属于《地理志》，可以单列，正所谓“由附庸而蔚为大国”，它已上升了一格，不再是《地理志》的附庸了。昨天姜涛建议将《华侨志》放入“天·地·人”类里面去，这比搁在“邦交”类里要合理些，我同意这种做法。

写大小序问题，比较麻烦。当初我也准备设大序，后来遇到一个很大的问题，便不敢再设。什么问题呢？许多志，成于众人之手，里面或四篇或五篇不等。其中，《民族志》，包括《东北民族篇》《北方民族篇》《西北民族篇》《西南民族篇》四部分，据说该志已有人承担了总序撰写任务，并已立为三级项目，这很好。但是，这仅仅是个特例，其他志都没有人去写大序。至于小序，能否由三四级项目主持人自己来写。我想，写大小序都并非容易之事，它需要撰序人通观志文，对内容烂熟于胸，且胸有洞见、文笔简练。我怀疑各项目主持人是否确有能力做好此事。这件事情还需要会后认真研究，再做决定。如果最后我觉得各主持人写得很好，就予以保留；写得不好，就宁缺毋滥。如果有的写得好，有的写得不好，那么为志文统一计只有全部作废。

现在，二级项目组的工作进入了更加紧张的阶段，有的项目业已接近尾声，所以评审、修改的工作已经提上了日程。如何评审、修改，李文海同志曾经讲过，我也在早些时候讲过。我想评审标准无非这样几个内容：

(1) 内容是否全面、正确。《清史稿》为了反映出手工业的发展，专设《交通志》，这对正史而言本身就是一大创新，也是《清史稿》的一个亮点。但从内容而言，《交通志》并不全面。虽写有铁路、航运、电报等内容，但缺少矿山、工厂等重要内容。我们新修《清史》要引以为鉴，避免这种情况发生。又如，就准确性而言，《清史稿》称徐锡麟等英勇就义为"伏诛"，显然不准确。再如，《清史稿·包立身传》记太平天国攻占浙江诸暨县包村一事，称"合村死者，盖六十余万人"，这显系夸大之辞，因为当时杭州城也达不到60万人。

(2) 一手资料是否丰富，是否使用新资料。确实发现不了新资料，也无大碍，但最好能找到新资料。资料是否丰富，关键是看资料长编做得如何。此外，重要的资料千万不能遗漏。

(3) 结构是否合理，即框架结构、章节设计是否得当。每篇都要根据内容来确定篇章结构，譬如造房，前门、后门、花厅、堂室、后花园位于何处，应事前做好统筹布局。

(4) 条理是否清晰，是否能做到"洗眉刷目""眉清目秀"，是否能做到桐城派所说的"言之有序"，千万不能眉毛胡子一把抓。

(5) 文字是否清通。文、白、洋三种文字风格，皆不符合要求。

(6) 篇幅是否合理。同一类项目的文字篇幅要大致相当，不能出现过度膨胀，否则有失对称。从我目前看的稿子来看，多数内容冗长，取舍不当，显得太烦琐、太凌乱，不够清爽。我曾经看过典志组的《水利志》的稿子，引文过多。我认为，不宜大段引用，可以用自己的语言来转述，务求简练。我曾经试着改写《水利志》中所出现的一段150余字的引文，最后成100字左右，我自认改写过的文字对引文原意毫无损害，改后文字反而比较清通了。二级项目组将来对文章中的大段引文，该删则删，该改则改。总之，将来我们这部新修《清史》需要减肥瘦身，过于臃肿则会有碍观瞻。关于典志项目，如何减少字数？我提一个初步方案。《天文志》《地理志》《生态志》《人口志》都不减。《民族志》可由120万字减为90万字。《民族志》写得过于琐细，比如《西南民族篇》在写一个土司时，将明代自清代的十几代土司的名字一一列出，这已远远超出了书写清代知县的规格，实无必要。这些内容写入地方史中尚无不可，但写入国史里面便显得有点啰唆。此外，《民族志》中许多有关风俗部分的内容，也写得琐细而啰唆。《邦交志》可由92万字减为80万字。《教育志》可由40万字减为35万字（《选举志》可附职官志后，仍由杜家骥承担，可在原来35万字基础上增加5万字，经费酌增）。《商业志》和《外贸志》可以合并，由原来总数70万字减为40万字，可否对内贸易的内容多一些而对外贸易的内容少一些呢？考虑到《财政金融志》包括厘金、关税等内容，不宜大减，但能否在原来90万字的基础上，适当减少字数。《灾赈志》《漕运志》可各定35万字。《会党教门志》可以由40万字改为30万字，《京师志》也可以酌减字数。总之，我们将来的主要任务是，删繁就简，去其重复，实现瘦身，应该朝着1 200万～1 400万字的目标迈进。

（7）体例是否规范。清史编纂有个总例，各组也定有总例指导下的分例，应当遵守这些标准，如标点、专有名词称法等方面的规范。

以上是我的一点建议和意见，提出来以供大家讨论。

关于清史工程审改工作的第一次讲话*

这次讨论是未雨绸缪，现在还没有进入审改，先展望一下审改工作，做一点思想准备。大家对审改工作产生了意见分歧，分歧是正常的。二级项目组专家们要求立项，我不太同意。但是，大家的意见和建议也不是没有道理，我仔细地把他们的报告又看了一下，看看是否可行。我考虑了一个折中的方案，提出来讨论。我们在分歧的意见中做比较，寻找一条可行的道路。提出审改工作立项的理由有四点：

第一个理由，落实岗位责任制，刘潞在会上也讲了，责、权、利三者要落实。如果立项责任到人，那权利也要落实到人。如果不分别立项，大家混到一起，审改的报酬也不按劳动量计算，有的人审改二三百万字，有的人审改十几万字，报酬都相同，这就不公平，劳逸不均。立项明确分工，按劳计酬，权利落实，可以调动专家们的积极性。

第二个理由，有一些比较年轻的同志，到我们这儿来工作，在本单位没有别的科研项目，如果在我们这里立项，他们可以向本单位交代，补充他的工作量。我觉得这个理由可以理解。

第三个理由，就是认为有些项目的性质类似、接近。例如，典志类有 8 个项目都是经济，经济类可以捆在一起来立项，立项以后便于修改，便于评审。

第四个理由，就是审改有大量的工作要做，要查很多资料，做较大的修改，体例要一致，文风要统一，工作量很大。

大体上就是这么几个理由，我们是不是可以在不立项的前提下，

---

* 2008 年 6 月 25 日。

来解决这些问题？变通办法，改变思路，而不要立项。因为我认为立项存在以下两个问题：

第一，我担心的是一个项目立项两次可能会出现一些我们想不到的问题。从来没有出现过一个项目重复立项的先例，其他的科研工程项目都没有过两次立项，我们不能开创这样的先例。我不知道项目条例里有没有这样的规定：一个项目可以立两次项。我觉得不应该重复立项。

第二，立了项以后，似乎会削弱二级项目组的作用，二级项目组干吗去啊？大家都去立项了，好像是包干、单干去了，二级项目组散了，这恐怕不好。二级项目组还应该存在，还有许多工作要做。

从这两方面来考虑，我不赞成立项。因为二级项目组是我们这个工程中最重要、最基础的一个组织。我们质量的提高也要靠二级项目组。所以，如果削弱它的作用很不利。

我看了他们的书面意见，我谈一谈今后 4 年的工作思路。

我画一个路线图吧，今后 4 年能不能照这个路线图走下去。路线图的起点是三级项目组已经完成的初稿，我们审改开始启动。三级项目组把它的工作比如《民族志》交稿，交稿经过了评估，退回去修改，它自己修改了以后，再交回来，这就是初稿。二级项目组认为它的初稿合格了，接收了，从这个时候开始启动我们的审改工作。我们的审改办法，姑且称它为“主审制”吧，把几个相近的项目捆绑在一起，由一位同志负责主审，主审人也可以请几位专家，组成一个小组。两三个人或三四个人组成一个审改组，来审改若干项目。但是，这里面有几点：

第一，一个项目最好是一个人从头到尾审改，别的专家只是看稿子，提意见，不要你改一道，我改一道，这样做不行。我们这部书很大的毛病就在这里，因为是许多人写的，风格不一，水平不一，写得杂乱无章。审改不同于写作，写作一个人写不下来，不得不几个人集体写，但是 30 万字一个项目，可以一个人审下来，审改到底，便于统一体例、统一文风，这是第一点。

第二，主审人全面负责项目，他除了动手审改若干个项目外，他负责的主审项目都要过目。他觉得不合适可以动笔修改，不能把主审项目分给几个专家单干。审改动笔是一个人一改到底，但怎样修改要由几个人商量着干。我想项目组的专家不宜太多，二三个人就可以，二三个人搞几个项目就可以了，如果自忖能力可以，多承担几个项目，我们很欢迎。另外就是主审人要全面负责，不能个人包干，不能个人单干，要讨论商量着改，如有意见分歧，要由主审专家和执笔专家拿主意，全面负责。执笔专家只对自己审改的工作负责，这是第二条。

第三，改多少字给多少报酬，你不改稿就没有报酬，工作和报酬挂钩。对原有专家津贴进行调整，仅参加讨论的专家的报酬与主笔审改专家的报酬不同，或由主笔专家从报酬中分给，这是较公平的，避免劳逸不均。

第四，审改专家最好由联系人来承担，为什么要由联系人承担呢？因为联系人最了解项目，他联系了三四年、四五年了。他从这个组的联系专家成了主审专家，他对这个项目的内容和写作的情况十分清楚。我们以前的联系工作不是上传下达，也没有什么需要上传下达的，以前的联系专家要求审查三级项目的进度，审查质量，要了解初稿的内容和质量，你联系了三四年了，对这个项目一无所知，这是失职，你对这个项目的质量也是负有责任的。联系专家应该负起责任来，帮助把这个项目弄好。以前，他在平日工作中也在不断了解这个项目的质量，项目有多少是合格的，有多少是不合格的，其缺点、难点和需用力修改之处在哪里，这些都是联系人从联系工作的实际中得出来的。

第五，二级项目组仍然存在。专家的工作不再是联系而是审改。当然如果初稿尚未完成，他就继续做联系工作，初稿完成并认定之后，审改开始，专家就转到审改工作上了。当了审改专家要负责，可能工作量更多一些，责任更重一些。我们也可以将来增聘一些审改专家来承担，我想这一点明年或后年可以做到。因为明后年有很多三级项目需要结项，结项完了他就没有事了。到时，我们又可以聘请他当审改专家，审改别人的稿子，而且我们了解谁比较有能力，谁有经验，工作负责，我们就请谁。审改专家修改以后，要有一个定稿，这个定稿由二级项目组主持人来定。比如，典志组就是由郭成康来定稿，定稿当然不能全看，采取每本书抽查的办法，可以找几个帮手。有的定稿可能很不好，那要扣下重新加工，我不知道这样做是否能做得通。可能有些同志不同意，主要问题还是工作量大，认为工作量大不立项是不行的。工作量大是一个客观事实，你立项也是这么多工作量，不立项也是这么多工作量，你搞主审制也是这么多工作量，这是客观的，不能因为你立了项工作量就会减少，立项不立项和工作量大小没有关系。当然我们在审稿的报酬上可以优厚一点。以初稿的字数计算，审改多少字就给多少报酬。稿子要不要分类，有的质量高不必大改，看一遍略加润色就可以了，有的修改大，工作量大，需要不需要把稿子分类计酬，大家可以商量。审改与稿子的质量有很重要的关系，我们的钱花到这个地方应该是值得的。

还有就是你没有项目不好向本单位交代。我想，我们的专家有四类：第一类是离退休专家，不存在向本单位交代的问题；第二是社会科学院的专家，他们也不是很在乎项目的多少；第三类是高校的正教授，说实在的，高校的正教授对项目的紧迫程度也不是非常高，他不需要靠你这个来申请正教授；第四类也是最关心这个问题的是年轻的副教授，但是，年轻的副教授能不能胜任审稿专家、审改专家？可能有的行，有的不行，所以这类专家的人数很少。如果真有几位副教授能胜任审稿专家，我们可以以我们单位的名义写一封信给他所在的单位，请他们支持，请他们帮助，请他们单位给予一定的照顾，这是可行的。可以请他审稿审一年，他们是可能接受的。

对于审改，第一点，我强调一个“改”字，请专家审的同时要改，要请有经验的、年富力强的、知识面广的专家来改，我想我们的联系专家比较熟悉稿件，深知其优缺点。如果让我们三级项目的作者自己来改，怕改不好，因为这是他自己写的。改不好的原因一个是他工作忙没有时间改，另一个就是他责任心不强，最重要的是他学术水平和思想框框的原因，他写出来的初稿就是这个水平，你要让他提高水平，改变思路，超过他的初稿水平，很难达到，改了十遍八遍可能还是不行。改得焦头烂额也许改不好，除了初稿让他修改以外，初稿过关以后，由审改专家来修改。

第二点，所谓改，改什么？这一点很重要。我强调就现成的稿子改，尽量不要大改，因为写这方面稿子的都是这一行的专家，审改的人水平可能还不如作者。我所说的就原稿改，第一是不增加新内容，你审改一个题目，看法不一样，你不要把你的观点强加给他，你找资料，找了许多天资料，写了一小段，最后也超不过人家，所以不要增加新内容；第二个是不要改变结构，你要把第二章换到第一章，或是除掉一章，或是增加新章，那就改动太大了，我们没有时间，可能做不到，这相当于整个重新写了，那肯定是不行的；第三是尽可能不改变原作者的学术观点，当然要保持全书大的观点一致，很多具体观点应该百家争鸣。

审改时需要注意：第一看有没有政治观点上的问题，有无与现行政策上的抵牾，这个很重要，像《民族志》《边疆志》《邦交志》都有这方面的问题，这一点要特别注意；第二就是史料有没有硬伤，你看不出来没有办法，你也不必要给他找新资料，那样的话没完没了，关键是史料有没有错误；第三条是删掉重复，重复的内容一定要删掉，别的地方讲了，你再讲这个就叫重复，如有多处重复，宜在何处详讲，何处少讲，何处不讲，应和有关作者商量；第四就是文字的润色，欠通的文句要修改，啰唆的句子要删去，如《民族志》中有一些东西是没必要写的，如历代土司的名字就没必要写了，写一些著名的、重要的就可以了。大部分稿件，我感觉太臃肿，应该“减肥”。我看到的稿子大多臃肿，写得啰唆，文字很长，也不符合我们的规范、体例，做一些修改调整，但是不要增加新内容，不要改变它的结构，不要有很大的变动。

我们重视稿子的质量，但是时间也是有限制的，在限定的时间内要尽量完成。2012 年底付印，我们还有 4 年半的时间，印出来，要上报中央，我们《清史》完成了，请中央审查，请专家们审查。

我们希望在这个成品的基础上，还有机会打磨，还应该精雕细琢，成为一个精品。你上交一个经过三审的成品，中央便于审查和考虑，你没有成品，工程没有完成，中央怎么考虑啊！你现在有这个成品了，看样子还可以，有基础，工程比较大，这就有可能争取到再打磨几年的时间，精益求精。如果中央说，你们不必干了，我们就服从。所以不管如何，到 2012 年底都要付印，然后再争取中央的支持。要不然的话，中央也无从了解你的工作，你上交的是成品，虽非尽善尽美，但不是一个半成品。

第三点，我认为目前编审组有一些年高德劭、知识广博、威信很高的老专家，在各方面对我们有指导作用，他们的任务就是指导、抽查、咨询，举一反三，看质量怎么样，有问题向他们请教，请他们出主意。实际上，文海同志对我们的帮助是巨大的，参与了一些决策性的指导工作，起了很大作用。我们的工作很需要有远见卓识的指导。

第四点就是要做好若干准备工作。

第一个准备工作就是在网上搜索清史专家、近代史专家。一开始启动的时候，我们搜索过一次，当时是王江同志做的。我详细看了，知道了他们的名字，但是我不知道他们分别擅长什么，写过什么东西。现在过了 5 年了，又有大批新人出现，又有大批的人退休，最好注上他们的专长，年龄也要注上，离退休了，我们可以请他。现在我们不了解清史的专家有多少，特别是青年专家成长很快，有点与世隔绝的感觉，这些对于我们下一阶段邀请专家来参加工作有很大的作用。尽量搜集比较全一点，最好要有他的著作和重要的文章，他是研究什么领域、什么时段的，要不然的话，我们不好请他来。

第二个准备工作是档案，档案工作要提到日程上来，我指的是我们的稿子，不是我们的工作档案。吴孝英同志负责工作档案，她很有经验，工作做得很好。我指的档案是印出来的稿子，以及《清史》的各个小项目，典志是几十个项目，传记有 30 多个项目，通纪有 12 个项目，史表是 20 多个项目。每个项目都有初稿、修改稿、定稿、资料长编、注释、考异，字数浩博。这么多的东西没有人管怎么可以呢？我觉得要有档案制度，让专门的档案员来保管整理，管理这些东西非常重要：第一不能丢失，第二不能弄乱，第三不能外传。虽然这些不是什么机密文件，但是限定不能外传。要有内部的借阅制度，要让修改的同志便于查阅。有的稿子要复印多份，送给领导和有关同志，这是繁重而复杂的任务。档案制度要很快建立起来，要用专门人员来管，要分类分档，井井有条，而且不能有闲人出入。各类的档案都要分清楚，要把初稿、定稿、修改稿详细分清，保管得当，便于查找。

第五点，对于特别差的稿件，可能是10%或是5%，小动不行，必须动大手术，由二级项目组提出来，哪几个项目是这样的，我们可以另外组织力量来攻关，把特别差的项目也要搞上去。有的实在不行，无关紧要的我们可以删掉，宁缺毋滥。当然，我们要在有限的时间内做这些工作，要到2012年以前完成。

第六点，五个主体组工作不同，各有特色。通纪、典志是长篇文章，史表是一个一个的信息点，它不是写文章。史表的主要问题是查资料比较费劲。传记组又不一样，它是一个个独立的单项，它不是一个章、一个节，没有什么逻辑联系，去掉一些篇幅，不会影响整个传记的结构。所以，这五大部类在执行的过程中间，就要因地制宜，要根据总的原则去执行，不能按一个模式来执行，复杂就复杂在这里，费事就费事在这里。所以，传记组同志说他们不立项，传记组没有捆绑不捆绑。他们碰到的问题不一样，如果这个办法可行的话，给各个组说明，你们根据这个总的原则，自己还要有自己的路线图，总的精神是这样，就是到2012年付印审定稿，这就是我们路线图的终点。

以上是我的一些设想，也没有想好，大体上是这样吧。总之要考虑周到，谨慎对待，摸索前进，开动脑筋。我们是一个庞大的文化工程，搞这个工程相当复杂，一方面，我们要鼓足信心、鼓足勇气，要前进，相信我们能够完成任务；另一方面，我们确实要谦虚谨慎，要千方百计地克服困难，按照这个路线走，达到我们的既定目标，到 2012 年，拿出我们的付印稿。能否操作，还要到实际中去证明。最后，还要留一定的时间找一些人通读，通读会发现很多问题，最后通读是因为只有全稿完成之后，才能发现哪里有遗漏，哪里有重复，哪里有矛盾，才可以着手修改，最后完成付印本。我不知道这个路线图行不行，如果行得通，我们是否可以制订一张倒计时的日程表，以便安排好今后的工作。

史表工作汇报会上的讲话*

我读了《大学士表》，没有读完，查出一些问题，但没有仔细改核，没有把握，希望作者再复核一下。

《清史稿》史表每篇前面有一个小序，几百字，非常简明，记述大学士的来源、源流、执掌、特点等，这样的做法好。传记后面也有一个小结，虽然有些写得不好，但有些写得相当好。我们现在没有小序，30 个表，我替你们拟了一个《大学士表》的小序，不一定合适，供你们参考。

史表组的工作量很大，我看了《大学士表》，比较满意，当然浏览一遍，无法仔细核对错误。但我看比《清史稿》中的《大学士表》好得多，信息量、信息的准确程度好多了，肯定参考了台湾的《〈清史稿〉校注》。台湾的《〈清史稿〉校注》是一部好书，它核对了很多档案和《实录》，将来审改的时候应该参考，当然它也有一定的问题。

史料的来源究竟是以《实录》为标准还是以公开或未公开刻印的档案为标准，有时很难说。《实录》会来源于档案，很难说档案一定准确，《实录》一定不准确，这也是相对的，当然一般说档案还是比较准确的，比《实录》准确度高。还有一些私人记载（家里的记载）和地方志记载，可信度不见得比官方史书（《实录》、档案）差。准确度是相对的，主要是选择的材料是有根据的就可以。

《实录》也有问题，对于任官的时间记载不一，有的是任命时间，有的是到任的时间。任命时间也很复杂，有的是离京的时间，

---

* 2008 年 9 月 12 日。

有的是发上谕的时间，但我们有根据，可以推断哪一个比较合理。有的时候档案也不可尽信。任命是一个过程，有人任命外官后很久时间仍留在北京，未到任。不能太拘泥，应该有一个灵活性。太平天国时期，因为战争需要绕道走，很长时间有时甚至一年也无法到任，这种情况也很多。

我们的资料标准应该在《实录》和档案之间，我们只能根据我们能够看到的尽量搜集、尽量阅览。未刊的档案很多，我们无法全部看到，很难要求人家。我们能做的只能是我们这个时代能达到的水平，等到将来未刊档案出得多了，准确度可能提高，十年后再做肯定会超过我们的。但我们现在没有办法，只能认定现在的标准。

程歗同志说得很好，要因地制宜，各组的情况很不相同。史表组主要考虑的应是信息量大、信息点全。至于写法可以再商量、再讨论。但看了《大学士表》，我比较满意。刚才的一些意见，我也没有核对，可能也不太准确，史表组再核对吧。

审改工作怎么做，会后是否搞一个章程，应该细化。各组的情况不一样，组织方法也不一样，一审、二审的工作如何配合？如何分工？二审不仅要看稿子的质量，还应看一审的评审情况，应给出评价。如何判断审改质量呢？应根据第二个专家对第一个的整体评价。经济的手段如何挂钩？史表组的审改量是 4 000 万字，还是 600 万字？600 万字来源于 4 000 万字，但我们的审改对象就是 600 万字，所以恐怕还是得按 600 万字计算，只算正文，否则开支太大。我们不要求改资料长编，但审改的稿子应仔细看，按这个数字计算工作量和经费。一个专家可以审几个相近的表。

二审的专家不要动笔改，不要几个专家改一个稿子。如果中央将来还要我们打磨，我们再打磨。但现在 10 年的经费，10 年的任务，时间一定要控制住。二审的专家可以更多地请外面的同志，史表组可以先摸摸底，提供一些备选专家的名单，主审专家必须报编委会批准，其他的也应上报备案。

典志工作汇报会上的讲话*

典志组工作比较扎实，我能够和每位专家接触来听取意见，受益匪浅，知道具体工作里面的艰辛，许多问题我也不能立即答复，究竟怎么办还得商量。典志组是一个非常重要的二级项目组，有 40 个志，70 个项目，字数最多——1 700 万，占《清史》的半壁江山。如果这半壁江山做好了，我们的《清史》也就能做好，如果这半壁江山做不好，那《清史》肯定不行。典志组是一个关键，我比较关注质量，如果典志不行，那就一半不行了。

审改工作特别重要，因为这是提高质量的重大措施。作品一开始写出来总是比较粗糙的，总是有比较多的缺陷、瑕疵、毛病，审改就是把这些瑕疵、毛病挑出来改掉，要精打细磨，“玉不琢不成器”。一篇文章、一部作品、一个科研成果如果不加以修改不可能成为精品。我们都是写文章的，知道写文章的经验就是修改、再修改。大家都说过文章都是要修改的。没有审改这个程序是不可能的。怎样进行审改？上次我发给大家的一个讲稿，只是我当时的一个想法，也没有讲完，只是当时的一个交稿日期，一个路线图，到 2012 年底我们要上交中央一个成品，这个成品可能还粗糙一点，但是我们一定要交出来，交给中央看一看，审一审，如果觉得还可以，那么中央是否还允许在成品的基础上进行打磨。你拿不出东西来，中央怎么来审定啊？我们当时的计划就是 10 年的计划，给的经费是 10 年的经费，每年的经费都是有定数的，到了 2013 年就没有经费了，2012 年底一定要拿出一个成品来。

我们要全心全意关注质量，当然在保证质量的前提下进度也是

---

* 2008 年 9 月 17 日。

要注意的。进度上不来谈不上审稿，所以既要讲质量也要讲进度。上次6月25日我讲的那个主要是修改方面的路线图。观点、材料、文字等方面怎么修改。文字我觉得比较简单，大部分都是专家写的，可能写得还不错，这样我们动的不会太多。今天听起来有些志可能还是有比较大的改动，我会进一步考虑审改的组织怎么搞。现在我们是二级项目组，我总希望你们考虑得细一点，提出一个方案。审改要不要重新组织？恐怕任务不一样，各个组的情况也不一样，有的组可以按照原来的组织情况，可是典志组行不行？

我的初步想法是典志组看看这种调整有没有必要？有没有可能？你们一共40个志，有些志可以分开捆绑成4个板块或3个板块，5个板块也可以。二级项目组就按照这4个板块，这4个板块下面有40个志，每个板块下面有10个志，每个志有主持人。这样层层负责，这个想法行不行？二级组不动，有组长，每个板块也有组长，负责10个志，他不是一个人，有几个人，有的主审专家年龄大了只能审1个志，有的可以审几个志，最好他原来联系的志由他来主审，当然也不一定，能不能这样来组织？要不然一个人怎么来联系这40个志啊？不分成板块，这40个志行吗？或者分三个层次，第一个层次是二级项目组，第二个层次是板块组，第三个层次是志，主审负责制，可以负责1个志，也可以负责几个志，多多益善，因为我们专家太少了，能不能这样去组织？主审专家应该有比较大的权利，他在主审的时候可以和原作者商量，有的时候不同意你的意见怎么办？当然你得仔细考虑这些意见，不商量也可以，我认为，为了讲效率，商量来商量去耽误了时间，商量一次不行，商量两次不行，商量三次不行，那怎么办？不商量就直接改。

改稿子的工作不可能你和他商量他就同意的，一次肯定同意不了，两次也有可能不同意，好说话的还好，不好说话的他是坚决不同意的，这样的话不要谈了。如果他的思路行也可以，如果非改不可了，比如说刚才说《文学志》，我上次提了几个建议，比如桐城派，不要写一个个桐城派的人了，也不要写作品了，这些都是搞文学人的事，我们搞史的人应该搞清它的源流、派别，写桐城派的产生、影响、发展、特点，要写这些东西，你和搞文学的人商量，他们肯定不同意，如果写一个个人也可以，这个志也不一定非要照我的意见写，但这样写是不是更好一些，避免重复。我认为尽量少改，不要把我们的意见强加给他们，一定要尊重著者的意见。如果有的本身就是错误的，不能用这种体例，按照他的写法就不行，这样我们就主张不商量，直接去改动，不要商量来商量去，因为时间不够，我现在很着急的就是时间。或者重大问题和郭成康商量，或者更大的问题也可以找副主任或者我，非常重大的问题可以讲，一般的问题你们自己决定。我觉得是要和三级项目组联系，但是我有这个担心，就是联系作者不大好，能够尊重他们的就尊重他们的意见，如果他们的意见不能尊重，那我们就这样做，将来你们署名就是作者、审者两个人。审的人一个人看一个志，不要几个人看。因为不同人有不同的路子，审改再要两三个人那意见就更不统一了，最好是一个人审一个志，当然有些问题可以商量商量。但是为了讲求效率也不要程序过多，影响工作效率，拖延时间，不能完成任务。

我的想法是首先要保持二级项目组，二级项目组是主持审改的核心机构，促进审改，推进审改，审改以后验收由板块组长和二级项目组审改。二级项目组以下设不设组？因为我们各个组情况不相同，典志组我觉得有必要，因为志太多了，其他组有没有必要那倒不一定。通纪一共才几个，就不要分组了，这个方面让他们自己考虑。史表组三十几个项目要不要分让他们自己考虑，典志不要求分也可以不分。

另外，整个审改的程序要有灵活性，程序必须交叉，你们好几个人在发言的时候都说交完稿开始审稿，这个不行。因为把所有的稿子拿到以后才开始审改那就麻烦了，有的稿子要到 2011 年才交，先拿到的稿子先审，现在就定好主审专家，下去后就开始施行。要不要分板块？哪几个志放在一块？我们内部能够承担多少志？我们现在请专家有没有人？我看了名单人倒不少，也可以在三级项目组专家里面物色。比如说杨国桢、郭松义这样的同志，他们完稿后可以审稿，他们很负责任，年龄也不是很大，完全可以。

关于程序我本来有这样一个想法：三审定稿。一审不是三级组自己审，而是返回二级组审。审完了以后能不能有一个二审，二审怎么审？找外面的专家审，不能改，只审不改，把原稿、初稿发给他，审改稿也发给他，他也看看改得怎么样。我本来想能不能这样，现在看时间不行。到时候我们给报酬的时候是按劳给酬，改得好不好，在报酬上把握好，在权、责、利上把握好，真正做到多劳多得，公平合理，不是把稿子发给你多少钱就完了。我觉得应该这样，让二审专家来评一审专家审得怎么样，先发 50％审稿费，然后还有 50％等到二审专家的意见出来后再发给报酬，这样真正能够体现按劳分配。一审专家只是板块的专家，二审专家直接到外面找。我 6 月 25 日讲的到现在已经 9 月份了还在讨论，我们的工作效率低啊！这个真是没有办法，真是推不动啊！应该拿出实施的方案来，现在还在讨论这些问题，照这样子我们怎么评审啊？磋商来磋商去，工作做不了，下不去，出不了活，那怎么办？原来我的想法是有程序，三审定稿。

你们提的这些问题我现在确实很难回答，至于报酬我没有考虑。时间很短，大家要抓紧，至于我们下一步一定要做一个总的规划，总的审改规划。这个总规划不要太详细，因为各个组都有一个规划，各个组的规划越细越好，越能操作越好，要想得细。一般人提出的问题都有解决的办法，在我们这种条件下怎么解决。总的规划我想现在我要指明责任人：成崇德、徐兆仁你们两位能不能在短的时间内拿出来？因为各个组要看这个规划，特别是审改，从哪里开始审改？不是稿子交齐了开始审改，一面交稿一面审改，前面没有做完的事情接着完成，实际工作照样进行，要不然来不及，再拖下去等交齐稿子再审改的话那就没有时间了。我估计每个审改专家如果很努力，每天审改一千字是可以的，当然我指的是年富力强的、有学识的专家，不用查什么东西。现存稿子都很长，不能再膨胀了。有些问题可以少写，减肥瘦身，增加东西就比较麻烦。

另外，各个组要确立组织，什么组织？各个组情况不同，我不硬性规定。你们按照我刚才所说的那样确立组织也行，要适合你们的情况。没有组织不行。层层负责，要不然不好做，组织要很快建立起来，这个由马大正和朱诚如负责。审改的组织、审改的计划由你们两个负责催、督促、帮助他们，也要在很快的时间内做好，究竟多长时间我也不好说。我刚才说一个专家一天能审 1 000 字的话，还有两年多的时间，这个数字我是不是保守了一些。

审稿专家要写两个意见：对原稿的评价和对审改的意见。二审比较容易一些，重点是一审，一审要严格，该改的要改，可改可不改的可以不改。今天我讲的是审改的组织、程序，一审、二审、三审，如果再拖的话，那就取消了，不能拖，每个人都要订合同。接受了审稿任务一定要按期完成。大家都要负起责任来，我看典志组都很负责，刚才听了大家的发言，我很感动，你们做了很多工作。典志情况比较好，交稿情况也比较好，很多都是客观原因。到明年有不少志上来，这么多志上来你放在那不看，到后来任务更重啊。

另外我还要提醒一下的就是档案的问题。我们的稿子很多，各种各样，有原稿、一审稿、二审稿，还有资料长编、考异，还有其他附加产品，发到每个人手里，还要保存一份底稿。大规模审改以后，非常杂乱，档案收取、保存、管理、分法都必须有序，井井有条，不要丢失，也不要外传，而且可以方便查阅。我邀请了童本道同志来统一做这个工作，每个组都有一个档案员，找一个博士生，一个不够两个，各位专家各位组长，包括档案员和秘书，各在其位，各司其职。

下一阶段的工作编委会要站在第一线，以前站在第一线的是三级项目组的专家，现在主要是我们了。过去我们的工作主要是联系，写的任务主要是三、四级项目的专家。现在主要是我们编委会内部的专家来做，来改，当然也要请外面的专家，是一种角色转化，我们要做好这个工作，从二线转变为一线。编委会要冲在第一线，披挂上阵，这是非常重大的一个事情，非常重大的一个转变。既然在这个岗位上就必须负责任，不能马虎，不能懈怠，严格工作纪律，要建立表扬激励机制。

我上次的讲话绝没有草草收兵的意思，我希望能尽我微薄的能力来完成这项任务，所以要限制时间，实在是因为时间太短、不够。我常常想到一个故事，从前，有两个著名的炼剑的名师干将、莫邪，他们两人非常敬业，炼了多次，宝剑没有炼成。最后一次，他们以身投入炼剑炉，剑炼成了。我对他们这种精神非常仰慕、非常向往、非常佩服。如果能够修好《清史》，要我投入这个炼剑炉我会毫不犹豫，抱着这种精神和心情，我是甘心情愿的。

希望我们大家振作精神，团结一致，共同来完成党和国家交给我们的这样一个重大的任务。

在清光绪皇帝死因报告会上的讲话*

各位专家：

刚才钟里满先生和四位专家已经详细地讲了光绪皇帝死亡原因的检测过程，非常清楚，他们做出这样的很科学的论断贡献很大。我这里补充一点历史背景和历史材料。光绪皇帝和慈禧太后几乎同时死亡，到现在正好 100 年。现在是 2008 年，他们是 1908 年死亡的，而且是阳历 11 月，现在也正好是 11 月。当时国内外震惊，怀疑、议论非常多。当时保皇党康有为他们认为光绪肯定是被慈禧谋杀的，辛亥革命后议论更多了，舆论放开了，很多人都说光绪是被毒死的，是被谋杀的，比较接近光绪的人、了解光绪的人都这么说。比如说光绪的起居注官恽毓鼎，他陪着光绪活动，记录他每天的言论、行动，他认为光绪是被毒死的。1904 年，清朝的外务部侍郎相当于现在的外交部副部长伍廷芳，和日本驻华的公使内田康哉有一个谈话，后来内田向日本政府写了个报告。内田问伍廷芳如果慈禧太后死在光绪前面那光绪会怎么样？伍廷芳说这个事情很糟糕，光绪不可能死在慈禧后面，慈禧在临死的时候一定要动手杀害光绪。伍廷芳和日本公使在光绪和慈禧死之前的 4 年就已经这样说了。原文是这样："对皇太后驾崩后皇上会如何之问，伍言道：亦如世间传闻，诚为清国忧心之事，万望无生此变。伍话中之意，皇太后驾崩诚为皇上身上祸起之时。今围绕皇太后之宫廷大臣，及监官等俱知太后驾崩即其终之时。于太后驾崩时，当会虑及自身安全而谋害皇上。此时，万望能以我守备兵救出皇帝。"这一点北京宫里面的人都知道，王府里面的高级官员也知道。他们求于日本，日本当时在北

---

* 2008 年 11 月 2 日。

京有驻军，求日本能不能派军队把光绪救出来，但日本政府是不会干这种事情的。内田的这个报告前几年已经发现了，是孔祥吉同志在档案里面发现的。伍廷芳是这么说的，这是刚刚从档案里面发现的。

另外，晚清内务府大臣增崇的儿子说道，他小时候听他的父亲和叔叔议论也说，内务府大臣管皇帝生活，看病等都是他们管，也说光绪死因很可疑。还有德龄，我们知道德龄是慈禧的女官，慈禧晚年是她陪着慈禧在宫里的，她和慈禧很有感情。她说慈禧什么都好，就是虐待光绪，而且谋害他，这一点她是不能同情的，她是这么说的。

溥仪写了一本《我的前半生》，他在书中说，他小时候听宫里面的老太监说，光绪吃了一杯什么东西，是袁世凯送进来的，吃过之后死了。

还有启功，启功先生是清朝宗室，乾隆皇帝的后代。他听他祖父说，慈禧生病他在宫外面等候，看见太监拿着一碗塌喇给光绪吃了，塌喇是满语，意思是酸奶，吃了塌喇之后光绪就死了，这是启功先生听他祖上这么说的。很多人包括与光绪很亲近的人都这么说，都说光绪是被谋杀的。当时学术界一般都相信光绪是被谋杀的，但不管怎么说他们都没有目睹光绪是怎么死的，都是听说，都是传说。而且这里面说法也都不一样，有的说是袁世凯送的药，有的说是慈禧送的药，没有铁证，所以也就不能定案。他们都认为光绪是被谋杀的，但苦于没有证据。

到了 20 世纪 80 年代，“文化大革命”以后清宫里面发现了大量的档案，数量非常多，其中就有光绪皇帝的病例、脉案，很详细，每次看病都记录，开什么药，很多历史学家、档案学家、医学家还有科学院的院士都来研究，他们从病案来看得出了完全不同的结论。从病案来看光绪皇帝长期虚弱，百病丛生，久治不愈，治不好，光绪死亡没有伤害性的迹象，也没有中毒的痕迹，应该属于正常死亡，当年他们发表了很多文章。专家和院士们长期研究档案，研究光绪的病例，说光绪从小多病，大婚以后病得更严重，又受到太后的虐待。他们是用现代的医学语言来说的，是肺结核，加上有肝病，又加上心脏病，又加上风湿，光绪的死亡不是慈禧毒害，不是谋杀，他们的死亡是巧合，没有可怀疑的地方。他们的文章是这么写的，有的文章不肯定，肯定的文章就是这么写的。既然是清宫档案医案，大家都没有话说。现在还是有人怀疑，启功的文章就是以后出的，启功的回忆录是2005年他死之前的回忆，但是档案是这么说的，大家就没有话说了，所以学术界一般都相信光绪是正常死亡。

本世纪之初，钟里满和原子能研究院、北京市公安局法医所、清西陵这几个单位一起来研究光绪的死因这个课题。他们到我家里来，我说这个是大问题，你们好好研究一下，暂时保密，没有得到结果之前不要说出去。这些科学家真是很辛苦，材料很少，不能开棺，从北京到西陵也不近，检测手段非常复杂。清史编委会后来在2006年、2007年也开了两次学术讨论会，讨论这个问题，一直到今天大体可以定论了。我看了这次的报告，也听了他们几次讲，光绪的衣物里、头发上、骨头上发现那么高的砷含量，你说怎么死的吧？砷就是砒霜啊！高出常人2 000多倍，一般人是1以下零点几，当然有的人比较高，但这个2 000倍于常人，这么强烈毒性的东西，他能不死吗？肯定死。我认为今天可以得出结论，就是他们报告里面写的，光绪帝是中毒死亡的。我是很同意他们的结论。

整个解释工作刚才已经讲了，虽然用了最通俗最简明的语言和幻灯的手法来介绍，但是对于我们这些外行来说还是比较深奥，也很复杂，很多东西不明白，听不懂，但是大体上还是能看出来。好在他们也写了详细的工作报告。钟里满也收集了大量的历史资料进行了排比，光绪皇帝死前10天，已经做了排比，每天发生什么事情很详细，从这里面也能看出来光绪是怎么死的，从这两个主报告可以说明这个问题。我也写了一篇补充的情况的文章，也还要说明一个问题就是毒害光绪的不是其他人，很可能是慈禧本人。为什么呢？因为在戊戌变法的时候康有为有一个“围园劫后”的计划，就是包围颐和园，劫持慈禧太后，甚至杀掉慈禧太后来推动戊戌变法。本来我们不相信有这么个计划，说是袁世凯告密造谣，后来杨天石同志在日本也发现了一个毕永年写的《诡谋直纪》，是有这个事，而且当天晚上康有为和袁世凯商量这个事。开始抓人的时候没有抓谭嗣同，抓的是康有为和康广仁两个人，开始不知道有这个围园的计划，等到袁世凯告密这才知道。“围园劫后”计划泄露后，慈禧就大批量地杀人，这斗争多激烈啊！抓到后立即处决。清朝法律是要经过秋审后才能杀人的，这时审也不审就杀掉。当时慈禧他们都恨死光绪了，我说当时慈禧太后就要杀光绪，为什么？“政变”以后以光绪的名义发布了一个上谕，找全国的名医进京给皇帝治病，说皇帝从四月份以来到八月份身体越来越不好，让全国各地的名医进京，大张旗鼓找医生。这就奇怪了，四月份以后，光绪皇帝还意气风发地开始维新变法，推行新政，发布新政，发布诏谕，怎么身体不好了？这是慈禧在造谣，为什么？因为他要杀光绪或要废光绪，她要找一个名义，怎么杀？不能没有名义就杀了，那可不行，至少要制造一个，就说生病，病死了。清朝的政治制度与汉朝、唐朝不一样，汉朝董卓、曹操可以杀掉皇帝，唐朝太监可以杀死皇帝，明朝刘瑾、魏忠贤可以在后宫杀掉皇帝，清朝不行，清朝的专制制度最严密，皇权至上，谁也不能杀掉一个皇帝，所以她要造这么一个舆论。她大张旗鼓地找医生就是为杀光绪制造一个舆论。第二件事就是立了大阿哥，就是接班人，人都找好了，都进宫了。杀掉光绪把他推为新皇帝。这两件事慈禧做得非常愚蠢，大家一看心知肚明。皇帝在变法的时候身体还很好，现在怎么生病了，病得这么重，还要全国找医生，而且把接班人接到宫里去。上海的绅商 1 000 多人联名上书要求保护光绪，大部分华侨也要保护光绪。

“君臣之分已定，中外之口难防。”君臣的名分已经定了，舆论是不会答应的。慈禧一下子就担心了。而且外国人也干预，外国派医生给光绪看病，慈禧不让看，不让看不行，必须给皇帝看病，法国医生还是进了宫，见了皇帝，后来回来说光绪没有病，这一下把慈禧的把戏戳穿了。慈禧恼怒了，所以在义和团里面她就允许杀洋人，因为洋人阻碍了她的阴谋，戳穿了她的把戏。所以慈禧杀光绪不是从后面开始的，她是一直策划着的。她就干了这么些蠢事，结果她一杀洋人就不好了，八国联军来了，她就跑到西安去了，回来后外国人没有废掉她，还让她当最高统治者，这个时候光绪帝已经被软禁起来了。光绪就被当作傀儡皇帝软禁起来放在那了，但她心里面是这么个想法，所以她在宫里面总是说皇帝不会死在她的后面。她 70 多岁了，皇帝才 30 多岁，为什么不会死在她的后面？这很明显就是她死的时候光绪也活不成。政治斗争非常残酷，积怨甚深，所以就发生了这一幕：1908 年 11 月 14 日（光绪三十四年十月二十一日）光绪死，第二天慈禧死。果然这样一幕历史就出现了，这是她预谋的。她很早就想杀掉光绪了，但没有成功，之后光绪还是死在慈禧前面了。清朝的两个掌舵的人没有了，当家的人没有了，3 年后武装起义，一下子清朝灭亡了，这一幕对中国历史还是很重要的。光绪的死因牵涉到这样的历史背景，所以我们重视它。我是相信这个报告的结论的。

在图录编纂研讨会上的讲话*

这一天半的会议，讨论得很好，图录组的工作还是卓有成效的。图录共分 12 卷，基本囊括了清代历史生活的各个面相，能以图像生动地反映清朝的人和事。所选图片比较新颖，图面美观。《清史》图录计划选入 1 万张图片，可谓洋洋大观、琳琅满目。图录是我们新修《清史》最有希望的亮点之一 ，有厚望焉。相较以往，我们图录的工作已经取得了很大的进步，目前，大纲还没有将图录的内容全部展现出来，比如卷的总述、篇目的概述都没有印上去，图像的选择和排列还没能看到全貌。下面还有许多有待进行的工作，也必然还会出现这样和那样的问题。这次会议，将图录置于高水平的理论平台上加以分析和探讨，就图录的功能、作用以及具体编纂方法，建言献策，集思广益，成效显著。

现就所听到的内容，发表一下我个人的意见。

(1) 从外文图书中收录到的图片，底下都注有外文内容，没有将其翻译成汉字。我们的《清史》图录的多数读者是中国人，理应将其翻译成中文，可保留外文的原文。

(2) 会议材料上的文字说明，有简本和繁本两种，我认为最后出版时应该用简本。至于有的简本，可稍稍增加一些内容。

(3) 版面设计应当更合理一点，图片应该和文字说明置于同一页面上，以免给读者阅览带来不便。至于一些大图，如舆图，可以用折页。当然折页不宜太多，否则有失美观。针对一幅图片，版面上不要有两个题目。有的地图，如乾隆时期京城图，可以放大一点。这幅图非常著名，侯仁之先生曾以该图为参考，画出了十几幅宣南

* 2008 年 11 月 13 日。

地区的地图。

（4）建议有选择地去寻找有关清朝边界的地图，看看钓鱼岛、西沙群岛、台湾、西藏、新疆、中印边界地带等区域的分布情况。

（5）收录图片，是图录组长远的任务。我们要放宽视野，看看外面还存有哪些图。紧密关注外面的动向，因为经常出现关于清朝图片的拍卖活动。可能我们图录库所收图片已经洋洋大观，但我们还须精益求精。图录的质量首先取决于图片的质量，有好的图片才能编出精彩的图录。图片质量不行，万事皆空。

目前，国家图书馆、故宫博物院、国家博物馆等单位收藏的图片，我们还未能获得，后面还需积极奔走，积极攻关。此外，港台的图片没能拿到，也是一大遗憾。欧美的图片，我们拿到亦属有限。伦敦一家报刊，从 19 世纪 60 年代出版图片，每周一期，关于清朝的数量应不少。现在我们已和对方联系妥当，他们也答应让我们无偿拍照。但苦于手续复杂，久未成行。外国书籍里的清朝图片也有很多，比如英法联军头目额尔金的《从中国到日本》一书里，想必会有关于清朝的图片，图录组应当去国图搜找。总之，我们一定要多想办法，通过多种途径，持久地去搜集图片。

（6）图录总数计用 1 万张图片，每卷大体可用 800 张。

（7）关于设卷、篇、目三级结构，是否可行？我原初主张取消目，但听完刘潞的相关发言后，觉得保留目尚有道理，现在还拿不定主意。大家知道，纲举目张。如果按照现行设计，我们图录全书将有 400 个目，要写 400 个相应的概述，是否有点烦琐？能否将概述写好亦成问题。即便写成，我怕也未必符合历史的要求。在其他项目组，我也曾提出希望能够写些小序，如同《清史稿》一样。我个人也唯恐写不好。至于表，只有三四十个表，即便写小序，字数也不会太多。典志组 40 个志，无人敢动笔写小序。图录设有 400 个目，一旦写序，数量蔚为壮观，而且以寥寥百余字，涵盖底下图片的内容，殊非易事。我担心的一个很大的问题是，纲举而目不张。鉴于设目过多，许多内容会有重复，到目前为止，我还不太倾向于给图录目写小序。现在图录目下还有小目，设得就更细了，实在无此必要。一些篇目结构是在没有照片的前提下定的，所以可能有点主观，势必要修改。下一步修改大纲结构的工作任重而道远。

（8）有一个突出的问题需要注意，艺术卷有个书画篇，而书画篇里设有卷轴目，并将年画、版画、篆刻与之并行列入。其实，卷轴具有独立的地位，版画、年画的重要性与之不同。书画类，除了篆刻以外，悉属卷轴。正确的划分，应该将书法和绘画分开，各自再进行重新划分。书画最好能按照流派来分。至于个别人物不能划入流派中，可以用一个很泛化的目加以统括。

（9）关于图录的定位问题。“二十四史”中从无图录，这是我们新修《清史》的一大创新。但是我们必须明确，图不是万能的，对于非物质遗产，如思想、语言、制度、科学等，图片无力反映。比如黄宗羲的思想如何用图反映呢？图片毕竟不像文字表达那样可以无微不至。认识到图片并非全能，才能更准确地定位图的功能。我们能说以图“证史”“补史”“明史”，而不能说“以图代史”。我们不能编成一本图说清史。

（10）关于文字部分的要求，李文海同志用“准、简、达”来概括，非常恰当。关于图片，程歗同志提出“真、精、稀”，说得很准。我稍做补充，图片还应注重其“典型性”“有序性”。我个人认为，典型性的图片，应该具有普遍性、先进性，按此标准，水葬、天葬、凌迟处死等图，既不属于普遍性的范畴，亦不能代表文明和先进，不当入选。我们选图的时候，尽量摈弃丑恶的、非典型的东西。从20万张图片中选取1万张，看看能否本此标准。我提“有序性”，是针对目前肖像卷的无序排列而言的。此外，除了朱诚如刚才提到的图录出版时印刷要精美，所选择的图片本身也要精美，应具有艺术性。

以上建议，供图录组参考。我个人体会，图录工作难度极大，一不小心就极易出错，或错在图假，或错在文误，或错在文图不符，大家工作时需要格外谨慎。

在审改办法讨论会上的讲话*

同志们：

今天我们召开这个会议来谈一下审改办法，根据项目中心起草的审改办法第二稿，在这个基础上，我先谈点意见。这个会议比较重要，涉及我们今后几年的工作的做法。关于审改办法这个稿子，我们研究了好几次了，提出了一个大致的办法。在这里，我来把问题集中一下，这里面有的办法没有提到，我在这里做一下补充，便于讨论，便于操作，便于更快地落实。

第一点，就是从 2009 年 1 月开始，我们如期地启动审改工作。这个办法讨论了比较长的时间了，我们决定《清史》的稿子经过三审定下稿来，到 2012 年，用 4 年时间完成三审。所以，我们要在进入审改阶段之前，制定办法，指定专家，准备稿件，和专家签订协议，等等，到明年初，即 2009 年 1 月，我们如期地讨论审改工作，不是一下子全部讨论，因为我们还有前期的工作没有完成，有条件的项目可以讨论。我们全部审改的量估计是 3 500 万字，这里面有 20 多个项目不在这次审改范围之内。哪 20 多个项目呢？图录组的 12 个项目，加上通纪组的 11 个项目，所以一共有 121 个项目需要审改。

第二点，加紧处理未完成的初稿。我们现在还有很多初稿没有完成，如果初稿没有完成，审稿的对象是什么呢？所以，我们要加紧完成初稿。但是我们也不能等到初稿全部完成了再去审改，因此，我们必须要交叉地进行，一面接受初稿，一面开始审改。对于已经交稿的稿子，我们就可以投入审改了。我们现在是谈 3 个组的一共

---

* 2008 年 11 月 19 日。

121 个项目。典志组、史表组、传记组，这里面就存在如何处理尚未完成的稿件的问题，这些尚未完成的稿件大部分应该在 2009 年底完成，也有个别的稿件在 2010 年完成，各组情况不一样，但是都存在如何处理未完成的稿子的问题。

史表组也存在一定的问题，但是看来问题还不是很严重，还可以解决。传记组好像问题比较多。乾隆下、嘉道、康熙上、康熙下、科技、学术，这些项目的进度不行，对于这些未完成的任务，我们下周单独和三个组开个会，看怎么办。比如说，实在不行，要不要更换主持人，这样好像不太合适。我想补救的办法有几种，一种就是拿来我们曾经做过的近代人物传，当时我们做得还是比较认真的，我们拿来和原作者商量一下，这是一个办法；第二个办法，选拔几个比较好的研究生，有写作经验的，让他们来补。比如说一个传里面有 100 个人，作者写了 60 个，还有 40 个，作者写不了那么多了，让作者分出 20 个来，由研究生帮着写，这个办法行不行，一定要赶上去，如果不赶上去，我们这个审改工作就启动不了。采用这两种办法看看行不行，如果实在不行，我觉得更换主持人也可以，现在不果断不行，如果他水平不行，时间没有，也不全身心地投入，出现这种情况就要更换主持人。我们到现在为止只更换了《兵志》的主持人，其他的主持人还没有更换过呢，因为更换主持人是一件比较麻烦的事情。我不清楚当初和他们签订的协议里面是否有这么一条，如果完不成任务就要更换。如果没有这么一条，那我们就等着吧，但要等到什么时候呢？如果我们看准他不行了，水平也不行，也不投入，工作很慢，而且拖拉得很久，这样的情况就要更换。

《典志组》也存在问题，《邦交志下》问题比较多一点，还有就是《城市志》《人口志》也不太行，如果不行的话，我们也要想办法。

下周我们研究一下推迟的项目怎么办，我们一个一个的项目来研究，我们要果断地处理这些未完成的初稿，催他们交稿，补充人力，帮他们做，甚至是更换主持人，都可以考虑。

第三点，我们三审定稿，一审是一个很重要的审级，因为一审就要动手修改。一个项目有一个主审专家，由他自己聘请助手。有的专家可能电脑也不会用，我们也可以帮助他聘请助手。主审专家要全权进行修改，包括作者和原来的联系人我们还是要与他们保持联系，我们二级项目组要与原来的联系人保持联系，这样他们组成一个审改组，这个审改组要协助主审专家审改、讨论。审改小组的其他人都不动笔，只让主审专家动笔。

项目中心的文件上规定得很清楚，这个文件里有五条，我加了一条，一共六条。哪六条呢？第一条是政治导向，坚持马克思主义唯物史观，坚持正确的政治导向，在重大政治和理论问题上一定要严肃认真，充分发挥新修《清史》在认识历史、传承文明、资政育人、服务社会方面的重要作用，在政策上不要和中央有矛盾。第二条是学术水准具备世界眼光和整体视野，立足清史研究的学术前沿，充分吸纳学术界最新研究成果，真实、准确地反映历史面貌，大胆探索、锐意创新，做到史料和观点一致，史论有机结合。第三条关于逻辑结构，要观点统一，逻辑严密，布局得当，结构合理，做到重要内容不遗漏，避免出现重复叙述。第四条我加一点，史料要准确、丰富、引用得当，有的你可以把它变成你自己的话，可以在语言上改变一下方式，这些怎么修改，你们下去再去考虑。第五条是语言文字，采用精练的现代汉语书面语，文字要求准确、平实、简洁明了、清新流畅、风格一致，体现中国风格、中国气派。第六条是撰写体例，体例统一，符合《清史编纂总则》规定的体裁体例以及各组制定的撰写细则等要求。

审改的时候，我们不要加新内容，更不要另起炉灶，不能把前面的人写的都推翻了，重新来写，这个从时间上来说肯定来不及，功力上也不够。因为写这些稿件的专家都是在这个领域里比较有精深研究的。他这样写有他这样写的道理，不要轻易地大动，尽量保持他原来的内容，这是一方面。但是另一方面，要根据前面提到的六条标准，考虑他写的稿子，必须动笔，不可能一稿就十分完美，我们尽量使他提高业务水平。从我看的稿子来说，大都字数比较多，感觉臃肿不堪，我们要对它们进行瘦身，减少史料。但是我们要用典型的史料，避免文字啰唆和不精简，要对稿子进行推敲，要反复地研究稿件。我举一个欧阳修写《醉翁亭记》的例子，他把写好的文章贴在墙上反复看，最后《醉翁亭记》成了一篇很著名的文章。所以，我们审改专家就要有反复推敲的这种精神，一方面不要大改，另一方面又要改。我们谈论的是审改阶段，不是评审阶段。审改阶段重点在"改"字上，不能拿着稿件看完一遍不改。一审一定要改，二审不要改。

我想，审一个项目不超过 6 个月行不行？一个项目一般 30 万字，一个月 5 万字，时间是有点紧，但是如果不紧的话，我们就完不成了。有的项目字少，典志的《宗教志》分了 5 篇，一个项目不到 20 万字，就不算多了。主审专家可以一个一个地申请项目，不能一下申请几个项目，第一个项目审完了，你再申请第二个，等到你第二个项目也审完了，你再去申请第三个项目。审改专家与项目组要订协议，对于协议中的条款，项目组要认真地考虑，对于修改问题一定要说清楚。从 2009 年到 2010 年这两年可能是我们稿件的一审阶段，2010 年能不能结束我们的一审，这个我也很难料定。一审是我们最重要的审改阶段，审改的目的就是提高稿件的质量，也是我们提高质量的一个重要手段，我们对于一审寄予厚望，我们希望通过一审能够较大地提高稿件的质量。

第四点就是二审。二审就要简单一点了，我认为请一个专家看一个项目，看完了也可以看第二个项目。看完了不用修改，但是要写一个详细的意见。这个意见要分两部分，一部分要对这个项目做一个总体上的评价，合格还是不合格，如果发现有重大的问题，一定要提出来，二审的一个重要任务就是把关。除了总体评价以外，还要查看哪些地方的史料错了，哪些地方的文字不通，哪些地方的逻辑不对，甚至哪些地方有政治问题，这些也都要一一写明，用另纸写或者写在稿上。这些意见上交给二级项目组以后，由原来的联系专家来处理这些具体的意见，由二级项目组来决定哪些采用，哪些不采用。如果采用了，就根据二审专家的意见进行修改，不用二审专家亲自动手修改。另外，二审专家要和编委会开个会，汇报项目的情况，和主审专家一起讨论，主要是这么一个程序。二审和一审不同，一审主要是“改”，二审重点在“评”。一审、二审由二级项目组把关，不让不合格的项目通过。至于三审，我们商量请专家抽查，这样来审查稿件的质量，如果没有三审时间，我们可以把三审和书的合成阶段并起来，具体的三审办法我们到时候再去商量，因为现在还不到三审的时候。这个三审怎么审？审的办法是什么？审的时间是多长？二审一般三个月，最多四个月，这是第四个问题。

第五点是专家问题。一审专家要执笔，其他的人不执笔。二审专家要负责看，要写意见。原来的联系专家保持岗位不变，但是任务有所改变，除了要把原来的初稿的任务负责到底以外，还要与主审的一审专家和二审专家保持联系，要决定二审专家的意见是否采纳。现在的专家人数可能不够，我们挖空心思想了一个二十几人的名单，基本上都在北京或天津、山西、山东等近距离的省市，供二级项目组选用，能否用这些专家，我们再商量。对于陆陆续续要交稿的那些专家，如果我们觉得他在写稿子的时候很认真、很负责，写得也不错的，我们可以请他们来审改，我们选择的范围也可以扩大，所以，我觉得可供我们选用的专家不是大问题，够用。

我讲的情况大致就是这些，这些方法能否操作，我们现在还没有做，不知道可能会出现什么问题，我说的这些话不是不可以改变的，我们可以在以后的操作过程中进行修改，不合适的可以否定。我们各个组的情况不同，史表和典志不一样，典志和传记不一样。所以，我觉得根据这个总的办法，是不是各个组还要根据本组的情况制定一个具体的审改办法，大体上要与这个总的办法一致，时间一致，从明年的一月份开始，先审改几个，再慢慢地增加。

联系专家之后的任务还是很重的，原来他要联系五六个项目，二审阶段他仍然还要联系这五六个项目，他要是来改，改得太多了，我估计一个项目，这些专家都能改，两个项目可能有点吃力了。再一个就是主审专家的来源，现在的专家审改这么多的项目人数是不够的，所以要考虑外聘专家。

听取有关审改工作情况汇报时的讲话*

一、进入审改的条件

通过二级项目组评估，质量合格的三、四级项目成果，可以成为进入审改阶段的初稿。二级组说初稿没有评估完，不能全交上来，那我们就要等。能不能这样，比如传记组用不着全交上来，可以一个个人物审，可以把第一卷的 20 个人，第二卷的 30 个人，捆到一起来审，可以不可以？可以灵活一些。其他组的也可以啊！不能全部写完了我们再审。比如一共有 6 个阶段，你审了 5 个，也就是 80%已经审了，那你可以先交上来，可以考虑这样的办法。后面的，我们到时延期一下就可以了。你如果全都放到后面再去审的话，恐怕是不行的。如通纪，有一个人审，那其他的四五个专家在那待着，他们在等稿子来，我觉得现在他们可以先审前面的。对于传记组，我觉得更没有问题了。哪怕到第五阶段，审不完了，可以不审了，直接交上来都是可以的。不能全部写完了再来审。要不然的话，我们全耽误了，到 2012 年，我们也交不上一个送审本来，那时候我们怎么办呢？

二、联系专家的职责

原来的联系人，还是这个项目的联系人，不能说我当了审改专家了，我这个联系专家的业务工作就不管了，这是不行的。联系专

---

* 2009 年 4 月 30 日。

家还继续做上传下达的工作，收稿子是你，发稿子也是你，不能因为你审改了，联系工作就不做了。你不能说你审改了工作很忙，那如果真的忙的话，你可以少审一个或两个，也可以不审。

联系人没有权利深入审改的内部，你不能干涉人家，主审专家说了算。你可以提一下意见，采纳不采纳由主审专家说了算，要突出主审专家“一支笔”的作用。这个要求可能对联系人高了点，请他们谅解。

三、一审的标准

审改工作一审完成后，稿件应该达到齐、清、定，一个部类之间应该没有重复、矛盾的地方，观点要统一，文风要相对一致，按照编纂手册的要求，稿子的技术规范要相对统一。最关键的是篇幅，比如说规定你交 5 万字的稿件，经过一审以后，你还是 10 万字，那肯定是不行的。原来给你 5 万字的任务，现在最多能让你达到 6 万字，再多就不行了。当然，这里面注释也要规范，这个最后编辑还要做。

四、一审组织形式——主审制

我们强调的是“主审制”，这个底线不能动。我在这里强调“主审制”，一些人在一起商量，但是由一个人来修改。最好是一个人来改，谁也别商量。我们给主审专家钱，让主审专家把这审改费下分给审改专家。所以主审制也是责任制。

我觉得还有一个问题就是审改专家不够，传记组有 7 个专家，典志组有十几个专家，通纪组有四五个专家，人手不够。因为我们九月份如果再上来一批新稿子，各组专家还在审前面的稿子呢，腾不出手来，怎么继续啊！所以，我们要请专家，我们可以考虑宽一点，把原来做项目的、已经完成的、负责任的、写作水平高的专家请来。不在我们这个工程内的年轻专家也可以，不怕他学术浅，我们只要把“尺子”给他们，让他们去量，文字通不通他们应该能看得出来，字数多了还是少了肯定能看得出来，逻辑混乱应该也能看得出来。所以，我们还要再请一批专家来帮忙审。

这些专家可以由二级组提名，我们来审核，但二级组自己不能找专家。要有一个专家库，哪个地方，什么单位，职称、年龄、专长等都要有。

五、一审如何改

关于审改，我的意见是审的人的水平不一定要高于写的人的水平，如果都找高于写的人的水平的专家，我们就没法弄了，因为我们请的撰写人都是一流的专家，我觉得写的人的水平一般都高于审的人，或水平相当，水平相当的人也是改不了的。我们把这些细则交给审的人，让他拿这把“尺子”去量，如果哪一点没有达到我们的要求，那么就按这个要求去改，并不是说你学问有多大才能去修改，为什么我总是强调小改呢？就是这个原因。大改是不行的。让审改专家按照我们规定的细则去审，如字数让你写 30 万，你写了 40 万，那就去掉一些。并不是说在写作水平上能提高多少，我不是这个意思，如果那样的话，我们就可以取消审改这一程序了，因为不用改都已经很高了。

所以我们按照我们的标准、我们的字数、我们的规范、我们的意图去修改这些稿子。我改的稿子都是小的改动，没有大的改动，大多都是去字数，内容没有多大的改动。如《海关篇》，我没有深入的研究怎么能去给人家改学术水平上的东西呢？我不能去改，我只能从字数或是从规范上加上小的改动。如果真的想让我改他的学术方面的东西的话，那只能是我去查资料，显然这种去查资料修改的办法是不现实的。所以，我们只是让审改专家看着我们的审改细则去对稿子进行衡量，要尽量保持原稿的整体结构与行文风格，不做大拆大卸，需要修改补充和删减的是那些硬伤，以及不必要的议论和引证。对于重大学术观点要力求全书统一。审改专家要有反复推敲的精神，一方面不要大改，另一方面又要改，审改阶段的重点就在“改”字上。

再一个就是我们的审改专家不用胆怯某某人是权威，不能改他的稿子。因为他没有掌握着这把“尺子”，如果他写了 60 万，而规定是让他写 40 万，那你就把那些认为不重要的去掉就可以了。被改人的稿子，如果你怕他闹，你可以不给他看。作为主审专家，我不一定会去找作者去商量。如果到时候我们改得不好，我们还可以返回来用他的原稿。即使一审改的不行，我们还有二审、三审的专家可以协助呢，再改回来也是可以的，所以这个不要心虚。

六、审改经费使用

关于审改的经费，基本上是可以按字数来算的。如按卷来算，有的卷大，有的卷小；按项目来算，有的是大项目，有的是小项目。对于三级项目，35 万字的项目都按 4 万元来算，所以，按字数是比较合理的。审改经费不给审改小组的负责人，给主审人，不能中间再来一个中介，不要审改小组。原来的联系人，还是这个项目的联系人，不能说我当了审改专家了，我这个联系专家的业务工作就不管了，这是不行的。

审改经费可以先付 30％。剩下的 70％如果按要求完成审改，当然可以给了，如果没有完成，就不能给了。这个问题一定要说明。关于这个问题我和清史办都已经说好了。这里面不存在报销的问题，这是给你的钱。

七、一审与二审工作

一审和二审，现在的问题很复杂，我也没有考虑清楚。一审进行的时候，二审也要开始了，一审完了，马上给二审，是一个滚动的过程。但是几项工作穿插进去了，滚动以后，一审和二审的工作就绞到一起了，甚至有的稿子还没有完成呢，正在写呢，不像前一段的工作比较单一。现在还要负责审稿子，审出来的稿子谁来看？审完了以后怎么办？审完了，稿子交给联系专家，联系专家交给二级项目组组长，二级项目组组长也看不了，怎么办？

一审改完的稿子要有一个转入程序，有一个经过评审后进入二审的程序。

八、署名问题

对于联系专家署名不署名，我还没有想好，如果有不愿意署名的那就没有办法了。我觉得对于每一个项目，主持人都应该署名，主持人之下的专家，都写到后面。主持人写到他主持的项目上面。谁参加了这项写作，要由主持人提供名字。比如说传记，康熙朝的主持人写到上面，一个或两个。联系专家、审改专家不写到康熙朝里面，写到传记组里面，组长是谁，下面专家是谁，或是按姓氏笔画排，没必要写出谁负责联系哪个项目，如果这样写的话就太乱了。

我觉得所有的作者都写到后面的一个编纂人员的大名单里面。到最后出版的时候，一定要有一个作者名录，专门介绍编写情况。比如第一百零二卷是正文，第一百零三卷就是一个编写大名单，这样就行了。

九、关于编审组工作

我们在审改过程中如果有什么问题，可以去咨询编审组的专家们，请他们给我们出主意，想办法。他们的任务就是指导、抽查、咨询。在审改工作中，编审组的专家们可以帮助抽查，能抽查多少是多少。

十、希望

现在是“养兵千日，用在一朝”。我们六七年来在一起同心同德地工作，千万要站好最后一班岗。在这一阶段，确实作为审改专家有点难，比较累，比较紧张，这个我们都能够理解，但是我们也希望专家们能理解我们的苦衷。对于二级组的专家，我们要“动之以情，晓之以理”地给他们讲道理，不要用激烈的话。到开大会的时候，把我们的思想统一了，把我们的思想给大家说清楚，去说服他们，给他们去讲道理。到了审改阶段，我们要严厉点了。

这是国家的项目，我们要共同把这个工作做好，如果有困难，我们可以专门解决，但是我们不能不做。我们希望他们能把工作做下去，把工作做完，不能半途而废。

关于审改工作的讲话*

我们《清史》编纂自启动以来已经有 6 年多的时间了。6 年多来，一直都是摸着石头过河。因为我们没有现成的经验可以借鉴，上次大规模的编史是在民国初年，是近百年以前的事，我们没有赶上，不知道他们是怎么编的，程序怎么进行，怎么组织，这些我们都不知道，心中没有底。实际上我们是边想边干边学，自己选择路程，自己开辟路程。6 年多以来我们经历了设计阶段、立项阶段、写作阶段，现在进入了审改阶段。

按照我们原先的规划，到 2009 年应该基本上完成初稿，但现在还是有点滞后，还没有完全交上来，完成初稿的项目可能有百分之七八十，但是我们不能总是拖，拖下去时间就不够，因此我们还是启动审改。为什么我们要审改？刚才马大正同志已经说了，“是提升质量”，我们把希望寄托在审改这一步骤上。提高质量，这是一个很关键很重要的步骤，保证我们能写出一部合格的、经得起考验的历史著作。

我们的写作成果，一方面限于我们自身的水平不够，整体水平与前人有差距；另外一方面这是一个大集体的工程，仅主体项目就有 160 多个。这次启动审改的有 144 个项目，就有 144 个主持人，还有很多审改专家，规模很大，稿件出于众人之手，而且写的时候谁也不和谁联系，也来不及联系。所以各写各的，零敲碎打，统一性比较差，不成体系。文风各异，很多观点也不同，甚至前后矛盾。所以我们必须把稿子重新做一番仔细的审查、修改，重新统一整合。所以这个工作也是很繁重、很琐碎的。

---

* 2009 年 5 月 25 日。

审改工作就是按照我们的要求，按照我们的尺寸把作品来量一量，该补充的就补充，该删除的要删除，该修改的要修改。在观点上、体例上、行文风格上尽可能保持一致。我相信经过审改我们的初稿质量从整体上可以提升一个层次。有的同志有点怀疑，这些写初稿的人都是搞这一行的、精通这一门的大专家，我怎么能改得了他们的稿子？有的同志认为改不了，也不敢去改。有这样的疑虑，我觉得这可以理解，也的确存在这样的问题。但我还是要鼓励大家，一方面要尊重写作者的权威性，虚心向他们学习；另一方面我们要解放思想，要敢于去改他们的稿子。比如《天文志》，我不是搞天文的，但是我和主持人联系了 4 年，我了解他写作的过程，了解他写作的内容，了解他写作的弱点，这样我们就有条件提出意见进行修改。

我们整体水平可能不如写作专家，但我们也有我们的优势。我们的优势在哪里？我们有一把尺子，我们写史，承担为国家修史的任务，要按照国家修史的体裁体例来写。写史是要叙事简明、清楚、准确，少发议论，史料要可靠扎实。另外我们发了一个编纂总则，还有各个组的细则，我们就按照总则、细则来衡量。什么是则例？则就是原则，例就是例样。原则就是一把尺子，就是用来衡量的。例样就是我们改的样子，有了尺子，有了规矩，没有规矩就不能成方圆。

我们的另一个优势就是我们的写作目标很明确。写一本国家水平的《清史》，有它的要求，要少发议论，史事要准确。可专家们在写的时候就不是这样了，他不关心则例，他是用写论文、专著的办法来写，一看就不符合我们的要求。虽然他们的学问很大，但还是不符合，或他没有仔细看我们的则例。规则很细，引文怎么引，先引什么，后引什么，都是规定得非常明确的，但专家们写东西就按照他们的习惯。我们就是尽可能地统一起来，而且我们规定是简注，不是详注。我看了一些稿子都是详注，都是从长编来的。第一条注已经注了，第二条同样的还是那样，如果这样详注，我看字数会膨胀得不得了，所以只能用简注的方法。前面一个依据注了，后面再出现就用同上就行了，不需要再写一遍。还有许多写得不规范，一个传主，先写名字，然后出生年月、籍贯等。这些技术性的修改有很多，我也试着修改了典志的几篇样稿，我感觉最繁重的是这些部分，不是论点，论点上没有什么出入，专家在观点上很熟悉，我是看不出什么错误的。不符合的地方就是他们不了解我们要怎么写，所以每位审改专家要熟悉则例，当然则例中如有不妥的地方还可以修改。

专家们学问很大，知识很渊博，但是由于种种原因，存在的问题也很多。其中可能有些疏忽之处，加之有的写作很匆忙，可能文字上有拖泥带水的，这些可以大段地修改；有的引文堆积，这些地方就可以删掉，必须要的能不能改几个字，改的稍微通顺些，不要很生硬很古板，这种情况在我看到的稿子里面是大量存在的；有的堆积的史料不知道说的是什么问题，这就需要我们动动手术把它去掉。这次不是大改，不是大拆大卸，而是比较小的修改，是逻辑上、文字上、引证上的修改润色。在我看到的几篇文章中，这样的问题比较多，当然不完全都是这样，可能还需要有其他的改动。

另外一个值得注意的问题就是要适当控制篇幅。要求 20 万字的稿件，有的作者加上引文甚至达到了 40 万字。这样一来，我们原来设计的 3 000 万字就变成了 6 000 万字，这绝对不行！要严格地按照我们规定的字数，30 万字就是 30 万字，35 万字就不行，加一二万字也许不太苛求，但不能太多，否则无论质量多好还是要删，一定要压缩到合理的范围内。当然这样来改，要自己动笔，要仔细看、仔细琢磨、仔细比较，还要查档案，要斟酌思考。所以这一步是比较累的，审改工作是比较辛苦的。但如不经过这个阶段我们的书就不符合要求。我相信专家们是能够胜任的，是能够挑起审改的担子的。我们不担当谁来担当？我们当仁不让！一方面我们是研究清史的，现在的审改专家，都是原来的联系专家，你和作者已经联系了五六年了，你知道他们写的内容，也熟悉他们的弱点和难点，所以我相信你们能够承担起来，希望大家能够把这个工作承担起来，即使我们改得不行，改坏了，我们也不会追究责任，因为原稿还在，即使改坏了我们把它恢复过来，这个很容易。这一点不用大家担心。大家可以放开手去干。我相信专家们都是有知识、有经验、有能力来做这个工作的，能够辨别出哪些可以，哪些不行，应该怎么改，也相信专家们的敬业精神，我们的这个事业有它的尊严性、神圣性，这是国家修史，我们有责任把这个事做好，当然这个比较难，大家一定要知难而上，希望大家鼓起勇气来，不要胆怯，不要感觉到自己水平不行。我们有条件进行修改。抛开顾虑，修改中间要谨慎虚心，我们是最有资格进行修改工作的。

今天与会的专家基本上是审改专家。我们要拉上第一线，今后比较长的时间就是审改，修改稿子。虽然我们还没有拿到全部的稿子，但已经有百分之七八十完成了，我也看了一些。其中有的稿子还是比较好的，用不着很大的修改；有一些稿子可能麻烦一些，有一些需要加工，我感觉还是要一些加工的技巧。对于现有的稿子，我还是比较佩服作者知识面的广度，但就是在体例上不太符合要求。

我希望大家千方百计、齐心协力做好审改工作。一方面每个专家都要发挥积极性、主动性，根据自己分担的那部分的特点来做，我给大家很大的自由性，同时也希望大家能够发挥团队的精神，同心协力，紧密团结，把全书当成一盘棋，因为我们这个书不是一本一本的个体，而是相互紧密联系的一个整体，是清代的历史，很多地方肯定有重复。当前，大家一定要发挥互相协作的精神，要照顾各个方面的工作。

我对审改工作充满了信心，因为我们有初稿作为基础。现在 4 个组 144 个项目要同时上马，之后还要滚动上马，一审、二审、三审交叉进行，这个工作比较复杂。怎么样组织好今后的工作是关系成败的大事，我相信以我们的水平和基础是能够做好的，只要我们同心协力，只要我们给予比较大的投入，只要我们比较精心地来组织，我相信我们能够达到目标，能够完成国家、人民交给我们的任务！

谢谢！

如何进行审改工作*

审改是《清史》纂修中一个很重要的步骤，目的就是要减少《清史》编纂中的差错，提高稿件质量。任何文章都要经过修改，甚至是不止一次的修改。审改是一个切磋磨合的过程，也是斟酌损益的过程。

如何审改？这是很值得研究的，也是非常重要的问题。我们原有一个编纂则例，提出审改的六条标准：一、政治导向；二、学术水准；三、逻辑结构；四、史料运用；五、语言文字；六、纂写体例。用这六条标准来衡量稿件质量，这就是审改的基本准则。如何来落实这六项标准？所谓则例，“则”就是原则、标准，还应该有“例”，例就是例稿、个例，“例”必须在实践中产生，没有经过审改，就没有“例”，没有样本。审改稿件后才能产生样本。印出初稿以后，我拿到了一部分稿件，国庆放假的时候就动手试着审改。我拿到的是传记的一部分稿件，之前我也看到了典志组和史表组的一部分稿件。大家今天手里的审改稿，大多是我今年国庆假期时审改的，现在发给大家作为例稿。昨天李文海同志把《史表·大学士表》也做了审改，给我写了书面意见，他看得很仔细，他没有改，而是写了意见，很值得参考。我说明一下，我审改的时候没有参考书，没法核对。有些地方怎么改，要不要改，很犹豫，稿件肯定有改得不合适的地方，不是一个很好的标杆，只是一个例稿，仅供参考。

我看了约 20 万字，我们全书有 3 000 万字，大概只看了全书的 0.7%，不能用我看的这 20 万字来判断全书的整体面貌。但“豹窥一斑”，根据我看过的稿件来判断，要比我预想的好些。当然有些稿

---

* 2009 年 11 月 16 日。

子写得好些，有些稿子写得差些，总的说来，都还有修改的基础，这就增加了我修改的信心和决心。如果我们全力以赴地进行审改，可能会使稿子的质量有一个较大幅度的提高，达到上等的水平。

今天发给大家的审改例稿作为参考，现在我就讲一下：

第一个就是稿件审改以小改为主，不要大改。稿件中有一些错误，政治性的错误很少，也许我看的这些不是很敏感的部分。例如，我看到一处称郑成功的军队为“海寇”，这个是不行的，可能是引用原文的时候，按照原来史料的说法写进去了，必须改一下。史料的错误我没有查对，所以没有发现什么错误。在审改过程中普遍查史料是不可能的。我总的印象是这次审改不要大改，还是小改，最多是中改。像我修改的稿子，都是一些小改，删改多，增加少。原因是因为执笔的人都是这方面的专家，比如通纪第一卷的作者刘小萌是清入关前的历史的专家，他的稿子找不出很多错误，基础比较好，而且写了有四五年之久，对结构、文字、资料等都进行了仔细推敲，不用很大的改动，主要是小改。不是大拆大卸，不是颠覆性的，不是推倒重来，这一点在以前的审改工作会议上我已经反复地说过。大动不如小动，大动不仅仅框架要重新调整，史料也要重新梳理，这在时间上不允许，而且也不一定能提高多少质量。所以我觉得主要是小改，不是大改，但小改也改不少。

第二个是要把错误改掉。政治性的错误不多，但要十分注意，如在外交、民族、宗教等问题上务必不要出错，史事上的错误还是有的。举个例子，乾隆十三年（1748）第一次金川战争把讷亲、张广泗杀了，但在原稿中说是把“张广泗和讷亲处分”了，其实两人是被处死了，而不是简单的处分，这至少是用词不当。还有在皇太极死了以后，李自成还没有进北京这一段时间，当时有人劝吴三桂投降清朝，他没有降。而稿件里就有“吴三桂在山海关外坚守不降”，皇太极刚刚死，当时后金没有发动大战争，北京也没有被李自成攻陷，没有腹背受敌，他怎么会投降？吴三桂一生投降又叛乱，没有忠节的理念，“坚守不降”这个词用在吴三桂身上不适当，这是我的看法。还有就是英军占领定海，贴出“伪告示”，这个“伪”字也不太恰当，可以删去。乾隆在平准的时候，阿睦尔撒纳逃跑到俄国去了，玉保去追，没有追上，让他逃掉了，说乾隆“羞忿交加”，当时又不是他自己去追，他有“忿”，“羞”则不会有，也是用词不当。李文海同志指出大学士表中顺治六年大学士希福“王命革”，实际上是摄政王命令革职，只写“王命革”不很清楚。乾隆时命“吏部尚书、公、协办大学士讷亲”为首席军机大臣，“公”是爵位，可以去掉。“大学士、伯张廷玉”，也是如此。

第三个是结构性和体例性的问题，这个不是审改专家一个人所能解决的，需要二级组来通盘考虑。典志将近 40 个志，次序该怎么排列，孰先孰后？我和他们讨论过体例问题，现在的排列，基本上是可以的，但新加的志如《华侨志》排在《租界志》之后、《朴学志》之前，似不妥，应当调整，放在《人口志》《民族志》之后较妥。

人物传记主要是按时间顺序来排的，问题不大，但类传问题较多。类传第一是学术，然后是文苑、循吏、孝义、忠烈、工商、科技、民族、宗教、华侨、农民战争、革命人物、妇女、遗民、外籍。我的想法是把遗民放在第一，他们都是明朝遗民，时间最早；然后就是忠烈，因为这些都是在反抗侵略中牺牲的人；再然后就是循吏、孝义，这样调一下，是否更合适些？

谁立传谁不立传是一个大问题。有一些人物，如方苞我没有找到，是否漏了？他是桐城派的开山祖师，应该放在文苑传里面，不要放在学术传内。遗民传里面人太多，有些人不够立传的就不要立传，宁缺毋滥。正传的人物大体上都够标准了，我甚至认为正传的人物还少了些，还有一些够立传而没有立传的。外籍人士也有问题。我们的标准凡是清朝封了官的就立传，没有封官的就不立传，但其中有些对中国很重要的外国人没有立传，这些较特殊的人物似亦可立传。如巴夏礼，这个人物很重要，第二次鸦片战争之前他是来谈判的，当时清政府把他抓起来，关进监狱里，这在当时影响很大，成为英法联军进攻北京火烧圆明园的借口。还有法国传教士樊国梁，当时义和团攻打东交民巷没有打下来，打北堂也没有打下来，带人守北堂的就是樊国梁。而且所有的驻华公使都没有立传，这个怎么办？需要讨论一下。这么多人都立传也不合适。但像郭士立、威妥玛、莫里循等人确实在中国时间很长，影响很大，清朝又没有给他们封官，可以考虑立传。

还有一个体例上的问题。举典志为例，在志的前面或篇的前面都有一个说明，然后再进入正文，有的叫前言，有的叫引言，有的叫例言，有的叫小序，名称不一样，其实都是前言；长短不一样，有的五六千字之多，有的仅500字；内容也不一致，有的概括志的整体内容，有的追溯源流，述其要点，论其影响、得失。看起来是五花八门，一部书里面要进行统一，这些序怎么办，可以讨论一下。名称应统一，篇幅要差不多，写的内容可以灵活掌握，用较通俗的文言为好。我在发的稿子里面写了6个小序，能不能按照这个样子来写？每篇有一个小序，小序字数不超过1 000字，开门见山。或者有的可以超过1 000字，但不能超过太多。我写的小序你们可以参考，可以讨论是否需要这样的小序，《清史稿》和其他的一些史书中有这个东西，读起来感觉比较好，一看这六七百字就知道内容是什么了。《厘金篇》有二三十万字，我写的小序不超过800字，讲了几点：一是起源，怎样产生的；二是危害性；三是怎么被废除的。我觉得这样可以提纲挈领，不用看全篇就知道是什么情况。《海关篇》也是如此，我写了六七百字，也是什么时候有海关，外国人怎么抢去的，丧失海关权的危害性，一直到民国二十几年才拿回来。典志每篇写个小序，没有篇的就加在志前。要有都有，要没有都撤，如果大家认为不需要，那就都撤去，但必须要统一。我的倾向是应该有，这样看了小序之后就知道内容是什么了，可起“画龙点睛”的作用，将来甚至可以把小序做成一本书，可以对全书有个了解。《清史稿》别的地方不太好，但小序写得很好。小序文体要用浅显的文言，难就难在这里，要用白话文字数就多了。另外，其他的要不要有，史表里面不是用引言、前言等，而是用体例，我觉得体例用法不好，因为体例是指写法，写法不是在正史里面写。我也为《大学士表》写了一个小序。清代大学士的执掌与明朝完全不一样，没有实权，只是一个虚职，它是怎么演变的，我也是用了二三百字写了一个小序。军机大臣也是这样，又比如布政使也可以加一个小序，说布政使有什么演变，是干什么的。总督、巡抚表的前面也可以加小序，讲它们的演变。比如四川总督管辖的地区是多少，陕甘总督管辖的地区是多少，台湾、新疆巡抚何时设置，这种变化与它的所辖范围，以及它们是干什么的，也用不到 1 000 字。

第四个问题是考证的问题。我们的稿件中考证不少，原来计划有一个考异，但没有做下去，主要原因是做考异的专家与我们的理解不一样。我们的考异主要考史事，看有没有这个史事，史事真相到底如何。写史有很多记载，究竟是哪种记载对，往往众说纷纭，所以司马光写了一个《通鉴考异》，我开始也想学司马光写一个考异，但大家对如何写考异有分歧。如写太平天国的性质，是资产阶级革命还是农民革命？这个应该算不上考异，所以工作暂停，现在的稿子中有不少考异，我认为大多数不能用。因为事情太小，不重要，不应载入正史。我举一些例子：

如，陈圆圆的传才 1 000 多字，注很多，有 15 个以上。有的注是考异，陈圆圆为什么叫这个名字，有一个考。另外，陈圆圆曾经被送到崇祯的宫中，但崇祯没有要，这里也有一个考异，是田弘遇送进去的，还是周奎送进去的，这个考证就没意思了。田弘遇送进去也罢，周奎送进去也罢，反正送进去了，崇祯没有要，又退出宫外。考证这个干什么？正史里不需要写这个。作为一篇文章或一种意见可以发表，我现在看到的稿件里的考证有很多是这样的。

如，唐通去劝降吴三桂，哪一天到山海关，是 23 日还是 23 日以后到达山海关，这个也考了几百字。唐通劝吴三桂，吴三桂也听了他的意见，归降李自成，可走到遵化又回去了，因为听到陈圆圆被抢了，他的父亲被拷掠了，“冲冠一怒为红颜”。而且也确实是唐通劝降的，管他是 23 日还是 24 日到的，我们的书里就不做细究了。

另外，吴三桂和李自成是在哪里打仗的，是在石河还是在一片石？恐怕是在石河，当然一片石也打了，这里面也没有什么可考证的。大的战役是在石河打的，这个没有问题。一片石也打了，可能是先头部队。

洪承畴在江南当总督时，他的父亲去世要守制，然后稿件中就考证是什么时候得到的消息，什么时候上奏请守制，什么时候清朝批准了，什么时候交代，什么时候离开，什么人接替洪承畴，这些考证有什么意义呢？直接写上守制离任不就行了吗？什么人接替都不要说，他离任后肯定有人接替。这些考证太过烦琐。

还有李自成和吴三桂大战，很激烈，时值大风，对李自成不利。风是战前还是战中刮起来的，也考证一番，反正是刮了风了，影响战争了，这么多细节我们就不要管了，否则我们的书太冗长烦琐了。

还有穆彰阿是满洲郭佳氏还是满洲郭尔佳氏？这个考证有必要，采择考证的结果，但不要把考证的过程都写进去，不然字数就太多了。我们现在最大的问题就是篇幅臃肿。现在字数多，真是没有办法，一个乾隆传按照规定是写 1.2 万字，现在的稿件写了 2.2 万字，这个怎么改？我改了半天也没有改成规定字数，只删掉 4 000 字，可还有 1.8 万字，其他大部分的稿件都是篇幅过大。

入关以后的奏销案，清朝对拖欠钱粮处分很严，究竟是顺治十五年还是十六年？考了半天是顺治十五年下的命令，传达下去到地方，顺治十六年开始执行。你把考证的结果写进去就行了，把考证的过程、材料全都写上，这样会臃肿不堪。

华侨类传中有一个叫陆佑的，出生时间是 1844 年还是 1864 年，相差 20 年，相差太多了，考清楚了，把结果写进去，不要写考证过程。类似的情况相当多，他们的研究很有心得，但只要把新的结果写进去就行了，过程不要，改的时候要注意这个问题。不要认为考证有新意就保留下来。

第五个问题是前后矛盾。如杨锐传说杨锐是张之洞的学生，长期跟随张之洞。清朝要开经济特科，张之洞保荐，后来经济特科没有开成。后面又说张之洞为了避嫌没有推荐，由陈宝箴举荐。看了以后不知道是谁荐的，前后矛盾。

再如，说袁世凯反对立宪，这一点我有怀疑。我的看法是袁世凯不会反对立宪，他在直隶搞新政，他当然反对革命，但按理不会反对立宪。这个话是载泽说的，需要查证一下，查一下载泽是怎样说的，袁世凯究竟反对不反对立宪。

还有一些应该删掉的不必说的事情，太琐碎。还是举杨锐为例，把他的先祖都写上了，曾祖玉光、祖士达、父承熙，还加上先祖的官衔。每人都这样写，那怎么得了啊！我们的传记成了家谱？这些都要删除，除非这些人很特殊，比如遗民传里面的卢象晋，可以保留他的哥哥卢象昇，因为卢象昇是非常有名的抗清将领，牺牲在邢台战场上。

还有罗列一大堆不重要的人名、地名。例如科场案，江南受罚的举人很多，牵连的人也非常多，除了 74 个人文理精通，其他人都需要重新考试，其中又有 14 个人文理不通，革去举人头衔，一共有 38 个人的名字，臃肿就在这里。

还有关于土司的名字，土司相当于乡长、镇长，都是世袭的，七八代土司的姓名都写上去，土司的职务，最大的也就不超过知县，如果觉得资料很珍贵，可以放到当地的地方志中去，没有资格上国史。不要因为这是珍贵资料就放进去。

海关志，清初四口通商停留外国船只，每个关都有十多个口岸，把全部名字都列上去了。

最容易罗列史料的是传记里面的大官，写得像履历表。像穆彰阿这样的人，也没有带兵打仗，也没有上书言事，官很大，首席军机大臣。他的履历表实在太多，一个人一辈子职务可能很多。如穆彰阿只会做官，不会做事。第 122 页，都是穆彰阿先后任职的一些官名，这么长的官员履历，大概有 150 个字之多。另外史贻直、蒋溥的传也是这样，这几个传的文字写得不错，但就是官职罗列太多。我改成“又先后在各部侍郎、各旗副都统、光禄寺各衙门任职”。这样行不行？我也不知道哪个重要，哪个次要。有的任期几个月就换了，像这样的就不要保留。

第六个问题是引文太长。我们的作品都是根据史料来写的，有的写得好，有的写得不好，一个重要的标志看他引文怎么处理。引文太长没有必要，清朝可引的比较长的文章不是太多，如多尔衮和史可法来往的信件很重要，我觉得全引都可以。有些条约很重要，虽然不是很长，但也不要全引。

多尔衮入关的时候也不敢一下子入关，满族亲贵也不想入关，范文程力劝多尔衮入关，他的上疏很重要，可以引，但不要引那么多，我已经去掉了一些。特别是会党志，简直是引文加引文。有的引文可以改写。我曾经改写过一段引文，在所发材料的第 4 页。乾隆九年（1744），关于长江防洪的问题，第四段一共 109 个字，太长，我改过以后用了 60 个字，我感觉对文章的意义没有太大的损害。地名去掉了一些，但改写引文要花些工夫，要把全文反复地看，明白全文的意思，减少一些字。同志们在遇到这种情况时，实在要引用，可以改写，正史里面很多用这种办法。字数那么多，怎么办啊？引用那么多，堆砌起来肯定不行。审改的时候要注意，长的引文，要么不用，要么缩短，要么改写、删节，想办法处理。

第七个问题是注释太多、太长，这是一个普遍的严重的问题。这是我们编委会的失误，当时我们规定要有详注，审改时可以查，实际上审改时查对原始资料已经很困难了，没有多少时间。现在注多了，注长了，就背了包袱。我们的稿子一个最大的毛病就是臃肿，字数太多，现在就是要减肥瘦身，使它苗条一些。这是修改的一个重要任务，用不着注的地方不注，这样行不行？比如《聂士成传》，151 页，写得不错，但是注释太多。一开头士成“少负勇略”有一个注，接着“目为敢战”有一个注，“二年投奔李鸿章淮军……常日驰二三百里”又有一个注，“昕夕告瘁，治国事如家事”等两句、三句的引文也注。像这些都是传记里面常有的话，或者少有才能，或者闻于乡里，或者幼即聪慧，这些几乎成了套话，可以不用注了。一直到最后，聂士成死了以后注释也还没有完。其子赏道员，也有一个注。注太多，因为你所写史实都是根据史料来写的，都有根据，如果要注，全都可以，名字也可以注。什么地方该注，什么地方不该注，我们应该有辨别的能力，不能什么都注，否则全文都是注了。

有些短文也有十几个注。《华侨传》写得很好，我看了正文后一个字也没有动，可注释多得不得了，这有可能是因为我们一开始布置的时候有问题：要求注释详细，这样我们可以根据这个来改，其实用不着这样。像伍佐南传，只有 600 多个字，我一个字也没有改，就是注释太多。“光绪六年生”一个注，“幼聪颖好学”一个注，“赈济灾民”一个注，这些普通事情都注了，共有 19 个注。徐宗汉传也是 700 个字左右，注也很多。有些稿子注文超过正文。

另外，注文太长。像陆佑传中的注文长得不得了，约有几十个字，“中国人民政治协商会议全国委员会，广东省广州市委员会文史资料研究委员会”，再加上《广州文史资料选辑》这本书的名字，“第二十三辑第 204 页《我所知道的南洋华侨黄陆佑》”篇名，再加上“广州人民出版社，1981 年版”，出处一共 70 多个字，能不能直接写“广州市政协”？力求精简。出版社要不要注，可以考虑，能不能不注呢？因为现在我们的注释太多，字数太多，要尽量压缩字数。比如我们用的书，从出版的角度来说，一个地方出版的，不用注也是这个地方出版的，没有第二版。有些书出版次数多得不得了，你也不知道该注哪一本好，你注的那版别人不一定能找到，注出来无非就是告诉别人我的这个注出处在哪。一个出版社出的书，别人拿到了能找到这些材料，如果是很多出版社出的书，他拿到这种书也能找到这则材料。所以，“广州人民出版社”能不能不注啊？这个问题你们研究。现在我是主张简注，不能像我们写文章似的那样详注。我们要惜墨如金，所以请你们研究：能不能不注出版社和出版年月日？

我们用档案很多，根据则例规定，应该注“中国第一历史档案馆藏”。可这十个字是否必要，这些档案都是第一历史档案馆藏的，如果不是，是特殊的，就可以注了，比如也有在台北的，或者在辽宁的档案，这样特殊可以注。凡是“第一历史档案馆藏”都可以不注。我们 3 000 万字中引用档案很多，如果引 1 000 处，那么可以节省 1 万字。

《清实录》引用更多。《清实录》是中华书局 1985—1987 年间出版的，我们用的都是中华书局的版本。如果查《清实录》写明哪个朝代年月日，或者几卷几页肯定能查到，即使有些版本不同，有些字差别也没有关系，甚至有些同志说《清实录》用得太多了，可以不注，我的倾向是《清实录》还是要注的，但可以简注，注“《清实录》卷×，页×”就行了，或者注时间，不注页码也可以，因为《清实录》都是影印，它没有排印。到底用哪种方法注，你们自己考虑，最好是哪种字数少就用哪种。我自己也拿不定主意，我看得也不是很多，不知道其中是不是还有一些奇怪的注出现。总之，要少用注，注文要少，出版社、出版时间等都可以简化。

第八个是观点问题。我们分发了一个“重大学术问题的表述”，这个材料也是经过了反复讨论，几易其稿，内容大多是讲入关以后的，特别是近代的比较多，入关前的讲得比较少。我现在讲的是关外的。学术观点应该也必须自由地讨论，自由地发表意见，当然最好是能够取得共识，大家都同意。但这是不可能的，观点总有分歧和不同，应该允许并欢迎不同观点。但是我们现在作为一本《清史》书，要相对地取得一致，在重大的学术观点上要一致起来，不能这里这样说，那里那样说。比如雍正即位问题，是篡位还是合法继承？雍正传里面说是夺位，康熙传里面说是合法继承，前后矛盾，这样不行，在一个问题上必须统一。这不是政治观点，合法继承和非法继承都可以讲，但是在我们这一本书中不能前后不一致，这涉及我们很多不同的卷，除了康熙传、雍正传以外，还有皇太子胤礽、皇八子胤禩、皇九子胤禟、皇十四子胤禵，以及隆科多、年羹尧、苏努、延信等很多人的传都涉及雍正的继承问题。我的想法是用通纪里面的观点统一全书，通纪怎么写，其他各卷也怎么写，这个办法好不好？因为那么多卷，一个一个查，怎么查啊？除了雍正问题以外还有很多其他的学术问题。

书里面表述的统一，每人的观点可以保留，而且欢迎争论，但现在到了后期有些问题在表述上要统一，可能有些问题还要继续讨论，因为重大的问题都会在通纪中得到表述，所以就按照通纪的标准，向通纪看齐。专家如有不同意见可以保留，也欢迎讨论。每个学术问题不能议而不决，如两种观点同时并存，能根据现有的材料做出决定的，尽量做出判断，不要在我们手里留下太多的议而不决的历史疑案。我们就把它定下来，虽然不一定正确，但没有关系，将来证据多了就可以推翻了。不要留下很多问题，否则别人一看，你什么问题都没有解决，对事情都没有判断，这样不太好。

我以清初四个大的疑案为例谈谈我的看法，欢迎提出不同的意见，当然问题还有很多，来不及讲，今天就讲四个问题：

第一，努尔哈赤是怎么死的？一种看法是在宁远被炮伤了，隔了半年多，伤口复发而死；有的说是被打伤了，后来被气死的；另外一种看法认为根本没有被打伤。我认为是被打伤了，疮发而死。反对的人就说，努尔哈赤没有受伤，因为档案里面没有记载。我就反问他，档案中可能记载这个吗？打仗的时候，全军主帅受伤这是绝对的机密，这种情况是必须保密的。有些事史料里面是秘而不宣。武皇帝实录里面没有，但是在朝鲜李星龄《春坡堂日月录》中说努尔哈赤“已受重伤”，我觉得这是可信的，别人认为是孤证，我也看到了《明熹宗实录》卷 70 中也有这样的记载。这是两个不同的来源，一个是来源于朝鲜人，一个是来源于明朝被俘虏逃回来的人，并非孤证，即使孤证也可以考虑。因为努尔哈赤不是当时就死了的，而是隔了一段时间没有治好。说他因为战败生气了背上长了一个疮，努尔哈赤身经百战，胜败乃兵家常事，他会被气死？我不相信。那为什么他背上长了疮？我认为是炮伤没有治愈，当时没有死，伤口复发后来死的。有的同志说肯定没有伤，如果伤了，袁崇焕还不报功啊？我认为，可能袁崇焕并不知道努尔哈赤伤得很重，这是绝密的消息，朝鲜人不知道怎么得到这个消息的，逃回来的人在满洲内部得到这个消息，而且我们也不能肯定袁崇焕没有报，可能报了，因为袁崇焕明末的档案现在没有，即使报了，我们也看不到。而且我有一个很大的疑点，努尔哈赤一辈子打胜仗，每次都是反败为胜，就这一次打了败仗。但这一次有点奇怪，他的军队远远胜于袁崇焕，袁崇焕是 1 万多人，努尔哈赤是 6 万多人，如果不是红衣大炮，袁崇焕肯定不行，而清朝不知道有这种武器。打了两天，努尔哈赤就命令撤兵。努尔哈赤打了败仗往往是坚持打下去，他为什么两天就撤兵了？这非同寻常，一定是碰到了重大的挫折，什么样的挫折？我觉得很可能是努尔哈赤受了重伤，主帅受伤，所以撤兵。不然不能解释打了两天就不打了，而且也才死伤一两千人。相反，后来努尔哈赤死了以后，皇太极为报此仇攻打锦州，打了一个月，也没有攻下来，也失败了，但皇太极并没有很快撤兵。我觉得从各种迹象来看，好像是努尔哈赤受重伤的可能性更大。我是不相信努尔哈赤是气死的，这是我的意见，虽然这里有推想的成分，但合理的推想可以允许，否则我们也许会受到历史档案记录者的欺骗。所以我就写努尔哈赤中炮而死，结论就是这样，至于是怎么考证出来的，就不用写了。努尔哈赤之死也涉及很多传记里面的内容，我们一致起来。如果大家不同意，可以提出更多的证据来推翻我的观点，这样我们就可以更前进一步。

第二个问题，努尔哈赤死，皇太极即位，表面上风平浪静，但让大妃殉葬，不能不令人怀疑。四大贝勒逼迫大妃殉葬，大妃反抗，四大贝勒说这是努尔哈赤的遗命，大妃被逼殉葬，皇太极顺利接班，我觉得这里面似乎隐藏着一个阴谋，隐藏着一场生死决战。努尔哈赤受伤以后，开始还能处理事情，到六月份开始安排后事了，告诫四大贝勒一定要和睦团结，不得仗势欺压，当时贝勒之间已经有很多矛盾了。四大贝勒是代善、阿敏、莽古尔泰、皇太极，下面还有四小贝勒，如多尔衮、多铎、阿济格、岳托，主要是这些人掌握八旗势力。这八个贝勒分成两派，一个是四大贝勒的阵营，代善掌握两个红旗，岳托是他的儿子，阿敏是努尔哈赤的侄子，掌握蓝旗。努尔哈赤在晚年交给多尔衮、多铎、阿济格 60 个牛录，其中阿济格、多铎是旗主，如果努尔哈赤自掌的两黄旗在他死后应归多尔衮兄弟，那么力量对比更能增强。但是多尔衮、多铎都是小孩，都年轻。少数民族传位都是传给最小的，特别是多尔衮聪明能干，深受努尔哈赤青睐。据朝鲜很多史料说，努尔哈赤临终前，要代善辅助多尔衮继承汗位。他们的母亲阿巴亥很厉害，刚三十几岁，时值盛年。努尔哈赤受伤后曾去温泉疗养，但没有治疗好，在回来的途中赶紧把大妃从沈阳召来。四天后努尔哈赤死去，在努尔哈赤死之前就已经多次告诫贝勒们和睦，他死后可能把汗位与两黄旗给了多尔衮和多铎，这样一来，形势就变了，阿巴亥掌握的力量几乎可与四大贝勒相抗衡。代善等不愿由幼弟继汗位就是这个原因。父亲刚死，立即翻脸，逼迫阿巴亥殉葬，否则为何第二天阿巴亥就死了。又隔了约20天，四大贝勒之间进行讨价还价，才拥立皇太极为汗，彼此之间立了相互制衡的盟誓，形成天聪初年四大贝勒同理国政的特殊局面。四大贝勒都有军功，一个比一个厉害，都掌握实权，多尔衮等年龄这么小，能干什么呢？显然是不行。努尔哈赤知道自己不久于人世，找大妃到身边来是要托付后事的，很可能是要把位子传给多尔衮。虽然他们手中可能有四个旗，但旗主都是小孩。大妃也只是一个女流之辈，孤儿寡母顶不住四大贝勒的势力。正妃殉葬没有这个先例，一般都是侧妃殉葬，而且也不多。当时多尔衮、多铎年龄都很小，努尔哈赤还那么喜欢他们，怎么可能让他们的母亲殉葬？这不大可能。努尔哈赤在死之前把大妃找到身边，可见很宠爱她，而且可能有大事要托付她，怎么可能让她殉葬？而大妃本人也不同意殉葬，激烈反抗，如果努尔哈赤真有遗命，她就不能反抗了。具体细节如何现在已经搞不清楚了，但是从这些迹象来看，这是一场阴谋，权威政治的统治之下争夺接班人是一个常规，不奇怪，肯定有这样的事发生。朝鲜史料中关于皇太极夺位的史料甚多。如果没有多尔衮这些人，他们四个人也会争。皇太极上台后，两三年间，阿敏被处罚了，接着莽古尔泰也被关起来了，然后就是代善。这里面是权力之争。所以我认为大妃的殉葬是被迫的。后来多尔衮获罪，甚至他的坟被挖，原因之一是多尔衮生前说皇太极夺取了本来属于他的皇位，我想这个罪名不是完全捏造的，肯定是多尔衮说过这个话，要不然怎么给他定这个罪名呢？现在的看法主要是四个人按照努尔哈赤的遗命推选的，其实不是，他们四个人在那时候是团结一致的，为了对付大妃阿巴亥，她的儿子如果继承汗位，又掌握了四个旗，八旗里面有四个旗都在她的掌握中，这样四大贝勒就麻烦了，他们必须团结一致，最后阿巴亥被逼死了。四大贝勒平分了这一胜利果实，所以发生了早期四人平起平坐共理国政的局面，我认为是这样的。如果有不同的观点我很欢迎，如果能提出更多的证据也是一个进步。我们可以把具有最大可能的事件定下来，不要总是两种意见或多种意见并存。过分相信档案也不行，因为档案是胜利者写出来的。在一些关键点上提出疑问，不要只听一面之词，只相信胜利者炮制的历史。

第三个问题是袁崇焕之死。他在宁远战争中立了大功，本来明朝军队一触即溃，他用红衣大炮大败后金，挽救了明朝的危局，所以崇祯皇帝对他很器重，加官晋爵，封为督师。努尔哈赤死后三年，皇太极进攻宁远也没有成功，报仇没有报成，打了一个月也撤兵了。以后他不再正面进攻宁远城了，而是绕道去打蒙古，然后从蒙古地区进入长城，从独石口、古北口、洪山口等地进关，但这些地方不太容易行军，都是森林、泥沼，没有路。当时代善、莽古尔泰等都反对，没有路可走，路途险远，如果袁崇焕拦住他们的后路怎么办。皇太极就反驳他们，坚持要打，他数次把小贝勒找来商议，最后终于顺利地打进来了。明朝在山海关有重兵把守，而这些地方却没有多少兵力，如入无人之境，一下子逼近北京了。从遵化的洪山口进来，先打遵化。袁崇焕知道后，赶紧调动军队回来，打了一仗，到北京崇祯不让袁崇焕入城，说袁崇焕通敌，把敌人带进来了。不久，袁崇焕被抓起来，下了大狱。说是两个太监被俘虏过去，在监禁中听满族的重要官员议论，他们如何和袁崇焕勾结，并说好了里应外合。两个太监后来逃回去了，这使用的是蒋干盗书的反间计。这两个太监逃回北京，告诉崇祯皇帝，然后崇祯皇帝把袁崇焕下狱，第二年被处死，而且是被凌迟，当时北京城的人都争着吃袁崇焕的肉。袁崇焕是被冤杀的，崇祯皇帝虽然刚愎自用，不是一个很能干的人，但也不至于傻到完全听信两个太监这种程度。我们还要从袁崇焕方面考虑这是为什么。袁崇焕有些事做得也很失策。首先，他一心一意要和后金议和，写了很多信，派了很多差使去议和，但是北京崇祯皇帝和阉党不同意议和，意见分歧，致使袁崇焕一度被罢免，后来不得不重新起用。其次，袁崇焕最大的错误是杀了毛文龙。毛文龙是海岛上的一支抗击后金的军队，辽东的老百姓受满族残酷对待，都跑到他那里去，他们占据皮岛，成为牵制后金的重要力量。清朝出兵，他在后面偷袭。但毛文龙恃功而骄，甚是跋扈，袁崇焕没有请示崇祯就把毛文龙杀了，这一下皮岛的队伍散了。尚可喜、耿继茂、孔有德等都曾是毛文龙的部下，后来都投降了清朝。大敌当前，怎么能不团结好这样一支抗清队伍呢？而且没有报告崇祯，先斩后奏，他知道如果报告崇祯，崇祯一定不会同意的，如此专断，这是袁崇焕自己惹下的祸。当然，他是被冤的，但他造成了被冤的口实。再次，袁崇焕的军队有 12 万在山海关，满族军队也不是很多，差不多。满族军队从沈阳出发，从蒙古地区绕圈子往古北口、喜峰口、洪山口等处进入北京，走了二十几天，这么大的军事调动袁崇焕怎么会不知道？等清军出现在北京附近他才知道，赶紧调军队向回跑。不仅如此，他应该可以用围魏救赵的办法去攻打沈阳，袁崇焕手中当时也有 10 万大军，从宁远到沈阳只有三四天路程，一打沈阳，清朝前线的军队必然军心大乱，不得不回兵援救，如果打下沈阳，功劳那就太大了，即使打不下沈阳，也可以解除别人对他的怀疑，不致遭到杀身之祸。因此我们在分析史实的时候，不能仅说两个太监怎么样，把崇祯说得像个傻子似的，当时全北京的人都相信袁崇焕是通敌的，所以袁崇焕死了以后，北京人争着吃他的肉，后来乾隆皇帝给他平反了，乾隆吐露了实情。所以对于袁崇焕被冤杀，要全面地看，他自己有很多失策，引起了别人的怀疑。

第四个是太后下嫁之谜。我认为太后下嫁应该确有其事。孝庄太后是顺治的母亲，在多尔衮的辅助下，顺治六岁登基。顺治母亲入关以后嫁给了多尔衮，有没有这件事？我认为有，一个证据是张煌言的诗："春宫昨进新仪注，大礼躬逢太后婚。"张煌言本人是抗清的将领，当时他在舟山群岛，他听到这个消息写了这首诗。第二个根据是多尔衮本来被称为皇叔摄政王，后来突然改成了皇父摄政王，而且在满族风俗里，小叔子娶嫂子是很正常的。多尔衮还公开娶了他侄子豪格的妻子。第三个理由是孝庄死后，并没有运到关外与皇太极合葬，却葬在清东陵的风水墙外，葬在她的儿子顺治、孙子康熙陵墓附近。第四个理由是多尔衮死后，顺治对他怨气特别大。多尔衮死了两个月，顺治就把他的坟给挖了。按道理如果没有太后下嫁的问题，顺治不会对他那么恨，因为多尔衮给他立下了很大的功劳。皇太极死后，本来两个人争当皇帝，一个是多尔衮，一个是皇太极的长子豪格，一个是两白旗支持，一个是两黄旗支持，争执不下，势将火并，最后两者都退让，让皇太极比较小的儿子福临当皇帝，这就是顺治。顺治对多尔衮应该没有那么大的怨恨啊！多尔衮辅政的时候保护了顺治，而且入了关，打下了江南，打下了天下，打下了这么大一个江山给顺治。顺治长大到十几岁，多尔衮一死，顺治就翻脸了。为什么会这样呢？其中有个人的因素，我觉得顺治汉化很深，多尔衮公开地娶他的母亲为妻让他感到很耻辱。而且顺治皇帝性格非常刚烈，所以多尔衮一死，他马上翻脸，挖他多尔衮的坟，抄他的家。直到乾隆时期才恢复他的皇籍，乾隆皇帝也说了公道话，认为多尔衮为清朝打下了基业，功劳非常大。而且顺治不仅对多尔衮有意见，对其母亲也有意见，所以他们一直不和。顺治的皇后是孝庄的侄女，后来顺治把皇后废了。什么事情都和孝庄对着干，可以看出来。为什么顺治那么恨多尔衮，和其母亲也不和？恐怕也有个人因素。我想这种个人因素用太后下嫁来解释更加合理。有人说张煌言的诗不可信，因为他是敌人，他是诬蔑，那他为什么造这个谣呢？而且张煌言远在舟山群岛，他怎么了解北京？北京那么多诗人，怎么没有人写？北京的汉族诗人倒是不少，可这些诗人敢写吗？也就张煌言他们能写出来，因为他们无所畏惧，他们是抗清的。那朝鲜为什么没有说？朝鲜也不敢说，况且朝鲜知道不知道也很难说。

入关前的这四个问题争论比较大，当然还有一些争论，如关于褚英的死、舒尔哈齐的死，也有一些疑点，但比较小，这四个问题争议比较大，是关系到全局的，涉及很多人。我的看法是这样，我准备在通纪里面按照这个观点来写。如果同志们不同意，也没关系，可以保留意见，也可以发表意见。有机会时可以讨论，如果证据确凿，比我讲的更充分，更合理，我就采用。我们根据材料和情理，哪方面比较充分，就按照哪方面来写。不能优柔寡断，模棱两可，对什么问题都保留两种意见。我们现在能做出结论就做出结论，即使结论错了，将来改，也没有关系。

在《清代诗文集汇编》出版座谈会上的讲话*

各位专家，各位来宾：

今天举行《清代诗文集汇编》出版的学术讨论会，许多专家学者发表了很精彩的讲话，肯定了这部大型文献的重要性和学术价值，阐明了清代诗文的丰富多彩和达到的艺术高度，提出了许多真知灼见和新颖的思想，给人以启发，给人以鼓舞。在这里，我感谢各位专家的发言！

这部《清代诗文集汇编》我们筹备了很久，从《清史》立项一开始第一次讲话我就谈到这部书，就想编这部书，经过漫长的准备、酝酿，经过很多同志的努力，特别是北大图书馆和人大的同志的共同努力，终于出版了，我感到很高兴，很鼓舞。

清代的诗文，首先是数量多。诗文之多，出乎我的意料，以前我们不知道清代诗文有多少，一直到杨忠同志的书出版，我们才知道清代诗文一共有 4 万种。今天我们出版了 4 000 种，仅仅是 1/10，还有 9/10 我们没有出版，因为我们目前还没有力量去出版。清朝乾隆皇帝编《全唐诗》，一共才 4 万首，还不是 4 万种。我们 4 万种集子，一种集子里面不知道有多少首。光乾隆帝一个人就有 4 万首，相当于《全唐诗》，可以说是诗歌的海洋。

第二是作家多，有各种各样的人。清代前期、中期、后期，风格不同，流派也不一样。譬如说妇女的诗，前代女诗人我们知道谁呀？李清照、朱淑真、谢道蕴，人很少，诗也很少。但是清代的女诗人多得不得了。我们已经完成了“清代闺阁诗集萃编”，几百人，数量很大。我们看《红楼梦》，好多女子都会写诗，并不奇怪。诗文

* 2010 年 1 月 25 日。

在清代是一个高峰，流派多。清朝之前的诗文也有流派，但比较少。比如苏东坡有四大弟子——黄庭坚、秦少游、晁补之和张耒，但后学乏人。而清代的桐城派，传承了六七代，前后 200 年，从康熙时期一直到五四时期，从第一代方苞，第二代刘大櫆，第三代姚鼐，一直到姚鼐的四大弟子——梅曾亮、方东树、刘开、管同，再到曾国藩，曾国藩又有四大弟子，还有范曾的曾祖父范伯子也是桐城派一代巨子。人数之多，可以说是薪火相传。学术的发展一定是团体的发展，不是几个人。我们中国学术的发展，要靠学派，这个学派一脉下来，时间要很长，绵延不尽，才能发展到一个高峰。我觉得我们新中国的学说应该有学派，也必须有学派。清代诗有自己的特点，清代的诗风格多样，百花齐放，繁星满天，值得我们借鉴。

我看大家讲了很多，我也没有做什么准备，随便讲几句。最后，我非常感谢光临大会的各位专家，感谢参与这个工作的各位同志，谢谢大家！

在编委会主任办公会扩大会议上的讲话*

今天的主任办公会议，正当2009年刚刚过去，2010年新年刚刚开始的一个月，我们的工作也进入了一个新的阶段，就是进入了审改阶段。审改工作关系到我们整部书的质量，非常重要。以前的工作重点是在三、四级项目组，三、四级组的专家们在写稿子，今后的工作重点转到了二级项目组，二级项目组原来的联系专家角色转变，现在要动笔审改，成为审改专家。所以这个转型时期还是很重要的。

第一个问题是加强领导。上个星期我们主任办公会议通过了一个决定，决定李文海同志作为正式成员参加主任办公会议。以前他也经常参加，是邀请的，今后作为正式成员参加，主要是为了加强我们的领导工作。我参加的会议他都参加，我们俩说好的，我不参加的会议他看必要，斟酌情况也参加，所以秘书组今后一些重要的会议都要通知他参加。

为什么这么做？两个原因：第一个原因是我们下一阶段的工作比较紧张、比较繁忙、比较复杂。进入审改阶段以后一定要搞好我们的组织工作、领导工作，使得我们的工作更有效，组织工作更有效，领导工作更加有力量。有了科学的管理、科学的组织和强有力的领导，才能保证我们书稿的质量。没有这些东西，书稿的质量是不能提高的。而进入审改阶段，由于工作的头绪很多、很乱，容易出乱、容易出错，有很多新问题、新困难要解决，现在难以估计将来还会有多少问题。文海同志本人知识渊博，也很全面，政治、经济、军事、文化各方面，业务方面，都能拿得起来，思想很敏锐，

* 2010年1月28日。

考虑问题很深入，又能身体力行，所以他的优点和他的才能大家都知道，都比较熟悉了。而且他上一段，就是前七年基本上跟我们一起工作，当然这里边有一段时间病了。所以他对《清史》的全过程也比较熟悉，跟各位同志也都非常熟悉，相处了很长时间。所以我就再三地邀请他最后这三四年参加这个攻坚战，来参加我们的领导，请他统筹全局，指挥我们的工作，我想一定能够得心应手，能够做好。当然，我们目前的领导班子，这七年工作搞过来，也都是非常努力的，我觉得我们的领导班子一个是很团结，一个是很努力，再一个也有效率。文海同志的加入使我们这个领导班子能够增强力量，能够更好地面对预计要面临的挑战。他参加之后，我们领导班子结构还是不改变，但是力量会大大地增强，我相信能做得更好。

第二个原因就是我的年龄越来越大了，年龄不饶人啊！今年84了，身体越来越不行了，力不从心，确实是这样。去年我住了三次医院，3月份一次，5月份一次，8月份一次，比较误事，耽误事情不少。住三次医院，半年多去掉了。今年一开始又有点不行了，上个礼拜就一礼拜跑医院，本来这个会是上礼拜要开的，但是我上个礼拜差不多每天跑医院，礼拜一的那个出版会议我差一点也参加不了，感冒了，感冒好一点了，后来就参加了。到现在我的感冒还没有全好，所以老是病病歪歪的，这个情况不是很理想。我的身体确实是每况愈下，再加上我本人缺乏这种领导工作的经验，没有做过什么实际工作，所以干起事来，手忙脚乱，丢三落四，顾此失彼，往往这样，大事小事一把抓，分不清主次，效率比较低，我干事就是这样的情况，这是我一个很大的缺点。这7年真是勉强推进，幸亏3位副主任都比较尽力，他们协助我，我们一起把工作总算挺过了7年。下一段工作更难了，许多学术问题更紧迫地提到了面前，我的实在是分不出时间、分不出精神来照顾这方面的事情，所以我想多一点力量投入学术方面去。首先我准备自己先来改一卷，我再找个研究生帮我忙，帮我查档案，因为我的电脑不行，我自己来审改一卷，因此我就顾不上这个全局性的工作了。我现在写东西很慢，从前我很快，一下子就写出来了，现在我的脑子就凝固了，不行了，干干就累了，晚上也不能干事儿，所以工作效率大大不如从前了。现在越来越感觉不行，所以我把更多的精力用到那方面去，因为那方面也是非常重要的，特别是通纪，是很重要的方面。

当然我不会因此而推卸责任，这绝不会的，该干什么我还是要干，我也勉力地来承担领导方面的一些工作，但是能够大大地减轻，我更多地考虑学术上的问题，这样更有利于这本书的完成。所以我搬救兵了，去年年底吧，就是下大雪以前，我就上李文海家去了，亲自登门拜访，谈了半天，我把我这个苦衷跟他讲了，希望他能够出来帮助我，把这个工程完成。我们完成初稿也就是三四年的时间，现在 2010 年了，还有三四年的时间嘛，一起奋斗三四年，把这个完成。谈得很恳切，文海同志也是坦诚相见，他也讲了他的困难，当时他是不答应。我说你不答应、你不出来的话我就坐在这不走了。他说那我考虑考虑吧，一直考虑，后来下雪了我就没有再去。后来他也确实经过慎重地考虑，首先同意参加主任办公会议，凡是我参加的会议他都参加，帮我来处理一些事情。这个想法呢，其实老早就有，本来在决定编《清史》，任命我为编纂委员会的主任以后，我当时就考虑这么办。同志们可能还记得，第一次编纂委员会上，讨论成立一个编纂委员会，还要成立一个学术委员会，编纂委员会主任任命我，那么学术委员会主任当时是定的文海，而且我兼学术委员会委员，他也兼编纂委员会委员，彼此兼，当时的想法就是我跟他是双元领导。因为我知道我的缺点就是不会干领导，干不好领导，我希望他能够来担任这个工作。文海同志领导经验很丰富，当了十几年的副校长、校长、书记，经验很丰富，领导这一摊子绰绰有余。当时考虑成立两个委员会，我们两个人共同来领导，我当时的想法就是这样。一到会上，编纂委员会把我们的这个想法推翻了，不同意成立学术委员会，全体委员都不同意成立学术委员会，说一个编纂委员会就可以了，何必还要成立一个学术委员会呢？他们也不了解我们的苦衷，所以学术委员会没有成立起来，只有一个编纂委员会。我这个编纂委员会主任是不称职的，实际上我应该干学术，以后总想把他拉出来一起干，但是不久以后他身体不好了，又碰到个大手术，他的心脏手术比较大，休息了比较长的时间，恢复的时间也比较长，所以这就不好拉他出来了，就一直拖延下来了。我们勉强在那干下去，但是到现在，比较关键，下一步比较困难，还有三四年的时间，请他出来一起来共度时艰吧，他也是很勉为其难地答应了。我跟文化部的领导，跟孙部长也曾经讲了这个问题，跟周副部长也讲了这个问题，看机会，请文海同志出山来共同完成这个任务。后来呢，成立了一个编审组，这个也是没有办法的办法，怎么办呢？怎么拉他出来他也不出来，也不肯担任什么名义，当然他身体恢复得也比较慢了，有相当长的时间。现在我感觉这个形势比较严峻了，不得不请他出山，情况就是这样。

所以他参加我们这个领导呢，第一个他是正式成员，第二个就是他要过问审改的全局，进行策划、指挥、领导，有什么问题可以向他请示，由他来跟大家共同解决。第三个是今后，一直到我们完成，究竟怎么来进行？怎么做法？由他和大家共同来商量。我再说一下，我不会退出，我不会不负责任，这个请同志们相信我，我对这个工作是非常执着的。但是用他擅长的地方，他擅长领导，这是第一点，我讲加强领导工作。所以今后有什么事情可以向他请示，一定要向他请示。这是第一个问题。

第二个问题，就是我们下阶段的工作，当然前一阵子我也考虑了一些问题，今天我把我的想法提出来，看看今后怎么做。因为文海同志刚刚接手嘛，他也不是很了解前一段的工作，当然他也参加了，实际上他也了解。

我觉得我们今后概括起来有五个任务。第一个任务就是一审。一审的任务是马大正同志负责的，我们当时都有分工。一审任务现在已经安排了 39 个审改项目，两批，第二批是 12 月中旬启动，因此我们已经转入审改的轨道了，正在审改这 39 个项目。但是我们差不多还有 110 个项目还没有进入一审。现在进入审改的 39 个项目正在进行，我们应该要追踪这个情况。下一段马上就要放假，假期里面我们也要追踪，因为假期他们都在改呢，不能把任务分了以后就不管了，我们还要想办法追踪这个任务，要了解他们进行的情况、困难、进度，或者要不要再用寒假开个会，找他们谈一次，看看有什么困难，有什么问题，能不能按期完成。如果一审第一、二批任务不能按期完成，这就打乱我们的计划了。

另外，一审完成以后，这39个项目审改完成了，如何转入二审，这里边有个程序，有个交代，你不能一审专家审完以后马上就交给二审专家吧？怎么样才符合转入二审的程序？这一点我跟文海同志曾经交换过意见，文海同志有些想法，当然谈得不是很深入了，因为当时还没有这个任务。今天一会儿可以谈一下他的想法。

另外，除了39个项目，还有110个项目怎么上？这个是比较重的任务，100多个项目，现在看来恐怕还要至少上三批，三批都可能不行，可能要四批也说不定，但什么时候能够上完呢？这个想一想，考虑考虑，今年还能上两三批？是不是要到2011年还要上一批？2011年上一批的话，那我们一审完大概是什么时间呢？这个都得有个计算，都得有个数目。什么时候上第三批，什么时候上第四批，什么时候上第五批，如果还有第六批的话，什么时候上第六批，都得预先有计划。在上以前有许多准备工作要做，我们现在审改等于是烧饭吃，一方面要有米，烧饭嘛，得有米，准备初稿，初稿没写出来呢，没交稿怎么审啊？无米之炊那不行，一定要把前面的项目弄整齐了，弄得能够进行审改。第二方面就是找好大师傅，谁来烧饭啊？谁来审啊？要有一定水平的专家，要比较合适的。有些也是专家，但是他不合适，这个专家分工分得很细，太细了，我搞一个小问题，其他什么都不知道。比如我搞辛亥革命，我就知道武昌起义这一段，其他都不知道，前后各地的起义都不知道，太窄了。现在我们专家里有这样的情况，所以不是每个专家都适合。他连些常识都没有，有些问题。所以我们还要看准专家，这个也很难。从前我对近代史专家都很熟悉，现在不行了，很少看杂志。从前基本上“文革”以前所有近代史的文章我都知道，大概谁发表什么文章都知道，现在根本不看了。现在杂事太多，学报也多得不得了，根本弄不清楚，哪些是新人我都不知道，所以要挑选专家。朱诚如同志给了我一个二审的专家名单，我一看哪，谁都可以，我是不了解谁是哪方面的专家，就按照你们的意见吧，我都提不出意见来。我不认识他们，有些连名字都没听说过。

所以一审的任务，除了这 39 个以外，还有很多，还有 100 多个。这个任务很重，一审是审改工作里边最重要的一个阶段，这个要计划好，安排好，分批、分次落实。也还要抓紧时间，不能拖。一审里边有个进度，像三、四级项目似的，一拖就是几个月不交稿，这个就麻烦了，因为这样审改专家也脱不出来，跟后边的也接不上。后边要审二审的稿子，一审还没交稿怎么办？一个月都不能耽误，我想着都害怕，简直是紧张得很，耽误一两个月，二审还等着呢，二审进行不了。

这是第一个任务，就是一审的任务，除了这 39 个，还有 100 多个，今年年内基本上就要上网。

第二个任务就是二审。二审怎么进行，我以前提了一个概括的、很简单的一个轮廓。我说二审请外边专家审，不要我们自己审，我就是想我们的稿子经过一审以后，拿给外边看一看，听听外面专家的意见。但有没有这么多专家，我现在有怀疑。当然这个专家不一定是非常专的，一般搞清史研究的就可以，要不然实在没有人。

另外我们一审的稿子要准备好，一审已经审完了要经过一个程序转到二审，这个程序要做好。如果一审稿子在春节以后交，那二审肯定 3 月份是启动不了了，还有一个程序呢，这个程序怎么做，一会儿再说。

二审是 4 月份，二审也要一批批来。二审的一、二批又不能跟得很紧，因为一审要 6 个月才能完，二审预计两三个月就行了吧？那一审还没有完，二审没有稿子怎么办？又发生这个问题了。所以二审时间究竟多少，怎么跟一审衔接，这都是问题。诚如同志已经有个方案，昨天打电话跟我说啊，他们已经讨论了个方案，我觉得很好，预期准备，大家讨论看看，可行不可行。当然，这个过程肯定还要有修改，到底什么时候启动，什么时候进行二审的二批、二审的三批、二审的四批，怎么样连续下去。诚如同志管这个事情，恐怕从这以后诚如同志会很累。

第三个任务，现在图录组是 3 月份完成第一阶段，也要审，也要进入审改。3 月份他们完成之后还要进行善后工作，要评估。如果说 6 月份审改，那么现在有没有这个考虑，谁来负责？你们两位主任都有一审、二审，那么谁来负责？不能完全由他们自己来审，当然要他们参加审改，但我们编委会也得有人来，这个再商量吧，现在看是没人了。

图录组这个审是另一种审法，它又不像通纪、传记写的是大篇的文章，它这个是说明，主要是图片，文字能够说明这个图片。它不是说明历史，而是说明图片，应该区别开，不要直接去说明历史，那就坏了。我们前面就是直接谈历史，你再谈一遍历史，那没有什么意义，而是要通过图片使大家来了解历史，这个情况是不一样的，简单多了。有的东西没有图片就不要说，不要勉强一定要说，你没有图片你说什么呢？以前他们有这个毛病，觉得这段历史很重要，比如某个东西很重要，某件事情很重要，但是没有图片怎么办？没有图片就缺着，有图片说，没有图片就不要说。

它这个审改也不一样，历史上的情况不说了，你就说明这个图片，图片是怎么回事，通过图片来让大家了解历史情况，应该是这样。所以它的审改的办法要另行制定，审改要不要经过三个程序，能不能毕其功于一役？一次性审改行不行？这个都是下一步需要考虑的问题。这个在审改以前都要考虑好了，什么时候启动？怎么审改？请哪些审改专家？也不要我们做的人自己审改。审改的量不是太大，现在是 14 个项目，能有 7 位专家审改就可以了吧？一个人审改两个项目行不行啊？这个要具体商量了。我们要在脑子里面有这个印象，要做这个工作，这是第三个任务。

第四个任务是要召开第七次编委会，我们已经两年没开编委会了，能不能四五月份开？4 月份不行就 5 月份，要有个报告，顾春和王江写的稿子不错，明天就见报了，参考一下。第二个要补些委员，我们现在是 25 个委员，能不能补一些干得好的，下面的工作要依靠他们，补充哪几位？另外我们是不是这次搞个奖励，奖励三、四级项目组，不奖励编委会内部的，这个以后再说。这次奖励按计划完成，而且质量比较好的项目组。凡是没按计划完成的，不奖。凡是到今年 2 月底 3 月份前交齐的就算按计划完成，当然这是我自己的想法。评奖由谁来负责，怎么考虑，我们想一下。

第五个任务是临时加的任务。前天传记组的一些问题项目要做些调整，问题项目我们还是在这半年里全力解决，有的传记项目只交来一篇或者两篇，这个怎么审啊？有的问题项目提出了解决办法，很多办法可以，但是有的办法也不行，已经不是督促解决这个问题了，要用一些手段解决。

办法有两种。一个办法是原来出了《清代人物传稿》，现出版了 20 本。5 个主编有 3 个在我们这里，他们写的质量有的不比我们差。比如光绪上差 20 篇，从这里面找找，进行一些补充，语言要修改一下，补充需要的材料，文字上进行一些加工，基本就可以用了。这就要让传记组统计一下，缺什么，补哪些，能不能用，当然我们会给原作者稿费。第二种办法就是赶紧换主持人。

这些问题今年上半年都得解决。

读中介公司对清史工程的评估报告*

中介公司以数月之力进行调查研究，写成了《清史纂修工程中期执行情况报告》，写得很好。全面、系统、科学地总结了我们的工作，客观而又公正地展示了工程的全貌。我对中介公司的同志们尽心竭力、奋勉工作表示感谢，致以敬意。

清史工程是新中国成立以来规模最大的学术工程，内容丰富，头绪纷繁，难题甚多，资料浩瀚，参加人员仅主体工程即有 1 800 人之多。工作启动以来千头万绪，不知从何入手，只能随着工作的展开，一步步地摸索进行。其设计框架、规章制度、组织机构、步骤机制只能在实践中产生形成，并逐步完善，至今仍有许多不尽如人意之处，亟待改进。

这个报告充分体现了清史工程之巨大、复杂和艰巨性，相应地也反映了我们应对的决策和措施，显露了我们智慧不足、能力欠缺的窘境。

报告内容甚好，描述了清史工程的前期和中期状况，可惜后期工程刚刚开始，难窥全豹，未见全书内容，不能做出全面的评价。但从中可见清史工作人员的辛勤努力，也可略知我们的失误与不足。

工程首要的学术问题，报告中较少提及，我们始终坚持学术质量第一，对此付出了巨大的努力。档案、文献、编译三个组的设置就是为了打下坚实的学术基础（也为了保存抢救可能佚失的珍贵历史资料），为此举行了许多学术研讨会、座谈、个别谈话，沟通交流，切磋问题，殆无虚日。通纪组在制定提纲时共举行较大的学术讨论会十几次（我在《涓水集》中所收 8 篇长篇讲话就是在通纪研

---

* 2010 年 9 月 3 日。

讨会上讲话，还有许多讲话稿尚未发表）。自 2004 年至 2006 年约两年时间，我的力量主要集中在通纪的提纲学术内容上，集中所收 8 次讲话就是这个时间内形成的。对于其他的如清初努尔哈赤之死，皇太极继位，袁崇焕之死，满族何以能兴起并统一全中国，满蒙联合的深远影响，乌兰布通之战的胜和负，雍正篡立，乾隆的生地，香妃其人，嘉庆传位密诏，中国几千年来农耕民族与游牧民族战争为何在 18 世纪后终结，明清之际的名节与贰臣，18 世纪中国的 GDP 居世界首位，清代诗词的地位与评价，中国古代的教育功能，鸦片战争中英的力量对比，太平天国的拜上帝会，对李鸿章之评价，对慈禧、袁世凯之评价，光绪帝之死因，近代革命运动是大势所趋、民心所向，戊戌变法的失误，中日战争两国海军的力量对比，清末新政，清朝灭亡的必然性等重大的政治和学术问题开了许多次会议或者小型座谈，个别交换意见，在许多重大问题上取得了共识，当然也存在不少歧见尚待处理。在编写过程中涌现出来的重大学术问题，是可贵的收获，将能促使研究人员潜心钻研，取得突破和创新的学术成果。

其他我感到重要的是领导小组、编委会、清史办三个组织的关系是编好《清史》的关键，领导小组孙家正、蔡武、李洪峰、周和平等领导尊重知识分子，为人谦和，处事合理，对我多次的建议多予采纳，使工作顺利进行。清史办石雅娟同志有能力，作风好，和编委会相处融洽，亲如一家，赢得了许多专家的尊敬。当然我们的领导体制存在一些问题，即三驾马车，不易驾驭，三方面同志来自四面八方，如果各执己见，易生龃龉。孙家正、蔡武、李洪峰、周和平高瞻远瞩，大处着眼，虚怀若谷，从善如流；石雅娟同志承上启下，大度宽容，使清史工程顺利进行。这是几个单位组合领导体制最重要的经验，否则清史工程决不能顺利推进。以上狂瞽之言，语必有疵，仅供中介公司参考。

关于通纪第四卷的审改意见*

原稿字数太多，存在较多结构性问题，与其他卷、篇重复较多，内容不全面。当然作者很努力，读了不少书，做了较多的思考。但这一卷很重要，也很难写，能写好是很不容易的，要在半年时间内改好，也很不容易。通纪部分是全书的纲，一定要尽最大力量改好它，达到上等水平。俗话说“取法乎上，仅得其中”。如果把目标定低了，那就改不成上好的作品了，一定要努力再努力。

这部分原有六章，建议修改政治、经济部分，这几章改好，可以挽救全卷。

第一章标题，可以改为“乾隆初政”，但要大加削改。第一篇乾隆的政治理念可以保留，但要大删，且转换角度。乾隆初即位有“复三代”的理念，这是可以理解的，因为他继承了康雍留下来的好基业，已经达到了封建盛世。当时乾隆还是个青年，希望把国家治理得更好，复见“三代之盛”。其实中国历史上并无“三代之盛”，只是古代的传说，乾隆也不可能创造个虚幻的“三代之盛”。他在初年的科举考试时出了几次考试题，问应试人：“我非常努力治国经邦，为什么国计民生没有起色，还存在很多问题?”其实，现实生活中根本创造不出“三代盛世”，它只是存在于乾隆脑子里的虚幻理念。如果是写乾隆传，当然可以写写他的理想，但我们现在是写历史，连篇累牍用数万字之多写这种虚幻理念，没有必要，应大加删削。但转换一个角度则是可以的。乾隆在这一理念的驱使下，确实勤政、理事。刚即位几年内，诗写得很少（后来每天都要写几首诗），也不出宫去玩，每天批折听政，这一理念成为他前进的动力，

---

* 2010年9月15日。

所以他能把祖父两代创造的基业更加推进一大步，达到全盛时期。原稿上已有“复三代”的理念，可以保留一点，但不要太长，只是说明他早年的励精求治。

宽严相济这是乾隆初政特点，但原稿也太长，可以稍删些引文。现实政治迫使乾隆治国越来越严格，权力越来越集中。这是中国封建专制政治久远传统的结果，也和中国的国情有关。中国是个多种民族、多种文化长期并存、长期冲突的庞大国家，乾隆的重大功绩是统一，而要使不同民族不同文化统一起来，没有中枢的权威是不行的。中国地域广大，各地发展很不平衡，有游牧民族，有农耕民族，把它们纳入统一的多民族大家庭，除了自然的趋同力之外，必须有强制的整合力。几千年中国没有完成真正的统一，到清朝完成了。到明代已可以看到北方游牧民族趋同于农耕，如雇用汉人耕种，以增加谷物作为口粮，重视和明朝的马市交易，获取内地的丝绸、茶叶物品，游牧生活缓慢地定居下来（这是清朝在蒙古设盟旗的基础），边外的板升（汉人的定居点）多了，游牧地区出现了呼和浩特、张家口等城镇，蒙汉的交流增加，这是走向融合和统一的基础。清朝促进了这一融合统一的过程，军事行动和强有力的、高效的行政措施必不可少，后人对清朝武功和集权的理解，要领就在于此。但也因此而加强了专制主义，这是历史的悖论和无奈。康雍乾排除了亲贵预政，一百年无亲族王公进入军机处，打击朋党。雍正时屠囚兄弟，乾隆时折辱鄂尔泰、张廷玉都是集权于一身的表现，即所谓“乾纲独断”。审改时可参考郭成康所写乾隆政治，讲决策、执行和中央地方的权力分配等。

审改经济部分要注意，为什么18世纪经济能更上一层楼？GDP能高居世界经济的首位？原稿的思路不要，原稿意思说是由于人口压力，康、乾诸帝积忧焦思，考虑应对之策，提出所谓“全区域开发”的概念，这个概念不要使用。国力的发展是由于当时历史提供了发展空间，而不是那些帝王脑子里想出来的政策，政策的出现和成功只能在客观现实允许的范围之中，杰出人物也只能顺应历史潮流才能实现政策措施。当时的历史是游牧民族和农耕民族长期对抗后出现了交流、接近、融合和相互依靠的倾向，于是有了统一和移民垦荒辟地的可能。又，当时世界一体化的趋势，使美洲的粮食作物传入中国，到清代在全国大规模推广种植，有了提高粮食产量、增加人口的可能。中外贸易的迅速发展，世界白银大量流入中国，通货增加起了贸易润滑剂的作用，出现了大规模交易，出现了许多商帮，商品经济取得巨大发展的可能，正是历史大环境的变化提供给中国改革和发展的机遇。清朝皇帝们抓住了某些机遇（统一、移民、发展生产贸易），也失去了某些机遇（开放、改革、学习西方）。

审改本卷要有世界眼光，要注意西方的发展变化。当时清廷虽然对中外交流设置了巨大障碍，但经济交流已然大量而频繁，中国正在被迫进入世界的历史潮流中。可惜清廷作茧自缚，成了不识世界时务的自大狂人。

自我评估，加速前进*

今天的会议本来是通纪组的小会，经过商议，想扩大一下，请各组负责人参加，汇报通纪组的工作和初步评估，谈谈9个月来一审工作的若干问题。

通纪组的一审已滞后了，只审完第一卷，第二、四、五、六卷的一审刚刚启动。通纪组的审改办法和人员有些变化，审改办法采取老少搭配进行审改。

审改工作今年以来渐有起色，因为工作重担落在了编委会内部专家的肩上，许多专家动起来投入工作。文海同志参加领导，抓得很紧，我听大家反映他有决断、有智慧、有办法。三位副主任、各组组长连日开会，工作很紧张。

我连续住了两次医院，误了不少时间，几个月来一直在看通纪的稿件，通纪一直是我们关心的重点。今年以来已到交稿时限，现在交稿较多，已完稿者已达90%。通纪稿件的质量是第一要务，几个月来我都在阅稿，已阅近120万字，约占全稿的1/3（其中四、五卷全阅，一卷阅10万，二卷阅5万，六卷阅8万，七卷阅6万，九卷阅1万，三卷、八卷一字未阅），阅前忧心如焚，怕内容不如理想，差距太大，虽大力审改，仍难副人望；阅后心稍宽慰，感到大部分稿子写得相当好，好多卷可能进入优秀之列。

我对全阅或阅读较多的四部稿件做了内心评估，尽量客观、公正，排除主观意愿，给出分数，两卷可入优秀，一卷中上，另一卷不合格，平均可达73分，但审改时尚有较大的提高空间。

以下分别叙说各卷情况。

---

* 2010年9月20日。

一卷，史料丰富，满文老档、旧档实录与明季和朝鲜史料均已使用，日本、俄国、中国台湾地区和大陆史学家的研究成果亦广收博采，已站到关外史研究的最前沿。特别是满族如何从部落发展到国家，以及皇太极对明朝的攻战均有新意。我分别询问成崇德、王思治两位，均交口称誉。两位专家不约而同，成崇德说："此稿可评80～85分。"王思治说："此稿可评80分以上。"

二卷，我仅阅5万字，叙述颇有条理，闻刘仲华同志说："此稿新意迭出，认真审改可成佳作。"

三卷，此稿尚可，但还不甚理想。作者已写完，正在打磨，我未阅此稿，难做评判，估计审改时要多花些力气。但作者专攻此段历史，估计不致太棘手。

四卷，作者花费很大劳动，读了很多书，思考了许多问题。但此段历史写作难度大，史料太多，仅实录有40函（1 500卷）之多，比前五朝（太祖、太宗、顺治、康熙、雍正）全部实录相加多出4倍，史料难于穷尽。内容繁多，难于掌握归纳。目前结构性问题很多，需要新安排框架，删削重复，补缺拾遗，花较多力量。

五卷，共七章。三、四章述除弊，河、漕、盐内容甚烦琐而概括得当，言简意明；六章稍有重复；七章鸦片战争，多用外文资料，较已有之书胜出；二章较乱；一章较平。

六卷，此稿颇佳，掌握史料甚多，其中档案25册与《曾国藩全集》最为重要，作者熟知众多史料，运用自如，得心应手，时有创见，条理亦清楚，行文流畅，审改时略删其冗繁处，可臻上佳。

七卷，已观六万字，未窥全豹，唯见其语工意深，出手不凡，必有可观。句炼意凝，甚有哲理性，但与一般史学之写作风格迥异。所虑者全书风格殊异，难于统一。

八卷，虽未读稿，然闻作者在档案馆多年，已掌握此段之全部存档，资料丰富，必可预期。证以20多年前所作名著，必能胜任愉快，写成上品。

九卷，三年前我读此卷部分稿件曾评其"排列有序，叙述明晰，少有议论，甚合史法，文章畅达如行云流水"。至今尚未阅其他稿件。

有了以上基础，再加两年多审改，加紧努力，使全书达到优秀水平应是较有把握的。最近读了120万字稿件并做了调查研究，心中有了点底，不像过去那样忧心忡忡了。当然这还仅是可能性，要把可能性变成现实性，今后两年多，必须投入很大力量，苦心钻研，细致打磨，不能有丝毫松懈怠惰。

其他二级组我最近未阅读稿件也未参加会议，难于置评。但专家们都十分努力，投入审改，史表的把握较大，因我们这部书设表最多，人表、事表，新颖可观，掌握的信息量亦大，尽可能全面、系统、创新。但听说督抚表有问题，这是不可缺少的重要史表，要抓紧、抓好。

图录组工作正常有序，听说舆图卷最突出。现在最重要的是购买图片，请图录组与清史办合作尽快购图，以免迟延贻误。

传记组审改办法不大一样，各组均有自己的情况，可以各自安排。但也要抓紧把外籍人士、诸艺等写成，时间紧迫，不可拖延。

典志组任务最繁重，共有72个项目，和其他组项目总数几乎相等，占半壁江山，你们太辛苦了！听说萧国亮同志病了，我很关心，希望工作与健康并重。可否再请些专家以分担任务？

现在工作已进入最后阶段，我们要按期完成《清史》第一稿，不能搞烂尾工程、胡子工程，也不能搞豆腐渣工程、垃圾工程，一定要按期保质完成任务。

现在除五个项目组之外，还有若干遗留项目必须考虑处理办法，如历史地图、公历清历对照表、《艺文志》立项很晚，不知能否按期完成；又如《考异》二卷，其中《考异下》因作者与编委会对考异内容存在歧见，完成任务亦差距较大；又《礼篇》目前尚未找到合适的主持人；《兵志》交稿数量亦有差距。怎么办？要积极想法沟通解决。

在第七次编纂委员会上的讲话*

自2002年党中央国务院批准启动《清史》编纂以来，已历时近8年，这是一条艰难、辛勤、曲折的路程，甘苦自知，一言难尽。但在这8年间工作也取得了一些成绩，现在主体项目的稿件已收到大约90%，已经比原计划推迟了一年多时间。滞后有各种原因，有的主持人工作繁忙、分身无术，有的是年高病重，甚至有的已故世，当然也有个别主持人工作不够投入。

今年6月已经启动了审改工作，对已交稿件进行审读修改。现在一审工作正在紧张进行。为什么要审改？为了提高质量。这是极其重要的、必须做好的一步，千言万语，质量为重。我们必须交出一部合格的、能够代表时代水平的《清史》著作，审改是不可缺少的程序。集体著作的质量第一是依靠执笔的作者，要有责任心强、大力投入的饱学之士来写作。第二是依靠集体智慧进行审读评估，谨慎修改，严格把关。

审改是提高质量的关键。任何人写的文章必须经过多次修改才能成为好文章，玉不琢不成器，文不修疵谬多。这是写文章的经验之谈，尤其是集体创作，有统一的要求，有共同遵守的规范，不能由每个作者各行其是，五花八门，结果就会支离破碎，矛盾百出，混乱不堪。这一点请专家们谅解。当然，写作是个人行为，文责自负，一般不必别人参与，但也要请教知己和专家，汲取有益的意见，何况是集体创作，要有相同的体例，相对统一的行文风格，相互协调的内容观点，无重复、遗漏、矛盾之处，所以必须有审读评估。

审改是《清史》编纂的最后阶段，完成审改工作即《清史》杀

---

* 2010年10月26日。

青。我们决定审改分三步进行。第一审是集体讨论一人审改，由一个人集中大家意见，进行修改。不是七手八脚，一拥而上，而是实行个人责任制，改得好、坏、快、慢，一个人负责，审改不好，可以推翻重来。我们还强调审改人要十分谨慎，十分谦虚，充分尊重原作者的劳动。原作者是这一研究领域的专家和权威，审改者很可能不如原作者，审改过程应是审改人向原作者学习的过程。那么为什么审改人敢于修改原作者的作品呢？因为“智者千虑，必有一失”。何况原作者不熟悉我们的体例、规范、行文风格。我们拿着编委会的则例就可以衡量作品是否符合要求，可以进行修改。就是这样一方面我们鼓励审改人大胆审修，不要因是专家的作品就不敢动笔；另一方面又嘱咐他们要小心审改，谨慎谦虚，尊重专家，向原作者学习。还有强调是小改不是大改，原来的提纲、结构一般不做大变动，不是推翻重来，重大学术问题的改变要让原作者知情，最好得到认可，如不认可，必要时两种意见可以并存。

这期间我在通读通纪的稿子，全部 300 万字，已读 180 万字，9 卷通纪有的整卷读了，有的只读了一部分，我尽量客观、公正、小心地做了评估，其中 4 卷已达到或接近优秀，两卷加以审改很可能进入优秀，两卷需要大力审改才能达到优秀或合格，1 卷必须全力以赴在结构上、内容上进行很大调整才能达到合格或良好。

第二审拟请社会上的知名或资深专家通读，写出评估意见，所提具体意见写在另纸上，对原稿和一审意见做评估，目的是从整体上衡量质量，建立交叉评估、相互制衡的机制。希望 146 个主体项目在明年年底大体完成审改。目前有 55 个项目进入一审，仅占 38%，还有 62%未进一审。任务繁重，时间十分紧迫，不容丝毫懈怠。

第三审即终审，十分重要也十分复杂，应是“分类审改、总体整合”，目前尚来不及详细考虑办法，任务大概是通读一遍，搜寻有无政治上、学术上、史料上的重大缺失，有无逻辑上、表述上、文字上的重大瑕疵，有无体例规范、注释、引文、标题、标点上的具体错误，特别是要使用新科技网络软件找出内容有无重复、遗漏，观点有无相互矛盾，甚至有无抄袭行为。还有全书的合成需要缜密考虑，犹如制成了很多零部件，要合成一辆能运客、能载物、能开动、能奔跑的汽车，还需许多工作程序。其封面设计，字体和开本大小，分成几卷几册，地图怎么印刷装订，作者怎么排序列名，要不要序言、后记、出版说明等。审书如扫落叶，一遍扫过还有剩余问题和新问题，二遍、三遍是免不了的。

工作完成之后应该送审，我主张送审稿件可名第一稿，公开出版。因为送给中央领导来读 3 500 万字是不现实、不可能的，只有公开出版让所有专家和群众来阅读使用，才能发现作品的优点与缺点，收集群众意见，进行打磨修改，才能精益求精，渐成佳作。专家和群众的阅读和使用，就是最好的审查，中央的审查亦必取材于此。《明史》从编纂到完成，达 91 年之久，其间有《明史稿》问世，似应吸收这一经验，以达理想的境界。

关于通纪第一卷的评估意见*

这是一本精心写作、资料丰富、思想深刻、颇有新意的著作，进一步修改提高，可以达到优秀水平，主要优点是：

第一，结构严整、章节分明、脉络清晰，以时间为序叙述关外60年创业之艰难与辉煌，读此书可以清楚地了解满族在两代人的努力下从小到大，由弱变强，击败其内部的竞争者和周边的明朝、蒙古、朝鲜，在详尽的叙述中可以见到它所以能兴起的原因，指明了它众多的优长之处与可资镜鉴的失误，启人心智，发人深思。

第二，资料丰富，网罗了已出版的几乎全部资料，故能把握全局，正确论述。主要使用满文老档与《清实录》，并采集了明人和朝鲜的纪录，又能搜集中国和日本、俄国的研究成果，深思熟虑、研求琢磨，显示出扎实的功力和犀利的眼光，故能挥笔从容，出以新意。

第三，某些段落如满族早期的社会演化、萨尔浒之战、宁远之战、四大贝勒的关系、满蒙联盟、松锦之战写作较详，着墨颇多，以客观的态度精心分析，清晰、生动、翔实，事件逼真入画，人物栩栩如生，叙事颇佳。

第四，此段历史存在许多历史疑谜，为公众所关注，作者深入研究，不回避有争议的难点，严谨、公正地进行分析。如对努尔哈赤和皇太极之评价、努尔哈赤之死、黄白旗之争、袁崇焕之失误等，一一加以说明，观点鲜明、理由充分、实事求是、引人入胜，无游移不定、模棱两可之病，不少问题有新见解、新观点。

第五，文章畅达，逻辑严谨，事实详审而字凝句练，简洁可诵，

---

* 2010年11月2日。

得“文省事详”之史法。

以下读后似有可商榷之处，列举如下：

（1）注文太少，与其他各卷差别甚大；

（2）每叙一段史事，文前常有一小段概括，似无必要；

（3）尚有枝蔓之处；

（4）“诸申”（27 页）、“古出”（43 页）似名词解释，“猛安谋克”（79 页）为金代史事，虽均有新意，但宜改为注文，似不必列于通纪正文之中，以免隔断文气；

（5）文中有“小结”，与体例不符；

（6）杀戮大小 70 余城（李永芳）均一一列名，似太琐屑；

（7）文中多处夹杂满文、拉丁文（162、227 页），可尽量减少；

（8）阿巴亥死时，多尔衮似非旗主，仅受赐 25 牛录，两白旗似为阿济格、多铎所掌；

（9）胪列人名过多（234、236 页）；

（10）明末党争写得过多，已稍删削；

（11）通纪标题只设卷、章、节、目，文中多处有第五级标题（如 255 页 1 毛文龙之死，标题如何与各卷统一）；

（12）259 页刘兴治被杀事是否有误；

（13）270 页印刷似有遗漏；

（14）袁崇焕事已稍有补充（见稿 278 页）；

（15）满蒙联盟之意义稍有补充（302 页）；

（16）后金第二次入关骚扰（阿济格掠大同、宣化）遗漏未叙（343 页）；

（17）明末农民起义，非清史范围，删去万余字（377 页后）。

此外，尚有不少逻辑上、体例上、文字上之问题，均甚细小，已批改在原稿上，所见浅俚，恐非确见，可进一步商榷。

此事大醇小疵，符合要求，鄙意可列上等。

如何把握乾隆盛世*

——关于通纪第四卷修改工作的讲话

通纪第四卷比较难写，内容重要，也是热点，大家都关心，一定要写好。这一卷第一要写出盛世的气象，为什么是盛世？第二是为何能达到盛世，客观和主观原因是什么？还有，盛世之下的问题是什么？盛世的局限在哪里？这一卷时间跨度比较长，总共60年。可参考的研究成果也不多，要费很大力气才能做好。

政治部分的内容分为两章，乾隆前30年的事为一章，后面的内容放在第六章。经济部分的中外贸易要从全球一体化的角度来写。当时白银大量输入，白银输入中国后，润滑了中国的市场。为什么乾隆时能达到盛世？这是其中一个重要的因素。由于世界一体化的浪潮，当时的远程贸易、跨省贸易、对外贸易都很兴盛。茶叶贸易量已经超过丝绸，占据第一位，其中一个重要原因就是一体化进程。伦敦的工人阶级兴起了一股饮茶之风，大量购买中国茶叶。当时的中国经济已经卷入了世界经济之中。能达到盛世，是由许多因素共同促成的：一是边疆的统一，二是世界经济一体化的影响，三是经济作物的引种，四是朝廷关心和扶持农业，等等。

政治部分的"仁政"作为乾隆帝的观念可以写，但这只是乾隆皇帝头脑里的理想，在当时的历史条件下根本实现不了"三代之治"。可是，思想也会起作用，主要表现就是促使乾隆皇帝早期很勤政，诗写得少，巡幸也少，一直住在宫里，勤于政务。因此，"仁政"的理念使乾隆帝早年很勤政，生活很规律，是个奋发图强的皇帝。这也说明，清代培养储君的做法很成功。

---

* 2010年12月10日。

政策的宽严，孝贤皇后之死是个转折点。这一年是乾隆十三年(1748)，乾隆帝杀了不少人，像讷亲、张广泗、庆复等人都是这时被杀的。政策开始由宽向严，这一方面是个人情绪使然，另一方面也是当时的现实所迫。因为，十多年来，乾隆帝感觉到长期以来的宽松政策效果并不佳，所以他感觉要变。就像一个碎瓶子，打碎很容易，但粘起来很难，统一当时的中国比粘一个碎瓶子还要难。乾隆面对的中国是个多民族、多元文化的状况，既有边疆游牧民族，又有中原农耕民族，把这个复杂的国家统一起来治理好，需要中央的权威，需要有细致艰巨的工作，需要耐心和长期努力，否则就要分崩离析。这是中国历史的一大特色。所以，统一在中国历史上是一个特殊的、艰巨的使命，是一个特殊的体制。统一可以避免分裂，避免战争，避免互相的争斗，这是历史的需要。民国时期不是很宽吗？但军阀割据，民生不安，所以在中国历史上，政治方面完全实行宽松政策是不行的，如果那样，战争和互相斗争就是家常便饭。要严格纪律，令出必行，不允许跋扈擅权，这才能实现统一。这是稳定的需要，是统一多样的体制、经济、政治的需要，统一既要靠战争，又要靠政治上的权威。

当时，经济上有一种趋同，游牧民族向农业民族趋同。蒙古这一带开垦土地，逐渐推行农耕，因为农耕比游牧能更大地提高生产，这一趋势实际上在明朝就开始了，但到了清朝更加明显。“板升”就是这一趋势的反映。“板升”是关内汉民跑到蒙地去耕种时建造的住房村落。统一还要有经济和文化上的纽带，藏传佛教因维系了蒙、藏民族，其作用非常重要，否则统一不了，清初就是这样一个历史发展的大趋势。因此，经济与宗教的联系会导致不同民族相互依存，趋向统一。

政治上的集权也不能全部否定。当时必须用军事手段，在传统社会中就是这样，离开军事是不行的。因此，很多制度是适应军事战争而建立的，如军机处是在大一统的需要下形成的。

乾隆朝把古代社会长期以来存在的外戚、母后、太监、权臣专权的弊病基本上消除了或者最小化了。当时，还有亲贵的问题和朋党的问题，乾隆早期对允禄、弘皙以及鄂尔泰、张廷玉的处理摒除了亲贵干政和朋党之争，这两个问题也逐渐被压了下去。可以说，乾隆时代把封建政治体制修饰得最为完美、最为光滑，运转得也最好，但专制权力也趋于高度集中。

关于南巡的问题。以往对南巡的评价否定的居多，批评皇帝到处游玩。明朝皇帝倒是不怎么出去玩，除了正德皇帝外，很少有皇帝外出巡幸，可他们都干了些什么呢？端居深宫，无所事事，不知民瘼，不是荒淫无度就是荒废朝政，权臣、宦官之祸接二连三。封建帝王一定要干事，否则就是昏君，要努力勤政，不能总住在宫里，要往外跑，了解社会，了解民情。外出巡幸本身就是了解社会、接触社会的一种方式。历史上有为之君都在全国巡游，如汉武帝、唐太宗、明成祖等。乾隆的诗文中有一些写老百姓是如何如何苦，不接触现实，就写不出来。当然，乾隆巡幸花费很多也是毛病。

同样，土木也无可厚非，不能批评得太狠。当时没有资金出路，没有投资渠道。古代也是反对修园林的，主要是要役使大量人力，是无偿的徭役。可乾隆朝的做法不同，是雇工兴建，解决了劳动力的生路问题，不是无偿的，是以工代赈。乾隆花钱厉害，是因为本身钱就多，资金充足。因此，土木也不能一概而论，当然缺点也要指出，但没有乾隆的兴建就没有今天的优美景点。

关于经济，要写出乾隆朝经济兴盛到什么程度，为何能够达到这种程度，经济兴盛的不足在哪里。

为什么是盛世？当时粮食产量 2 040 亿斤，人口 3 亿人，土地 10.5 亿亩。这是中国封建社会历史上的顶峰，产粮是顶峰。因为在农业社会，经济的主要特点就是生产粮食，没有多少手工业，当时所产粮食能够养活 3 亿人，人均粮食达 680 斤。应该说，这个经济水平是历史上最高的，汉代最高仅 5 000 万人，唐代最高仅 8 000 万人，从纵向比较，乾隆朝远远高出汉唐。横向上，和世界各国比较，当时全世界人口 9 亿，中国占 1/3，GDP 占全世界的 32%。英国有个统计学家，是统计学领域的权威，当时的 GDP 怎么算得出来呢？他也是各方面的推测估计，不是也不可能有精确的统计。中国占

32%，印度占 27%，欧洲全部加起来占 23%，其他国家那就很少了。当时美洲人口很少，非洲也很少，澳大利亚更鲜有人。所以，18 世纪的时候，中国的 GDP 占全世界的 32%，这个虽然是估算的结果，不是严格意义上的统计，但是也可以推想而知。中国当时人口最多，物品总量也应该是占世界第一。因为中国人口 3 亿，而当时全世界人口的统计还是有的，欧洲人口出生教堂都需要登记，大概也是很粗略，全世界有 9 亿人，中国人口占 1/3，GDP 占 32%差不多，所以我们可以相信它。因为没有别的资料可以取代它，我们自己也拿不出资料来，大体上讲得不太离谱，所以这种资料我认为能用。我们没有比这个更好的资料。横向比较是第一，纵向也是第一。当然，我不是说哪个更高，哪个更强，不是要说清朝比汉唐更高更强，清朝比 18 世纪的英国更高更强，不必那样去比较。但可以说，清朝是中国历史上的一个盛世，清朝在 18 世纪仍在世界上居领先地位，这样说就可以了。我们说话也应该有点保留，这里的统计不是精确的结果，这一点要说明，但是这个结果并不离谱。

第四卷写人口、耕地，人口现在来看，差不多是比较规范的了。耕地，我们要计算耕地数据，就比较麻烦了。官书根本不可靠，写得太少了。我的估测，乾隆时候是 10.5 亿亩。我们现在是 18 亿亩。将我们的人口和土地进行比较的话，人口增加了 3 倍多，现在 13 亿，土地则增加了 80%。粮食产量呢，我的估算是 2 040 亿斤，我们今天的产量是 1 万亿斤，是当时的 5 倍。我看你引用的吴慧、吴承明的数据，吴慧的数字比我少一点，吴承明是嘉庆十六年（1811）2 050 亿斤，我是乾隆末 2 040 亿斤。这都是估算，相差不远。你要当时的准确数字，没法算，因为乾隆时候，好多地方像新疆、蒙古、西南，当时是不收粮的、免税的，免课十年，有的少数民族根本不收粮，也没有登记，所以没法算。大概能确定下 2 040 亿斤，这当然不是准确的数字，也没法得到准确的数字。在我们《清史》书中，都用这个数字，吴慧的数字跟我的差不多，吴承明的数字也差不多（用公式能够计算）。但是用公式计算，这种方式也不科学，数据从哪来？没有。你讲一个地区的历史，可以不用总体的数字，但讲全部的历史，最好还是用这个数字，相对可信。

另外一个，乾隆时的经济为什么能够提高到这个水平？康熙朝时已恢复到历史的最高水平，乾隆朝又上升到一个新的台阶。我觉得有几个条件。

第一个条件是100多年的太平。从康熙平定三藩以来，100多年中原地区没有大的战争，社会秩序安定、稳定。假如没有稳定而是年年战乱，像明清之际那样，那哪里行？第二，朝廷奖励种地，采取各种措施。像乾隆皇帝的诗，很多是讲天气的，下雨了，天晴了，每天都在考虑这个，关心这个事情，奖励农耕。中南海还有一个丰泽园，当时就是种地的，是康熙种试验田的地方。圆明园里也有北远山村。中国的公园里面有耕地，这在北京的公园里有，其他的地方一般不会有。

当时的农业技术不见得有很大提高，但农业技术得到了广泛推广，比如《授时通考》《耕织图》等。乾隆时期还有棉花图、瓷器工艺图，非常细密。对于水利，清朝简直是不惜工本的投入，黄河屡次决口，最大的一次决口，花费了2 000万两，大约相当于一年国家财政收入的一半，历时两年才堵上。对河工特别重视，还有浙江的海塘等等。

第二个条件是边疆的开辟。康熙把内外蒙古统一了，乾隆把新疆统一了，还有台湾和西南地区。出现了大量移民，与以往历代的移民相比，清朝发生了转折性的改变。历史上的移民都是从北往南，游牧民族南下，没饭吃了往南下，到农业地区，农业地区的老百姓被驱赶往南走。中国历史上的移民大多是这样的。东晋的南渡、唐代的安史之乱、南宋的建都杭州都是被游牧民族挤着往南移民。移民都往环境好的地方去，往容易生存的地方走，这就是移民的心理。到了清朝，改变了，它不这么走了。移民是从中心地区向四围辐射，向东北，闯关东；向内蒙古，走西口；向新疆，搞屯垦；向西南，云贵地区；向台湾，福建人大批渡台；还有去东南亚的，中国开始有了华侨。清朝入关后的移民运动，致使农耕区扩大。游牧民族与农耕民族之间的结合、交流加强，蒙古人请汉人去耕地，后来慢慢就在那里定居了。乾隆以后，还是在开垦土地，可能在耕地的数量上反映不出来，因为这些地区都是不收税的，甚至连户口都没有。

到了康熙时候，人口到了1.5亿，已经到了历史最高点了，为什么还有增加的空间？一个是太平了100多年，这在中国历史上很少；第二个是边疆的扩大，开荒。

第三个条件是中国卷入了世界经济一体化的浪潮之中。

第一个浪潮是耶稣会士来华，带来了西方文化；第二个浪潮是贸易，最早是葡萄牙人，荷兰人还是小打小闹，英国人来了不得了，东印度公司来了，中英贸易迅速发展。18世纪的贸易增长非常快，贸易的发展必须要有小的容易携带的通货，才能进行大规模的贸易，所以市场的变化是很明显的。清朝的长江贸易、省际贸易，第一个通道是长江，第二个通道是运河。边疆地区，像恰克图贸易，好多电视讲的晋商，均在恰克图做贸易，从事中俄贸易。明朝的晋商是不很起眼的，清朝的晋商不得了，运粮食、绸缎、茶叶、布匹，那时候没有汽车、火车，人背着，马驮着。至于海运的船越来越多，越来越大，外国运来的是白银，大量白银输入中国，有利于经济的发展。

另外美洲高产作物真正的推广是在乾隆时期。像陆燿，总结当时种植番薯的经验，写成《甘薯录》，在北方推广白薯，种白薯。白薯这个东西可是影响大，我下乡体会到白薯的重要性。我在山西近一年，每天吃白薯，没吃过白面，因为白薯的产量高，能养活更多人。那时候只有过年的时候才吃白面，其他时候全吃白薯。中国人口为什么增加那么多？我就体会出来，原来就是有这个东西。白薯的大范围推广是在乾隆以后。还有就是玉米，这也是中国没有的，适宜种在干旱的地方，而且耐寒，只要很少的水就能生长。不像水稻，没水就没法种。高产作物的推广，对中国的发展、人口的增长都有很重要的作用。

乾隆的时候经济能够更上一层楼，这是很重要的因素。人口到了3亿，到了道光就是4亿了，以后一个世纪内一直没有增加，我小时候讲的就是四万万同胞。乾隆时代是一个非常重要的盛世，达到中国的最盛，它的版图面积达到 1 300 万平方公里，现在我们 960 多万，是后来丢了。当时制舆图，也是一个盛世的行为。当然你搁在文化里面去写，或者搁在疆域扩大里面去写也都可以。

还有，康熙、乾隆都免了 6 年的税，全部税收都免除，这是极大的惠民举措。总之朝廷很关心农业，采取各种措施，这样生产才能发展起来。经济部分主要讲这些问题。其他无关的可以少写，无关盛世的不写。但是这个盛世是没有经过产业革命的盛世，产业结构没有发生根本的变化。盛世里面贪污也出来了，土地兼并也出来了，还有人口与土地失衡、吏治的问题，等等。这些都是盛世的局限、盛世的阴影。

关于文化，文化的盛事怎么表现？原来我让你们写四个人，戴震、袁枚、曹雪芹、郑板桥，我不是让你们写他们四个人的传记，是写他们的时代精神。这四个人分属不同的领域，学术、诗歌、小说、书画，但都是同时代人，生于康、雍时期，死于乾、嘉时期，他们在不同领域反映了共同的时代精神，即人文主义和理性主义精神：尊重人，关怀人，重视个人的价值。戴震是哲学家，经史大家，他反对宋儒“存天理、灭人欲”的主张，认为“人欲寓于天理之中”。他说“圣人治天下，体民之情，遂民之欲，而王道备”，不能把天理与人欲对立起来，这是对封建礼教的重大打击，主张捍卫人的正当感情和欲望。他指责那些封建卫道者说“酷吏以法杀人，后儒以理杀人”。袁枚倡性灵派诗，认为诗应该表现和抒发人的喜怒哀乐，反对把诗看作载道、卫道的工具，“夕阳芳草无情物，解用都为绝妙词”。他收了很多女弟子，教她们学写诗词，冲破“女子无才便是德”的禁区，被人责骂为“通天妖狐”。曹雪芹的《红楼梦》写大观园里的一群女子，个个都聪明，美丽善良。进步思想家的作品多歌颂妇女，因为女子是人类中的弱者，在封建社会中饱受欺凌压迫，进步作家大多赞颂和同情她们，尊重她们的地位和价值。蒲松龄笔下的女鬼富有人性，而男人却多鬼性。至于郑板桥的画劲秀潇洒，反映了他清高的人品，所谓“写取一枝清瘦竹，秋风江上作渔竿”。

这四位文化名人时代相同，虽居所不同、境遇不同、专长不同，但都表现了盛世的时代精神，即尊重人的价值，重视理性。他们的诞生是否有其必然性？他们虽是同时代人，却并不相识，互无联系，这说明这种可贵的时代精神还是涓涓细流，没有成为汹涌大潮，他们只是孤立的个人，被包围在封建伦理的围墙中孤寂地存在，且常受到周围人的嘲骂。袁枚被称为狐；郑板桥被称为怪；戴震因学识渊博，名重京师，但他重要的哲学著作不被重视，有一位十分钦佩他的官员朱筠反对其哲学著作，说“性与天道，不可得而闻，何图更于程朱之外复有论说乎？戴氏所传者不在此”；至于曹雪芹更是穷困潦倒，他被遗忘了100多年，至今我们仍难以为他写出一篇较详细的传记。

康乾盛世的文化名人很多，我们还可以举出当时的四种文化现象，也是盛世所特有的现象。

一是朴学的盛行。朴学即考证学，是一种研究学问的方法，提倡实事求是，无征不信，应用归纳和演绎，求证立说，摒弃主观臆想，是接近现代的科学方法。乾嘉时期臻于极盛，有吴派、皖派、扬派等，执学坛之牛耳。

二是编纂书籍。最有名的是《四库全书》。乾隆朝广泛征集天下图书进行编纂、选录，缮写提要，历时14年。参加工作的有4 000多人，全国知名学者均网罗在内，共3.6万多册，是中国以至全世界规模最大的丛书。所撰《四库全书总目提要》渊博精审，由许多知名学者撰写。此外，朝廷还编纂了《全唐诗》《康熙字典》《古今图书集成》《道藏》《佛藏》以及各种方略，各地也分别编纂地方志、丛书，编书印书之多，汗牛充栋，为历代之冠。

三是康乾时期各地精美建筑很多，尤以北京为最。建筑既是土木工程，也是文化创造。今天我们看到的宏伟宫殿、雅丽园林均是那时建筑或修葺的。乾隆朝国库富有，工艺水平很高，乾隆帝本人也欣赏和谙知建筑艺术，故大力建设北京城，留下了许多辉煌胜迹，如故宫、圆明园（已毁）、北海、中南海、天坛、避暑山庄等。工程的规模、建造的质量、设计的新颖、艺术风格的多样，均突破了前代水平。清代宫廷中有雷氏世代娴习建筑，称“样式雷”。第一代雷发达，祖籍江西，应募来京，二代雷金玉，三代雷声澂，四代雷家玮、雷家玺、雷家瑞，他们充分发挥其建筑才能，建造了许多宫殿园林、王府、陵墓，供奉清廷200多年，迄今评为世界历史文化遗产的有五处（故宫、颐和园、天坛、避暑山庄、沈阳故宫），这样的建筑世家在全球也是绝无仅有的。

四是京剧的诞生。乾隆五十五年（1790）徽班进京庆祝皇帝的80岁生日，这是京剧诞生之始。此后京剧逐渐发展，活跃在北京舞台上，它吸收了许多剧种的优点，如昆曲、秦腔、汉剧、梆子，发展了生旦净末丑各种角色，精研唱念做打功夫，改编、新编各种剧目，改进音乐伴奏，又出现了许多优秀演员和各种流派，大大丰富和提高了京剧的艺术水平，这是清代盛世的一大文化创造，流传200多年至今盛行不衰。

以上列举了四位文化名人和四项文化成就，可以使我们更加认知乾隆盛世文化的宏伟绚丽。乾隆朝之为“盛世”应当是实至名归，当之无愧。但我们如果从另一角度切入，又可发现许多问题：专制政治变本加厉，下层人民政治上毫无权力，科学技术不受重视，法制不健全，财产权没有保障，政治上腐败，工商业被视为贱业，文字狱甚多，没有经受启蒙思想的洗礼，等等，故乾隆之盛世不可持续。总之，乾隆盛世没有经过产业革命，仍然禁锢在旧的框子里，滞留在农业社会时代。故而随着时间的推移，人口大量增加，人口与土地数量失衡，陷入马尔萨斯人口论的陷阱中，盛世不再。内外矛盾积累，冲突爆发，农民起义风起云涌，外国资本主义入侵中国，这就进入了下一卷的内容，即清朝的衰落，中国开始沦为半殖民地。

在通纪第五卷审改讨论会上的发言*

第五卷共6章，约35万字。去年我通读了一遍，并做了修改，感到本卷第一、二章写得不好，盐、漕、河部分较好，鸦片战争用的新成果、新资料较多，但篇幅稍少，质量参差不齐。

这次稿没有全读，详读了第一章、第四章，略看了第二章，其他翻阅了一些，主要在春节中阅读10天。

阅读修改后的第一章，我很高兴，虽然是不同问题凑到一起的，但结构尚可，特别是思路清晰。在这由盛而衰的转折时期纵谈世界大势，世界大国经过产业革命，国势日隆，而中国进入了由盛而衰的轮回，一上一下对比鲜明，感慨系之。史料亦丰富（谈生态、灾荒、疫病等）。文字较通畅，写得较成功。我相信再努一把力可以臻于上乘。

这次修改确实面目一新，作品大有提高，史料很多，问题复杂，讲的较简明、清楚。

第三章这次没有看，审改时需注意蔡牵等既是抗清武装，又是凶悍海盗，打家劫舍，并跟越南的海盗勾结在一起，也做海上贸易，性质很复杂。

第四章较详细地看了，逻辑、文字、史料都不错。第一部分是当时人批评主流学术——汉学的。第二部分讲理学、今文学派、经世学派，一直到龚自珍、魏源。虽写得不错，但要做些删削。

现在第四章总字数可能有6万字，字数太多。上一卷乾隆盛世已讲过“汉学的全盛”及“汉学产生的背景”，讲得较简单，因为全书典志的《朴学志》详讲朴学的经史子集，考证、校勘小学分类详

---

* 2012年2月25日。

述数 10 万字，故通纪中只述其大势，未详述其内容，重复不多。这里讲它的缺点，确也击中其要害，但篇幅太多，有二三万字，通纪中讲其大势很简要，讲其缺点反而更多，显得有点失衡，也过分凸显了缺点。另外，第四章的注释引文特别多，特别长，有堆砌材料之嫌，也不规范。例如较长的一个注是引阮元的一段话，说明汉学家不仅能考实而且善作文，注文比正文长许多倍，内容如下：

189 页注 2，阮元《致孙渊如书》（1794.9）陈鸿森辑《阮元揅经室遗文辑存》（增订本），杨香龙主编《清代扬州学术》153—155 页，台北“中央”研究院中国文哲研究所 2005 年。据王章涛考证：此信写于 1794 年 9 月。

这条引文几乎有八九十个字，虽然《编纂则例》中说明引文要详细完整，但这条引文未免拖泥带水。我常说写史应该“文省事增”，意思是文章简短而内容丰富，这条引文违反了这个原则。问题更在于类似这种引文在本卷第四章中比比皆是，因此一定要大加删削，对则例的理解和应用不要太死板。

还有一条，本章出现了很多清代的人名，每个人名附有生卒年，如朱珪（1731—1807），百龄（1748—1816），连篇累牍，这是违反则例的写法，每个人都加生卒年就要多用 10 个字，如果书中出现 1 万个人名，就要多出 10 万字，重要的人物在列传中均有生卒年，在史文中加生卒年是重复无用的累赘。

第五章是“中西交往与矛盾激化”，此章包括中外贸易、禁教与新教东来、外交与军事冲突、鸦片贸易与禁烟等。

这一章需做结构性调整，不是作者写得不好，而是第四卷乾隆盛世中出了问题，缺少一节对外贸易。第四章现已一审结束，但缺外贸，后来请专人写第四卷对外贸易部分，仍不如人意。主要是对闭关政策做了正面评价，说是为反对帝国主义的防范性措施，这个观点不能成立。它不但不能阻挡外国入侵反而把中国人封闭在天朝的牢笼之中，不能接触西方文明，导致落后倒退。以后又请了一位外国留学的博士补写这一段，写得不错，但文字太长，10 万多字，且只写了贸易，未写马戛尔尼使团、阿美士德使团。第五卷中写了对外贸易，但重点写嘉道时期。现综合考虑进行调整，要写成两个部分。一部分写清前期对外贸易，放在第四卷内，约四五万字，写中英贸易，这是乾隆盛世的一部分，外贸增长数十倍，白银大量流入中国，成为中国商业运转的润滑剂，国内水陆贸易迅速发展，市场扩大，出口激增，主要写18世纪对外贸易直到马戛尔尼于乾隆末年来华。另一部分写19世纪初的中外关系，放在第五卷内，主要内容有嘉道时中外交往与冲突、当时的对外贸易、新教传教士东来、阿美士德使团、俄国戈洛夫金使团以及鸦片贸易、林则徐禁烟等。

第六章鸦片战争写得较好，利用外文资料较多。但有些问题可以不必提，如“林则徐对外国的措施可能有些方式、方法欠妥当，但行为本身是正当的”。一个从未接触过外国的中国官吏初次与外国接触，有些方式、方法欠妥是必然的，是可以理解的，问题是当时的交往已是一个贩毒国家和被害国的交往，所以上述文字可以删去。

文中写道“清军战败逃跑，英军追赶，许多百姓在一旁围观，漠然视之”。这种现象可能出现过，这是中国民众第一次被侵略，不了解其真相与后果，也是民族尚未觉醒的一种表现，不一定要写在书内。也有相反的情况，如英军破镇江全城军民英勇抵抗以及广州三元里之抗英斗争。

通纪第八卷读后意见*

通纪第八卷基础较好，又经文海同志认真润色，更显光彩。一是通篇以档案与新出史料为依据，甚有新意；二是叙事细微，具体生动；三是叙中略有议论，合乎史法，议论亦平实可取；四是文章流畅，有可读性。总之是一卷质量较好的作品。

鉴于第七卷中甲午中日战争篇幅较少，仅 5 万字，而本卷戊戌变法、义和团各达十八九万字，篇幅严重失衡。因此审改时加多甲午中日战争分量而减少本卷字数，故审改时对本卷多加砍削割爱，以顾全大局，照顾前后失衡。

删削较多之处，一是三国还辽部分，上卷中已叙述，避免重复，删近 4 页（24—28 页）；二是驿递轮船削了一些；三是戊戌时学会表削 3 页多（102—105 页），因学会随即解散，数字亦不完整；四是刚毅在东南掠银数字并不多，其是非亦不必书写；五是 224 页以下农村之贫困、苦难略加减缩；六是梅花拳、神拳均义和团前身，不必追溯过多（26—29 页）；七是袁世凯剿拳不必过详（272 页）；八是由东南互保引起的风波缕述过多（408—416 页）；九是八国联军后，俄占东北时间甚长，已超出本卷范围，一直延续到民国以至新中国时期，鄙意写到李鸿章去世交涉告一段落为止，其后均非本书范围（468—476 页）；十是注释引用过多、过长，删节亦多，其他尚有逻辑文字上的调整压缩，总字数删削可能有 6 万字之多，删后仍有近 30 万字，不知删削是否过多？请予检视，如感到有问题，请提出商议。

---

* 2012 年 5 月 15 日。

在审改工作会议上的发言*

读了各组关于审改的书面总结，写得很好。经过深思熟虑、认真准备，说明了成绩，提出了困难，建议了解决办法。这表明了大家一年来的努力，表明了同志们对清史工程的爱护和关心。读了以后，深受感动。

例如典志组任务重、项目多，他们详细规划了进度和要求，加紧督促，附了多封给审改专家的催稿信，心情迫切而词语委婉、恳切，我想一定会起到感动专家的积极作用。又如编审组的总结仿佛是一篇陈情的万言书，有情况、有问题、有困难，但也有道理、有决心、有建议，是一篇好文章。又如项目中心，自从撤除改组了一些组之后，未了的善后工作都遗留给他们，工作繁重，头绪很多，但他们做得井井有条，结项经费、数据库、审改进度十分清楚有效。还有其他组的总结写得都很好，我都认真读完了，十分感谢。

今天我的发言，不是针对这些总结报告，而是汇报自己的审改感受。最近两年来，我的大部分精力放在读稿、改稿上，共读改 30 个项目，约 800 万字，当然读得较快、较粗，不像审改专家那样认真、细心，也很少查对资料。读得认真的只有 6 卷通纪（一、二、四、五、六、八卷），我读稿的目的主要有三个：

1. 估计全稿的质量问题。

2. 看看稿件有哪些错误或不足，哪些问题具有普遍性。

3. 寻找三审和合成的工作思路，因为只有了解稿件存在的问

---

* 2012 年 12 月 31 日。

题，才能对症下药，设计三审与合成的工作方案，才能使三审具有针对性与可操作性。

一、质量评估

所看的30个项目，占优的11个，合格的13个，不合格的6个。当然这是估计，30个项目占总项目146个的20%，豹窥一斑，而且只是我主观评估，可能有较大偏差。优等项目观点鲜明、逻辑严整、史料丰富、文字流畅，一般带点新意；合格项目各方面还可以，但有稍多瑕疵，或史料一般，或文字平常，或条理不甚清晰；不合格的项目内容差错或失误稍多，或逻辑混乱，或史料堆砌，或文字欠通，当然经过精心审改，大多可以合格。

《清史》是国家工程，必须精心写作，严格要求，达到高标准，质量重于泰山，质量就是生命。如果成为垃圾工程，那就愧对国家，愧对人民，必须全力以赴，使之成为代表时代前沿的作品。

当然也不可能尽善尽美，我们都有局限性。第一，这是一部集体著作，成于千百人之手，人多手杂，难于协调，观点不同、文风不同、体例不同、写作习惯不同，作品很难浑然一体；第二，清史资料太多，浩如烟海，档案、实录、会典、通考、方略、文集、笔记，实难穷尽，知一而不知二，顾此而失于彼；第三，由于我们是兼职修史，各人都还有本职工作，不能集中力量专心修史，10年时间尚嫌短少；第四，清史是一门新起的学科，前人研究成果较少，许多重大问题尚难有定论。受种种条件限制，所以编撰的作品仍不能尽如人意，必定还有瑕疵和缺陷，即使再延长几年仍难有大的改善。因此，我主张以2014年为限，完成全书。虽未能尽善尽美，但再经两年通力合作，精心钻研，锤炼打磨，把不合格的全部消灭，把已合格的更加提高，可以达到代表时代水平的传世佳构。如果再拖几年，恐徒耗时光，强弩之末，无补于事。

二、审改中所见问题

我所看的30个项目，总体来说是比较好的，但确实也存在不少瑕疵，甚至是严重的问题。

有一例最严重的政治性错误是图录《基督教篇》558图，把耶稣画成一头猪，钉在十字架上，下面坐着围坐拍手的人群，这是光绪年间反洋教斗争中湖南的一帧图片，这是对基督教的极大污蔑与亵渎，会引起全体基督教徒的公愤。我们的历史著作中决不能展示这种作品，否则可能导致严重的政治后果，编史者应引以为戒。

图录组的专家们精通文物、图典的鉴别，但少数专家缺乏政治敏感，也疏于文字表述。《风俗篇》中描写妇女缠脚和吸食鸦片的照片稍多。缠脚和吸鸦片是历史上的事实，选用几张是可以的，但选用较多殊无必要。在《道教篇》中有阴曹地府的图片，亦可适当删汰。

其他所见学术观点，分歧者甚多，但无关政治，可以各抒己见，但以编委会的意见为准绳。

初稿中错字脱漏甚多，审改中应大力改正，消灭硬伤。有些错字，虽差之毫厘而谬之千里，如果不改，会成为笑柄，举例如下：

（1）原文“清军从云南运狼入西藏”，“狼”系“粮”之误。

（2）传记《工商卷》“山西某商（男性）与其夫和衷共济”，“夫”系“友”之误。

（3）传记《民族类篇》“派遣军队十万人，抢掠十余头牛羊”。“十余头”系“十余万头”之误。

（4）传记《邓廷桢》“邓廷桢亲自乘船贩灾”。“贩灾”系“赈灾”之误。

（5）典志中“有十多名犯人押在雨中毙命”。“雨中”系“狱中”之误。

（6）典志中“官吏殉情庇护”，“殉情”系“徇情”之误。

以上六例都是一字之差，但原意完全走样，都是严重错误。我们要努力消灭这类错误，审改时要做勤查、细读、慎改。

我在读《邦交志·美国篇》时发现清末庚款留美的篇幅很小，其意义也写得不充分。清末与西方列强的邦交当然是一段侵略中国的历史，但并不全是侵略，也有友好的篇章。如庚款留学，美国主动退回庚子赔款，用以培养中国人才，这是一件重要的事件。中国的现代自然科学从此发端。《邦交志·美国篇》12 万字，仅 1 000 字写庚款留学，未免太简单，也没有充分地肯定其友好意义。我又查了一下《教育志》，其中写得亦很简略，都没有单列庚款留学的标题，建议补充修改。

附带提一下，有些审改专家提的意见很尖锐，如说“一塌糊涂”“笑话”“幼稚”“完全错了”等等，使用近乎苛刻的语言。我开始看时，也感到不舒服，但冷静思考，态度苛严对我们有好处。有些可能是审改专家挑错了，但多数还是对的，挑得越多，受益也越多，我们反而应该感谢他们近于苛严的挑错。例如稿上写“乾隆下谕旨”，专家说不对，乾隆是年号，不能用作人名，他一共在通纪第四卷中挑出 76 个“乾隆”的错误。所以一卷书中挑了 100 多处错误，听起来吓一跳。我们在口头上，习惯上用年号代替人名，正式书写应该用“乾隆帝”，用“乾隆”虽不是重大错误，但还是用“乾隆帝”更好些。苛严的挑剔能帮助我们更严格地规范文字。当然专家也有挑错了的，我们不采用其说就是了。

三、由审改想到的三审和合成

我所读过的 30 个项目，大多是二审后的成稿，二审稿中普遍存在的问题即三审的工作重点。现稿件整体内容、大的论点、框架设计似乎没有大变动的可能和必要，但新史料运用不足，某些项目结构有问题，文章风格不甚统一，若干问题研究不够深入，这些问题在三审中是难以完全解决的。新史料几乎无穷无尽，结构问题也难办，如《户籍人口志》原定有6篇，只写了《户籍篇》《数量篇》《移民篇》，还缺3篇，作者已无暇再写。有些项目结构不甚合理，篇章安排需要调整，但结构和篇章变动要有更多思考，更长时间，即使再延长几年，也恐难以完成。我们的时间、人力、财力有限，只能尽我们的可能去做那些普遍性的、紧迫的、可能做到的问题。在两年之内改那些必须改、可能改的问题，使质量提高一大步。

根据目前我们的人力、时间、学术水平和稿件情况，宜在以下四个方面集中力量进行三审。

第一，查重，查找重复、矛盾或遗漏的地方进行删削、调整和补充。例如康熙传下福全、常宁、允禔、索额图、佟国纲、苏努诸传中所叙乌兰布通之战皆与通纪中所叙矛盾。又如典志《民族卷·维吾尔族篇》中叙平定回部与黑水营之战过详，而通纪第四卷中所叙甚略，且未叙黑水营之战。《教育志》与《邦交志》中所叙美国退回庚款留学事皆甚简单等等。但查重时应注意适当的重复是必要的，在不同卷和篇中叙述同一事件，应繁简不同，叙述的方法、角度不同。

第二，查篇目，应对体例做一次讨论修改（不宜大改），主要包括篇目的名称、数目、排列顺序、估计字数（供出版时分卷的参考），每篇的前言、引言、总述、概述、小序、则例应统一名称，规定篇幅，尽量删削或取消；人物传内人物的分卷和排列顺序宜总查一遍，重要人物不要有遗漏，次要人物应该删去，质量太差的篇章宁缺毋滥，其中包括统计每卷的作者、审改者名单。

第三，查注释，查对注释可否再删减，其准确性、可信度如何，文字是否冗长，注释号码是否准确，将注文与原文核对。鉴于注释太多，每4字如有3个注，全书注释不下12万个，全部核对一遍，工作量太大，做到什么程度尚须估量。

第四，通读与最终评估，146个项目须由许多人通读，每人读若干卷，除原组长、联系人、评议人和其他人已通读部分外，至少有两三人通读，对本书进行评议，写出评语，评定等级或分数，此项工作有无力量进行，能否按时完成亦须估量。

认真检测文字，杜绝抄袭*

3月18日，通纪组送来《文本复制检测报告单》，这是检测文字剽窃的新型检测系统所做检测报告。我乍看检测报告，大吃一惊，文字重合之处甚多，且用红字注明“剽窃文字”表述，触目惊心。如果真是这样，修史10年，将付之东流，该报告单显示如下：

通纪第一卷：总文字复制比12.7%，总字数25.7万字，重复字数3.2万字，主要出现在第一章；

通纪第二卷：总文字复制比9.1%，总字数27.4万字，重复字数2.4万字，主要出现在第二章、第五章、第六章；

通纪第三卷：总文字复制比27.9%，总字数30万字，重复字数8.3万字；

通纪第四卷：总文字复制比14.2%，总字数38.7万字，重复字数5.4万字；

通纪第五卷：总文字复制比9.7%，总字数29.8万字，重复字数2.8万字；

通纪第六卷：总文字复制比6.6%，总字数32.6万字，重复字数2.1万字；

通纪第七卷：总文字复制比36.2%，总字数39万字，重复字数14.1万字；

通纪第八卷：总文字复制比9.5%，总字数30万字，重复字数2.9万字；

通纪第九卷尚未完成，故无显示。

前8卷中有4卷篇幅总文字复制比在10%以上，最多（第七卷）

---

* 2013年3月28日。

高达36.2%，其他4卷在10%以下，最少的（第六卷）亦有6.6%。为何文字雷同如此之多？是否有抄袭之嫌？百思不得其解，初读该表，忧心如焚。

当天下午三点钟，我携回第三、第四两卷，亲自以目验检测，工作到子夜二点钟，检查完第四卷，才稍稍松了一口气，认定是许多复杂情况造成的，雷同文字未可一律判为“剽窃”。当天晚就给仲华同志通电话，告知一些复杂情形，请他宽心。翌晨，又电告成崇德同志绝大多数并非抄袭。

机器检出的雷同文字有多种情况，一种情况可定为“剽窃”与“抄袭”，即文字一模一样，字数较多，即为“抄袭”，这是学术不端行为，决不允许。个人写的文章不允许，何况国家文化工程！绝对应该杜绝！这是原则，决不能逾越的底线。我们必须坚持。

但机器查出雷同文字并不都是抄袭，可列举以下几种例子：

1. 引文，如谕旨、文章、语言等原始史料，作者引用时未加引号，未注释出处（因注释太多，编委会曾要求减少不必要的注释）。如乾隆时议论所用州县官书生甚多，不能任事。乾隆帝反对这种意见，说“如州县官果足以当‘书生’二字，则以勿直至诚之心，行宽和厚爱之政，任一邑则一邑受其惠，治一郡则一郡得其利。朕读书多年实一书生也”。未加注释，这一段60余字，机器判为剽窃。

又如乾隆帝一首诗“四过济南不入城……”28字，机器亦标为“剽窃文字”。

如英国国王致乾隆帝的国书，以及乾隆帝的回信文字甚长，达千余字，未加注释，亦标为“剽窃文字”。

类似此种引用史料系历史学者所惯用，凡没有注释者均称“剽窃”。即使很短几个字如“承认得俞姓之贿”7个字亦标“剽窃”。历史学文章与其他文章不同，要用史料说话，有的加注，有的可不加注，如果引用史料判为剽窃，史学家将无法执笔作文。

2. 人物传惯例在姓名之后，即书写生卒年、籍贯、字号、官阶，几乎千篇一律。如“曾国藩，湖南湘乡县白杨坪人，字伯涵，号涤生，清嘉庆六年生，同治十一年卒，道光进士，曾任侍郎、两江总督、直隶总督，封一等毅勇侯，卒，谥‘文正’”，这一大段履历表如出一辙，但这也不是抄袭。

在第九卷中类似的例子也有，“乾隆爱妻孝贤皇后富察氏，生于康熙五十一年（1712）二月二十日，满州镶黄旗人”，此 34 字机器即标为“剽窃文字”。

3. 某一历史场合出现许多人名或专有名词，如“乾隆论罪处分和亲王弘昼、大学士来保、侍郎鄂容安，俱罚俸三年，尚书盛安、尚书汪由敦，侍郎勒尔森、钱陈群、兆惠、魏定国六堂官革职处分”，50 余字，机器亦判为“剽窃文字”，这是很不合理的。我们今天报纸报道许多人的名字均按序排列，或以姓名笔画或论职务高低排列，多者排列数十人，不能因此说今天的报纸抄袭昨天的报纸，昨天的报纸抄袭了前天的报纸。

还有一种情况如新疆维吾尔族伯克制度，“各城各村均设伯克，各有专门名称”，史籍中为保留史料，记录这些地名称，按官阶高低排列计有千字以上，不能判为“剽窃”。

4. 一篇文章题目即有 50 字以上，曾刊载于某报，我们引用这一题目不能判为抄袭。如发现纳兰性德之弟揆叙的墓志铭，题目就是“皇清诰授光禄大夫经筵讲官起居注议政大臣都察院左都御史兼翰林院掌院学士事教习庶吉士管佐领事加七级谥文端揆公墓志铭”，某报曾刊载此碑文题目，我们也用了这个文字长达 54 字的题目，不能认定我们抄袭了某报。

5. 书中某一段落与作者从前所写某文雷同，这不是剽窃，因为这是自己过去所写的研究成果，用以修史，这完全可以允许，只能称为“过度引用”。当然这也是不太合适的。可以继承本人的成果，但文字表述应有差异，不宜全文照录。这类情况不以抄袭论，我们已要求作者进行修改，作者均表同意。

凡引用其他人的成果，我们也检测到多处，但都注明作者和文章题目、发表刊物。机器显示“剽窃”字样太多，多属于这 5 种类型，当然也有少数确有抄袭之嫌，我们坚决予以改写或删除，主要由作者处理，也有些由联系专家进行处理。

清史工程现仅检测 8 卷通纪，还有 100 余卷（除史表、图录外），亦须通过机器检测与人工识别，方能保证工程的安全，此事费工较大，费时较多，但必须要做，希望各组注意。“悠悠万事，唯此为大。”机器检测为一重要发明，时间快，效力高，判断明确，使用机器判断有助于查析，以震慑抄袭，纯洁学风。但机器不能理性思考，只识雷同文字，不能分辨许多复杂情况，并不是印出的红字全可判为“剽窃”，必须佐以人力检测，以避免偏差和冤判。

以上意见可传达到作者和联系专家，切须关注此事，以保证工程之质量与安全。

读稿印象和今后工作*

当前《清史》编纂工作正常进行，进度较快。今天请全体专家来谈两个问题：一是读稿印象，二是今后工作。

一、读稿印象

我个人近一二年以来较多精力用于读稿、修改。总的印象是绝大多数稿件写得很好，二审后的不少稿件达到了创新和优质的目标，但也有不少问题。现在工作处于二审阶段，要抓紧审改，提高质量。为了节约时间，好的方面先不说，只谈必须注意的缺点方面。

1. 政治错误或严重错误

以下举些例子。有的稿子的插图中把耶稣画成一头猪，挂在台上的十字架上，台下许多拖辫子的人鼓掌狂欢，这是严重的政治错误，侮辱宗教，违反政策，一定要剔除出去，否则可能引起政治风波。这是晚清反教斗争中的一幅画，绝不能出现在我们新编的书中。另外，图录类中有较多吸鸦片、缠小脚、娼妓赌博的图片，这是历史的真实存在，但不甚雅观，可适当减少。

历史是客观的，但写历史的人都有各自的立场，记录必有其倾向性。我发现传记的咸丰卷存在较多明显的问题，就是同情、赞扬甚至歌颂被太平军打死的清朝官员，写官员与太平军作战，不少人英勇捐躯，大义凛然。例如安徽巡抚吕贤基战败投水死，在稿中留下遗诗：“笑赴清泉死，泉香骨亦香；满腹祭热血，地下侍先皇。”

---

* 2013年10月9日。

另一位广西巡抚邹鸣鹤在南京战死，遗诗有："太仓一粒粟，沧海一浮尘；人生百年耳，忠尽人乃纯。"还有一位也是安徽巡抚江忠源在合肥战死，遗诗有："生无将略酬时望，死有忠魂报主知；家国艰难空呜咽，乾坤维系只君亲。"读后感到茫然不解。战争有正义和非正义之分，为非正义战争拼力卖命，其死轻于鸿毛。尽管这些人也有自己的理想、信念、操守，但不值得同情和歌颂，不懂这一点就不是一位好的历史学家。这些应该一律删除，我们必须坚持马克思主义的历史唯物论。

还有典志中的《会堂教门篇》，其中叙述山东的王伦起义，说王伦在守卫临清城时驱使许多妇女赤身裸体，上城退敌。写得这里也就够了，下面又细写一些猥亵不堪的字眼，污人耳目，这也应说是严重的错误。

还有不少严重错误，如战争中杀死起义军写成"杀贼若干"，不带引文、括号的叙述中出现"朕""本朝"等字眼。

2. 事实错误

写历史重在真实，不能把事实弄错，这属于硬伤。如多铎之子是多尼，而生卒年中写多尼生于1602年，多铎生于1620年，儿子比父亲早生18年。如运河在镇江北上扬州，典志《财贸篇》中却说运河经南京北上。清代从未明令禁设私营工厂，而《城市志》中却说清朝在甲午战争后允许私人开设工厂。中俄尼布楚谈判，中方代表七人全是满族并无汉人，传记中却说张鹏翮参加了尼布楚谈判。其实尼布楚谈判使团曾派出两次，第一次确有汉人张鹏翮、钱良择参加。第一次谈判地点本拟在贝加尔湖附近（楚库柏兴），但因喀尔喀蒙古地区发生战争，中途受阻折回。第二次改在尼布楚举行（黑龙江上游），再派代表团，汉人惧路远天寒，无人愿往。清廷无奈，未派汉人。

再有康熙时的乌兰布通之战，是决定性的大战役，参加此役的将帅传中如福全、索额图、苏努、殷化行传都说是大胜仗，其实是一场败仗。这从当时外国传教士的记载中可知。康熙对自己哥哥福全的严厉责备，佟国纲的战死，噶尔丹的免脱，火器营的覆灭，以及《清实录》在战争当天对战争的讳言，均可证明。历史的真实性是其灵魂，考据史实的重要性即在于此。

3. 错字

利用计算机当然对科研产生了巨大的正面作用，但亦造成某些缺陷，比如初稿中错字太多。

在二审稿中错字亦不少，有些错字，很离奇，如“把犯人关在雨中”，“雨”字是“狱”字之误；“从云南运狼往西藏”，“狼”字是“粮”字之误；“官吏殉情包庇下级贪污”，“殉”字是“徇”字之误；“山西商人与其夫同心合力”，“夫”字是“父”字之误。意义变得滑稽可笑。还有如“派出十万军队掳获粮饷十余石”，怎么只获十余石？其实是十余万石，真是差之毫厘，失之千里。

4. 冗长琐屑

这是文稿中最普遍的缺陷，写史要有所取舍，有所剪裁，决不可堆砌史料，冗长散漫。很典型的是注释的例子，一个是一块神道碑，引文中有 55 字，“皇清诰授光禄大夫经筵讲官起居注议政大臣都察院左都御史兼翰林院掌院学士事教习庶吉士管佐领事加七级谥文端揆公墓志铭”，共 55 个字，这篇碑文墓主的名字还没有写出来。这位墓主叫揆叙（是纳兰性德之弟），可以改成“揆叙墓志铭”，何必使用这么多啰唆的官衔。还有一本《华侨传》的注释中所用作者加上他所属单位竟有 70 余字之多。其他像《维吾尔族篇》中新疆的伯克名称多得不可胜数，作者写进书稿的有 50 个之多。

《城市志》应列上各城市著名的名胜衙署、市街建筑，但数量太多，一般的官衙、庙宇、学校、街巷都进入史册，臃肿不堪。

官员的传记当然要写明他的简历，但应注意写传主的事功、思想、行动、性格，不是履历表。很多传记几乎像一张履历表，例如咸丰朝的赛尚阿，虽短短 3 000 字，履历升转很多。但我看到启功先生家的《外家纪闻》，赛尚阿是启功家前代外祖，写赛尚阿也使用不少上谕档。虽字数较长，却较生动可读，也写出了赛尚阿软弱的性格与行事。写人物切忌写成履历表，升降转调，连篇累牍，索然无味，一定要研究他的行事、性格、思想。有的书稿连父母丁忧也毫不遗漏，每个官员都有父母，父母去世都要在家守孝，这样的常规现象实在可以省略了。

5. 重要遗漏

清代近300年之久，事件、人物、战争很多，重要的不应遗漏。我们初稿中却遗漏了中日甲午战争，成了大笑话，立即请人立项补写。还有不少遗漏，如“样式雷”，这是个建筑世家的名称，现存的历史文化遗产故宫、颐和园、东陵、避暑山庄等都是出自雷家之手，目录中虽标有“样式雷”，却没有写该立传的是谁。还有我常提到清代几位著名的文化普及工作者，即《唐诗三百首》的孙洙，《古文观止》与《纲鉴易知录》的吴楚材，《治家格言》的朱柏庐，其普及文化之功，泽及几百年，至今尚受其惠，应为他们立传，但传记目录中并未列入。我们开始设计时有《地理志》，其中不包括海洋，现在我们都想起来，及时补上了。还有什么重要的事件、人物，要通盘考虑一下，有无重大遗漏。

以上是我的读稿印象，谈的都是错误和不足之处，作为审改工作的参考。

二、今后工作

这是大家很关心的事，二审之后还要做什么工作？怎样做？二审距离全书的完成还有多远？我们各组的工作有快有慢，像通纪组进度较快，已经在做二审后的工作了。未雨绸缪应当把今后工作全盘考虑、设计。当然，预先设计难以完全适应今后的实际工作，只能在工作中边工作，边修改，使之逐渐完善。

二审后的三审与全书的合成应该一起完成，大约有以下几项工作，有的艰难些，有的容易些，有的花时间，有的可在预期内完成。

第一项工作是查重复，查遗漏，查矛盾。要查找这些问题就要比较熟悉《清史》的全部内容，也要熟悉二审稿件的情况，因此，必须由项目组专家来承担。我想的办法较笨拙，就是按图索骥，就是查阅本卷内容，联想与本卷内容可能相关的部分。如查太平天国，就要去查传记中的农民领袖类传和咸丰、同治朝的人物；如查雍正夺位事就要查康雍之间的有关人和康熙的许多儿子、亲信；如查天文卷，只需翻阅通纪第二卷顺康之间的历法之争与汤若望、南怀仁、杨光先的传记，以及科技类梅文鼎、明安图、李善兰等传记即可。这种查法，从大处着眼易于操作，小的地方的重复有的是必要的，是不可缺少的重复，有的是字数很少的重复，可以不必顾虑。

查遗漏很难，尽力去寻找，由于有知识的局限，没有重要的、大段的遗漏就可以了。

查矛盾要了解清史研究的状况，通常是两种不同学术意见的矛盾，如查出矛盾，一般以通纪的叙述判断为准。

第二项工作是查注释。查文稿中所引档案文献有无错误，有错则改正，要把引文找到源头。有的出了新版本，要求查到新版本。这个工作看似简单，却很重要，可以提高书稿的质量，又是一项繁重费力的工作。我们的意见是请一二十名研究生协助，由专家指导进行，全部注释可能有十几万条，可见其工作的繁重。但要注意有时原文找不到，甚至北京根本没有这本书，我们就保留原注释，不必吊死在一棵树上，白费力气。

对研究生查注释要认真重视起来，专家要用心指导，随时帮助。这不仅减轻编委会工作量，提高书稿水平，而且培养研究生熟悉业务，为研究工作进行准备，要关心研究生的工作困难，作息时间，要保证查注释的整体质量，不能造成错误、混乱或散漫无序的情形。

现在通纪组已查完 8 册，通纪的注释要检查质量，总结经验。

第三项工作是查篇目。清史工程启动时做了一册则例，全部列出《清史》全书的卷篇详细目录。在工作中有许多变动，因此有所变化，有的同志未按体例写，这也是正常允许的，因此造成篇章目录的偏离和多样性。现在全部书稿内容已确定，应按实在内容进行规范，尽量统一起来。

由于《清史》各类内容与表述方式不同，因此其篇目章节不尽相同，全书不可能有统一的体例规格，但全书仍有相对的统一。总的体例是用卷，篇，章，一、二、三，1、2、3五级标题，有的可延伸到六级、七级标题，但则例中并无规定。有的无篇，一律规定不用节。大多稿件是按则例写的，但亦有违背的。尤其是“体例”中并无“引言”的规定，但许多稿件多有类似“引言”的文字，名称则五花八门，“引言”“小引”“序言”“小序”“概述”“综述”“总述”，其内容与叙述方式亦不尽一致。如何统一，应提一明细方案。

还有一个重要问题，即出版如何分册。《清史》各卷篇幅不同，有的长达近百万字，有的仅有几万字，不可能按卷分册，卷与册不能一致，册是出版次序，每册篇幅应相对均衡，因此将来出版，有的册可能包括多卷，有的卷字数多（如《地理志》《进士表》），可能要分成二册、三册。因此篇目组的任务要根据各卷篇幅大小和分类次序，排列成出版时的书册顺序，既要考虑书卷排列次序不可颠倒，又要使每册篇幅大体均衡，这是个困难任务，如何完成？事先要弄清每卷、每篇有多少字数。

第四项工作是搜集和排列工作人员名单。本书出版时初步考虑要公布工作人员名单，要将参加工作的人员名单全部搜集汇总（除工作量极少的人员与辅助人员），先分类排列。名称除历届领导小组正副组长、编委会全部成员、办公室成员外，另拟使用学术职衔称总纂、分纂（主体项目各组长）、纂修（撰稿主要人员）、审改、校阅，此一名单在全书成稿时提出。

第五项工作是查雷同文字，以避免抄袭等不规范行为，由项目组负责，每稿要附有雷同文字检查表。因历史学科的特殊情况，雷同文字不超过15%者不议。

第六项工作是通读全书，此工作似乎要做，但困难甚大。因篇幅太多，能通读的专家不多，有的年老，有的有病，有的太忙，似乎很少有人能承担通读的繁巨任务，以后再议。

第七项工作是写序与工作说明。此书出版要不要序言和出版说明，写什么？

第八项工作是索引，以后再议。

还有些版权问题亦应早日解决。

以上八项工作全部完成，即可交付出版社，以上有些工作须和出版社共同合作。

《清史》三审合成阶段的工作展望*

《清史》纂修已经历 11 年半，现在进入了新阶段，144 个项目初稿成果已全部提交，完成二审项目已有 135 个。现在启动三审合成工作，也就是进入收官阶段。我要强调收官阶段的重要性，围棋高手收官本领很高，开局和中盘战斗很精彩，如果收官不利，也就满盘倾覆。中国有一句老话“为山九仞，功亏一篑”，最后一筐土如何运上，覆盖山顶，是非常重要的。我要求三点：第一努力工作，全力以赴，不能有丝毫懈怠；第二细致谨慎，小心翼翼，切忌粗枝大叶；第三要有全局观念。在合成阶段不是一个个小组关起门来各干各的，而是要通力合作。不能只顾自己的小局，还要加强全局观念、整体观念，各组友好合作，才能胜利完成任务。

三审合成阶段要完成哪些任务？

第一，我已经说过多次，最重要的是加快滞后项目，返工不合格项目，打磨一般项目，加快二审工作，赶紧把红本全部印出来。这个工作由原来的项目组来做，特别是典志组、传记组，也包括图录组、史表组。上个月我们对 125 个项目进行了初步的自我评估，优良的 51 个，合格的 67 个，不合格的 7 个。这个结果不能使我们满意，所以我们同意延长一段时间进行锤炼打磨，要消灭不合格项目，较大幅度地提高一般项目的质量。我们不敢夸海口做到十全十美，但一定要站在时代水平的前列，要求写出一部真实、可信的大型历史书。要内容全面，观点正确，史料丰富，文笔流畅。努力投入，细心斟酌，反复修改才能出精品。

第二，是和第一个任务关联的，我们长期讨论的查重复、查遗

---

* 2014 年 5 月 19 日。

漏、查矛盾的问题。这一问题影响质量，但较难解决。我们写的是一部大型史书，问题不知隐藏在什么地方。比如我最近看了写辛亥革命的通纪第九卷，这一卷写得很精彩，结构合理，新意迭出，文字通畅。但发现一处矛盾，两处遗漏，都是重要的地方，如果不改，就会影响质量。一处矛盾是说光绪帝和慈禧太后相继死去，光绪是被慈禧毒死的，在他们两人的传记中都是写被毒死的。如果第九卷中写“相继死去”，似乎是正常死亡，这就会产生一部书中两种不同的声音。再有辛亥革命有一股暗杀清朝官员的潮流，虽然暗杀不可能解决中国的问题，也不是当时的主流，但对清朝官员产生了巨大的震慑作用，像吴樾行刺五大臣，汪精卫行刺摄政王，温生才刺杀孚琦，彭家珍刺杀良弼，至少要简要叙述，只字未提是一个缺点。还有放垦蒙地由贻谷主持，这是晚清经济的重大事件，民众中掀起“闯关东”“走西口”的更大浪潮。所以，即使写得很优秀的作品，细心品读，也可能发现它存在缺陷，还会有较大幅度提高其质量的空间。

第三，查注释，这项工作我们也做了很久，在通纪组做了试点。去年，由通纪组聘请10位研究生查通纪的注释，查出的错误率高达50%，使我大为吃惊。前天李岚同志给我三本传记组注释问题的报告，29个传记项目共有注释2.6万多条，注释字数107万字，报告中说“经过两次审改的项目，稿件注释错误、不规范之处仍然较多，从而使得征引书目与信息错误率较高，硬伤比比皆是”。可见查注释的重要性。它是提高质量的重要举措，虽然工作量很大，困难很多，但不能畏难不前。可以聘请研究生工作，对我们来说减轻专家缺少的困难，对研究生来说是他们进行研究的预备和锻炼。查注释不能全靠专家，因为专家少，年龄大，查注释必须上班，不能在家里工作，因为家里没有大量书籍。一部普通常用的《清实录》达数千卷，没有几位专家有财力置备，只能坐到图书馆里查。他们大多年事较高，要求长期上班，也不近人情，但专家的指导是必须的。

如果做一个很完善的《注释则例》，大家按此进行，是不是就能解决问题？当然《注释则例》必须有，但做注释要有规范，也要有灵活性，完全按规范行事也不行，要视情况而灵活应对。一般注释的要素有五条：作者（或编者）、书名、卷页、出版处、地点。我们现在注释按体例做就出现了黄宗羲著《黄宗羲全集》，孙中山著《孙中山全集》，或者张廷玉著《明史》，或贾桢、宝鋆纂辑《筹办夷务始末》，顾廷龙、戴逸编《李鸿章全集》等。其实这些作者、编者均可考虑省略，作者黄宗羲、孙中山是与书名重复的多余字。“二十四史”是常见书，史学家均知晓其作者，如《史记》可略去司马迁著，《汉书》可略去班固著，编纂者并非书的作者，亦可略其姓名。有些书籍是档案，凡编纂国家藏清档一般都挂名中国第一历史档案馆编，我们使用档案汇编很多，如果删去编纂者的名字10个字，引用500处就能节约5 000字，为简约计，亦可考虑去掉编者或者只在卷首或章首出现一次全注。与上注同者亦可写同上注。如传包，有写清代国史馆传包，有写清史传包，有写中国第一历史档案馆藏传包，有写故宫博物院藏传包，似应写清代国史馆传包××传。出版处和时间，《清实录》中华书局1987年北京版，亦无注明必要，因此版实根据原本影印，并无别的版本。总之事情千变万化，极为复杂，要随机因应，既要规范化，按则例行事，但亦不可胶执一端，毫无变通。

第四，查篇目，2014年各个组都印出了篇章目录。篇章目录是内容的纲领，十分重要，要详细、准确、有序、规范。详细就是要包括全部篇章，不能遗漏，不能有文无目，也不能有目无文；准确是篇目与印出的二审稿稿本完全符合，不能有差错、遗漏；有序是排列有次序，或按时间，或按类别，不能杂乱无章；规范是每个标题要准确、鲜明、简洁，太长的标题要压缩修改。如各卷所用前言或称概述、引言，或称序言、小序，例言名称应统一。现在情况相当混乱，如典志的《交通志》《邦交志》《水利志》既有概述又有引言，而《京师志》《手工业》《风俗志》有概述而无引言，《工矿志》《科举志》《港澳志》《民族志》《会党教门志》却有引言而无概述。名称不当或排序不当亦考虑修改。如《艺文志》是否可改称《典籍志》？因为它是精选的清代书籍，依“二十四史”之例称《艺文志》，但《隋书》却用《经籍志》名称。因为我们书中排在一起的前一篇称《文学艺术志》（内容是诗词文书画），紧跟着又是《艺文志》（内容是书籍），容易混淆，可仿《隋书》之例改名《典籍志》。

还有一些标题太长，如《汉学志》中一标题“清初至乾隆时期以段玉裁、桂馥为代表的‘说文学’”20个字，是否改为“段玉裁、桂馥的说文学”改为9个字？清初“说文学”尚未正式兴起，乾隆时，段玉裁始张《说文》旗帜，而后面标题也只要写王筠、朱骏声的说文学不必加时代（嘉庆、道光）。又如《对外贸易卷》中的一处标题“新疆设省之后该地区主要陆路口岸的进出口贸易状况”，更多达23字，可缩成“清末新疆之对外贸易”，新疆设省已在清末，它只有陆路贸易并无海上贸易。如此等等，太烦琐的标题可修改，举一反三，仅举二例。

篇目组的第一个任务是做好书目名单，第二个任务是做好书册名单，这是两个不同的名单。书目名单是按志，篇，章，一、二，(一)、(二)，黑体字标题之层级设置的。书册名单则是根据前一名单排列书册，第一册排什么，第二册排什么。有的一册一个志，有的两册一个志（《地理志》上、下），有的几个小项目合成一册（如《四大活佛表》《议政王大臣表》《大学士年表》《军机大臣年表》《总理衙门年表》等），将来排列成书，每一册包含哪些内容要明确注明，如第一册可标清史卷—通纪—创业。为了做出书目名单，必须确定每卷、每篇的字数，确定每册开本大小、字体大小，要适宜于携带阅读，每册顺序不能置换颠倒，又要力求每册篇幅大致均衡，这可能是不好解决的难题，这个问题要听取出版社的意见。

篇目组要做的第三个名单是每卷、每篇的作者（纂修）、助纂、审校，可能是一大批人，要做出统计，将来出版如何署名。人数不能太多，其确定和排序又是个需要协商的难题。

还有前言、后语（序、跋）、索引等以后再议，也要及早考虑。

关于《清史》编纂的下一步工作*

大家好，给大家拜个晚年。我最近身体不好，疾病顽固，心情很烦闷，想念着《清史》，上不了班，办不了事，看不了稿。对《清史》情况不太了解，一些同志跟我说了好多，从书面上也了解了一些。

最近审改还比较顺利，感谢同志们的努力。收到一些审改完的稿子，但视力不好，看得不多，下面主要谈一下我个人的印象与想法。

今天主要讲三审，我们现在正在进行的工作就是三审，十分重要。审改工作是提高质量的重要手段。我以前已经看了几十本稿子，这些稿子都已经完成了二审，事实证明，经过二审之后，质量确实提高了不少。前几天看了 80 多页的《矿业志》，只找到一处毛病，稿子很清楚、很规范，心里很高兴。但其他稿子还不都是这样，有些错误率高的几乎达到万分之十。所以，审改是非常必要的，实际上我们审改的时间比写稿的时间还多。

我们审改，一次比一次更加深入。我最近看了《矿业志》《风俗志》《农业志》《交通篇》等，总体上是不错的。对于三审而言，不需要做大的改动，尤其是结构上，基本不动，一些大的观点也没有太大问题。我们这次审改，主要是改正错字、错误的史实，一些不必要的地方可以简化，删繁就简，重点要查查重复和矛盾。

关于稿件的重复与矛盾问题。我现在比较烦恼的是内容上的矛盾，一些大的事件在不同稿件的表述上往往不一致，对于一个事件的叙述，通纪、典志、传记往往不相符合。而且到现在仍然能够发

---

* 2015 年 3 月 5 日。

现一些很低级的错误，如出现错别字，人名“张謇”写成“张蹇”，“倮人”写成“猓人”。尤其是经过二审的稿子，还出现如此错误，确实很不应该，也不允许。技术性的细节特别重要，细节在一定条件下决定大局。

三审是一个很重要的步骤，它是终审，如果这次无法查出错误，就会永远保留，失去了改正错误的最后机会。希望大家严肃认真把住这个关口，把缺点、瑕疵尽最大可能消灭掉。

就我看到的很多稿件而言，还有一些啰唆之处。以典志为例，其中一些引文是家谱序言，几千字通通全文引用，我认为没有必要引文那么多。一些材料本可保留，却未保留。通纪第一卷多尔衮与史可法来往书信，内容很重要，写法很典雅，彼此的立场、主张、政策很明确，是两篇重要的历史文献，这样的历史文献却没有保留。相反，多尔衮入关时，范文程、张存仁、洪承畴等很多人提出具体建议，这些建议很重要，但只需择要保留，却保留了大量原文。史书中可以保留文献，但有些文献过长，就没有必要全文保留。

关于矛盾问题，以太后下嫁之事为例。通纪、传记中如何体现？下嫁一事张煌言的诗“慈宁宫里烂盈门”不是捏造的，也不只是个人之间的情感问题，还反映出清代初期很多政治现象。我们不同的稿子有不同的表述，我个人支持下嫁属实这个观点，可以举出许多证据，通纪、传记有关章节写法不一样。顺治期间很多事情都像谜一样，如果不写太后下嫁，这些历史就不好解释，这些地方都是我们应该深入关注之处。顺治晚年那么多案件，都隐含了很多内容与含义。顺治挖了多尔衮的墓，这是事实，我们稿子里写成降低规格，毁碑、掘墓、曝尸、鞭尸，不能说仅仅是降低规格。当年多尔衮在拥有绝对实力的情况下，不接受皇帝之位，是有理由的，都可以分析，都可以找到合理的解释。顺治为什么那么反对多尔衮？这与他母亲和多尔衮的事有关系，这些都是太后下嫁的有力说明。我认为，稿件就应该按照这个思路来写。现在大的结构不能动了，但太后下嫁之事可以改。我认为，这个问题应该改过来，传记相关的稿子在太后下嫁这个问题上应该与通纪保持一致。

查重复是否可以用电脑？从我们做过的实验效果分析，有的可行，如稿件和报刊上的文章是否雷同，这个工作查起来很方便；有的难于操作，如叙述重复、矛盾与遗漏之处，因为稿件量太大，操作起来有很大难度。可以先在各个组内进行查重，还是应该由组内人查，审改者查。查矛盾可以简单一些，只列出一些重大争论问题，或者一些关键词。例如，《职官志》就可以列出军机处等几个官衔来查，其他没有争议的可以不查，如果这样的话，每卷就比较简单了。还有翁同龢罢官之事，到底是谁罢了他的官？这是一个传统的程序，慈禧太后要把光绪帝的老师给扳倒，必须迫令光绪亲笔下谕，不能看到是光绪亲笔写的上谕就说光绪和翁同龢发生了矛盾才罢官的。所以，查重复就是查矛盾，但要简单查，不能太复杂，不能再搞出个四审来。

历史跟文学不同，两者侧重点不同。历史重现实，文学、小说、诗歌这类东西是艺术，艺术重创作。司马迁是述史，讲历史事实，不是作者臆想创造的，不是编造出来的东西，而必须根据史料。人人都写一件史实容易有相似之处，但文字不能全部雷同。文史虽然不分家，但区别是明显的。如果写曾国藩的一生履历，如：曾国藩，湖南湘乡人，号涤生，何年生，何年卒，官至两江总督、直隶总督、大学士，谥文正。这些字谁写都是一样，不能说是抄袭，很难写出新东西，雷同无法避免。很多信息是固定的，机器判定是雷同，不能认为是抄袭。所以，对雷同的判定，要有一个释准，这是我的看法。所以，对于重复的问题、抄袭的问题，要有特殊规定。既要杜绝抄袭，又要谨慎辨认有些文字雷同并非抄袭，对于这次三审我的意见就是：不是全面铺开，不能做整个结构性的改动，就是改正错误，一些小错误并不严重也要改正，相互矛盾的要消灭掉。另外就是文字上再通顺一下，从我读到的稿件看，有的不太通，读起来很别扭，这些问题都需要解决。

关于三审，我重复以下几条：

第一，三审任务就是修改错误，删繁就简，解决矛盾。比较重要的矛盾要解决，并且应该由写作者或者审改者来解决，不能再找别人。

第二，交稿以后必须由机器再查验一遍，要注意是否有抄袭现象。重复率10%以下的不用管，因为写历史有些程式，都根据同样史料叙说，稿件之中有些重复是必然的，不是抄袭。

第三，必须要按时交稿，按照合同规定的时间交稿，不允许拖拉。现在我们的工作已经拖拉了两年，如果不交稿或者延期交稿，一定要采取严格处理，或者扣除审改者费用，或者进行通报。

还有好多细致的问题，凡事预则立，要预先想到就能解决好，不预则不立。好多细致问题要考虑好才能交给出版社，不能指望出版社完全解决。我们自己要考虑好，要对学术负责。

另外，篇目组也要考虑很多事情，现在这些篇、章的开头，有概述、叙述、小序、引言，各种各样的写法都有，有的就是一小段，什么也没有标明，这些内容要统一起来。

标题的层级也要统一。卷，篇，章，一、二、三，1、2、3。我们设计的标题有缺陷，是五级标题，层级太少，再下面就不统一了，五花八门，各出新招，自添层级。有再用一、二、三，1、2、3的，有用黑体字的。另外当初没有设节是一个失误，这些都要统一弥补。

在正式出版之前，还有好多具体问题需要解决，所以篇目组的任务不是很轻，不是只把篇目列出来就完了，还有许多比较具体的问题。

篇目组还有一个重要任务，就是清史最终的署名问题。每一篇每一章的作者是谁，审改者是谁，一审是谁，二审是谁，这个问题需要搞清楚。名单不一定非要在书上印出来，但是我们要有一个底本，现在要有所准备，即使不印出来，也可以方便以后备查。现在社会上出现了很多由于搞不清稿件是谁写的而打官司的现象。

关于名单问题。除了作者以外，还有以前文献组工作人员的名单、档案组工作人员的名单、编译组工作人员的名单、出版组工作人员的名单，还有全体的工作人员的名单，都需要有，都要留底存档，当然还包括我们最高的领导、编委会委员、几任领导小组的领导都要有。

关于篇幅问题。每卷、每篇的字数要查清楚，我们要提前设计，这是为了排版、出版的需要。

还有开本等问题。多大开本合适，用什么字号，用什么字体，这些都要考虑，当然出版社会考虑，但我们自己要有主意，好商量。首先，字体要大一点，不能像一般的书那么小，间距也要宽一点。一本书究竟多少字比较合适，35万字？40万字？恐怕40万字以上就太厚了。有的一卷有5个篇，那么可能就要2本或者3本，有的一卷没有那么多字，20万字，怎么办呢？如果前后的本子均有50万字，那就麻烦了，因为每卷都有顺序的，不能把顺序调换，这个问题需要研究。不久以后，我们领导小组也要开会讨论，还要调整组织，调整分工，要服从上述这些工作，做出安排。

在编委会全体专家会议上的讲话*

今天的会议，我主要谈对今后两三年工作的一些基本想法，提出来跟大家商量，争取能够拿出更好的方案。

我至今看了大概 70 本已经完成二审的稿件，没有仔细核对材料，总体上感觉还是不错的，但也喜忧参半。喜的方面，经过二审，质量上了一个台阶，比初稿好得多。忧的方面，一些稿件仍然存在各种各样的问题，有的错误还非常多。希望大家在以后的三审中再接再厉，全力以赴，努力把错误减少到最低。

我希望到 2017 年 7 月结束三审。这个三审包括查矛盾、查重复，三审之后还需要一个全书整合的程序。最终，《清史》的全部工作能在两三年之内完成。

从现在起到明年 7 月是三审，时间比较长，我的意见是在明年 7 月之前完成，完成的标准就是能够交稿付印。我已经与典志、传记两组的负责同志沟通，要求他们一定要完成。当然，他们的任务都比较繁重。据我所知，现在两个组的进展都比较顺利，到明年 7 月份大部分项目都可以交稿付印。个别项目还存在问题，有些找不到合适的审改人，要尽快确定合适的人选。比如典志的《礼篇》，难度很大。古人生活在礼治的社会里，我们现在的社会发生了巨大的变化，对所谓的“礼”缺少感性的认识。原作者能做到现有的程度，已经很不容易了。因此，要求不能太高，能够基本合格就可以了。如果最后项目没有搞好，也可以壮士断腕，不能因为这个项目再耽误时间。

现在我们面临的一个很大的困难就是查矛盾。清史工程参与的

---

* 2016 年 3 月 17 日。

人很多，涉及的内容也非常庞杂。大家事先没有互相通气，彼此不知道对方在干什么，对于某一个问题，不同项目都会涉及。我看到的稿件，就有很多重复。重复不是一个大问题，重要的是不能有矛盾，不能一个问题有很多种说法。以太后下嫁为例，孝庄传记中就否定了下嫁，而通纪中则肯定下嫁，双方都言之凿凿。多尔衮、顺治的传记中也没有下嫁的内容，有的稿件则态度模糊。对于这个问题，我已经强调多次，全部向通纪看齐。雍正夺嫡也是一个非常重要的问题，作者的意见可以保留，不同观点可以进行学术争论，可以以文章的方式发表，但在《清史》中应该有统一的观点，统一的说法。

关于努尔哈赤之死、皇太极登基、光绪之死等问题，不同项目的说法也各不相同，莫衷一是。三审中要把这些问题解决。怎么解决？有的同志提出用计算机查关键词。以军机处为例，《清史》中涉及这一关键词的内容可能有上千处，实际做起来效果不好，现在看来，这不是一个好办法，我的意见还是要按图索骥。

关于查矛盾的问题，要查大矛盾，小的矛盾可以放过。比如，史表项目中的进士表，收入的进士大概有27 000人，这些人都有生卒年。同时，传记项目也涉及很多进士，也会涉及生卒年的问题，其中必然会有一些不一致，有的甚至差别会很大。如果要去解决这些问题，会耗费大量时间。即使查出生卒年月不一致，又如何判定哪个更正确？所以说，在这些小的地方不必花太多功夫，但一些著名的大人物，这些基本信息还是要一致。总之，《清史》中的一些重大矛盾一定要找到，一些小地方不用管它。

今后一年半的工作就是三审，三审的重点是“小改”，不要“大改”。小改，主要包括史料是否有错误，注释是否有错误，文字是否很清楚等。大的结构、大的观点、大的评价，都不必再推倒重来。可以用四个字概括三审工作：“准”，史料准确；“简”，文字简略，不能冗长；“清”，表述清楚；“通”，文字通顺。

重复不是一个太大的问题，重要的问题是遗漏。但我们不能事无巨细都要有，只要大事不遗即可，遗漏小事没问题。以通纪为例，清末英国人两次攻打西藏，一次在甲午战争前夕，一次在1904年，这些问题对后来的中印关系、麦克马洪线等问题都有很大影响，但这两次事件都没有在通纪中出现，这一事件不该遗漏。

三审之后是全书的整合，估计需要一年半的时间。对于这个问题，已经研究多次，我们争取在2018年底完成全部工作。还有一个通读的问题，对此比较犹豫，欢迎发表意见。如果通读，还需要花时间，可能还需要两年，那么先前提到的时间表还需要再延长。

此外，出版问题，涉及装帧、开本、字体大小等，还有每本书署名怎么署，署多少人的名字合适。参加审改的人很多，不能全部署名。一本书的署名不宜过多，至多两三人。署名之事要慎重，避免风波。

另外，我一再强调，目录要与内容一致。我看到的一些二审稿，有的有文章没有目录。有的有目录没有文章。整个目录要重新核对，搞出新的篇目来。这是篇目组的任务。

前言、后记怎么写？大家再讨论。索引一定要做。按理来说，索引应在全书完成之后再做，但实际情况不允许。我们要滚动式做，一边审改，一边做索引，这样速度快、效率高。

在国家清史编纂委员会第九次全体会议上的讲话*

各位专家，各位委员：

今天大家来到香山饭店参加此次会议，我表示衷心欢迎。国家清史编纂委员会全体会议最初几乎每年召开一次，后来编委会会议精简，有 4 年时间没有召开。其间，已经有几位委员离开了我们，包括龚书铎先生、程歗先生、李文海先生，他们做了很多工作，做出了很多贡献，我们永远感谢他们。今天，各位委员非常热心，在百忙中抽空参会。章开沅先生长途跋涉，不辞辛劳，冯尔康教授不远万里，非常令人感动。

清史工程已经进行了 14 年，经过初稿撰写、一审、二审，现在，我们正处在三审阶段，也是终审，这是我们最后的一道程序。经过 1 000 多位专家的共同努力，完成这道程序之后，将有一部有巨大篇幅的超过 3 000 万字的《清史》问世。

我们这些长期在编委会工作的同志，在这个关键时刻，在作品即将问世的阶段，心情很复杂。一方面，经过长期的、那么多人的努力，有了成果，我们是期待、兴奋，愉快；另一方面也担心、不安。经过 14 年的打磨，我们当然对稿件有所了解，知道优点在哪里，缺点在哪里，但究竟质量如何，坦率说，我们既有信心，又没有把握，忧心忡忡。

这本新修《清史》，内容比较丰富、全面，有所创新，有所突破，原因在于事先做的一些准备。《清史》纂修在新中国成立初期由董必武先生提议，在 20 世纪 50 年代末，吴晗同志就同我谈起过这

---

* 2016 年 6 月 18 日。

件事情。“文革”前夕，中宣部召开会议，建立清史研究所，郭影秋同志担任所长，开始筹备编纂工作，但“文革”打断了这个进程。“文革”后，邓小平同志也曾经关心过《清史》编纂，转了一封信给中国社科院，表示需要考虑《清史》编纂。但国家百废待兴，没有足够的人力、物力做保障，《清史》编纂又一次被搁置。进入 21 世纪之后，经过许多专家再次呼吁，政协提案，中央开始重视。2002 年 12 月在中南海召开清史编纂委员会成立大会，李岚清同志主持，清史工程正式启动，至今将近 14 年。

清史工程前期已有准备，但并不充分。在资料收集方面投入了很大力量，做了大量工作。启动之后，整理档案 150 万件，有的公开出版，有的纳入数据库。我们出版了十几亿字的文献资料，翻译诸多外文资料，大大方便了《清史》纂修。对于编纂体例，我们进行了大量的调查研究。这部《清史》继承了“二十四史”的优良传统，又进行了各方面的改造、创新。例如，把传统本纪改造成章节体通史，叙述清代近 300 年的全部历程。传记分成类传与专传。专传包括活跃在清史舞台上的精英人物，类传撰写清代社会各个群体，包括少数民族、宗教、遗民、华侨、妇女等。典志大大扩充了旧史的范围，设立了 40 个项目。清代社会生活、典章制度非常丰富。晚清已经走向近代化，租界、条约、边疆、海洋等都是旧史中所没有的内容。史表扩充了很多，图录也是新开辟的领域。前史没有图录，古代图片少且不易保存。至清代，图片丰富，后来出现了照相术。我们的图片库收录了 20 多万张老照片，选了将近 1 万张图片。

这些创新和突破，不是我们编书人的功劳，是历史本身发展所形成的。清代开启了近代化，工厂、矿山、轮船、铁路、电报、银行、学堂、报刊这些都是新事物。面对列强的侵略，产生了条约、邦交、边疆纠纷、海洋争端。正是历史的发展，才形成了本书的诸多特色。写史的人要跟随历史的脚步前进，如实记录历史的真实。

但在《清史》纂修过程中，我们也面临着非常大的困难。清史时间贯穿比较长，资料浩如烟海、无穷无尽。开始时，我们用了很大精力收集、整理资料，现在还在持续。今年上海图书馆出版了

《盛宣怀档案》，明年《梁启超全集》有望出版。此外还有端方档案，我们正在进行整理，还有很多未了的工作。我们出版了《清代诗文集汇编》，800册，篇幅接近《四库全书》。但这也仅仅是清代保留下来的1/10。因为财力、人力的限制，做不了太多。我们虽然集中了上千名专家在工作，但只能窥测到清史资料的一小部分，远远不可能穷尽。清史未来有非常宽广的发展空间，资料方面的限制使很多历史真相看不清楚。

清史是一个新兴学科，分为古代史与近代史两段。清灭亡以前也编纂了很多史书，部头很大，但多为资料书，且只是歌功颂德。民国时期则是一笔抹杀，很难实事求是。虽也有几位老先生踏实的研究，如孟森、郑天挺等，但人数很少。清史研究真正的起点是“文革”之后，到本世纪才蓬勃发展，产生了很多优秀人才以及高水平作品。但毕竟时间短暂，清史涉及的问题非常多，远远没有穷尽，可以利用、吸收的成果还比较少。同时，《清史》的编写者水平有限，特别是编委会领导学识不够，理论水平不高，看问题不准确，造成书稿上出现一些错误与不足。

我们清楚这本书的优点与缺点，但有些还不能完全看清楚。总之，在收尾阶段，还有两年多的时间可以打磨。三审非常重要，我们一定要集中力量，抓住重点，奋力攻坚，消灭错误。

古语言，行百里者半九十，一件事快要成功的时候，一定要专心致志、竭尽全力，不能功亏一篑，我们现在正处在这样的阶段，希望得到各位的关心、帮助、督促。希望编委会战战兢兢、如履薄冰，小心、用心、耐心地做好收尾工作，不辜负国家的委托与人民的希望。谢谢大家。

在各组工作汇报会议上的讲话*

听了各组的汇报，感觉这段工作进展不错。去年习总书记对清史工程的批示，对编委会工作起到了很大的鼓舞、推动作用。总书记从编纂质量、进度以及意义等方面都肯定了《清史》，大家学习得很认真，工作很积极，成效很明显。今天我来看到 12 本已经印好的典志稿，很高兴。希望各组能加快进度，书稿完成之后就一批一批提交出版社，在这个环节上不耽误时间。今天大家汇报得很好。

我虽然看了很多书稿，但都是初审稿、二审稿，现在不能下完全结论。虽然肯定也有缺点，但总的感觉是一次比一次好，审改工作对质量的提升作用非常明显。我们花了六七年的时间写稿，用了五六年的时间审稿，审稿时间很长，达到现在这样一个程度，很不容易。当前我们主要的工作就是要准备 5 月份的会，是领导小组会与编委会一起开，领导小组以前开会很少，这次我们要重视，要很充分地准备。

刚才听了汇报，通纪部分总体来讲还可以，但不是十分令人满意。对于第七卷，我曾想重来一遍，但仔细考虑不行，时间、人力不够，还不一定写得更好。只能是部分修改。现在看来，效果也不是特别好。也想过自己写，但精力不济。

关于典志的三个志。《商业志》毛病很多，不好改，而且涉及抄袭问题，留下来是隐患，我建议壮士断腕，放弃。《礼乐志》可以保留。《礼志》勉强保留也可以，可能遭到外界批评，但也没有办法。《艺文志》，从 20 万种书中挑出 5 万种，数量非常大。现在看来，清代书的数目要比我们所知的还要多。我们现在的这个《艺文志》超过

---

* 2017 年 4 月 13 日。

《清史稿》，从数量上是超过，比其他的都好，这是我们《艺文志》的价值所在。想挑出错误也不容易，很多人看不到原书。我认为，对于《艺文志》，搞到什么样子算什么样子。典志数量大，稿件质量也不错，是《清史》半壁江山。出版社在质量上也能起到把关作用。总之，对于那些决定要砍掉的项目，要做好充分的思想准备以便应对。

传记也不错，最近在看光绪朝部分，用了很多档案、笔记。我们写的很多人物还是很有意思的，如围棋人物，一些我都不知道。传记项目最重要的是排序问题，以什么为排序标准？传记目录的排序对于整个《清史》排序也是一个重要的基础。

图录一共14本，我要求图录的文字简单明了，通顺，准确。编委会领导应分工看稿，做好把关。

另外，我们现在要思考这个领导小组会议怎么开。初步的想法是会议要开得实在一点，不要太空，要有效果。重要的是对稿件做出自我评价，应实事求是。不拔高，不夸大成绩，不抹杀。我认为，要准备几份材料。首先是一份是全书总目录，目录上要有书目名称、卷数、册数，这个由谁负责，要明确。各组要提供相关内容，包括主持人（单位、职称）、审改者等丰富信息。作者来自五湖四海，还有不少参加清史工程的人员都要在目录中体现出来。以前档案、编译、出版的成果，也应有一个总目录。我们前期花了很大精力做这些事情，包括研究丛刊、编译丛刊、《清史镜鉴》等，要把这些成果表现出来。可以把《清史镜鉴》送给参会者。此外，还需要准备一个报告，主要讲三审的工作。

下一步的工作是整合。清史工程是一个整体，以前是零件，现在是在组装，要有秩序地牢固组装。整合就是编目，包括署名，内容太多，不要乱。篇目部分我看到有些是有目无文，有些有文无目。前言、概述、序言的说法也不统一，整合过程中就是要统一，大家要按照这些做工作。我们以后可以按顺序交稿，这样比较清楚，在向人民出版社提交稿件的过程中，要做好交接工作，具体经办人要签名。关于索引，要及早做，恐怕到时会来不及。在会议上，我可以做一个简短的发言。

在国家清史纂修领导小组、国家清史编纂委员会全体会议上的讲话*

尊敬的树刚部长，尊敬的各位委员，女士们、先生们：

感谢各位在炎热的夏天来参加会议。有的同志远道而来，张岂之先生从西安赶来，冯尔康同志从天津赶来，姜义华先生从上海赶来，我深受感动，对各位表示衷心的感谢和热烈的欢迎，祝愿大家身体健康，心情愉快。

现在《清史》编写已经进入了最后的阶段，三审工作马上结束，同时已经进入了全书的整合工作，规模巨大的《清史》即将诞生，明年可以完成稿件。这部大书约有 2 100 人参加，包括基础工程与主体工程。基础工程是为修史而收集的档案、文献与翻译各种资料。主体工程包括 100 多卷，是一个全国性的各方面专家集体奋斗的成果。清史工程从提出以来，已经有 66 年。最早提出这一建议的是董必武同志，他向中央建议编纂一部党史、一部清史。但当时国家百废待兴，不具备条件。随后，1959 年、1965 年、1982 年三次提出启动，但由于“文化大革命”等事件的干扰，始终未能成功。1982 年的那次因为人员、经费等问题，也再次搁浅。这期间，国家领导人毛泽东、周恩来等都过问、关心过《清史》纂修工作。我们的学术界前辈周扬、吴晗、郭影秋等也都为《清史》纂修做了很多工作，但客观条件不成熟，几起几落。

直到 2002 年 12 月，江泽民、李鹏、朱镕基、李岚清联名签署，在中南海召开会议，成立清史编纂委员会，清史工程正式启动，到现在已经有 15 年之久。习近平总书记非常了解、非常关心、非常注

---

* 2017 年 5 月 27 日。

意清史工程进展，曾经几次过问，我也曾送过几次材料。去年，总书记做出重要批示，要求我们加强统筹协调，坚持质量第一，加快工作进度，严格把关。精益求精，确保早日编出一部无愧前人、启迪后人的信史、良史。习总书记对我们的期望很高，这个批示对清史编纂是非常有力的推动。专家们深受鼓舞，工作热情再次被调动，工作进度进一步加快。

在《清史》编纂过程中，我们一直牢固坚持马克思主义的指导地位，坚决反对唯心主义，反对历史虚无主义，反对历史无用论。人类历史进程复杂，清代近300年历史比较漫长，而且已经与世界历史联系在了一起。这一时期，不仅有封建主义，还有帝国主义，产生了无产阶级与软弱的资产阶级。清史离今天最近，历史既是人类文明的结晶，也是人类智慧的宝库。现今存在的很多问题大多可以从过去寻找答案。历史之因，现实之果。要理解现实问题，就要了解过去是如何发生、发展的。今天正在进行轰轰烈烈的社会主义建设，要了解社会主义国情、民情，就必须了解历史。只有走上正确的道路，才能建设中国特色的社会主义。

《清史》即将完成，我已91岁，担任主编15年，耄耋之年，全力以赴。这15年来，我时刻注视着《清史》、关心着《清史》、呵护着《清史》，几乎废寝忘食。从开始的规划、设计、篇章安排、结构处理、宗旨、观点的讨论、事实的确定，我都小心翼翼，鞠躬尽瘁，坚持到底。我现在的心情很复杂。一方面是期待，也有一定的信心。我认为，《清史》在各位专家的共同努力下，已经接近时代最前沿，这是欣慰的一面。另一方面，我也惶恐不安。由于我们理论水平不高，知识不广，眼光不远，也难免有一些缺陷与不足，必然影响到《清史》的编纂质量。在今后的一年中，我们一定要鼓足干劲，全力以赴，奋斗拼搏，寻找问题，深入研究，使《清史》稿件在整体与局部方面更进一步提高，确保它能够成为后人借鉴的信史、良史，不辜负总书记对我们的厚望。谢谢大家。

在编委会组长会议上的讲话*

我刚才听到大家的汇报，各组都能如期完成它们的任务，比较满意。我们这部书稿目前总共100卷，非常好，可以称为百卷清史，我希望不要再变动了。今天开这次会，主要讨论的内容是如何给中央送出一部内容完整的、统一的、没有错误的稿子，而且要求和正式出版前的稿子基本一样。

今天我要讲的第一个问题就是《清史》稿子的扉页怎么写？如，扉页上是写清史编纂委员会呢，还是写清史领导小组呢，或者是写清史中心呢？如果都写，怎么写？写到什么程度？今天定下来。除此之外，编委会各主体组和其他辅助组如何写进去？这些问题想和大家讨论一下。

第二个就是前言问题，现在正在起草，据说已经完成一半以上了，要求7月25日完成。写完后，要印出来，让大家来改。这个不叫序言，而是叫前言，序言与前言的性质是不同的。前言是要写明这本书的写作缘由，中间经过了三起三落；还要写明编纂委员会成立之初做了哪些工作，我们《清史》初稿写好后是如何审改的；还要写明我们最后这本书稿的收官过程。前言并不是要写这本书的内容概述。前人写的古书基本上都没有写序言，我们要明白古人的用心。而且我们这本书的前言内容要求不要太多，2万多字就可以了。

要把《清史》编纂的过程写清楚。《清史》编纂可谓三起三落，第一阶段是50年代末董必武提议，委托吴晗考虑，最后毛主席和周总理同意了。第二阶段是“文化大革命”前夕，编写《清史》的工作中央交给了郭影秋同志，但后来影秋同志去世，这个事情没做成。

---

* 2018年7月10日。

第三阶段是长沙会议上提出写《清史》。第四阶段是 2001 年我在报纸上写了一篇关于《清史》纂修的文章，后来李文海和王晓秋分别在重要场合提议，最后《清史》纂修的工作才得以落实。这项工作原本打算由国务院秘书处负责领导，但是由于秘书处工作繁忙，最终交由文化部主管。

这部分内容不要太多，主要突出写《清史》这部书稿得到了中央的重视、关心和专家同志们一直以来热情的呼吁就可以了。所以这个前言要写好，很重要。

《清史》纂修的最初 3 年是组织专家队伍、调查研究和准备史料阶段。组织队伍工作我是委托王江把清史的人才汇集在一起供大家参考。大家在全国各地进行了调查研究。这个阶段要把准备史料工作强调出来，编史一定要重史料。第二阶段是搞项目制，几千人如何工作呢？需要立项目、招标。我们了解哪个专家擅长哪方面，就请他来当项目主持人。第三阶段就是审改工作，我们是如何进行审改的，而且审改工作经过了三四年。最后就是我们现在的收官结尾阶段，主要工作是查重、调整目录阶段。

图书在版编目（CIP）数据

清史编务/戴逸著. —北京：中国人民大学出版社，2018.11
（戴逸文集）
ISBN 978-7-300-26400-4

Ⅰ.①清… Ⅱ.①戴… Ⅲ.①中国历史-历史编纂学-清代 Ⅳ.①K249.07

中国版本图书馆 CIP 数据核字（2018）第 248617 号

北京市社会科学理论著作出版基金重点资助项目

戴逸文集
清史编务
Qingshi Bianwu

出版发行	中国人民大学出版社		
社　　址	北京中关村大街 31 号	**邮政编码**	100080
电　　话	010－62511242（总编室）		010－62511770（质管部）
	010－82501766（邮购部）		010－62514148（门市部）
	010－62515195（发行公司）		010－62515275（盗版举报）
网　　址	http://www.crup.com.cn		
	http://www.ttrnet.com（人大教研网）		
经　　销	新华书店		
印　　刷	涿州市星河印刷有限公司		
规　　格	160 mm×230 mm　16 开本	**版　　次**	2018 年 11 月第 1 版
印　　张	26.75 插页 2	**印　　次**	2018 年 11 月第 1 次印刷
字　　数	370 000	**定　　价**	89.00 元